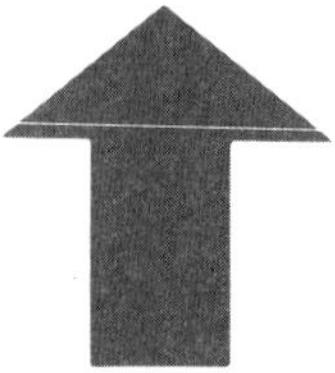

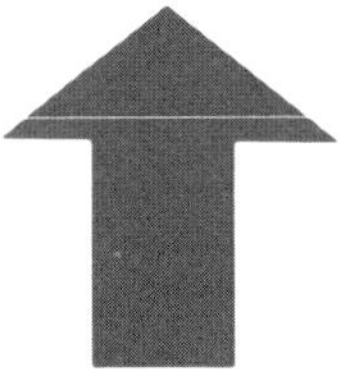

史明口述史

修訂新版

史明口述史訪談小組——著

目次

輯二・橫過山刀（一九五〇——一九七四）

輯三·陸上行舟（一九七五——二〇一〇）

解說

初版自序

史明

從我一九八一年八月第一次到美國時，台灣鄉親們便一直鼓勵我寫自傳。由於我自認台灣獨立運動尚未成功，暫時還看不到終點，所以並沒有將這件事放在心上。一九九三年我回到台灣時已經七十多歲了，才開始想為自己的一生留下足跡，逐漸計劃撰寫我個人的自傳。

因為我一生接受的都是日文教育，所以我是先用日語思考，然後再翻譯成漢文，儘管不懂的詞彙可以詢問黃敏紅與李政忠，但是我對於自己的漢文始終缺乏自信。再加上，雖然持續有人願意替我進行口述採訪，但卻又因為擔心無法深入我個人的內心感受，從而作罷。

我的一生經歷過日本與國民黨兩種截然不同的政治體制，如果沒有和我一樣的親身經歷，恐怕難以理解我所描述的那個時代。再加上，至今如果想要找到像我一樣去過中國，具備比較馬克思主義思想與中國共產黨的經驗、而且仍活在世上的人恐怕不多，所以我在這次的口述訪談紀錄中，便如過去撰寫《台灣人四百年史》一書一樣，有系統地講述我自己的生平。

儘管日本自一八九五年開始統治台灣，但是當我在一九一八年出生時，童年仍免不了受到殖民地統治的影響及封建思想的束縛；直到八歲開始進入建成小學校、台北一中，與日本同學一起學習、成長，日本的現代化教育與文明思想才與家中的傳統氣氛結合成半束縛、半開放的環境。在我就讀於早稻田大學的六年期間，是我的人生起了最大變化的時候。日本社會雖然經歷了明治維新，但是本質上還是封建社會，唯有早稻田大學、慶應大學才是追求自由、實現自由的最高殿堂。

不同於訓練官僚的官立大學，我在早稻田大學形成了對自由、民主的思想。再加上，日本校園內自大正民主時代便頗爲興盛的社會主義、馬克思主義、無政府主義，都成爲了殖民地子民的我的思想啓蒙。直至大學畢業之際，因爲見到身旁的同學心無旁騖地一心從軍報國，我也才決定到中國參與抗日行動，加入台灣殖民地鬥爭、反帝國主義的路線。

戰後我到了華北，發現毛澤東已經成爲獨裁者，中共已經由馬克思主義轉變爲毀滅人性的法西斯主義。我看大量的中國人遭到屠殺，台灣人被他們視爲異族，在在都違背了我對人權的信仰，才在一九四九年想盡辦法逃回台灣。沒想到，國民黨在台灣所施行的獨裁統治並不亞於中共，所以我才又與同伴共同組織台灣獨立革命武裝隊，不幸事跡敗露，遂再次搭香蕉貨船逃亡日本。

儘管我的前半生遭逢很多挫折，但是我的內心仍然有如青天白日，對於台灣獨立運動也還抱持著熱情與希望。爲了籌措運動方面的資金，我開設了新珍味麵館，並且在生意穩定的情況下於一九六二年出版《台灣人四百年史》，在一九七五年以前從事地下、武裝的反抗路線，一九八〇年代連續十年到美國巡迴宣傳。

一九八六年民進黨成立，台灣社會的民主浪潮在解嚴以後更加地風起雲湧，我也在一九九三年再一次偷渡回到台灣，以過去多年在日本累積的資金，自力耕耘體制外的群眾路線。過去最多時曾有二十多輛的宣傳車，至今仍然按照理念、立場、戰略、戰術的步驟，有紀律地向台灣大眾傳達台灣獨立的理念。因此，縱使台灣今日在中國（國民黨、共產黨）的威脅下，政局頽靡不振，但是在獨立台灣會經年累月的努力下，社會大眾與青年學生對於台灣獨立運動的既有印象已經幡然改觀。

二〇〇五年我在台大校門口靜坐時感受到大學生的熱情，二〇〇九年時又在大病初癒以後開始接受由台大濁水溪社、台灣研究相關系所同學合力進行的口述訪問，不管訪問、逐字稿、註腳等等，這群台灣子弟們的認眞與用心，我一一看在眼裡。

感謝行人出版社願意提供這個機會，讓他們這幾年來的努力成果，可以呈現在台灣社會。

雖然一切還有待努力，但是我相信，我們已經走在正確的方向。

二〇一二年十二月三日

序一

美好的傳承

陳儀深　國史館館長

口述歷史是「以錄音訪談的方式蒐集口傳記憶，以及具有歷史意義的個人觀點」（Donald A. Ritchie, 2003），由於個人書寫自己的回憶錄是「獨白」，他人撰寫的傳記也容易失真，而口述訪談是透過對話說出彼此感興趣、彼此認爲重要的事，可以涵蓋個人的生命史以及「具有歷史意義的個人觀點」，所以是很重要的史料。既然是以訪談、對話的互動方式來完成，於是主訪者的偏好、是否有所準備、是否熱誠認眞、是否得到受訪者的信任，都會影響到口述史的品質。

這本史明先生的口述史，可以看作二〇〇九年年底開始，一群青年學生與老先生交往三年的紀錄或成果，由於我在二〇〇九、二〇一〇這兩年擔任台灣教授協會會長，或多或少有所參與、觀察，包括二〇一〇年一月史明先生養病期間，我有四個下午的時間到台北醫學大學附設醫院的病房對他做錄音訪談（紀錄已收入二〇一二年十二月中研院近代史研究所出版之《海外台獨運動相關人物口述史（續篇）》），這時候就碰到仰慕他的青年學生以及北美洲台灣人教授協會的朋友，大家決定爲老先生辦一場「生命經驗分享會」；同年三月十四日在台北市羅斯福路的台大集思會議中心舉辦的分享會，就是由這兩個教授協會以及台大濁水溪社共同主辦，會中同時發表由台教會出版的新書《穿越紅色浪潮：史明的中國革命歷程與台灣獨立之路》。

史明先生在日治時期就從早稻田大學畢業，旋前往中國參加中共陣營抗日，年輕時雖然嚮往共產主義，但逐漸發現中共和蘇聯講的共產主義，和馬克思思想大有不同，失望之餘，一九四九年突破封鎖返回台灣，進而推行武裝獨立路線，他的民族民主革命立場就是這樣從實踐過程中形成。毋庸諱言，史明先生的思維分析方法是馬克思主義式的，它不但表現在《台灣人四百年史》（一九六二年日文版、一九八〇年漢文版）一書，甚至到了二〇一二年五月三十日他在新竹清華大學的一場演講，仍是這種特色——這「又」是一場《實踐哲學：青年讀史明》的新書發表會，我忝爲節目主持人，聽到老先生強調清治時期的台灣並不是滿人欺負漢人，而是漢人（來來去去的官員）欺負漢人（閩粵過來開拓的「赤腳的」），一樣漢人分成兩種階級……從此開始「本地反唐山」、「出頭天、做主人」的四百年史論述；甚至對二戰後國民黨政權之統治台灣，他也是注意土地分配等物質基礎的取角。

讀者可以比較，前述我們做了四次訪問、收入《海外台獨運動相關人物口述史（續篇）》的三萬多字紀錄，與這一本做了三十次訪問、超過二十萬字的紀錄，有何不同。首先當然是詳簡不一，年輕人有高度的熱情與好奇心，與老先生混熟了以後無所不問，難怪老先生說：「我從來不曾接受過像你們這樣長達半年的訪問，看得出你們確實有在思考一些問題。……很多事情過去我從來沒有對別人說過，直到這次才正式對外公開。」包括早稻田時代的學生「買春」、住蘇州時爲何決定去上海結紮、一九四九年回台灣時帶著一個日本女人平賀、資助歐洲和美國台獨運動的過程，以及戒嚴時期台灣島內若干重要政治案件如鄭評、盧修一與史明的關係等等。不過問得太細也有缺點，老先生不一定什麼事都知道，勉強回答的內容要如何取捨？最後就是語言的問題，老先生道地的福佬語，年輕人不一定能精準掌握，例如當說到白色恐怖時代，故鄉的妹妹不贊成他做台獨運動，不與他往來，看到他就像看到「歹物仔」（**pháinn-mih-á**）一樣，若直接譯爲華語的「壞東西」，味道就跑掉了。因爲福佬語的「歹物仔」比壞東西還壞，有看到鬼的意味。舉這個例子只是要說明口述史豈易爲哉，並不是要貶低本書的價值，事實上本書瑕不掩瑜，這一群青年學生第一次做口述史就有這種成績，眞的是令人讚嘆！個人認爲成功的原因除了天分資質，就是熱情專注，且得到受訪者的充分信任。

我曾經問這本口述史的主要負責人之一的藍士博「完成這本書的感想」，他只客氣地說運氣好。因爲老天爺讓史明先生長命健康，九十幾歲了還能講精彩的故事；因爲老先生願意接納他／她們，無保留地與他／她們交往。我認爲背後的共同基礎，是彼此對台灣深深的愛。而我有幸見證這樣美好的一種傳承，除了感到光榮，也要感恩上蒼以諸多因緣促成這一椿美事。

序二

不可或缺的歷史見證

薛化元
國立政治大學台灣史研究所教授

史明先生是海外台獨運動的老將，又是台獨運動中早期左派思想的代表人物。但是，除了從事運動的人之外，國人和史明先生早期發生接觸，大部分都和其所撰述的《台灣人四百年史》有關。我自己和史明先生第一次間接的接觸、結緣，也是如此。有一次在鄭南榕主辦的《自由時代》雜誌社，鄭南榕拿出在坊間還沒有開始流通的《台灣人四百年史》給我看，我對此書聞名已久，好不容易看到了，當然就請鄭南榕賣一本給我。當時鄭南榕賣這本書給我，還有一個附帶條件，希望我能詳細校對。書我是回家就連夜拜讀，可是校對就始終沒有完成，想來實在不好意思。過了一陣子，群眾演講或是選舉造勢場合就常見有人推廣販賣《台灣人四百年史》，如果要論實際銷售數，透過群眾運動的推廣，這本書堪稱是國內流通最廣的台灣通史性著作之一。對非學術界的社會人士來講，這本書是認識台灣整體歷史發展的啓蒙著作。不僅如此，《台灣人四百年史》也是不少台灣史研究者閱讀過的專書，對於台灣史研究有不容忽視的影響。

但是透過《台灣人四百年史》，我們接觸到的是史明先生對台灣歷史的見解，這雖然與他一生的志業有密切的關係，卻不足以認識史明先生在台灣獨立運動中的作爲和角色。這部分除了相關的官方檔案與私人文書之外，當事人的口述歷史也是不可或缺的重要史料來源。

由於史明先生在日本除了進行獨立台灣會的工作之外，也曾經支援過其他不同流派台獨人士的資金，且與其他流派的台獨人士有一定程度的互動。從台獨運動的角度出發，描寫那個時代的歷史，史明先生的口述歷史的出版是相當值得重視的。不僅是對過去台獨運動的研究，這本口述歷史有它的重要性，更重要的是，這也是史明先生生命史的口述歷史，對於我們瞭解一個左派的年輕人在戰後初期如何到中國與中共發生互動，進而基於對中共的瞭解，又離開中共而投入台灣獨立運動的歷程。呈現此一歷程，對於補白史明先生的歷史或是補白台灣左派獨立運動的歷史，更是相當關鍵。而且史明先生不只在日本從事台獨運動，他也長期透過在島內的布建，進行台灣島內部的台灣獨立運動的推展工作。特別是他也與國民黨當局的情治人員有一定的接觸往來，並促成其中至少三名轉向，反而提供相關的情報給史明先生參考。這樣的歷史見證，對於我們瞭解海外台獨運動的消息來源，或是史明先生搞台獨運動掌握的島內資訊，都有重要的意義。

至於史明先生以一己之力，從左派的角度來推動台灣獨立運動，是台獨運動中少數的特例，不僅因爲他是左派，更重要的是，「獨立台灣會」這個組織的推展過程明顯是以史明先生爲中心所展開的，在這樣的經驗與現實政治上的作爲，對於研究台獨運動而言也是不可或缺的篇章。

雖然過往對於史明先生成長的背景、從事的運動內容，已經有一些文獻資料和口述採訪的整理，但全面性針對他的生命史做口述出版的工作，則是在過去沒有完成的。十分高興，看到史明先生的口述歷史在一批青年學生的努力下，可以完成出版。這不僅是在史料上有相當的重要性，而且對於戰後台灣獨立運動的解釋提供了不可或缺的資料。如今這份口述資料的出版，對於認識或是研究史明先生和海外台灣獨立運動的歷史，都有相當重要的意義。相對於此，中央研究院近史所陳儀深教授對史明先生做的訪談，已收入他所訪談、整理的海外台獨運動的口述專書，其內容剛好可以和本書互相對照。從另一個角度來看，這本由研究生訪談、整理的口述工作，口述者與訪談者之間的互動，是不是也意味著歷史的傳承呢！

二〇一三年一月八日　於木柵

序三

呈現過去的聲音

曾士榮 國立政治大學台灣文學研究所副教授

史明先生口述歷史的出版，預料將會是繼《台灣人四百年史》的通史論著之後，對於台灣研究學界，乃至台灣政治社會的許多面向，產生相當程度的激盪與顯著影響的一部作品。

我個人從事台灣歷史研究，屬於解嚴初期開始投入台灣研究的世代；史明先生的《台灣人四百年史》，勾起我在解嚴初期剛剛決定投入台灣史研究時的一段難忘的個人經歷。

記得二十一年前，也就是一九九一年五月九日的下午，我與二、三位同學用完午餐後，在台大校園椰林大道中悠閒地散步，突然一位同學提到當日剛出刊的晚報頭條新聞，說是當日清晨有學生因參加台灣研究讀書會而遭到調查局逮捕，這個新聞當下令我感到相當震驚與詫異；我馬上把當日的《中時晚報》找出來，看到頭版醒目的標題與相關報導，瞭解到清華大學歷史所碩士班第一年專攻台灣宗教研究的學生廖偉程，以及另外三位青年，當日遭到法務部調查局的逮捕，原因是這些青年違反《懲治叛亂條例》，涉及刑法第一百條的「預謀叛亂罪」，這在當時台灣是何等嚴重的指控，依當時法律可能導致十餘年的徒刑，甚至死刑的結果。當我繼續瞭解廖偉程遭受上述指控的具體理由，則據稱是他曾經前往日本與成立「獨台會」的史明見面，並受其資助，導致他在當日清晨在清大校園宿舍中遭到拘捕。

事件發生當時，我是台大歷史所碩士班第一年學生，也是三位選擇台灣史作爲碩士論文主題的學生中唯一專攻台灣近代史的，記憶中依稀看過廖偉程出現在當時台大歷史所僅有的台灣史討論課中旁聽，心中爲這起拘捕事件竟然發生在解嚴四年後已經相當自由開放的台灣社會中，感到相當不可思議，進而心中油然而生一股「白色恐怖」的擔憂。基於心中這種未曾有過並且相當眞實的恐怖感受，當日我回到位於醉月湖畔的研究生宿舍後，立即自書架取下兩本「相當敏感」的書籍，包括史明的《台灣人四百年史》以及喬治．柯爾的《被出賣的台灣》，將它們帶到台大研究圖書館的寄物櫃中藏放；當時雖然覺得此舉並無濟於事，但心中還是因此感到放心一些。這個事件後來被稱爲「獨台會事件」，它的後續發展是：由於大學師生的強烈抗爭與社會的高度關切，最後導致惡名昭彰的《懲治叛亂條例》遭到廢除，而「刑法第一百條」也因此修正，學術自由與言論自由因此得以在法律上獲得進一步的落實。事件結束數個月之後，我回到高雄家中，父親才向我透露，當他獲知此一事件，一度相當擔心我在台北的處境。

「獨台會事件」之後，學術自由與言論自由終於壓過殘餘的白色恐怖，台灣文史研究也得以在校園內外逐漸全面展開；這個發展標示著台灣史數百年來，台灣知識人與民眾得以揚棄外來的陰影，首次針對台灣島上長時期的歷史經驗進行全面性的搜集、整理、建構與詮釋等活動；這個從一九九〇年代以來具有長時間向度，並且以台灣為主體的歷史文化重建運動的開端，就戰後台灣而言，可以說是以史明先生在一九六二年出版的《台灣人四百年史》為起點。台灣史上數次的外來統治將台灣住民的歷史經驗碎片化與斷裂化，史明先生的重要貢獻，在於透過《台灣人四百年史》長時期的整體史觀，將它們重新進行連結、建構與詮釋，使台灣住民得以成為具有歷史記憶與歷史意識的民族。

再者，筆者想談談口述歷史本身。近二十多年來在台灣的口述歷史的田野訪談與出版，成為上述台灣歷史文化重建過程中不可或缺的環節，並且受到越來越多的重視。究其原因，在於口述歷史具有反轉「邊緣性」的功能，透過口述歷史的田野訪談，那些過去受到壓抑或屬於邊緣的聲音，得以獲得呈現，並受到較多的重視；其次，口述歷史也具有「原始性」，因為它揭露歷史當事人的親身經歷與見證，提供第一手的史料，同時它也得以呈現歷史當事人對於相關歷史事件的個人觀點，豐富歷史研究的內涵。然而，必須說明的是，在田野訪談的過程中，採訪者選擇性地決定受訪對象，選擇性地向受訪者提出問題；而受訪者則選擇適當的「過去」來回應採訪者的問題；換言之，口述歷史所呈現的「過去」並非「全部的過去」，而是選擇性的過去。

打破沉默之前

史明

過去我很少跟別人講起自己的生活或從事地下工作等種種經歷，這其中有很多原因。首先，我一九四二年從早稻田大學畢業後，決定去中國參加共產黨的革命、抵抗日本帝國主義，當時大家一聽到共產黨就感到害怕，我才開始避免跟別人講自己的事情。

等到一九四九年，我佯裝自己是賣茶葉的商人，從北京回來台灣以後——一九四五年是蔣介石軍隊來台灣那年，蔣介石則是一九四九年五月來台灣的吧？總之，一九四九年全台灣都是特務——一方面不能讓別人知道我去過中共解放區；另一方面，一九五二年我也被蔣介石政府通緝，所以就更加忌諱這件事了。

不過蔣介石政府一九五〇年要抓我，並不是因爲我去參加中共，而是我組織了一支台灣獨立武裝隊，藏了一些槍枝在草山後面一個叫做菁礐[1]的地方，後來被特務發現。當時我不

1 地名，位於陽明山一帶，與十九世紀中葉此地的藍染產業有關。「礐」，華語音ㄑㄩㄝˋ，台語音hák，即「坑池」之意。菁礐原指建於溪流旁邊，便於浸泡大菁、製作染料的石砌池子，後因化學染料發明，藍染業漸被取代，已荒廢不再使用。今日北投一帶仍可見的「菁山路」、「頂菁礐」、「菁礐」等地

得不展開逃亡。我想如果不是我，想要逃亡的話可能也沒有那麼容易。

我利用過去在中共解放區的經驗，成功地從基隆偷渡到日本。那時候從台灣開往日本的船只有運送香蕉的貨船，我就是去搬香蕉，趁機躲在艙底，再將頭上戴著的用來識別工人的紅色帽子託人拿到岸上，順利地一路抵達日本。

我到日本後馬上被日本警察抓起來，他們本來是要把我遣送回台灣，但是後來因爲蔣介石政府的外交部用外交手段來函，對日本政府宣稱我是叛亂的第一司令，反而讓我得以留在日本。當時全世界的慣例一向對政治犯等亡命者有特別的保護，以日本方面的立場，認爲讓我回去台灣的話，會因爲叛亂罪而被判處死刑，所以才採取人道主義，在證明我是政治犯後將我釋放，並給予我居留權。

我過去一向很少敘述自己的生平，另外一項原因，當然也跟以前在中國、日本的地下工作經驗有關係。

我從一九五二年到一九九三年在日本的期間，主要從事的是台灣獨立運動的地下工作，當時我的口號是「主戰場在（台灣）島內」。後來我看到日本的一些台灣留學生既沒有什麼想法，也沒有那種實際的策略或經驗，所以去擺了一個麵攤子，然後慢慢擴張成一間賣大滷麵和餃子的店，店名取作「新珍味」，來做運動的支援基地。有了基地，我就一邊寫《台灣人四百年史》，同時和台灣島內的同志們，建立起一個祕密網絡。

正因爲做的是地下的祕密工作，所以像是日記或手帳之類的東西，即便短期間內有，過一陣子也要將它處理掉，這是我的原則。我從早稻田畢業後要去中國，也是把所有我過去和人來往的信件與照片全部燒掉。一九五二年到日本之後也一樣保持這個習慣。好比說，如果有一個人從台灣來我這裡接受訓練，那麼訓練方面的一些書面資料，就要定期銷毀，不然要是被特務摸進來把裡面的內容抄去、偷走，那麼問題可就大了。總之，保密是做地下工作的第一原則。

我不談自己的最後一項原因，是因爲從事政治工作久了，常常會形成一種英雄主義，就是「好表現」啦！所以，我在海外時就刻意地克服這種英雄主義，默默耕耘，不去談自己做了些什麼，這樣才能維持我們在台灣島內的地下工作。

名，皆起源於此。

輯一・穿越紅潮（一九一八—一九四九）

第一章
童年與家庭

我的「名字」與童年

我的本名叫施朝暉，但過去我曾使用好幾個不同的名字。比如說戰爭結束之後我要進去中共的解放區，就改名叫林鐸。之所以姓林，跟我的阿爸林濟川[1]有一定的關係。不過在中共底下做地下工作，名字是隨著工作不同而變動的，好比說今天要做什麼事情，上頭就說某某人你現在用藍田；現在你又要做什麼事情，你就用什麼李勘之類的，都是只用一次就換掉了。我到日本以後，出版了《台灣人四百年史》，才固定用史明這個名字。

我出生的厝位於士林的大東路七十五番地，我是在一九一八年農曆十月初五出生的。我們家是施、林兩家共住在一起，而我出生的地方也是我阿母她出生的所在。我阿媽為了我父母要結婚，起了間新厝，當時日本已經佔領台灣差不多二十多年的時間，但是台北郊外卻仍然是一個很鄉下的地方。在人口差不多三萬人的士林裡面，兩層樓高的房子只有兩棟，我阿媽蓋的這間房子，就是其中之一。不過等到我中學的時候，同學家的厝都差不多蓋到兩層樓高了，至於三層樓高的房子則是在戰爭開始以後才見到。

小時候我和阿媽一起生活，住在施家的樓頂。樓頂有一個「磚坪仔」（tsng-pênn-á，陽台），在那上面可以看路，還可以種花。我們家所在的這條街都是店面，而且有亭仔跤（tîng-á-kha，騎樓），不過我們家沒有做生意，當時市街上不管做生意或自家居住的厝都蓋成這個樣子，一條街一條街的。以前計算房屋的單位稱爲「落」、一落二落三落等等，我們家是四落厝，後面有個菜園。當時施家在士林算是滿大的望族，我的曾祖父在清朝末年還中過舉人。本來施家在桃園大園一帶起家，所以那邊有一些田產，後來在士林的雙溪山與菁礐也有很多山地。

童年的回憶最深刻的大概都是阿媽帶我去看歌仔戲、逛廟會，雖然她裹小腳，但是很愛到處亂逛、亂走，經常跑到士林的芝山岩或者關渡、艋舺那邊的廟去拜拜。她也曾去過北港

1 林濟川（一八九三－一九七四），台中人。一九一一年總督府國語學校公學師範部乙科畢業，之後任職林熊徵開設的事務所，曾赴漢口監察林熊徵投資的漢冶萍公司，後轉至林熊祥開設的事務所工作。曾就讀日本東京明治大學商科專門部。一九三八年日本攻陷廈門後，任廈門特別市政府公賣局長、簡任參事。戰後被以漢奸罪名起訴，旋獲釋回台。詳參：許雪姬、薛化元、張淑雅等撰文，《台灣歷史辭典》（台北：文建會，二〇〇四），頁五〇〇；史明，《史明回憶錄：追求理想不回頭》（台北：前衛，二〇一六），頁一一四。

進香，我有跟著同去。我們是早上從台北車站坐急行車到嘉義，再從嘉義坐五分車到北港，歷時三天兩夜。從火車的窗外看到田啊、山啊等等的景色，我當時感覺相當地興奮。孩子時期當然最愛遊玩、最愛熱鬧，只可惜現在都沒有節慶的感覺了。我童年的生活，正月就是過年，二月二是土地公生、三月二三是媽祖生、四月迎媽祖、五月有端午節、七月是普度、八月是中秋、九月是重陽、十月是立冬、十一月是搓湯圓冬至、十二月有一個尾牙。說起來當時不只是士林，台灣人幾乎每個月都在「做粿」，孩子最喜歡做粿了，以前到處都有石磨仔，孩子們就都會去推石磨仔，每家都有。不過現在都撤光光，不知道拿到哪裡去了。

「本地人」與「唐山人、本土人」

講到台灣的民俗節慶，其實這是台灣人、台灣社會之所以形成的重要關鍵。一六二四年那時荷蘭來佔領台灣，主要的根據地就是在印尼的「巴達維亞城」（今雅加達）。他們來台灣的主要目的本來是爲了要當作與大陸地區通商的根據地。後來，因爲台灣的土地肥沃，才想到要種甘蔗、製糖外銷。我們的祖先也就是在那個時候，以奴隸的身分來到台灣。福建、廣東那些地方經常食糧不足、沒東西好吃，所以後來明鄭、清朝以降的漢人移民也持續地零零星星來到台灣。當時來台灣的移民經常是全庄頭的人一起來，到了台灣再一齊去開拓。因爲如此，往往會相互爭奪土地以及水源，也就是俗稱的「顧田水」，後來更經常地演變成所謂的「分類械鬥」。

「分類械鬥」這句話你們知道嗎？當時的台灣社會，大家都佔有「角頭」，動不動就會打起來。但是不管如何，台灣終究是形成了一個有過年、迎媽祖、七月十五等節慶的社會。當時不管哪一個角頭都會負責參拜媽祖的各種事宜。爲什麼台灣民俗在四月時會迎媽祖呢？那時候大家來台灣要渡過黑水溝，都是十個來三個才到，六個去一個回頭。當時的人如果在海上遇到災殃，往往就是靠神、靠拜海神媽祖的精神信仰來度過難關。因此不論是漳州人也好，泉州人也好，還是客家人，大家都會拜媽祖。

於是，即使大家爲了爭田水而相互攻擊，但是那款的內部分裂到了四月媽祖生的時候，又會讓台灣社會裡的「大家」聚在一起。再比如五月初、初五過五月節的隔天，五月六日時大家也都會聚在一起划龍船。無論哪一個地方的角頭，在節慶時，大家都會做伙，在生活裡面的「敵人」到了節慶的時候都會相互成爲朋友，這才慢慢形成台灣人、台灣社會的原型。過去台灣的那些研究者、學者們都沒人發現這一點，我覺得：如果要讀歷史、讀台灣史，那麼必須採取一九七〇年代法國所提倡的社會歷史學的角度，重新思考台灣漢人社會的形成與發展。

除了節慶之外，一旦受到了殖民者的統治壓迫，這些開拓者也會團結起來、一致對外。像清朝的時候，那些來台灣當官員的、任軍職的，還是大地主、商人等等其實也都是漢人，但是當時台灣不被當作是中國的領土，這些官員往往都是剝削漢人移民的政府官僚（official），手段甚至於比他們在中國的時候還要嚴苛，把台灣當成是殖民地一樣剝削，進而演變成統治台灣的人與在台灣開拓的人、移民開拓者（本地人）與官僚（唐山人、本土人）之間的內部矛盾。當時辨別同為漢人的他們、卻不同款的地方在於：這些作官的漢人們都有穿鞋，而那些開拓者則大多是打赤腳的。

所以我才覺得現在對於「本土」一詞的概念，是那些起頭倡議的人沒有歷史觀而造成的。以前講「本土」指的是中國，稱呼咱自己則是說「本地」。本地反唐山，幾乎都是每年在反，所以也才會有一句話說「三年小反，五年大亂」，這些都是從民間社會所產生出來、而不是由一個有知識的讀書人所創造出來的東西。

在本地反唐山的過程中，還產生了一個更加重要的概念，就是「出頭天做主人」。出頭天是說要可以看到青天、要自由；做主人則是說要自己做主。這個概念老實講，台灣人以前在讀歷史時都沒重視。出頭天做主人是一個古代的意識型態（ideology），延續到近代的台灣社會，就成為了我們獨立建國的一個原點。

一八九五年日本政府來台，那些在中國留有舊厝的唐山人、本土人、內地人開始回去中國；等到一八九七年「決定國籍日」[2]後，這些人大多已經走光了——最後一批歸返中國的人，數量大約有五、六千，而最後留在台灣的多是「本地人」。「本地人」是指那些已經把台灣當成家鄉的人。你們想想看：當時從廈門來台灣就需要三暝五日，有時「反風」（逆風）甚至會坐到十八日，所以從福建或者廣東來台灣的農民，基本上跟家人都已經是生離死別了；再加上有的移民自十八世紀時就過來台灣，到日本統治時都已經超過十代以上，和中國也幾乎完全沒有來往，於是就演變成我所謂的「本地人」、台灣人。不過像板橋林家是個特殊的例子，他們雖然在板橋、大溪有很多土地，當時也曾經短暫地回到他們在廈門作生意的根據地。

「現代」的阿爸與文化抗日運動

小時候我家平常都使用台灣話（福佬話），日語只有我阿爸一個人會說，不過我阿媽會唱那條由伊澤修二[3]編寫的「六氏先生」[4]紀念歌。我阿媽會唱這首歌，是因為士林那一帶

2 即「台灣住民去就決定日」。根據《馬關條約》規定，日本應於條約批准換文後的兩年內，准許割讓地的人民得自由處分其財產及自由遷居異地，兩年屆滿後仍居割讓地者則視為日本臣民。依據此條文，台灣總督府於一八九六年八月頒布「關於台灣住民之國民分限（身分）令」五條，規定台民得於一八九七年五月八日前自由離開台灣，是故此日即為台灣住民去就決定日。詳參：許雪姬、薛化元、張淑雅等撰文，《台灣歷史辭典》，頁一〇九六。

3 伊澤修二（一八五一—一九一七），長野人，教育家。主張以國家力量推動教育事業，鼓吹忠君愛國思

的芝山岩在一八九五年以後，由伊澤修二成立了一個芝山岩學堂，招生不多，最後似乎只有十幾個學生。在當時的台灣社會，有一個學堂不用學費就讓你進去就讀，而且其他什麼器材、設施等等也都幫學生準備好，是一件破天荒的事。教書的日本人常常作一些歌曲給這些學生唱，我阿媽便是在聽別人唱歌的過程中，跟著唱起來的。我想她應該是不曉得裡面的意思，只是覺得曲調聽起來很平和。我受過教育之後，在家裡普遍來說還是和家人講台語，除了特別的專有名詞，或是發語詞、嘆詞等對話的頭尾，才會簡單地使用日本話。我們家其他的小孩就讀公學校或小學校的時候也是講台語，到了中學校的階段才開始使用一些日語。

我的阿爸叫林濟川，本來是台中潭子的人，家裡務農。他是日本公學校出身的，個性第一就是正直。他很會唸書，也會寫漢詩，所以公學校的先生（老師）便建議他去台北讀國語學校。當時從台中無法走陸路到台北，他必須從梧棲港，也就是現在的台中港坐船來到艋舺（今萬華）。畢業後他曾經在艋舺的老松公學校教書，然後才讓林本源的大有商行找去做「家長」（當時多稱爲支配人，即今日經理的職位）。後來我阿爸申請「公給」（公費）到日本，在大有商行位於日本的分公司半工半讀，畢業於明治大學商科專門部。在日本我阿爸還滿認眞讀書的，明治大學的學制是三年，一級總共有四百位學生，他跟日本人競爭還考第四名，可說相當不簡單。沒記錯的話，我阿爸應該是在一九二三年東京大震災前就已經回來台灣了，他沒有遇到大震災。我四歲的時候曾經跟著阿母到日本去探望我阿爸，我還記得很清楚，如果下起雪來，沒看過雪的我就會高興地跑出戶外踏雪。

我阿爸就是在日本讀書時參加了由台灣留學生所組成的新民會[5]。當時台灣在日本的統治之下，近代的學問以及二十世紀全世界各殖民地的解放潮流開始來到台灣，產生了如林獻堂[6]、蔣渭水[7]這些人領導的有理念、有組織、有統一主體和統一策略的文化抗日運動。當

想。一八九五年五月總督府聘其為學務部長，於大稻埕開設學務部，推行日語教育，設國語傳習所，主張來台日人也應學台語。一八九七年因經費問題去職。任內雖不到兩年，卻決定殖民地往後的教育方向，影響深遠。詳參：吳密察監修，《台灣史小事典》（台北：遠流，二〇〇〇），頁九八。

4 一八九六年元旦，傳習所的六位日籍教職員於前往台北賀年途中，在圓山河畔遭到抗日分子襲擊而死，史稱「芝山岩事件」。日本人在芝山岩上建立神社與立碑紀念，後稱此六人為「六氏先生」。詳參：吳密察監修，《台灣史小事典》，頁一〇一。

5 以東京台灣留學生為主體所組成之政治運動團體。一九一九年，林獻堂、蔡惠如與蔡式穀、林呈祿等留學生過從甚密，經常交換台灣政治社會改革之意見。隔年在蔡惠如推動下組成新民會，公推林獻堂為會長，旋即推動台灣議會設置請願運動與《台灣青年》之創刊，此後對外活動皆以東京台灣青年會名義舉辦。新民會在東京持續活動至一九三〇年，日後漸趨沉寂。詳參：許雪姬、薛化元、張淑雅等撰文，《台灣歷史辭典》，頁九五〇。

6 林獻堂（一八八一—一九五六），台中人。二十七歲時赴日觀光遇梁啓超，在思想及學問上受其影響。曾發起捐獻創立台中中學校，是該校創始人之一。一九一四年與板垣退助創立台灣同化會。一九二〇年新民會成立，被推為會長。一九二一年領導台灣議會設置請願運動，並被選為台灣文化協會總理。一九二三年出任《台灣民報》首任董事長。一九二七年文協分裂，與蔡培火、蔣渭水等人另組台灣民眾黨。一九三〇年擔任台灣地方自治聯盟顧問。一九四六年應丘念台之邀參加台灣光復致敬團，回台後歷

時林獻堂、蔡培火[8]跟林呈祿[9]這些人籌組了台灣議會設置請願運動[10]，而我阿爸就是同時參與了新民會與台灣議會設置請願運動，他在一九二〇年的《台灣青年》[11]中也有寫文章、擔任編輯。不過，我阿爸做人小心，從另一面講起來就是消極，所以他都不怎麼在台上露面，只有在裡頭默默做事情。

回來台灣以後，我父親在大稻埕一帶的台灣人米商裡面食頭路。台灣經濟那時候最大的問題就是在米、糖方面。我阿爸很認眞，四、五年下來成爲了一位在米穀生產、價格漲跌議題上的專家。同時他也參與了一九二一年由林獻堂與蔣渭水等人主導的台灣文化協會[12]的活動。蔣渭水把他們之前在東京的成果之一——《台灣民報》[13]——拿回來台灣，成爲第

任彰化銀行董事長、省政府委員、台灣省通志館館長等職。一九四九年赴日就醫。一九五六年於東京去世。詳參：吳密察監修，《台灣史小事典》，頁一二七。

7 蔣渭水（一八九一—一九三一），宜蘭人。一九一〇年入總督府醫學專門學校。一九一六年於台北大稻埕開設大安醫院。一九二〇年參與台灣議會設置請願運動，隔年創立台灣文化協會。一九二四年因治警事件被判刑。一九二七年因文協左傾而退出，與林獻堂等人創立台灣民衆黨。一九三一年該黨被迫解散，半年後因傷寒去世。詳參：吳密察監修，《台灣史小事典》，頁一三二—一三三。

8 蔡培火（一八八九—一九八三），雲林人。一九〇七年進入總督府國語學校師範部，畢業後擔任公學校教師。一九一四年參加台灣同化會，次年受林獻堂資助赴日留學。一九二〇年畢業返台後，參與六三法撤廢運動、台灣議會設置請願運動、台灣文化協會，協辦《台灣新民報》。戰後加入中國國民黨。一九四七年任政務委員，連任十五年之久，後又任總統府國策顧問。詳參：吳密察監修，《台灣史小事

典》，頁一三二。

9 林呈祿（一八八六—一九六八），桃園人。一九〇四年畢業於總督府國語學校。一九一四年至日本就讀明治大學法科，畢業後任湖南省立政治研究所教授。一九一九年回到東京，擔任啓發會幹事，次年擔任《台灣青年》雜誌社幹事，參與台灣文化協會與台灣議會設置請願運動。一九二四年因治警事件被捕入獄。自一九二二年起主持《台灣》雜誌，曾主編《台灣民報》、《台灣新民報》、《興南新聞》。一九四一年任總督府評議員，次年擔任皇民奉公會文化部長。戰後曾應邀至南京參加受降典禮，後創辦東方出版社。一九六八年因心臟病去世。詳參：吳密察監修，《台灣史小事典》，頁一三三。

10 台灣議會設置請願運動於一九二〇年底展開，要求設立台灣議會的政治運動。該運動主張，日本為立憲的法治國家，應貫徹三權分立原則；其次主張台灣有別於日本本土，必須單獨設立台灣議會以符合本地需求。此運動自一九二一年至一九三四年為止，歷時十四年，共請願十五次。早期由台灣文化協會主導推動，文協分裂後由台灣民眾黨繼續支持。該運動雖未完成目標，卻喚起台灣民眾對政治、社會與文化意識的認知。詳參：吳密察監修，《台灣史小事典》，頁一二七。

11 《台灣青年》創立於一九二〇年，由新民會發行，以留日台灣學生為對象的刊物，受到辜顯榮、顏雲年、林熊徵等人的贊助，編輯主任為蔡培火，社址在日本東京，被總督府禁止輸入島內。其內容批判總督府統治，提出台灣文化之展望，引起島內知識分子熱衷閱讀，對當時台灣人意識的提升與政治運動的鼓舞，有相當大的貢獻。詳參：林礽乾等總編輯，《台灣文化事典》（台北：師大人文中心，二〇〇四），頁二二九—二三〇。

12 台灣文化協會為一九二一年由蔣渭水、林獻堂等人發起，以文化啓蒙運動為宗旨的團體。初始目的為文化啓蒙，而非政治運動，其最具影響力之活動為文化演講，另有開設夏季學校，講習各類科目，並舉辦討論會。總督府因該團體有激發民族意識之虞而強力打壓。一九二七年分裂，新文協由左傾人士主導。詳參：吳密察監修，《台灣史小事典》，頁一二八。

13 《台灣民報》於一九二三年創辦，前身為《台灣青年》、《台灣》，最初為半月刊，後改為旬刊，一九二五年改為週刊。該報探索台灣的政治、社會、經濟、文化，批評日本在台灣的統治，介紹世界

一份台灣人的報紙。《台灣民報》所聚集的也主要是文化協會的人，以羅萬俥[14]、林呈祿爲中心，默默地耕耘。我們家除了《台灣民報》外，也看像總督府機關報的《台灣日日新報》[15]，當時的報紙都是用訂的，我阿爸兩份都有買。我阿爸那時講起來，在大稻埕裡面也是一個紳士、文人。不過他另一方面也是相當荒唐啦！譬如說在延平北路、從圓環過來的那角落，有一間叫做「黑貓」還是什麼「黑美人」的酒家，他都去那裡喝酒。我還記得我跟阿母兩個人常常在家中等他，我阿爸晚上一、兩點時酒醉返家，在外面喊說：「阿暉啊！開門。」時，我阿母就會對我說：「你不可以幫他開。」

在阿爸參與文化協會的過程中，我也因此認識了一些人、受到他們的影響。好比說：我四歲去日本的時候，叫林獻堂做「伯公太」，因爲我阿爸與他都姓林，又都是台中地區的人，姓林的大家都很團結，就以親戚的關係互稱。至於蔣渭水，我記得他在太平町、也就是今天的延平北路那邊開了一間大安醫院。我阿爸跟蔣渭水的交情就好像是兄弟一樣，那時我阿母如果帶我去大稻埕剪布或者買東西時，就會把我留在蔣渭水的病院裡面，讓我在那裡玩要，蔣渭水偶爾也會買一些糖果給我吃，是我心目中的英雄。另外還有桃園出身的林呈祿，他與我阿爸一樣都就讀於明治大學，當時在東京的台灣留學生大多會彼此探問、拜訪，台灣人大多跟台灣人做伙，所以關係也就變得很親切，等到回來台灣後，又變成家庭與家庭之間的關係，比如說像呈祿伯母也常常和我家來往。

台灣文化協會除了《台灣民報》之外，那時候的活動大都是到各地方的廟埕演講，總共有七、八百場，有時也會放電影，不過這類的宣傳比較罕見，大多集中在中南部。演講活動如果來士林舉行，我阿爸就會帶我去聽。來聽文化協會的人演講的大多都是一般的民眾，頭先都會介紹說民主是什麼款之類的思想，最後才攻擊總督府的施政、反對言論壓迫等等。那些在演講會場的警察雖然都是日本人，但還是聽得懂一點台灣話，如果內容太過激烈，就會大喊「中止（停止）！」，甚至把演講者帶到警察署去。每次遇到這種情況，大家就跟在警察後面，一兩百人的全部跟著到警察署裡，在外邊吶喊、示威，直到警察把演講者放出來才

局勢與思潮。一九二九年改名為《台灣新民報》繼續發行。詳參：吳密察監修，《台灣史小事典》，頁一三九。

14 羅萬俥（一八九八—一九六三），南投人。一九一九年明治大學法學科專門部畢業。一九二四年赴美就學。一九二八年畢業於賓州大學院政治科。返台後組台灣民報社。戰後被選為台中市參議會參議長，又被選為國民參政員。一九四八年當選立法委員，並出任國民黨台灣省黨部執行委員。曾任台灣人壽保險公司董事長、台灣銀行常務董事、彰化銀行董事長、台灣水泥董事。一九六三年於東京病逝。詳參：許雪姬、薛化元、張淑雅等撰文，《台灣歷史辭典》，頁一三三四。

15 《台灣日日新報》為日治時期擁護總督府立場之台灣第一大報，以政府言論機關及「模範的殖民地報紙」自許，帶有御用報紙色彩。一八九八年五月六日於台北創刊，係由《台灣新報》與《台灣日報》合併而成，為日治時期台灣發行量最大、期間最長的報紙。一九四四年與台灣其他五報合併為《台灣新報》。一九四五年十月改隸台灣省行政長官公署，改名《台灣新生報》。詳參：許雪姬、薛化元、張淑雅等撰文，《台灣歷史辭典》，頁一〇八二—一〇八三。

平息。這些情況我都曾經親眼目睹。

說到台灣的警察，普通的警察叫做「巡查」，台灣人裡面也有做警察的，叫做「巡查補」。一個士林警察支廳有一、二十個日本巡查，台灣人的巡查補則只有三、四個。由此可知日本當我們台灣人是三等國民、次等國民。所謂三等國民、次等國民是個形容詞，強調的是台灣作爲殖民地的這個歷史事實，以及台灣人被人家統治、奴役的那種狀態。

文化協會的盛況大概在一九二七年左右開始走下坡，台灣民衆在七、八百場演講以後對他們的熱情漸漸鬆懈了，對他們的好感也一直在降低。以前可能覺得這些人在爲台灣打拚，又都是醫生、律師等，所以大家都很尊敬。但是，後來大家發現這些留學生或地方上的主要人物們都在讀死書，只有知識而缺乏獨立的理念和戰略、戰術，更缺乏實際的鬥爭行動，只停留在感情抗日的層次。正因爲如此，那個時候也才會有像連溫卿[16]等所謂的左派逐漸浮上檯面，或者像簡吉[17]等人組織的農民組合，到全島各地與殖民者周旋。

說實在的，這段歷史對於現在的台灣獨立運動可以說是一個很大的殷鑑。大家都有熱情，但你只會叫別人做事，自己卻不做，只會躲在房子裡寫文章，最後只會讓大家感覺到不是滋味。一九二七年文化協會分裂時，我阿爸主要站在林獻堂、蔣渭水這邊。我阿爸當時已經在米穀移出商組合裡面做專務，和蔣渭水等人幾乎每天都做伙。林獻堂來台北時都住在圓環那邊的「嘉義閣」，南部的進步分子來台北也都住在那。他們都喜歡去北投洗溫泉，有時候洗完溫泉便會繞來士林我們厝裡，我跟他們也就變得很親暱，這邊叫我「阿暉仔」！那邊也叫我「阿暉仔」！大家都好像很愛護我。在這樣子的情況下，我也就不知不覺地產生對於抗日運動的情感。

16 連溫卿（一八九五—一九五七），台北人。一九一三年加入世界語協會台灣支部。一九二三年籌組社會問題研究會、台北青年會，結識日本社會主義者山川均，後傳播其勞農派共產主義思想。一九二七年文協分裂，主導新文協的工農階級路線。一九二八年籌組台灣機械工會聯合會，與王敏川對立，於翌年遭開除。戰爭期間研究民俗，於一九五七年過世。詳參：吳密察監修，《台灣史小事典》，頁一三八。

17 簡吉（一九〇三—一九五一），高雄人，農運領導者。一九二五年組織鳳山農民組合，並指導大甲、虎尾、竹崎等地成立農民組合。一九二六年於鳳山組織台灣農民組合。一九二七年前往帝國議會請願，與日本農民組合、勞農黨等左派團體有所聯繫。一九二九年遭逮捕判刑一年，刑滿出獄後，於一九三一年與王敏川等人組織赤色救援會，不久再度被捕，遭判刑十年，於一九四二年出獄。二二八事件爆發後，與張志忠在嘉義組織自治聯軍，進行武裝抗爭。一九四九年擔任中共台灣省工作委員會山地書記。一九五一年被捕後槍決。詳參：林礽乾等總編輯，《台灣文化事典》，頁一〇五九—一〇六〇。

剛剛提到的像林呈祿、林獻堂、連溫卿，還有像蔡式穀[18]、吳鴻麒[19]等人，都是抗日運動大前輩。只是等到我中學時代，日本政府開始出來壓迫，這些運動就差不多消失了。另一位我印象很深的是陳逢源[20]，我那時叫他逢源伯。陳逢源是台南人，他是詩人，同時也是個經濟學家。我們家與蔣渭水、陳逢源、林呈祿他們都算是世交，士林如果有迎媽祖等什麼節慶他們就會來，他們有什麼事我們也會去。我記得林獻堂與陳炘[21]在台中一同籌辦一個「大東信託」[22]，陳逢源本來在那當理事，後來才到台北出任《台灣新民報》的經濟部長。陳逢源住在建成小學校附近，我小時候也常常去給他請客，去吃他們台南的擔仔麵。

「封建」的阿母與阿媽

相較於我阿爸，我阿母則是全然的封建思想。一個是農家出身的台灣新知識分子，一個

18 蔡式穀（一八八四—一九五一），新竹人。一九〇三年畢業於總督府國語學校，後考取明治大學專攻法律。一九二三年取得辯護士資格，於大稻埕開業並參與政治社會運動。旅日期間即與林獻堂等人在東京組織啓發會。一九二一年台灣文化協會成立，擔任理事及台北支部主任。一九二三年擔任台灣議會期成同盟會理事，後因治警事件被捕入獄。台灣民眾黨成立後，擔任該黨顧問，並促成台灣地方自治聯盟。曾於一九三五、一九三九年兩度當選民選議員。戰後受聘為台灣省通志館、台灣省文獻委員會委員。詳

參：張子文、郭啓傳、林偉洲撰文，《台灣歷史人物小傳——明清暨日據時期》（台北：國家圖書館，二〇〇六），頁七〇九。

19 吳鴻麒（一八九九—一九四七），中壢人。一九一八年畢業於總督府國語學校。一九二八年畢業於私立日本大學專門部法科。一九三〇年取得辯護士資格，於台北開業。一九四五年出任台北地方法院推事。二二八事件爆發後，參與二二八事件處理委員會，於三月十三日遭逮捕，三月十七日屍體在台北近郊南港橋下被尋獲，死前曾遭凌虐，時年四十九歲。詳參：林礽乾等總編輯，《台灣文化事典》，頁三八五—三八六。

20 陳逢源（一八九三—一九八二），台南人。一九一一年總督府國語學校畢業，任職三井物產株式會社。一九二〇年辭職後參與台灣文化協會與台灣議會設置請願運動。一九二三年因治警事件被捕。一九二七年與林獻堂等人組織台灣民眾黨。台灣民眾黨左傾後，又與林獻堂、蔡培火、楊肇嘉等人於一九三〇年組織台灣地方自治聯盟。戰後擔任省議員，主持過華南銀行、台北區合會儲蓄等業務。詳參：林礽乾等總編輯，《台灣文化事典》，頁七五八—七五九。

21 陳炘（一八九三—一九四七），台中人，金融家。總督府國語學校畢業後，任大甲公學校教員，後赴日考上慶應義塾理財科，期間積極參與民族運動，參加新民會及《台灣青年》。一九二三年進入哥倫比亞大學攻讀經濟學。一九二五年取得碩士學位，返台後被林獻堂聘為台灣文化協會夏季學校講師。一九二六年與林獻堂合組大東信託株式會社，擔任專務取締役（總經理）。一九三〇年出任台中州協議會會員。一九四五年日本投降，與林獻堂、葉榮鐘發起歡迎國民政府籌備會，後因被認為涉嫌參與許丙、辜振甫等人之台灣獨立事件而被捕，後獲不起訴處分。二二八事件爆發後，以民眾代表的身分與蔣渭川等人會面陳儀，三月十一日被捕，一去不回。詳參：林礽乾等總編輯，《台灣文化事典》，頁七五五—七五六。

22 為對抗日本人對台灣金融業的欺壓，陳炘、林獻堂於一九二六年組成大東信託株式會社，被認為是台灣經濟運動之中樞機關。一九三四年成為島上存有的五家信託公司中成績最優秀者。一九四四年遭合併。詳參：林礽乾等總編輯，《台灣文化事典》，頁七五五。

則是在家庭一貫的封建作風中長大，兩個人不管在思想或生活上都同款的不合。我阿母當然也會叫日本人「臭狗仔」[23]，不過並不像我阿爸那樣背後有著深刻的意涵。

當然，我稱「封建」的這個概念都是從西方來的。「封建」這個詞是日本翻譯自西方，再被中國人拿來使用。西洋的封建時代就是指由封建主和農奴所組成的一個挺封閉、挺束縛的社會。在這個社會中，封建領主可以從這個圈子到其他圈子自由往來，但是農奴若沒有封建主的許可，就不能從其管轄的領域出去。當時歐洲從八世紀到公元十四、五世紀都是所謂的封建、基督教的絕對主義一元論。十字軍東征算是封建歐洲與東方世界接觸的開始，接下來等到哥倫布的地理大發現，達迦瑪等歐洲人到印度、亞洲等地，見識到中東阿拉伯世界、新大陸以及亞洲後，千餘年只固著在歐洲世界的看法才慢慢改變，資本主義商人階級也才因此慢慢產生出來。

相較於歐洲，中國的封建時代雖然大朝代不斷更替，如漢朝換成三國，三國再換成隋、唐，但是體制本身卻沒有變換，都是假借儒學的帝王主義。孔子的儒學其實有兩個面向，一方面是說人性、道德的問題；另一方面則變成帝王封建統治的思想背景。我阿公、阿媽只生了我母親，所以非常疼惜她，請一位先生來家裡教，讓她唸漢學、學漢文，甚至到我出生以後她還繼續在學。像是《三字經》、四書五經、《論語》、《孟子》等她都很熟悉，清朝末期湖南曾國藩的家書她也有唸過，而這些都是正式的孔孟學。她常常會說「家用長子，國用大臣」這種話，其實就表達了一部分的封建帝王思想。但是，我阿媽就不是這樣。雖然她由於家裡出過舉人，所以充滿著封建思想，也是封建社會的人，但是她沒唸過我剛剛所講的那些書。我阿媽的名字是施邱氏桂，因爲我阿公很早就過世了，她從年輕時就守寡吃素，也因爲我阿公在阿媽還沒生男生時就過世，所以我在古早很重視「傳後代」的這個情況下，被叫去做我阿媽的孫，我的弟弟、妹妹則是我阿母養育的，我沒有被媽媽抱起來餵奶的回憶。不過我小時候還是跟我的弟弟、妹妹一起玩耍，無論姓林或姓施，吃飯都做伙，什麼都做伙。我有三個妹妹、一個弟弟，弟弟戰後在日本入籍當日本人，排行第三的妹妹，則是在一九四三年戰爭期間去廈門找我父親時，乘坐的輪船被美軍潛水艇擊沉，埋身海底。我阿媽是很賢明的人，在照顧這些孫子時相當周全，雖然說孩子們的姓不一樣，表面上也不會比較偏袒我——當然只是表面上啦！像有時候我跟我弟妹玩耍，我阿媽會說：「阿暉啊！你就適可而止，不要對弟妹太過好。」我到東京以前都和我阿媽睡，吃穿都是由她打理，頭經常被

23 日治時期不少台灣人以狗稱呼日本人，將日本人「畜牲化」，以回應日本人的民族歧視與差別待遇，在不能或不便直接以狗辱罵日本人時，則或多以「四腳仔」（四跤仔，si-kha-á）代替，另有「狗仔」、「臭狗」、「日本狗仔」等負面稱謂。詳參：陳君愷，〈「番」、「臭狗」與「四腳仔」——試析日治時期台灣人對日本人的負面稱謂及其歷史意義〉，《台灣史學雜誌》，第二一期（台北，二〇一六年十二月），頁三—五〇。

她像和尙一樣剃得光光的。在小時候影響我、比較好的東西，主要都來自於我阿媽的教誨。我覺得，我阿媽雖然不會寫字，但是思想很深。她的心肝很寬闊，而且很體貼人，她常常強調做人要有正義感、對人要體貼，像是「路見不平、拔刀相助」、「做人要有志氣，不能輸人；但是自己要嚴，對別人要寬」等等這些道德的、做人的道理。雖然我母親也是教我要對人誠懇，但是她所強調的主要都是對外、是在社會的這個層面。也因此相較之下，我的弟妹他們就比我自私，從小就都會有一些利己的觀點。

當時，我們施家與林家都住在一起，施家就是我阿媽這邊的家族，林家就單單我阿爸，沒有其他姓林的親戚。我爸爸雖然住在施家，但不是入贅。我阿媽比較有錢，她很年輕就守寡，幾乎都自己一個人生活。她有二十幾甲的田，收來的地租她自己一個人也用不完，但她還是很節儉、很樸素，不過對人卻是很大方。到後來，我中學校時她的財產增加爲八十甲地。所以那時我阿母與我阿爸要結婚，她便到士林街再起一間厝，我們家裡的開支也都是我阿媽負擔。

我阿母對我的教養則是採用斯巴達（Sparta）的管理方式，動不動就打罵。不過我想她也是天下父母心，要我比別人好。只是就小孩子的心態，一旦每一項都被她罵，便也自然地與阿媽更加親近。我阿母在讀書方面對我很嚴格，一直希望我能夠做醫生。當時咱們台灣的每一個庄、每一條街上，就是只有一、兩個醫生而已，主要都是畢業於蔣渭水讀的那間台北醫學專門學校。人生中比較不好的事，一項就是生病，一項就是跟人有糾紛。生病需要醫生，有糾紛就要找律師。所以那時候醫生、律師的地位都很高，經濟上也特別豐富，名聲也好，幾乎所有的父母都希望自己的小孩做醫生，第二的話就是做公學校的教員。

當時我自己的想法，覺得醫生主要應該是爲了救人，大家當醫生卻爲了賺錢、想要變成富翁，好像多是爲了自己。我跟我阿母的衝突就是在這一點上。我雖然自己不想當醫生，但是也沒有反對別人做醫生，像蔣渭水是醫生，更是一個文化抗日運動的領袖。我台北一中台灣人的同學裡面，九個當中有六、七位後來都是當醫生。

一九三八年我進入了日本的早稻田大學，一九四二年畢業後爲了參加抗日直接去上海，戰後又往解放區[24]去，我在解放區那裡看到中共的獨裁、無法無天，逃回來台灣以後又只從一九四九年住到一九五二年。我阿母是一九五〇年死的，當時她的年紀是五十三歲，死的時候我人在台灣。至於阿媽則是一九六九年過世的，她活到九十幾歲。我爸爸則是聽說在一九八〇年代、一九八二年或一九八三年間過世的，他們兩位過世的時候我都不在台灣。

24 中日戰爭末期，中國共產黨將抗日根據地改稱解放區，意指中共完全控制的地區。在解放區內有黨的組織及其領導的政府、軍隊，並推行土地改革及其他社會改革。詳參：《中國人民解放軍歷史辭典》編委會編，《中國人民解放軍歷史辭典》（北京：軍事科學出版社，一九九〇），頁五七七。

乾爹施振興與阿姑林玉英

我有一位很疼愛我的阿姑，她是我阿媽的養女，名字叫林玉英。我阿姑家本來住在雙溪，因爲與我阿爸同樣姓林，所以我都叫她阿姑。我阿媽自小養她，本來是打算要與我振興阿舅湊成一對，他們兩個都不是我阿媽生的，而是領養來準備傳香火的，但是我阿姑一生跟我阿媽同款吃素，都沒有嫁人。說起來，沒有人能像我阿姑的個性一樣好，都在做別人不願意去做的事情。我阿媽有裹小腳，所以不能做廚房之類的家事，我阿母也從來不曾「落灶跤」煮飯，都由我阿姑她一個人煮飯，我們全家人所吃的飯菜都是她做的。就連我們家的小孩要去學校、要洗澡、睡覺等大小事都是玉英阿姑在發落。所以，我阿姑在我的童年中也算是一個重要的人物，事實上，我們的關係比起保姆還要親，對我們顧頭顧尾的。而且她人也很溫柔，用日語來說的話就是「優しい」，我阿母如果生我的氣，她就會勸我說：「你不要跟你媽媽這樣，你要好好地唸書。」要是我阿母有時候不讓我吃飯，她也會偷偷拿給我吃。

我阿舅的名字叫施振興，他也是我的乾爹。我阿媽是很公平的人，不管是不是她親生的，都一樣讓他們受教育。我阿舅唸師範學校，當時師範學校的畢業生得履行五年的教學義務。我阿舅結束義務教學後，向我阿媽提出請求，希望能夠到東京去學音樂。我阿媽當時會准許他去東京學音樂，可以說是一件很難得的事情，這個決定的開銷不小，光買一台鋼琴給他練習，就是一筆很大的費用。當時台灣人也有人去日本唸美術、繪畫，但是去唸音樂的就只有我阿舅，以及另外一位家住迪化街、學小提琴的李有土。我阿舅到日本留學後，每逢暑假就會回台灣，他曾教我一些童謠，讓我之後對音樂產生了相當的興趣。

我阿舅在東京第三年還是第四年的時候得到了腹膜炎，以當時的醫療技術來說，幾乎等於絕症。我阿舅原本想留在東京，不肯回台灣，裹小腳的阿媽便一個人到東京去帶他回來。從這件事情就可以瞭解，我阿媽的性格也是相當堅強的。我阿舅得到腹膜炎差不多是一九二三年東京大震災以後的事，只可惜我舅舅回來台灣也是沒藥醫，後來便過世了。那時我阿妗大肚子，但是還不知道肚子裡的孩子是男是女，等到我舅舅過世幾個月以後孩子才出生，是一個男嬰。

第二章
殖民地教育

我阿爸對我的教育比較放鬆。我阿母當初要嫁給他的時候，阿媽拿了五千圓給她當嫁妝——那時候五千圓很了不起，我阿媽蓋那棟兩層樓房時，連一百圓都花不完。我阿母有錢，所以就比較不靠我阿爸，我阿爸也因此對家庭、孩子等每一項事情都比較放鬆。所以即使我父親他自己有讀過漢文，漢詩也寫得很好，我和我妹妹、弟弟都沒有學過正式的漢文，不過因為阿母的關係，曾經唸過《三字經》、《千字文》等等。小時候的記憶力比較好，像人之初、性本善、性相近、習相遠這些現在都還記得，像唱歌一樣地記住。我還沒上學以前，說實在沒看什麼書，平常大多和阿媽去燒香、看戲。但是從我入小學校以後，由於台灣從日本進口的童書越來越豐富，像什麼「兒童文庫」還是每個月出一期的《幼年俱樂部》等等，我就開始養成讀書的習慣。當時我自己平日閱讀的刊物，幾乎都是我自己去書局買的，我還記得當時台北有一個日本人開的新高堂書店[1]。我平日的開銷等等，都是由我阿媽負責的，我向阿媽說要買書，她大多都會把錢拿給我。

我八歲時去唸士林公學校，一年以後，在二年級時轉學到建成小學校。轉學的原因是因爲我阿母要我去讀好學校，將來才可以去當醫生。小學校的學生程度比較好，畢業以後如果想進中等學校、醫專就學的可能性也比較高。當時小孩子的想法也希望自己可以到比較好的學校，所以雖然我阿母在督促我唸書的時候讓我感到很艱苦，但是一進去小學校，也會感覺得到自己比人家好的驕傲。至於我的妹妹們則是唸公學校，後來就讀於第三高女（今中山女高）；我的弟弟則和我一樣去建成小學校就讀，後來唸台北二中（今成功高中）——台北二中是台灣學生人數比較多的中學校。

小孩子當然都是愛玩耍，但是我對學校的功課還是很用心，課業上沒有放鬆。我一年級到六年級的主任老師，名字叫松山先生。他一個人教國文（日文）、算術、日本歷史與地理，以及理科等科目。雖然我在班上大多唸第一名、第二名，但是這位松山老師對我也沒有特別地優厚，和同班學生一樣同等看待。當時我不管在小學校或中學校，都覺得日本老師不

1 新高堂書店為日治時期台灣最大的書店。一八九八年，在台日人村崎長昶以「新高堂」為商號，在台北市榮町一丁目（今重慶南路、衡陽路口）開設文具店，兼營書籍販賣。後由於日人移民增加、殖民教育推行，使書店迅速發展，轉以經營書店為重心，業務範圍包含書籍與文具銷售、日文圖書進口、教科書出版，成為全台首屈一指的大書店。戰後原經營者遷回日本繼續營業，原址改為東方出版社。詳參：蔡盛琦，〈新高堂書店：日治時期台灣最大的書店〉，《國立中央圖書館台灣分館館刊》，第九卷第四期（台北，二〇〇三年十二月），頁三六—四二。

會因爲課業的表現而對我比較好，或者是有差別待遇，這點上他們維持得相當公平。學生也一樣，沒有在區分說你是台灣人、我是日本人。不過當時我自己心裡面總是有一種想法，覺得說：「我是第三國民，我要反日。」

那時候小學校一個年級有甲乙丙丁四個班，甲乙班是男生，丙丁班是女生。甲班裡的台灣人只有我跟一位叫李復禮的，他是個很勤學的人。乙班則有一位彭明輝，也就是彭明敏[2]的哥哥。小學校裡的台灣人並不多，我看每一屆差不多三、四個而已。那時台灣學生與日本人學生之間不太有互相看輕的情況，一桌坐兩人，大家要玩耍的時候也都是互相做伙。若是在吃便當，大家也都會彼此交換菜色，日本同學那邊拿那種不知道用什麼豆作成的、煮成甜的便當，我們台灣人這邊帶去學校的則多是菜脯蛋，或者是滷蛋。他們日本人愛吃滷蛋，所以我們就常常這樣子換來換去。

我上學之後就一直學日文，當時台灣學生在學校都講日本話。我入學那年是虛歲八歲——直到現在我都還是算虛歲，如果要算實歲，我反而沒有實際的感覺——轉學至小學校後我又重讀了一年級，因爲我阿爸是文化協會的成員，所以一開始校方還打算不讓我入學，後來是校長要我再從一年級重讀，才進了建成小學校。準備轉學到小學校時，讀的多是公學校的書，沒什麼補習，不過從學校回到家裡，如果還沒有把今天授課的內容背好、唸完，我阿母就不放我自由行動。後來要考台北一中時，家裡請了一位很出名的記者許炎亭[3]當我的家庭教師。那時候我一個禮拜去他家上兩、三次課，他家就住在大橋頭附近，主要學的是日文和算術。我第一年就考上了台北一中，家人都很高興，我心裡也很歡喜，可以看成是我小時候的一種虛榮心。

台北一中時期

當我考上台北一中時，家人很高興，但也沒有給我什麼禮物，那時候沒有給禮物的習慣。因爲就讀小學校降級一年的關係，所以中學入學時我已經十五歲了。台北一中有學寮

2 彭明敏（一九二三—二〇二二），台中人。十二歲舉家遷居高雄。一九四三年入東京帝國大學政治科。一九四四年遭遇美軍空襲而失去左臂。戰後轉入台大政治系，畢業後至加拿大、法國留學，先後取得碩博士，並返國任教。一九六三年當選十大傑出青年。一九六四年因與學生謝聰敏、魏廷朝草擬〈台灣人民自救運動宣言〉而遭到逮捕，原被判刑八年，後經蔣介石特赦，並遭到當局長期監控。一九七〇年逃亡至瑞典，後至美國從事學術工作，期間擔任台獨聯盟主席，並在全美奔走推動台獨運動。一九九二年返台，並於一九九六年代表民進黨參選總統。詳參：林礽乾等總編輯，《台灣文化事典》，頁七九三—七九四。

3 許炎亭（一九〇九—？），日文名龜山炎亭，台北人。一九三三年畢業於台北帝大政學科，任職台灣新民報社。一九三七年擔任大和行祕書，後又轉任大裕茶行總經理。一九四二年入香港實業界。詳參：興南新聞社編，《台灣人士鑑》（台北：興南新聞社，一九四三），頁九五。

（宿舍），我若要去住的話也可以，但是士林跟台北很近，淡水線的五分車到台北車站也只要十五分鐘，所以我經常從現在的台北車站走到植物園對面的台北一中，路程差不多要花三十分鐘到三十五分鐘左右。有時我也會坐「自轉車」（腳踏車），經過現在的監察院，由三線路再彎到小南門，從植物園到校，這樣大概得花上四十分鐘的路程。

我就讀台北一中的時候對歷史比較有興趣，除了日本歷史、世界歷史以外也學東洋歷史，就是像中國與印度等地的歷史。當時我覺得英文是死板的東西，數學也是死板的東西，其他的像物理、化學都一樣，但是歷史有它自己的演變，所以歷史這一門是我自中學就很喜歡、很注重的學科。不過，市面上很少有偏向歷史的雜誌，我看的大多是像《少年俱樂部》，或者漫畫尪仔冊那些東西。等到我中學比較高年級的時候，由於我阿爸對讀書這方面很有興趣，加上他從東京回來的背景，所以像在日本較爲重要的雜誌如《文藝春秋》[4]、《中央公論》[5]還有《改造》[6]等，他每一期都買，對這些雜誌都很重視。我就會趁我阿爸買回來的時候一起閱讀。如果你想要看日本普遍資產階級、知識分子的讀物，他們大多就是在讀這些雜誌。我讀《文藝春秋》的習慣一直持續到現在，另外像《中央公論》等寫社會、寫思想的東西也訂閱至今，已經看了七十幾年了，始終保持著一種習慣。總之，因爲我阿爸的緣故，我的讀書習慣比較偏向大人的讀物。不過我們父子之間的討論就很少了，雖然有時候還是會講一些。這些可以算是我個人的一個知識基礎。至於那些由台灣人出版的、銷路較小的雜誌，我並沒有看過。那時候台灣人寫的多是中國的白話文比較多，但是沒有專業的「文學家」，只有一個從日本大學畢業的士林人楊雲萍[7]比較有名，我對他的文章也沒什麼興趣，因為他寫的大多都是文學性質的東西。

4《文藝春秋》為日本作家菊池寬與芥川龍之介、久米正雄等七人於一九二三年創辦之藝文雜誌。太平洋戰爭後曾歷經短暫休刊，後逐漸轉型成為綜合雜誌，受時人評價為國民雜誌。一九七四年對推翻田中角榮內閣發揮決定性作用。詳參：京大日本史辭典編纂會，《新編日本史辭典》（東京：東京創元社，一九九五），頁八八四。

5《中央公論》為綜合月刊雜誌。前身為一八八七年創刊的《反省會雜誌》。一八九九年改為現名，由瀧田樗陰擔任主編，致力發展藝文，為大正民主時期的核心雜誌，並參與昭和年間馬克思主義的興起。一九四四年被迫停刊。一九六二年因刊載深澤七郎的〈風流夢譚〉，使時任社長嶋中遭到右翼分子襲擊。《中央公論》除了政治評論外，更廣泛納入經濟與社會議題，直至今日。詳參：京大日本史辭典編纂會，《新編日本史辭典》，頁六五六。

6《改造》於一九一九年創刊，為日本大正、昭和年間的綜合雜誌，共發行四百五十五冊，主要關注社會問題、勞動議題及女性議題。昭和初期，左翼色彩較《中央公論》更為濃厚。一九四二年以細川嘉六為首的數名編輯者遭到逮捕。一九四四年被迫停刊。一九四六年復刊。一九五五年因內部問題再度停刊。詳參：京大日本史辭典編纂會，《新編日本史辭典》，頁一五八。

7楊雲萍（一九〇六—二〇〇〇），本名楊友濂，台北人。一九二五年與江夢筆創辦台灣第一本白話文雜誌《人人》，開啓白話文創作的先聲。一九二六年進入日本大學，師承菊池寬、川端康成。戰後擔任台灣行政長官公署簡任參議。一九四六年出任《台灣文化》主編。一九四七年任教台大歷史系，是戰後最早鼓吹台灣史研究之人。楊雲萍不但作家、史家雙棲，更是日治時期新文學作家中，少見的古文、白話文、日文俱佳的作家。詳參：林礽乾等總編輯，《台灣文化事典》，頁八七九—八八〇。

我之所以對歷史感到興趣，源自於平常晚上老人家們聚會，或者我們士林每逢十五普度、十四放水燈等節日時，總會講起台灣的過去、以前在士林發生過的事情，其實就是講古啦！這些事情大多是清朝時候發生的，有些並沒有被記錄在歷史書上。比如像我叔公曾經說過林爽文的故事。當時在林爽文佔領台灣兩三年的時光中，士林也有林爽文的部下駐守，後來這些人戰死了，被民眾埋在芝山岩，稱做是「大墓公」[8]，每到七月十五普度時，士林人都會祭拜這些好兄弟。我聽到林爽文事件[9]時年紀還很小，還沒上學，不過小時候的記性很好，所以都會記得別人說故事的內容。不過我好像沒有聽過像鴨母王朱一貴[10]的故事了，長輩也很少提及中國早期的歷史故事。

等到了我中學階段，雖然大多在唸日本歷史，但我對歷史的興趣還是沒有改變。那時候的中學課程是這樣安排的：三年級是教日本歷史，四年級是教世界史。地理也一樣，分成日本地理和世界地理。雖然沒有教台灣的歷史與地理，但是我們知道台灣有淡水河、濁水溪等等，老師在上課時都會將台灣的地形概況，比如台北長什麼樣子，台中、台南等地也大概都有講授。我反而都不知道什麼長江、黃河，當時的我對於長江、黃河也沒有什麼興趣。

台北一中裡有一些老師讓我留有很深的印象，頭一個是軍事訓練的、大家都怕的老師，叫做新沼先生；另一個是歷史老師，叫做古屋先生；還有一個是國文（日文）老師，名字叫做井島先生。當時國文教的多是日文古文，譬如「這裡有東西」，口語是「アルケルド」，

若寫就寫成「アルケレド」這樣。國文課也有教漢文，就是中國的漢文，像是陶淵明的〈歸去來兮〉就讀成「キキョライケイ」，把它當作「明文」、做一個符碼來讀。

至於軍訓課方面，我們自一年級就有軍事課，而台北一中也是軍事課出名的學校。學校的軍事老師講起來就是盡忠報國，他們做人雖然很嚴格，但也有很體貼的一面，也是有人性的。我們一年級時要學習立正之類的基本動作，光是這些動作就練習了一年。二年級時比較沒有訓練，三年級、四年級就是由剛剛提到的新沼老師教軍事課，他可是出了名的嚴格。全台灣都在說台北一中有一位偏名叫做「猿助」的新沼老師——「猿助」即日本小說裡面的「猿飛佐助」[11]，一個可以飛簷走壁那樣的人。如果我們的動作稍微不對，他就會叫你重複

8 即芝山岩大墓公，又稱芝山岩同歸所，為林爽文事件及漳泉械鬥喪生者合葬之處。

9 林爽文事件為發生於乾隆年間的民變，是台灣史上規模最大的抗清事件。林爽文為台灣天地會北路首領，於一七八六年起兵抗清，先後攻下大墩（今台中）、彰化、竹塹（今新竹）等地，天地會台灣南部首領莊大田亦率眾響應，台灣西部陷入戰爭狀態，僅剩台灣府城未被攻下。後清廷派福康安為主帥，至一七八八年才完全平定事件。事後清廷以諸羅縣守城有功，將之更名為嘉義。詳參：林礽乾等總編輯，《台灣文化事典》，頁四五八—四五九。

10 朱一貴（一六九〇—一七二一），又名朱祖，福建漳州人。一七一四年來台，在台灣道衙門充當差役，離職後轉往下淡水大武丁（今屏東）養鴨為業。一七二一年，攻下台灣府城，自稱中興王，建號永和，人稱「鴨母王」，後被捕至北京遭凌遲處死。詳參：吳密察監修，《台灣史小事典》，頁四三。

11 猿飛佐助為「說書」故事的主角，由第二代玉田玉秀齋創作的甲賀流忍者。其師從戶澤白雲齋，為真田

一遍，如果你又沒做好，他就會叫你去運動場跑幾圈。我記得有一年夏天，我背著一個包袱又拿槍，中午在運動場做軍事訓練時，中暑受不了而昏了過去。照常理來說，這麼嚴格的人應該會來罵我才對，但是新沼老師卻跑去他們事務所（辦公室），拿了一杯不知道什麼的藥給我喝。我一喝下腹肚底，整個人便開始發汗，也開始有了精神。本來我起身想要走回行伍中，他就笑笑地說：「施，你不用，在這裡休息就好。」然後，他們就繼續行軍。那時他的態度讓我感覺到，這個看起來這麼嚴格、這麼可怕的人原來還是有一些人性。學生們即便一開始都不想做軍事訓練，我不想，日本同學們也不要，大家對他都是怕得要死，但我還是看到了他做人的這項特點。

當時台灣社會已經開始有了戰爭的氣氛，但還沒有到像太平洋戰爭那時的狀況。每逢防空演習，校方會將學生們關在教室，把門都關起來，再施放催淚彈。教室裡暗颼颼，大家你抓我、我抓你，不但很害怕，而且一直流眼油。老師隔了好一段時間才會開門，讓大家去運動場上集合。我們三、四年級時每學期也都會去新竹湖口的大練兵場練習打靶，一年去兩次，每次都在那邊住一個禮拜。湖口的練兵場非常大，是專門軍事訓練的所在。經過他們日本人的訓練，我變得比較會搶時間、比較有紀律，也懂得體貼別人。後來我去和中共的八路軍[12]打國民黨時，總覺得他們的紀律趕不上日本軍人，拿起槍桿一副吊兒郎當的樣子。日本的軍事紀律說起來有一個侵略的思想作基礎，但是嚴格的訓練背後，也有幫助一個人建立社會的規則與秩序等種種觀念。

我在小學校的時候，若說起算術我可是全班第一的；進入台北一中，因為我阿母常常說數學沒用，所以我也就沒有再繼續加強，一中時數學課的成績大多拿乙，甲乙丙丁的乙。日本人同學中成績比我好的很多，這些日本人同學在台灣出生，生活的水準也比一般的台灣人較好。有些人甚至是醫專校長、高官的小孩。不過我這個人跟別的台灣囡仔不同款，說起來就是比較荒唐，我老愛跟他們那些日本孩子一起玩，踢球我就跟他們踢球，柔道我就跟他們柔道，沒感覺到有那款本島人與內地人的差別。我那時候最擅長的就是跳高，還有兩百米的中距離，另外像那個ハードル（hurdle，跨欄）——就是擺好幾個架子，一邊跑一邊跳的那種比賽——因為我腳長，很容易就可以跨過，就算是日本學生也會誇獎我、給我拍拍手。

下課之後，我會去釣魚或者是做其他的娛樂。台北一中當時禁止學生去看電影，也禁止在外面買麵或者是買點心等外食來吃。這些禁令不是只對台灣人，日本學生也都是這樣。不

幸村所用，對抗德川陣營，最後在大阪夏之陣戰死。一九一三年，該角色在立川文庫之「真田三勇士忍術名人猿飛佐助」初登場，頗負人氣，活躍於各個小說及電影當中。詳參：上田正昭、西澤潤一、平山郁夫、三浦朱門監修，《日本人名大辭典》（東京：講談社，二〇〇一），頁八八四。

12 一九三七年盧溝橋事變後國共合作，國民政府軍事委員會宣布紅軍主力部隊改編為國民革命軍第八路軍，後改稱第十八集團軍，由朱德任總司令，彭德懷任副總司令。國共內戰時，八路軍被編入中國人民解放軍。詳參：《中國人民解放軍歷史辭典》編委會編，《中國人民解放軍歷史辭典》，頁七。

過日本學生大多住在城內，阮台灣學生要不是住在艋舺就是大稻埕，從士林若坐「孔明車」（腳踏車）就一定會經過大稻埕，到大稻埕就會去看相當摩登的電影，去台北的市場買雞捲、蚵仔煎。而這些地方離城內太遠了，所以校方也沒有管到這裡來。彭明輝他們那些台灣學生大多在讀書，很少在遊玩，看起來是很乖巧，但也比較會有一點順從日本學生的感覺。但是我沒有，就像剛剛講的，我都跟他們平等對待，甚至常常跟他們「相拍」（sio-phah，打架）。譬如說去運動，結束了大家就會去喝水，當大家都在排隊時，有一些比較流氓氣的日本學生就不排隊、想要插隊，一些比較不想要起爭執的日本學生也都會讓給他們。有一次輪到我，我不但不讓位，甚至還直接推倒對方，結果「相拍」得很厲害。那時來勸阻的同學都是日本人，咱台灣人像李復禮還是彭明輝等人都只是站在那邊，不敢過來。後來他們才來跟我抱怨：「你怎麼這樣興事、起事？」不過即便打得流血，打架完後我和那些日本同學還是彼此講話、做伙。

我認爲當時的我不是興事，而是因爲我受到我阿爸他們那群台灣文化協會成員的影響，很早就有了「我們台灣人是第三國民」的意識，也因爲讀了一些像《改造》、《中央公論》的雜誌，知道什麼叫民主、平等，雖然當時還不能夠被稱作是概念，但隱隱然形成一種情感，我經常會想：「如果你是一個人，那我也是一個人。雖然我是第三國民，但我跟你日本人一樣也是一個人。」

「中國」印象

在我唸台北一中的階段，對於中國已經完全把它想成是外國，對中國的瞭解也很少。因爲一八九五年台灣被日本佔領後，唐山人都返去中國，再加上後來日本殖民政府想要淘汰台灣的中國色彩，在講話、讀書等等方面下功夫，也施行了很多措施。譬如說：總督府來到台灣的第一件事情就是調查戶口[13]，結果那時候台灣人有兩百六十多萬；後來則是土地調查[14]，台灣社會原本有大小租[15]，是清國對台灣的殖民地統治型態，向上推的話像荷蘭時代

13 台灣總督府為確立居民的權利與義務，於一九〇五年進行第一次臨時台灣戶口調查，為台灣第一次具有嚴謹調查方法的戶口普查事業。一九一五年，進行第二次臨時台灣戶口調查。一九二〇年，正式實施第一次台灣國勢調查，即第三次臨時台灣戶口調查。此後每隔十年進行一次國勢調查，每次國勢調查之間，每隔五年進行簡易國勢調查。詳參：林礽乾等總編輯，《台灣文化事典》，頁一二一一一二二。

14 一八九八年台灣總督府開始實施地籍調查、三角測量、地形測量等，統稱為「土地調查」事業。調查歷時七年，所及區域以西部平原為主，同時整頓清代大租戶、小租戶、佃農之間的土地關係，將小租戶確定為真正的土地所有權人，有納稅義務，從此一田多主的複雜土地關係趨向單一化。詳參：吳密察監修，《台灣史小事典》，頁一〇七。

15 清代台灣「一田二主」墾佃關係中，大租戶為清政府所承認的業主，需繳納正供；小租戶則為佃戶，需繳納大租給大租戶，並向現耕佃人收取小租。由於小租戶與土地有直接關係，乾隆以後勢力超越大租戶之上。詳參：許雪姬、薛化元、張淑雅等撰文，《台灣歷史辭典》，頁四一、九四、一〇三。

有大結、小結。[16] 到清朝爲止，這種明定的農業制度讓一個土地上面有做田的人，又有小租戶在地方管理，更上還有大租戶在剝削，這也是台灣常常「反」的原因，更造成那些開拓農民清一色地變成了台灣人。日本使用土地和戶口調查，目的就是終結台灣跟上一個時代的殖民者中國之間的關係，除此之外，日本也限制台灣與中國之間的交通往來。那時候台灣人要去中國，還得取得類似今日去到外國所需要的旅券（護照），審核非常嚴格。如果看日本總督府自己做的統計就可以發現，每年來往的人數大概只有一、兩萬，主要都是去廈門做走水（tsáu-tsuí，走私）、留學。台灣人也很少有看到中國人的機會，來到台灣的中國人大多都是那些釘皮鞋的、剃頭髮的、做總舖師的，籍貫上也是以福州人比較多，他們與台灣人講話上並不完全相通。而相較於前往中國的重重困難，台灣人則是自由來往於台灣與日本之間。所以說，台灣人對中國的瞭解漸漸地就好像是外國一樣生疏。總之，我在中學校的時期，沒有像後來別人所說的那樣、有將中國視爲祖國的感覺。我阿媽平日也經常會說：「他是唐山人，不要跟他做伙。」我想我阿媽因爲是活過清朝時代的人，體驗過作官的唐山人欺負我們本地人的情況，所以她才會說出那樣的話吧！

日本政府在台灣採取的是殖民地政策，對台灣的剝削當然很厲害。譬如說：日本政府一年就拿走五百萬石的米，一石的分量大概就是一布袋，一個人可以吃一年。那時候的布袋是台斤兩百五十斤，公斤的話便是一百五十公斤。米都拿去了，糖也跟著拿去。台灣那時候糖的生產量每年有一百四十萬噸，其中一百二十萬噸都拿去日本。不過正是因爲配合製糖產業，日本對台灣施行很多資本主義的基礎建設，而等到製糖產業壯大起來之後，台灣人的生活水準也就跟著提高。總之在我中學的時代，中國跟台灣的水準已經相差很多了。

因爲日本人的統計很厲害，所以我很清楚瞭解到台灣、中國跟日本三地的文化水準是不同的。那時文化水準最高的是日本，次於日本的就是台灣，印度那時也還很落伍，中國就更免講了。中國當時是軍閥時代，蔣介石的北伐是一九二六年從廣東開始的，所以它的社會文化程度跟台灣原則上是完全不同的。韓國，那時候叫朝鮮，也是低台灣很多、比台灣更苦。朝鮮到終戰前都還要日本投入資金；台灣在一八九五年時雖然一年還得放八百萬的日幣來經營，但是到一九〇五年時財政就已經獨立，沒再從日本那邊拿輔援金。我們平日也分得出日

16「結」是一種拓墾組織的單位，亦為空間單位，分為小結和大結。數十佃為一小結，負責區域稱為結，頭人為小結首；數十小結為一大結，負責區域稱為圍，頭人為大結首。結首制已被現今學界確定源於嘉慶年間的噶瑪蘭地區，但由於過往學者史料解讀的錯誤與訛傳，使得多數人將其視為荷蘭時期所留下的開墾制度，史明亦不例外，在其多部著作亦可見此種論述，故此處應為史明長期以來之誤用。詳參：王世慶，〈結首制與噶瑪蘭的開發——兼論結首制起自荷蘭人之説〉，收於湯熙勇主編，《中國海洋發展史論文集（第七輯）》（台北：中央研究院中山人文社會科學研究所，一九九九），頁四六九—五〇一；陳柏翰，〈史明的變與不變——試為其思想做分期〉，《史苑》，第七八期（新北，二〇一八年七月），頁三〇—三一。

本人、台灣人與中國人，中國來的就講福州話，講得那樣伊伊啊啊聽不懂，老實說起來，當時候的台灣人是看不起中國人的。

對於台灣社會的觀察

我們家住在士林，那一帶過去有一段時間爲了田地而發生過分類械鬥，這種情況到了日本時代已經消失了，但是互相對立的態度仍然依稀存在。我個人兒時與客家族群還算頗有接觸，因爲我有一個阿姨，也就是我阿媽的弟弟的女兒嫁去苗栗。日本時代客家人跟福佬人的對立感還是很深，只是沒有像清朝時代那樣大家一起出來「鬥」。原住民就比較沒有辦法接觸，因爲他們都住在山上，只有在他們被帶來台北觀光才有機會碰到。那時候他們都還沒有穿褲子，只用一條帶子遮住。我們漢人當時對原住民還是很輕視，都叫他們「生蕃」，後來我有意識到這背後存在的歧視意味，才想說不可以這樣子稱呼人家。我認爲原住民族的存續在將來也會是一個問題，一個種族如果要崩潰的話，在人口上都是一直走下坡。日本接收台灣之初，在人口上福佬人是百分之八十五，客家人差不多百分之十三、十四，至於原住民才十多萬人而已，到日本戰敗左右則擴大到三十六、三十七萬人，但是直到今天，台灣的原住民人口還是只有大約四十多萬人，不能算是很大的進展。

我去日本求學前對台灣社會的觀察，由於思想上已經受到我阿爸他們那些文化協會成員像林獻堂、蔣渭水的影響，所以我自己在主觀上是反日的，總是叫他們日本人是「臭狗仔」，咱台灣人是「第三國民」。不過實際上跟日本人同學做伙時，也沒有感覺他們對我們有什麼差別，即使我用所謂「臭狗仔」來形容那些日本人，在學校裡大家玩來玩去也是同款，讀書也同款，相拍也同款，就在這個矛盾裡面成長。這兩種情緒其實都是很抽象的一種感情，說不上有什麼很確定的信念。我去日本時中日戰爭已經爆發了，戰爭初期日本方面的報導都是捷報，台灣社會中大家都很快樂，各種物資都有，要怎樣遊玩、喝酒還是幹嘛都還很豐裕。那時候不單單我，一般的日本人也沒有什麼戰爭的感覺。這種情況差不多到一九四〇年美國封鎖了日本在石油與廢金屬方面的進口以後，日本本地的經濟發展才整個停頓下來。至於台灣則是直到一九四一年以後美軍用潛水艇封鎖海路，才開始缺乏物資，讓大家產生出戰爭期的意識。不過，由於我在一九四二年九月時已經抵達上海了，所以沒有經驗到因為戰爭所產生的生活變化。

第三章

留學早稻田與左翼思想的萌芽

「偷渡」日本

後來我之所以想要到日本唸書，主要是因為在我就讀台北一中三年級時，我阿母開始有些著急，一直要我去讀醫專、當醫生。我其實並不反對醫生這個職業，但是醫生這項職業跟我的興趣不合，讓我非常苦惱。雖然我那時候還沒有什麼思想，但是我一方面因為林獻堂、蔣渭水、陳逢源等人和我阿爸的關係，另一方面也因為單純，常常會受到正義感的催促，有一種「路見不平，氣死閒人」的情緒，所以當我看到台灣的學生都在讀死書，然後去做醫生，主要的目的卻不是要救人，而是賺錢，才會覺得有些排斥，覺得醫生往往比較看重自己未來的個人享受和社會地位。此外，像李復禮、彭明輝這些不敢反抗日本學生的人，他們的志向都是當醫生，所以我更加對醫生這項職業產生了反感，心裡想著：「那些唸醫生的都沒路用啦！都只想到自己。」

當時台北一中需要唸五年才可以畢業，我大概在四年級讀到一半就開始心慌，想趕快去日本，因爲一旦我升上五年級，我阿母就會找人幫我補習，那時候想跑也跑不了。所以我才會騙我阿媽說要繳學費、拍畢業照什麼的，拿了二十五圓打算一個人偷偷地跑到日本，用在台北一中就讀滿四年的修業證明書去報考更高等的學校。我要去日本這件事，事前並沒有跟我的台灣人同學們商量，像李復禮等人，都是我到日本之後才知道這件事情。

我用我阿媽給我的錢買了一個行李箱，行李箱裡面其實也沒有什麼東西。因爲如果你不提一個行李箱，走在路上很容易被警察盤查。我從台北坐火車到基隆，卻在基隆車站那邊遇到我阿媽的弟弟的兒子，算起來是我的舅舅，我都叫他坤土舅。坤土舅因爲要送兒子去日本讀中學，才會碰巧在那邊遇到我。他一見到我就問：「你怎麼走來這裡？」然後就把我拖到電話亭邊，打電話回施家。我在旁邊有聽見他們電話中的對話，我阿母一直罵著：「啊！死囡仔死囡仔！」但是我阿媽知道這件事後卻只說了一句：「年輕人要去哪裡就讓他去。」就這樣簡單的一句話，我阿媽厲害就厲害在這裡。她已經四十多歲了，當時台灣社會只要五十幾歲就被當成老人、講話有分量。就是因爲我阿媽的這句話，舅舅才放我搭船前往日本。

我搭的船叫「高千穗丸」，總共花了五天四夜才坐到神戶，然後再從神戶到東京。那隻船有一萬噸，設備很豪華。我在船上的時候，我阿母打電報來要我認眞唸書，老實說，直到那時候我的心裡才算是眞的放下了一顆大石頭。

補習班與下宿屋

我到東京時並沒有人接應，不過我抵達東京後馬上聯絡家裡，家裡就寄了兩百圓來。我到當時學生聚集的神田區，找了間只給學生住的、多附有早晚兩餐的「下宿屋」——也叫「下宿」或「素人下宿」，就是屋主蓋一棟房子，樓下自住，樓上租給學生那種業餘的旅館。下宿的房間有分一人一間或兩人一間兩種，兩個人合住就是十八圓，我選住一人一間，每個月二十圓。我住的那間下宿全部大概住了二、三十位學生，不過時間太久遠，我忘記那間下宿的名字了。

由於我在一九三六年三月才到日本，已經來不及在四月入學，所以我是補習了一年以後，才再進去早稻田大學讀書。我去補習的那間補習班很大，座落在一個小山頭上，叫做「駿台予備学校」。補習班的課程有國文（日文）、數學、物理化學，還有歷史，都是大學入學考試會考的東西。或許也因爲是預備學校吧？它們的學風比較鬆，不像中學校那樣嚴肅。補習班教室的位置是自由座，所以如果你比較早到教室，就可以坐到比較前面的地方。教室裡常常是這邊的人唸自己的書，那邊的人唸自己的書，表面上看起來很孤立，但其實也很自由。補習那年我大多從宿舍走路到學校上課，平常也就幾乎在這兩個地方往來。不過，青少年要發展朋友關係總是很快，如果朋友要出門遊玩，我也會和他們一起出去，比方說去上野看櫻花，也常常到新宿、澀谷等地方，要去那些地方玩就得靠路上的輕軌電車。當時我覺得看到的每一項事物都很新鮮，覺得和台灣有著相當的不同。

那些和我一起出去玩的朋友大多都是補習班的同學，現在我已經不記得他們的名字了，因爲相處的時間不長，一、兩年而已，平常如果沒有相招去玩，也就像剛剛講的那樣你讀你的書，我讀我的書。我在日本一律都是和日本人做伙，很自然地一直一直深入日本人的生活，不像其他台灣人去到日本都群聚在一起、台灣人只跟台灣人好，我不一樣，當時我的生活圈裡沒有台灣人，也沒有中國人。我對日本學生說我自己是台灣人，他們反而會對我比較照顧。

那時的開銷，主要就是交通費與去食堂吃中餐的飯錢。吃飯之外還有一項開銷就是去錢湯洗澡的錢，每洗一次花五分錢，我每天都去洗一次。至於準備考試的時候所需要的參考用書，書錢也不貴，每本大多三角、五角，很便宜。這些開銷與補習的花費都是我阿媽負責的，因爲經濟上有家人的支持，所以都不用擔心錢的事情。

我在「駿台予備学校」時，讀書比在台灣認眞多了。戰前日本的大學有官立大學和私立大學兩個系統，官立大學就是像東京大學那種一流的學校，非得要唸「一高」的學生才可能考進去，裡面的制度大多師法德國、傾向統制方面，大多數人去唸官立大學，圖的不外乎是做官僚，待不住的人就去當律師，離自由與民主思想比較遠。雖然日本當時早已撤換了幕府，但像長州藩、薩摩藩等支持天皇的勢力，思想其實還是一樣封建。至於民間私立大學如早稻田大學、慶應大學，則大多遵循英國的想法，學風比較自由，有社會良心、有自由民主思想的知識分子，大多來自早稻田大學或慶應大學。一般來說，台灣的學生到日本留學，普遍對政治不感興趣，而我則是因爲我阿爸的關係，加上我從小就看到《中央公論》、《文藝春秋》、《改造》等雜誌上面刊載很多早稻田教授的文章，所以在台灣的時候，就已經動念要到日本去讀早稻田大學的政治經濟科，到了日本以後更沒有改變這個志向。不過我沒有什麼經濟學方面的概念，所以只打算一直從政治這方面繼續深入下去。

一九三七年農曆二月，我參加了早稻田的入學考試，除了早稻田大學以外並沒有報考其他的學校。早稻田大學的入學考試主要考歷史、國文、英文、理科、數學，錄取的比例大概六、七人中有一個。早稻田有一個「高校」，叫做高等學院，從高等學院出來以後再分成學部，也就是文學部、理工學部等等。所以說，要考理工科的人會比較注重唸理工科的東西，唸文科的人會比較注重文科的課程。台灣到日本的學生與日本本地的學生都一起參加考試，但是普遍來看，從台灣去日本的中學校畢業生程度還是比較差一點。

考完入學考試以後，我的心情很惶恐，一直想著「自己到底會不會考上？如果沒考上要怎麼辦？」等等這些問題。後來校方拍電報來宿舍說我考上了，我才到早稻田大學去看榜。那時候大概三月放榜，四月一號便是入學典禮。當時的我看到台灣來的學生大多讀醫科，只有我自己一個人唸政治科，心中的確是有一點感覺到自豪。

第一學院

我那時候進到早稻田大學，心裡第一印象是哪有放假放這麼多的學校！像是第一學期有春假，從新曆一月二十三休到三月十五左右，暑假就是六月二十三休到九月十五，再加上一個冬假，過年的時候另外還有年假。當然如果沒註冊、到課的話是不行的，學校上課還是有一定的規則，比如說你出席的情況不佳，學校就會貼出公告，如果情況沒有改善，繼續這樣子的話到最後就會被退學。早稻田大學的風氣也讓我嚇了一大跳，學校裡無論你是日本人、朝鮮人、台灣人，大家都是同學，不分你我。雖然當時我自己心中有那種「我是第三國人」的感覺，但實際上卻發現自己和別人沒有什麼太大的差異。

我在早稻田大學的前三年唸第一學院，後三年才到大學部的政治經濟學部。所謂的第一學院就像日本人在讀大學前所讀的高等學校一樣，是中學四年級就可以報考的，要讀三年；另外也有第二學院，則是五年級畢業才可以報考的，只要讀兩年。不管是第一還是第二學院，加上中學校修業時間都是七年。第一學院每天有三門課，大多是九點開始，十二點到一點間休息，三點就下課了。放學時，大家經常在校園裡無病苦吟、討論人生的意義，有的同學就說人生是苦的，說著說著就一起喝起酒來。那時候的學生分成兩類，去咖啡店的學生我們叫他們「軟派」，就是經常點一杯咖啡讓女孩子陪他們聊天那種；喝酒的就是「硬派」了，他們大多在學校附近的小酒店、酒攤子，喝完還會再去新宿等別的地方繼續喝，一攤接著一攤，有時候酒後嗓門大，說著說著就要打起架來。

我在第一學院時中日事變[1]已經爆發，當時日本不管是公共輿論或者是社會主義思想等都已經開始管制，不過學生們大多不管當時的情況，言論上都還是很自由，頂多買書時比較祕密而已。老師在上課時的言論就比較不自由，但是我們大多一看就可以知道老師的思想較偏向哪一種。比如說讀憲法的老師，就沒有社會主義的思想，因爲他是讀日本憲法的，強調主權在天皇，不在國民身上。其他的老師則大多沒有很明顯的立場傾向，他們在當時的日本都算是第一流的老師，我們也常常跟在他們身邊聊天，不是只有在玩樂而已。

第一學院大多教那些比較高級的科目，除了物理、化學之外，最要緊的是有讀哲學、心理學、歷史，以及像政治概論、經濟概論等等，可說就是要準備進入大學的「預備科」，給我們一些讀大學時所需要的基本知識。例如像謝雪紅[2]，就是我在第一學院研究台灣歷史時才從日文書籍中認識到的人物——一九二八年謝雪紅在上海創立台灣共產黨，正式的名稱是「日本共產黨台灣民族支部」，然後回來台灣從事地下工作，不過等到一九三一年就被逮捕了。她被逮捕時我還在唸小學校，只知道報紙上寫有一個叫謝雪紅的人被抓，聽說他們看起來都很像妖魔鬼怪。

我就讀於第一學院時所學的歷史，已經算完全是歷史學，是所謂的「學問」了。好比說日本史，在小學校、中學校就已經唸過兩次，在第一學院又讀了第三次，不過已不再像小學校、中學校那樣子教。其他如西洋史我也讀得很熟悉，後來我寫的那些有關民族主義的文章，大多都是以在第一學院時期得到的知識爲基礎，再自己額外發展下去完成的。我們也有教授中國史，不過唸得很死板。校方大多自文學部裡面找有些名氣的歷史學老師，來第一學院教中國學問的基礎知識，而我也才因此對中國近代社會、中華民族主義、中國共產黨等開

1 即七七事變，又稱盧溝橋事變。一九三七年七月七日，日本中國駐屯軍在中國北平附近的宛平縣進行軍事演習，夜間日軍以有士兵失蹤為藉口，要求進城調查，遭到中方拒絕後，便向宛平城和盧溝橋發動進攻，此為中日戰爭爆發的起點。詳參：中國軍事百科全書編審委員會，《中國軍事百科全書：軍事歷史》（北京：軍事科學出版社，一九九七），頁九一六—九一七。

2 謝雪紅（一九〇一—一九七〇），本名謝阿女，彰化人，台灣共產黨創始人，台灣民主自治同盟主席。曾為童養媳，後逃離傳統婚姻束縛，隨張樹敏前往日本與中國，學習日文與漢文，並見識五四運動。一九二一年參與台灣文化協會各項運動。一九二四年隨林木順前往上海，次年進入上海大學，後又進入東方大學，奠定共產思想的理論基礎。一九二八年在上海成立台灣共產黨，後被捕入獄。二二八事件爆發後，曾被推選為台中市民大會主席，並設立台中地區治安委員會作戰本部，參加二七部隊與國軍進行游擊戰，後逃出台灣潛赴香港，與廖文毅共組台灣再解放聯盟，因理念不合又轉至上海成立台灣民主自治同盟。在中共政權下擔任多項要職，卻因台灣意識濃厚而遭批鬥。詳參：林礽乾等總編輯，《台灣文化事典》，頁一〇五〇—一〇五一。

始有些基本的瞭解。至於像日本共產黨或社會主義等方面，雖然老師只講一些概論，不過比起在台灣，已經算是有初步的認識了。

我就讀於第一學院時剛好二十歲，同學們則大多十八、十九歲，這個年紀剛好是一個人的人生觀、價值觀等等逐漸形成的階段。那時候我對於哲學，如希臘柏拉圖、亞里斯多德等人的著作都很有興趣，不過由於我對老師講的那些內容並沒有什麼基礎，所以只是先由老師起頭、默默聽過去，其他的再自己胡思亂想。好比說：我是爲什麼活著？我活著又是靠什麼才能活下去？雖然當時並沒有創造出什麼確定的人生觀，不過透過同學們在課堂上彼此討論、各持己見地暢談自己的想法，即使最後往往沒有結論，還是可以導引出思想的方向。

當時我們做學問，認識到一個主要的前提：所謂的「文明」，並不是我們的、不是東洋的東西，它指的是西洋的東西。「文明」與「文化」這兩個詞彙在學問上說起來是有些差別，但是生活中則沒有。「文明利己」，便是說我們閱讀文明、受到洗禮之後，就能讓自己擁有一些特別的機會。好比說當時台灣人能夠唸中學校、尤其是一中的人，每一屆大概只有三、五個，再加上二中的台灣人學生，這些人如果要再上一層去讀醫專等等的學校，成功的說不定還不到學生總數中的兩成。所以有機會可以接受到西洋的任何學問，總是讓人感覺有些驕傲。

當時對我特別有意義的，應該是「現代」這個詞彙了。我在第一學院的時候，透過歷史學逐漸體會到：所謂的「現代」，指的是人類自古早的共同社會（community）生活型態當中，分工合作，進而慢慢發展成封建社會、資本主義社會的結果。古早的人類如果要獵鹿，就會分成誰去趕鹿仔、誰去擋鹿仔、誰去打鹿仔，這就是分工。既然是分工，所以獵物帶回來也是平均分配，不過這種型態並非馬克思[3]在談的共產社會，而是共同社會。而一個社會要生存，就需要有一個地盤。如果有別人侵入捉鹿仔的範圍，大家就會爭搶。這個社會的地盤和那個社會的地盤，往往會伴隨人口膨脹而彼此衝突，進而發生戰爭。一旦戰爭爆發，沒有組織就一定會輸，所以才開始出現如司令一般、負責指揮的人，也出現一些治療疾病的，或者懂得看星象變化、占星的人，變成共同社會中的領導者，這也就是剝削的開始——共同社會開始變成束縛人性的奴隸社會、封建社會。

3 馬克思（Karl Marx，一八一八—一八八三），普魯士哲學家、政治經濟學家、社會學家、政治學家、革命理論家、歷史學者。一八三五年入波昂大學，後轉入柏林大學。一八四一年獲哲學博士學位。一八四二年為《萊茵報》撰稿，引起普魯士當局不滿，遂遷居至法國巴黎，後因從事革命而被迫遷居比利時布魯塞爾。一八四四年與恩格斯會面，兩人成為戰友，合著多篇論著，一八四八年完成的《共產黨宣言》即是其一。一八四八年法國爆發革命，馬克思返回普魯士從事革命，失敗後遷居英國倫敦，潛心理論研究，完成《資本論》第一卷等多部著作，同時關注國際工人運動發展，成為第一國際領導人，表態支持巴黎公社，並對社會主義各派提出見解與批判。詳參：黃丘隆、結構出版群主編，《社會主義詞典》（台北：學問出版社，一九八九），頁三六—四〇。

然後這個封閉的封建時代，因爲幾個因素而慢慢瓦解：第一就是十字軍東征，第二是發現新大陸，人們因此開始擴大了他們的視野；最後，商業、資本主義的發展，也讓封建時代原本自給自足的生活型態大幅改變。封建時代的歐洲區分成一個個區域，除了封建主以外的人行動都不自由，大家都以爲這個世界只有自己。像台灣在封建時代，台北人即便知道旗後（高雄）、大墩（台中），但都不曾去過，也沒有機會接觸到那邊的人。這種情況對商業、資本主義市場擴大的需求來說，是很大的障礙。像亞當・斯密（Adam Smith）就曾說，從瑞士到柏林要經過二十三位封建領主、課二十三次的稅金。於是受不了的商人就聯合農民以及工人，一起去打破封建制度，開始形成了所謂的「現代化」。而現代化的第一步就是承認人是社會中存在的個體，而不是只將社會看做一個整體；第二就是發現個性、承認人的權利，人們開始察覺到：你是人，我也是人，個人的意識逐漸覺醒，人的人性（human nature）還有人道主義獲得了重視，這些都可視爲現代化的開始。

政治經濟學部與留學生的日常

第一學院的課業結束後，我到政治經濟學部政治科就讀。我在第一學院的同學到大學的時期各自都讀不同的學科，後來大家都去當兵，沒死的只有幾位當新聞記者的同學而已，這些人日後都當上編輯長、社長，還有一兩個去當國會議員。政治經濟學部分成政治、經濟兩科，要是讀政治科就比較集中在世界史、政治史、英國史，或者像憲法、行政法這類的課程；而如果是經濟科，就會讀亞當．斯密的《國富論》等。經濟科的人數較多，差不多三、四百位；政治科較少，才一、兩百位。不過由於政治科和經濟科屬於同一學部，所以有一些比較原則的東西還是會列爲必修課，像政治原論或者是經濟原論，就是政治科、經濟科學生都要修的共同課程。大學部三年間，我修過的課也接近八、九十門課了，我算是很勤於出席的學生，玩得很勤勞，但去學校也很勤啦！

那時候上課經常會分組，好比說我在第一學院時的哲學課，就分成A組到I組，每組才二十多人，學生們和老師都很親近，老師也很民主，上課也沒有分老師或者學生，有亂發問的同學，也有發言攻擊老師的同學，老師有時候甚至會說他講的內容不對，我們說的才是正確的。有時候晚上我們幾位同學一起喝酒，討論時有什麼不清楚的地方，即使是半夜兩三點了也到老師家敲門請教。老師偶爾還會帶我們到吃高級料理的地方。總之在早稻田大學中，老師和學生的關係跟別的學校都不一樣。在帝國大學中絕對不會發生這種事，老師就會有老師的架子。至於另外一間私立大學慶應的學風也是很自由，不過他們比較形式，學生多穿西裝，也比較不會像我們這樣過日子。我大學階段印象較深的老師是教世界政治史的老師，他相當出名，也常常在《文藝春秋》還是《中央公論》上寫文章。另外還有行政學、經濟學以及憲法的老師——我雖然讀政治，但是法律沒有唸得很詳細，只有讀憲法。

進到政治經濟學部的時候，學校的氣氛和一九三七年那時就大有不同了，言論尺度因爲戰爭擴大而進一步限縮，有老師就因爲攻擊議會制與軍部而遭到逮捕。不過，雖然老師被抓，學生之間的氣氛還是有一定程度的自由，還是會在學校裡面公開講一些批評時局的話，有時還爭論到面紅耳赤。同學中有支持自由民主主義的，也有支持社會主義的，但就是沒有人贊成獨裁。一般說來，如果是自由民主派的學生就比較會公開談到軍部，社會主義派的就比較「地下」、不會把自己的論調說出來。我自己則是因爲反帝國主義、反封建的立場，在當時的學生當中算是比較尖銳的分子。不過，爲了避免留下證據，我們沒有辦小型的報紙或學生刊物。

當時我去早稻田上課都坐小田急的私鐵，日本的幹線分爲官營和民營的私鐵。我如果要到學校，就要坐到新宿換車，再到高田馬場，然後走差不多二十分鐘的路程到學校。那時候已經有巴士了，但是由於裡面的人太多、太擠，所以我大多還是用走路的。上學前的早餐多在下宿屋解決，房東準備的味噌湯，我到現在還覺得相當美味，尤其是天冷的時候，味噌湯熱熱的，喝下去都不知道有多爽快。早餐除了飯、湯，還有醃漬物像蘿蔔等醬菜，以及魚乾。雖然菜色很簡單，不過年少時代很會吃，每餐都裝了兩三碗。至於中午和晚上，我大多和同學、朋友一塊去食堂吃，邊吃邊聊天。日本的食堂有很多選擇，當時我還年輕，什麼都吃，不過比較常吃魚，日本的魚烤起來很好吃。我也常選那種由店家作成一套、有飯也有湯的套餐，再加上醃蘿蔔，一份十五分錢就可以讓一個人吃得很飽。偶爾也會去吃蕎麥麵或者鰻魚，多是七、八個人一起去。另外還有一客十五分錢、頗有日本風味的咖哩飯，也是我在日本經常吃的食物。

晚上在食堂吃完飯以後，常會到酒家喝酒。那時候酒量不小，啤酒都用灌的，一次喝個幾十瓶。有時候沒辦法回去，直接躺在那邊就睡著了。我記得有一次早上醒來一看，竟然發現手錶不見了。後來才知道因爲我身上的錢不夠付帳，所以手錶被老闆拿去典當。我看這樣不行，因爲那支錶是我阿爸從香港買回來的、瑞士生產的錶，於是就趕快跑回家拿錢，快一點把它贖回來。

我阿媽那時候每個月寄一百圓到日本給我，算是很大的一筆錢。普通學舍一個月十八圓，剩下這麼多錢要拿來做什麼？我就拿來買曲盤和喝酒。不過，由於我擔心把錢花完，所以我都是先交住宿費，每次去澡堂的開銷、中午吃便當的錢等等也都先留下來。在早稻田大學裡，每次喝酒大家都會搶著出錢，不會說讓有錢的人出、沒錢的喝別人的酒。如果我家裡寄錢來了，我就會說：「我家裡寄錢來了。」別人也是一樣。錢剛寄來的那幾日，每天都去喝酒；手頭比較不寬裕的時候就看看書，去學校上課、和同學聊聊天，然後就回宿舍，這樣平常也就不會花到什麼錢，頂多只有中午的餐費而已。

有時候我也會離開東京去泡溫泉，像日本東北、仙台再上去一點的地方。東北的溫泉我很熟啦！因為春假比較短，所以沒回台灣的話我就會去溫泉區住一整個星期。那時候東北多下雪，差不多有幾尺厚，穿了鞋子踩下去都會滑一下、滑一下這樣。溫泉區的房間裡多用一個架子蓋著棉被，裡面有火爐，可以把腳伸進去取暖，喝酒或幹嘛的都坐在旁邊。我也曾經和四、五個同學一起去過九州，四國就沒有去了。那時候想省錢，坐凌晨三點發車的火車，總共要坐二十幾個鐘頭。晚上坐車其實也有很快樂的事情，像火車上賣的鐵路便當，由於每一個地方賣的便當口味都不同，一次就能吃到三、四個各地方不同口味的便當，感覺到相當滿足。京都也是我很熟悉的地方，我都會去奈良看佛像。北海道的話我就沒有去過了，不過講起來也算是去過北海道。因為有一次我急需用錢，就先把一些棉被等都拿去典當，可是後來放太久，再不贖出來就到期了，所以我就跟我阿媽騙說要去北海道玩，請她寄錢來。她寄了三十多元來，我再用那筆錢去把棉被領回來，後來再請住在北海道的同學替我拿一張明信片，隨便寫一寫寄回台灣充數。

當時我的想法是：來日本就要吸收日本文化，所以不管是京都的佛像，還是鄉下的點心、溫泉等，好吃的就去吃，好玩的就去玩。而且那時候人又不多，四處都很清靜。我也曾經穿日本衣服去學習茶道。我一位住在小田急那邊的同學，他媽媽是茶道老師，我每禮拜都去一次，穿那個白色的日本衣服、裙子等總共三件去他們家學習。主要是為了一個氣氛啦！前後去了兩年多的時間。總之，我比起其他的台灣人學生，比較有深入日本人的生活型態。台灣留學生大多住在公寓，自己煮、自己吃、自己睡，生活多和台灣學生一起，對日本的生活和文化的瞭解也實在比較生疏。由於戰前日本人並不吃豬的內臟與豬腳，肉店都堆得滿滿的，台灣學生就會去要，都不用錢，拿回公寓以後就做燉豬腳、豬心、豬肚、豬肝等料理。我則是直接跟日本人、日本學生過一樣的生活，所以比較能夠瞭解日本的生活和文化。不過，這種情況也可能是因爲在政治科裡面只有我一位台灣學生。早稻田總數兩萬多位學生中，在商科讀企業管理的台灣人似乎有兩位，理工科好像有一兩位，但是都很難碰面啦！大家上課的時間也不相同，比較沒有相處的機會。

我在日本唸書時，如果不說破，別人大多聽不出我是來自台灣的學生。我沒有台灣腔，主要是受到了讀書環境的影響，因爲我小學是唸小學校，公學校與小學校的課程內容雖然都差不多，主要就國語、數學，還有日本歷史、畫畫、運動等等，不過就日語的腔調來說，唸公學校或小學校的學生終究還是有些差別。後來到台北一中，來往的同學也大多是日本人，一百個同學當中只有兩、三位台灣人，長期下來，我的口音和一般的日本人就沒有兩樣了。儘管從腔調聽不出來我是台灣人，我在日本的時候還是會在一開始就表明我的身分。

精神的滋養：曲盤與書

我在早稻田大學的時候，因為環境的因素而開始接觸古典音樂。台灣要接觸到古典音樂的機會很少，我是等到去日本以後，才發現日本當地像西洋曲盤、機器等等應有盡有。早稻田大學附近就有大概四、五間專賣曲盤的店家，每一片十二英吋的曲盤要價大約五角銀。大學時期我收集了近八千張的十二英吋曲盤，像貝多芬我就有他第一號到第九號的交響曲，第五號的命運交響曲、第六號的田園交響曲是最出名的。每一號交響曲都有好幾張曲盤，像命運交響曲就有五張，田園交響曲則有六張，第九號交響曲則差不多六、七張。由於當時我們早餐的費用大多只花十多分，所以一張曲盤在當時算是相當貴的。

我大學時喜歡聽的作曲家除了貝多芬，還有巴哈、韓德爾、舒伯特、蕭邦與馬勒等。那時候的音樂很單純，沒有像現在那麼複雜，很容易選出自己想要的音樂。那時候我對古典音樂挺瘋狂的，沒錢買曲盤時甚至連自己冬天用的棉被都拿去當。我喜歡聽古典音樂，當然也跟小時候舅舅教我的那些童謠有關係。在早稻田大學，老實說就是很浪漫啦！有時候在宿舍放唱片，一聽都聽到天亮。

除了古典音樂之外，我也開始讀一些文學作品。我小時候在台灣就有閱讀像《幼年俱樂部》等雜誌，算是看課外讀物的發端啦！不過要等到我進早稻田大學第一學院，老師開始要求我們閱讀，才算正式讀起小說。我們那個時代，文學的主流是象徵主義，美術繪畫方面也都是以象徵主義爲主流，可是我最喜歡的文學作品大多是俄羅斯的，像托爾斯泰等人，我都讀得很有系統。法國文學則讀過雨果的《悲慘世界》，此外還有彌爾頓的《失樂園》等等。至於日本文學方面，我從古典的作品開始，一路讀到明治維新。像《台灣人四百年史》一九六二年第一次出版時，爲我裝裱的武者小路實篤[4]就是日本文學的大文豪。

我讀第一學院時經常去小路實篤的家，他都叫我：「施さん（先生）！施さん！」他們這些人看到台灣人都會特別照顧，同情我們受到日本殖民統治的可憐處境，所以最後也就變成很熟識了。武者小路實篤的興趣很廣泛，因爲他是文豪，所以常常和那些做陶器的、畫圖的人有來往，如果我們一起出席，他就會向大家介紹我說：「這是台灣人的施さん。」我也就與那些人結識了。後來我曾經從他那邊拿到當時相當出名的畫家的一幅作品，一九五二年我再一次抵達日本，還去找過他，他也仍然很歡迎我的來訪。

4 武者小路實篤（一八八五—一九七六），東京人，小說家。東京帝大（今東京大學）肄業。一九一〇年與志賀直哉等人一同創刊文藝雜誌《白樺》。一九一八年為實踐其理想主義，於宮崎縣建設「新村」。除了小說及戲曲，在詩、畫方面也相當活躍。一九三七年就任藝術院會員。一九五一年被授予文化勳章。代表作有《友情》、《真理先生》、《人間萬歲》等。與史明熟識，並曾為《台灣人四百年史》題字。詳參：上田正昭、西澤潤一、平山郁夫、三浦朱門監修，《日本人名大辭典》，頁一八七五；史明，《史明回憶錄：追求理想不回頭》，頁二四八—二四九。

對我而言，小說被當成是吸收人類歷史中沒有辦法親身經驗的工具。當時我更開始建立評斷小說好壞的標準。這個標準並不是以日常生活爲依歸，即便小說中有反派、正派人物，我也不會因爲角色的一些行爲而有所好惡，基本上還是會看一些比較原則性的東西——主要就是human，就是以人的觀點來看。所謂人的觀點，並不是叫你站在地主或者有錢人、窮人的觀點來看事情，那是在講普遍的人性、human being。比如說蘇聯屠格涅夫與杜斯妥也夫斯基等作家，就都是以人性作爲觀點來進行創作的，托爾斯泰更被視爲人道主義的作家。彌爾頓的《失樂園》也是強調人性的作品——他批判一千多年來用絕對主義統治歐洲的基督教，算是脫基督教的一個開始。另外像雨果的《悲慘世界》，也是一直在脫離神、接近人，已經完全變成人道主義了。老實說，小說方面如果有系統地讀，那麼自己的思想也就會跟著轉變。我會進去社會主義的思想，也是從人道主義開始的。

我在第一學院三年級後期的那時候，開始讀到一些翻譯成日文的魯迅[5]作品，像〈孔乙己〉等都有讀，茅盾[6]則是到中國才唸的。茅盾的兒子後來跟我一起在聯合大學讀書，我們兩人還同班。至於台灣的文學我不太熟，知道的台灣作家大多都是文化協會的那些人，並不清楚張文環、呂赫若這些新興作家，至於寫〈送報伕〉的楊逵[7]則是有聽過但沒有看過他的作品。

小說之外我也讀了很多詩，早稻田大學文學部的教授們在大正民主時代發表了很多小說與詩，所以如果學生們想要讀文學，來早稻田的文學部上課是很好的選擇。比如說有位從法國回來名叫西條八十[8]的詩人，他寫形式主義的詩，相當出名。不過他不只寫高級的詩，也寫流行歌。我進早稻田的時候，他剛在那邊當教授，我常常去偷聽他上課——我讀的是政治

5 魯迅（一八八一—一九三六），本名周樹人，浙江人，文學家。曾赴日本留學，後棄醫從文，回國後多從事教職。一九一二年任教育部部員。一九一八年參加《新青年》雜誌編輯工作，以魯迅為筆名發表白話小說《狂人日記》。曾參與中國左翼作家聯盟，對於五四運動以後的中國社會思想文化發展產生一定程度的影響。詳參：徐友春主編，《民國人物大辭典（增訂本）》（石家莊：河北人民出版社，二〇〇七），頁二五三四。

6 茅盾（一八九六—一九八一），原名沈德鴻，浙江人，文學家。一九三〇年加入中國左翼作家聯盟。中華人民共和國成立後，歷任文化部長、全國政協副主席、全國文聯副主席、中國作家協會主席。詳參：黃文安主編，《中華人民共和國史辭典》（北京：檔案出版社，一九八九），頁五七〇。

7 楊逵（一九〇五—一九八五），本名楊貴，台南人。一九二二年入台南二中，後輟學轉赴日本求學，期間參與左翼文化活動。一九二七年加入台灣青年會，返台後參加台灣文化協會與台灣農民組合。一九二八年因參與農運被捕而短暫入獄。一九三〇年起，一邊從事勞動，一邊勤於寫作，並以小說〈送報伕〉獲得日本文壇大獎。戰後任《和平日報》記者。一九四九年因發表〈和平宣言〉，要求釋放二二八政治犯、開放言論結社自由而被捕入獄，處十二年徒刑。詳參：林礽乾等總編輯，《台灣文化事典》，頁八七八—八七九。

8 西條八十（一八九二—一九七〇），東京人，詩人。一九一九年出版詩集《砂金》。後赴巴黎大學留學。一九三一年任早稻田大學教授。曾於鈴木三重吉創辦的兒童文學雜誌《赤鳥》上發表童謠〈金絲雀〉，亦是〈東京行進曲〉、〈東京音頭〉等歌謠曲、民謠的作詞者。詳參：上田正昭、西澤潤一、平山郁夫、三浦朱門監修，《日本人名大辭典》，頁八〇九。

經濟學部，沒有資格聽課，所以說是去偷聽，不過其實也都是公開的。

我讀文學作品的時間點比較早，反而是差不多到三年級的時候才開始接觸到社會主義。我第一本看的左翼書籍是馬克思的《共產黨宣言》[9]，那本書有系統，加上寫得又是薄薄的一本，很方便閱讀。另外像小林多喜二[10]的作品如《蟹工船》、《在外地主》等等，我都有看過。那時候左翼的書籍已是禁書，學生們都得偷偷地買。我大多去我有熟識的那兩、三間書店，老闆會把一些雜誌或書籍放在左翼書籍的上面，等到我到書店時，老闆再把上面的雜誌移開，暗示我說：「這本如何？」遇到這樣的情況，我大多都會買下來。那些書幾乎都是二手書，當時左翼書籍已被禁止再版，而我們都是老闆認識的人，所以他才敢賣給我們。這些書店大多都在早稻田大學附近的街坊中，早稻田大學並沒有圍牆，學校附近就是生活圈，不是書店、酒店，就是食堂，店家都混在一起，不過有的地方整條巷子就是一整排書店。我不只會買左派的書，在我還是學生的時候，買的書可多著咧！比如說法國那位有名的經濟學家饒勒斯[11]的著作，我當時就全買下來了；此外像亞當．斯密的經濟學，或者政治學中有關社會主義或資本主義等書籍我都看。可惜的是，我收藏的書和曲盤都在我要離開日本去中國時，寄放在朋友那，後來就都不見了。

女性、戀愛與家庭觀

由於我家裡比較封建，我阿母對男女之間來往這方面也特別嚴格，經常跟我說：「男女授受不親。」我如果與女孩子比較接近，她就會喊：「阿暉啊，這邊來！」然後把我牽進房裡。所以小時候我與女性之間的姻緣很少，沒有什麼接近的機會，除非是親戚的女孩，但與那些女孩子之間也仍然有著相當的距離。小學校和中學的時候，也是一樣沒有機會接近異性。這也造成我長大之後看到女孩子，往往自己的臉就先紅了，臉一紅，手也就不知道怎麼伸出來。不過人在孩童的時候難免會有對女性的綺想，又隨著自己生理方面的成長，還是會

---

9 《共產黨宣言》是由馬克思與恩格斯合著的綱領性文獻，為共產主義者同盟的黨綱，於一八四八年出版。內容敘述馬克思與恩格斯學說的基礎，以「全世界的無產者，聯合起來！」為結語，被認為是馬克思主義正式產生的標誌。詳參：黃丘隆、結構出版群主編，《社會主義詞典》，頁二三五—二三六。

10 小林多喜二（一九〇三—一九三三），秋田人，小說家。因仰慕志賀直哉而開始創作，後漸往勞工運動、社會主義思想靠攏。一九二九年因《蟹工船》、《不在地主》等作品，被認為是無產階級文學的代表作家。一九三一年加入日本共產黨。一九三三年被捕，死於拷問。詳參：上田正昭、西澤潤一、平山郁夫、三浦朱門監修，《日本人名大辭典》，頁七八〇。

11 饒勒斯（Jean Jaurès，一八五九—一九一四），法國人。巴黎高等師範學校畢業，後當選眾議員，為法國社會黨領袖，主張議會鬥爭，反對暴力革命，一九一四年被激進民族主義者暗殺。詳參：王覺非主編，《歐洲歷史大辭典》（上海：上海辭書出版社，二〇〇七），頁八八二。

對交媾這件事情有些思索，只是沒有表現出來，都藏在肚子裡面。日本人這方面就不同了，他們在自己的親戚當中、在中學校的時候都有機會和女性來往，我每次聽同學講他跟他親戚之間所發生的一些關係或什麼的，聽著聽著都會羨慕起來。

我在早稻田大學時，當然會和同學講到男女關係、戀愛等等。早稻田的學生們對於男女的態度不會故作矜持，但也不會像其他日本男人一樣，喝了酒就談女人，說那些下流的事。我現在聽到男人說男女之間的性關係時，也都不聽那些下流的事。早稻田的學生那時候對於愛情的想法是很有理想的，我們的觀念是：「愛」首先就是不要用它來束縛別人，即便我愛你，但是如果你愛上別的男人的話，我們也都會忍耐、讓對方離開。

一般台灣學生到日本留學，要不是帶牽手同去，不然就是在日本與異性的台灣留學生在一起，當時常常有這種情況。不過大學時期我還是很少與女性來往，這是因爲早稻田大學裡幾乎沒有女性。不只早稻田，日本每間大學都是這樣。只有法律系裡有兩、三位女同學，其他全部都是男的，走到哪裡都是男生，校園裡完全沒有機會與女生來往。雖然出去玩的時候會認識一些女孩，但是就像剛剛講的，我從小受到我阿母的影響，往往手都還沒伸出來，臉就先紅了。所以如果有性方面的需求，都是花錢找女人啦！那個時候的大學生都一樣，酒喝一喝就去買春。不過買春和戀愛是不一樣的，戀愛是另外的一回事。

我是在第一學院二、三年級的時候，從他們日本人那邊知道紅燈區的資訊。有些日本同學比別人勤快，加上那類型的場所與相關設施在當時的東京很普遍——不只學生，日本社會的一般男人都會去嫖妓，尤其是那些從鄉下出來的徒弟仔，大家酒喝一喝就一起去。當時社會對於這件事情的態度，並不像現在一般嚴厲地批判。就像這樣子的對話：「你昨天有去？」「有啊！我有。」很稀鬆平常的樣子。老實說，人在性的方面實在都是用道德去掩蓋住，好像人沒飯吃似乎是比較嚴重的事情，但是在我們年輕的時候，如果沒去疏解，一旦鬱卒起來往往就會打架。

說起紅燈區，有一個地方叫吉原，算是東京最大的紅燈區。日本人在行政上都有所規劃，特地開放這個地區讓大家去玩。那是很公開的一個地方，去了也不會感覺到有什麼不好意思。當時主要是一位和我很親近、名叫大柴滋夫[12]的同學帶我去的，戰後大柴他曾經擔任過社會黨的國會議員。我跟別的同學比起來大了一歲，比大柴則多了兩歲。我們後來像去參加社會主義的讀書會等等，也都是一起去的。

我們去的場所，房子都蓋得很華麗，雖然沒有到高樓大廈，但是就像日本式的宮殿。通常

12 大柴滋夫（一九一七—一九九八），山梨人，政治家。一九四二年畢業於早稻田大學政治經濟學部。一九四五年參加成立社會黨。一九六〇年至一九七九年任眾議員，並歷任多項黨職。一九七七年退出社會黨。一九七八年參加成立社會民主聯合。詳參：日本人物辭典編纂委員會編，《日本人物辭典》（北京：商務印書館，一九八八），頁七〇三。

有老女人（老鴇）會出來招呼客人，多是說：「歡迎歡迎！」其他女人們則在窗戶邊跟著說：「歡迎歡迎！」這些女人不能離開房子，但是可以在窗邊搖手、說話。我們到那邊通常不會喝酒，因爲那個地方喝酒很貴，到了就是直接發洩慾望。通常大家四、五個人把女孩子們叫過來，然後我跟這個、你跟這個地各自散開，說起來實在是很機械，又很失德。不過在我學生的時代，並不覺得嫖妓與社會主義有什麼衝突，等到我一九五二年從台灣再一次的逃亡到日本，重新學習社會主義，讀到約翰·彌爾[13]的《女生記》（《女性的屈從地位》）這本談論女性是什麼、男女是平等的等等問題的著作之後，才開始有所反省，覺得這是不道德的事。

一般我們去的時候大多都是晚上九點、十點，到十二點剛好算兩個小時一節，要花大概三圓；而如果十二點以後還在房間，就表示要住下來，便要十五、十六圓的花費。所以我們每次時間一到，就會直接出來。不過若是我自己一個人去的話，通常會住下來。如果我有中意那個小姐，那麼晚上就會跟對方發生關係；如果不中意，那麼我整晚就都跟她窸窸窣窣聊聊天，什麼都沒做。和那些女孩子們講話，她們大多會說她家裡有多麼窮，所以才會被賣到這裡來。有時候聽了感覺到很同情，手也就伸不出去。後來我差不多在大學部一年級時結交了一個固定的對象，往後我自己一個人去，就是去找她，但是要是大家一起去的話，就不會了。這種情況大概到我畢業以前都是這樣，一個月起碼有一次啦！

因此我在早稻田大學，不但讀書的情況與台灣不同，也開始改變我本來對戀愛與家庭的看法。戀愛是一個二十歲左右的男人對女性的要求，但是我在台灣沒有那個機會，在學校也沒有；只有去喝酒的時候，至少還有那些陪酒的女人。不過我並不會把陪酒的女人當成戀愛的對象，性的需求也都去妓女戶解決。這種情況並不是只有我，一般的日本人都是這樣。每年暑假我從東京要回去台灣，或者像台灣要去東京的船上，都有相當多的女性留學生，她們大多就讀於藥專、醫專。與我同年紀的女生很多，老實說也是個機會，但是那時候台灣的女孩子比我還保守，稍微跟她攀談一下，她就會說：「你這個不死鬼（put-sú-kuì，指不正經的人）！」有些人是有機會和女孩子交往，但我是從來就沒有這個機會，沒有機會跟女孩子在一起，所以像結婚、組織家庭等的這些觀念也沒有浮現。不過我對於家庭的態度，還是有很深的情感在。

暑假返鄉

我就讀早稻田大學時，每到暑假就會回台灣探親。我有一位朋友叫洪志孟，就是回台灣

13 約翰・彌爾（John Stuart Mill，一八〇六—一八七三），英國哲學家、經濟學家。受邊沁的功利主義學說影響，並以此為基礎提出新論。在政治思想上主張維護個人自由和個性發展。著有《邏輯體系》、《論自由》、《女性的屈從地位》等書。詳參：王覺非主編，《歐洲歷史大辭典》，頁七五五—七五六。

探親時認識的。他是現在稱爲彰化、當時屬於台中州二林地方的人，在日本唸早稻田大學大學部商科，當時已經結婚了。他這個人很實在，也很民主，雖然我是他的後輩，但是大家相處起來很平等，也很自然。暑假時從日本回台灣的船隻，每一艘都有兩、三百位台灣的學生，大家都睡在一起；下船後由於他還要回彰化，我就要他到我那邊住一個晚上，隔日再坐五、六個鐘頭的火車回去，所以後來就變成很好的朋友。

回台期間，我經常在士林和一位名叫郭琇琮[14]的人做伙。他在中學校時因爲與中國人學習北京話，被日本憲兵抓走，後來就自然地成爲當時青年人的領袖之一，戰後更加入了中共在台灣的地下黨。說起中共的地下黨，他們在一九四五年十二月有派一位唯一參加過兩萬五千里長征[15]的台灣人回來，名字叫蔡孝乾[16]。蔡孝乾曾經在一九二八年和謝雪紅一起成立台灣共產黨，但是他與謝雪紅不合，後來才跑去廈門，再加入了瑞金時代的中國共產黨。抗戰期間他在中共的中央黨部敵工隊裡擔任隊長，主要是對日本進行宣傳、號召。他也曾經當過中共的中央候補委員——當時中央委員的總數也才十幾個，候補委員才兩三個，算是不小的職位——不過，蔡孝乾因爲有受日本教育，再加上他對日本人俘虜的態度等方面，讓中共認爲他的思想和日本帝國主義有些接近，所以到了一九四五年第七次黨代表大會時，就取消了蔡孝乾的候補委員資格，讓他感覺到很失意，也才會在一九四五年八月日本投降之際，主動申請回來台灣，在台灣大學的青田街附近逐漸發展組織。另外，本名爲詹世平的吳克泰[17]

14 郭琇琮（一九一八—一九五〇），台北人。士林舊舉人家庭出身，台北一中畢業。一九四一年進入台北帝國大學醫學部就讀。一九四四年在台北帝大成立學生聯盟及反日組織，遭日本憲兵逮捕，判刑五年。一九四五年獲釋。曾任台大醫院外科醫生、醫學院講師。二二八事件爆發後，擬聯合原住民、工人、農民進攻南機場，最終未果。一九四七年五月認識蔡孝乾，暗中發展學生、農工組織，先後任台北市工委會委員、書記。一九四九年將台灣省地圖及工作報告書交由林秋興帶往香港，後因林氏被捕而轉往宜蘭一帶建立蘭陽地區工委會。一九五〇年四月轉往嘉義，不久被捕，同年十一月遭槍斃。詳參：許雪姬、薛化元、張淑雅等撰文，《台灣歷史辭典》，頁八一九。

15 一九三四年十月至一九三六年十月間，中國共產黨領導的中國工農紅軍從長江南北各革命根據地向陝甘革命根據地的戰略轉移。一九三四年十月，中央紅軍從江西瑞金撤出，其他紅軍也陸續撤出革命根據地，開始長征。一九三五年一月，中共中央至貴州遵義召開會議，確立毛澤東的領導地位。一九三六年十月，紅一、紅二、紅四方面軍在甘肅會寧等地會師，長征結束。詳參：《中國人民解放軍歷史辭典》編委會編，《中國人民解放軍歷史辭典》，頁二八二。

16 蔡孝乾（一九〇八—一九八二），彰化人。早年參加文化協會，思想左傾，後入上海大學。一九二七年曾因台灣黑色青年聯盟事件被捕。一九二八年赴廈門經漳州至江西瑞金，隨共軍展開兩萬五千里長征抵達延安。戰後潛回台灣發展共黨組織，被捕自新，供出中共在台人員，後任職中央情報機關，官拜少將。詳參：許雪姬、薛化元、張淑雅等撰文，《台灣歷史辭典》，頁一二三一。

17 吳克泰（一九二五—二〇〇四），原名詹世平，宜蘭人。一九三九年入台北二中。一九四三年入台北高等學校，結識郭琇琮。一九四四年以學生動員名義赴上海擔任日軍翻譯，實則尋找加入國民政府陣營抗日之管道。一九四五年就讀震旦大學經濟系時，對國民政府劫收上海感到失望，此期間大量閱讀左翼文獻，後加入中國共產黨。一九四六年返台，自台大醫學院轉文學院，任《人民導報》記者，同時在張志忠的單線領導下發展中共地下黨，吸收鍾浩東、李登輝入黨。二二八事件爆發後短暫逃至上海，後又返台從事革命運動。一九四九年赴北平參加第一次全國青年代表大會，先後任職於國際廣播電台、中國國際信托投資公司、台灣民主自治同盟。詳參：吳克泰，《吳克泰回憶錄》（台北：人間，二〇〇二）。

也有跟他一起回來台灣，這個詹世平當我還在上海的時候常常來找我，是我弟弟在台北二中時期的同學，他們兩個人經常做伙。

雖然郭琇琮在戰後那時算是一位青年領袖，但在我唸一中的時候，思想卻還比我落伍。他父親是一位金融家，所以就比較保守。另外還有一位潘迺禎[18]，在當時的士林也算是很出名的人。這兩個人都是樺山小學校的學生，我則是建成小學校的學生，但是我們同樣都是台北一中畢業的。他們兩個再加上另外幾位台北二中的學生，我如果回來台灣就成日跟這些人在一起。我們大多去士林國小的運動場聚會，我家到運動場的距離走路不用兩三分鐘。我們不是在那裡聊天，就是比賽賽跑，我田徑還滿厲害的。

當時台灣社會的變化很大，一九三七年我去日本時，皇民化運動已經開始了。皇民化運動的目的是爲了要消滅台灣人的意識，要台灣人歸化爲日本人，所以要你換姓名、叫你說日本話。但是與戰後國民黨採取的手段不同，日本人不是用壓迫的，而是用勸的。你如果比較老，晚上便要你去公學校讀日本話，像我阿媽也有去讀，即便她有纏足也去讀。不可否認的是，以權力的方式去勸當然會產生一些壓迫的氣氛，不過沒有像國民黨那樣說你這個不行、你那個不行，如果這樣那樣就把你抓起來，沒有這種事情。像改日本姓名，我們家就從頭到尾都沒有人改。

祕密讀書會與沈姓同學

我讀大學時早就已經不是大正民主時代，所以教授都不敢在課堂上講馬克思主義。不過由於以前主張馬克思主義、社會主義、無政府主義的那些人很多都以早稻田大學爲大本營，所以學生們不乏資源，拿一些舊時的讀物（text）就祕密地辦起讀書會來。我一開始會去參加祕密讀書會，是之前提到的那位日本同學大柴滋夫帶我加入的，後來我才在那邊認識帶我到上海、從中國來的沈姓同學。我在第一學院時並沒有中國的同學，到了政治經濟學部以後——我們政治經濟學部當中，經濟部有五、六個班，政治部才一班——我跟沈姓同學剛好同級也同一班。至於台灣學生在政治經濟學部的共有兩人，一個就是我，另一個在經濟部；法科還有一位台灣人名字叫作蔡東瀛，現在已經過世了。沈姓同學是中共派來的留學生，名

18 潘迺禎（一九一八—一九四五），台北人。出身士林潘家，原就讀台北高等學校文科，後入台北帝大醫學部第三內科，其兄為潘迺均，同為醫學部學生，其父為士林地區頭人潘光楷。曾參與士林協志會，並於一九四一年在該會舉辦的士林文化展中，與曹永和共同負責鄉土展，又於《民俗台灣》第一卷第六期士林專號上發表〈士林歲時記〉、〈士林市場〉等民俗相關文章。後因感染瘧疾病逝。詳參：鍾淑敏、詹素娟、張隆志訪問；吳美慧等記錄，《曹永和院士訪問紀錄》（台北：中央研究院台灣史研究所，二〇一〇），頁四五—四七、五四、二五一；陳君愷，《日治時期台灣醫生社會地位之研究》（台北：國立台灣師範大學歷史研究所，一九九二），頁八一—八二。

字我就不太清楚了，他們做地下工作的人幾乎都不會說出自己的眞名字。

大柴和我算是很熟的同學，知道我反對殖民地統治，所以他才敢介紹我去參加祕密讀書會，當時我也完全認爲馬克思思想的學問體系是最正確的，所以決定跑去參加。雖然已經是戰爭期，但馬克思主義、社會主義對於日本的大學生而言仍舊是一個「必經的隧道」啦！如果沒學過這些，就不能算是大學生，這也是我從馬克思主義、殖民地統治、反殖民地抗爭等思想一步步深入的原因。我在高等學院的第三年，以及大學的一年級、二年級時，還沒參加讀書會，都是自己唸像是《共產黨宣言》、《資本論》[19]那類的書籍，另外還有一些日本知識分子的著作，像偏社會學的如矢內原忠雄[20]的《帝國主義下的台灣》也是在中學校就開始讀。不過我大多都看理論方面的書比較多，像馬克思、恩格斯[21]或者是無政府主義如巴枯寧[22]等等。

一般學生們的課後生活，經常都是飲燒酒、喫菸；但要是有左派思想的學生，就會舉行祕密的讀書會。因爲那時候共產主義思想在日本是非法的——客觀環境上來講，日本政府其實從大正時代以來便將共產主義或無政府主義視爲非法，等到一九三七年中日戰爭以後就變得更加嚴厲——當時沒有人敢公開地說自己支持共產主義，學生們都是偷偷地拿一本馬克思、恩格斯之類的書籍在唸。由於日本的法律規定不可以隨便搜索任何人或者是學生的宿舍、書櫃，不過如果你有形成一個具體的組織，那麼警察或「特高」[23]就會來找你，所以讀

書會只能祕密進行，一個團體、一個團體分散開來各自行動。像領我進讀書會的大柴滋夫不

---

19 《資本論》是馬克思自十九世紀中葉起至逝世前持續寫作的論著。第一卷於一八六七年出版，第二卷與第三卷由恩格斯整理，分別於一八八五、一八九四年出版。該著作分析資本的生產與流通過程，揭示資本主義的內在矛盾，為社會主義提供科學基礎，是馬克思經濟理論的基石。詳參：黃丘隆、結構出版群主編，《社會主義詞典》，頁五四二—五四三。

20 矢內原忠雄（一八九三—一九六一），愛媛人，經濟學家、教育家。一九二〇年任東京帝國大學經濟學部助教授。一九二三年升任教授，講授殖民政策。一九二七年來台從事調查旅行。一九二九年出版《帝國主義下的台灣》，批判日本殖民政策。一九四五年復任東京帝國大學教授。一九五一年任東京大學總長。詳參：許雪姬、薛化元、張淑雅等撰文，《台灣歷史辭典》，頁二七〇—二七一。

21 恩格斯（Friedrich Engels，一八二〇—一八九五），普魯士哲學家。一八四二年至英國曼徹斯特經營紡織工廠，深入工人群眾，同情工人疾苦。一八四四年與馬克思會面，兩人成為戰友，合著多篇論著，一八四八年完成的《共產黨宣言》即是其一。此後隨馬克思投入革命運動，援助馬克思的經濟需求。在馬克思過世後，領導國際工人運動，創立第二國際，並整理馬克思遺稿，出版《資本論》第二、三卷。詳參：黃丘隆、結構出版群主編，《社會主義詞典》，頁五二五—五三〇。

22 巴枯寧（Mikhail Bakunin，一八一四—一八七六），俄國無政府主義者。一八四八年參與革命，後於一八四九年被捕，遭流放至俄國西伯利亞，於一八六一年逃至英國倫敦。一八六四年與馬克思會面，加入第一國際，後因宗派問題於一八七二年遭到開除。詳參：黃丘隆、結構出版群主編，《社會主義詞典》，頁一二四—一二五。

23 即特高警察，日本主管政治、思想的警察。一九一一年警視廳設特別高等課。一九二八年，以三一五事件為契機，全國各縣設特高課，運用間諜監視、檢舉違法人士，嚴厲取締無政府主義、共產主義、社會民主主義等左派運動者。中日戰爭爆發後，將取締範圍擴大至自由主義者及宗教信徒。一九四五年由盟軍總部下令解散。詳參：林礽乾等總編輯，《台灣文化事典》，頁六二〇。

僅參加這個讀書會，他也屬於別的讀書會。

祕密讀書會大多在學校附近舉辦，有時候也會去租一間房間，或者是去同學的宿舍，每次都換不一樣的地點舉辦。讀書會每次大概花上三到四個小時，時間有白天也有晚上，不過比較避免在深夜時分，因爲半夜五、六個人出來街上，容易引起別人的注意。讀書會的人員大多是固定的，五、六個人左右，除了大柴與沈姓同學以外的其他人我都不知道姓名，背景什麼的也都完全不清楚。當時出席讀書會的人不會互相詢問別人的名字、身分資訊，我也多用假名出席。

雖然我對於馬克思主義，像一八四八年寫的那些《共產黨宣言》還是《資本論》等的瞭解，老實說仍然是初步的、很抽象的，但是一想到原來有這款「理想」的社會，全部的心神還是會被抓起來，再經過讀書會裡衆人的反覆討論，很容易就產生行動的欲望，到後來更造成我決定去中國參加抗日戰爭。馬克思主義讓我下決定前往中國的原因大概有幾項：第一項，我可說是讀到共產主義，才開始留意到中國共產黨與中國的狀況，並且認爲中國那邊是社會主義可能出頭的地方。我在《台灣人四百年史》中曾經寫到列寧[24]與第三國際[25]，也使用社會主義、共產主義的角度來批評中華民國，也就是蔣介石的中國國民黨，認爲他們只是封建的、法西斯的軍閥，這些內容都是大學時代才開始學習深入的。透過馬克思主義的學習，我算是對中國有些瞭解與研究，不像我在台灣時跟中國之間總是感覺有一條很深的溝，對中國的瞭解很少；再來第二項，七七事變以後，中國變成了抗日的主要戰場，於是我想如果我想要把日本帝國主義從台灣排除，那麼似乎就必須到華北去抗日，也就是說，我會去中國，其實並不是爲了漢族或者中華民族而去的，而是爲了排除在台灣的日本帝國主義。

只不過我到中國去抗日，除了馬克思主義之外，戰爭的影響和那位沈姓同學的鼓吹也發揮了很大的作用。一九三七年四月入學的我，本來是得到一九四三年的三月才會畢業，但卻提早到一九四二年的秋天畢業。這是因爲太平洋戰爭爆發，我的日本同學們都要去當兵、去當敢死隊（神風特攻隊）。我有一位朝鮮籍的同學，因爲朝鮮人比較早有服兵役的義務，所以也和日本同學一起接受訓練。我看他們每個人談到死亡、陣亡時都表現得很坦然，一副很樂意爲國犧牲的模樣，我卻因爲是最後一屆不用服兵役的台灣人，而有一種失落的感覺，反

24 列寧（Vladimir Lenin，一八七〇—一九二四），俄國革命家，蘇聯締造者。早年因從事運動而多次被捕。一九〇〇年於德國慕尼黑創辦馬克思主義刊物《火星報》。一九〇五年俄國發生革命，列寧返俄領導革命未成後，於一九〇七年再度出國，此期間發表多篇論著。一九一七年俄國發生二月革命，列寧返俄從事地下活動，於十月推翻臨時政府，建立蘇維埃政權，是為十月革命，並於一九一九年成立第三國際。詳參：黃丘隆、結構出版群主編，《社會主義詞典》，頁二〇九—二一一。

25 第三國際（一九一九—一九四三），即共產國際，為各國共產黨和共產主義團體的國際聯合組織。一九一九年在列寧的領導下成立，主要任務在於宣傳馬克思主義，團結各國工人階級與勞動群眾，徹底推翻帝國主義和資本主義統治，實現無產階級專政，消滅剝削制度。一九四三年因應國際情勢而解散。詳參：黃丘隆、結構出版群主編，《社會主義詞典》，頁五七〇—五七二。

覆思索著：「同樣都是年輕人，他們爲了國家要去拼命，那麼我又要爲什麼來拼命呢？」所以，後來當沈姓同學在一九四二年的秋天畢業前，趁著大家一起去喝酒，開口套我話：「你要不要去中共？去中共解放區？如果你想要去中共解放區的話……」那時我就想說：「不如我就堅持我反帝國主義、反殖民地統治的理想，到中國、中共解放區那邊去參加抗日戰爭、實踐馬克思主義吧！」儘管我很清楚地知道，我走向這條路，所要對抗的其實就是那些我的日本同學，但青年時期總有一些熱情與正義感，很容易未經深思，就這樣直直地撞過去。不過回想起來，姓沈的同學其實也是很高明，在說服人家的說話技巧上很高明，像馬克思主義當中有關民族與階級的矛盾等等的這些問題，他都從來沒有提起過，一開始只是一直找我去玩、大家一起幹嘛幹嘛的，跟你「交陪」（kau-puê，往來）、跟你做朋友，其實講起來這也算是統戰的一種方式。

既然決定前往中國，所以在那之前也決定先回來台灣探望我的阿媽，我是給我阿媽養大的，再怎麼樣也得先回來一趟。那時候學校很亂，即將入伍的學生都在進行軍事訓練，沒有人在唸書了，所以我就提早在六月回到台灣。一九四一年時日本佔領了安南、馬來西亞、新加坡，英國有一艘最大的軍艦，叫衛爾斯親王號（Prince of Wales’），在泰國灣附近與一艘巡洋艦一起被日軍擊沉；一九四二年時日本再拿下印尼，戰爭初期日本打得很順手，要直到在太平洋被擊沉了四艘航空母艦以後才開始轉爲劣勢。所以說，一九四二年我回台灣時，日本與台灣之間的海域還算很安全。

那時候日本與台灣之間還有定期的航班，每天一艘一萬噸、最現代化的客船，從日本回台灣只需要兩天三夜，比起我一九三七年要去日本的四天三夜的航期，是有縮短的。這次我回來台灣，大約停留兩個星期，並沒有跟家人們坦承自己馬上就要去中國這件事，就像之前暑假那樣，說我放假回來台灣看看。跟郭琇琮他們一夥人也有見到面，我向他們暗示說：「我要去一個地方，但不能跟你們講。」而他們當時也很進步，在士林組了一個名為協志會[26]的讀書會組織。我心裡是覺得很對不起我阿媽啦！因為我也會擔心一旦到中國抗日，如果在戰爭中死亡，沒辦法回來台灣替施家傳後代的話怎麼辦？當時我爸媽人都在廈門，家中只有我阿媽與玉英姑兩位老人，我阿媽當時剛好五十歲，已經接近台灣人當時的平均壽命。她對我說：「阿暉啊！你們這些成年人都跑掉了，要是戰爭來到台灣，我們就沒有人可以依靠啦！」我想因為我跟阿媽姓，所以她對我更有一種特別的情感。我記得我當時很冷靜地回

26 士林協志會於一九四〇年成立，由何斌、張鈺、蔡滋浬、郭琇琮等台北帝大醫學生組成，主要成員為士林的學生。起初是具備社交性質的讀書會，成員不定期聚會聊天、讀書，並舉辦演講、展覽等文化啓蒙活動。後由於部分成員具備反日思想，逐漸發展成核心成員，使協志會逐漸轉型為帶有反日思想的團體，戰後協志會的活動也越趨政治性。史明雖然不是協志會的成員，但在台期間曾參與協志會的聚會。詳參：鍾淑敏、詹素娟、張隆志訪問；吳美慧等記錄，《曹永和院士訪問紀錄》，頁四二—五七、一八七。

她說：「戰爭結束後我就會回來台灣啦！你們老人家的事情我會負起責任的，以後會幫林家和施家一起弄個塔位，過世、撿骨等事宜我也都會替你們處理。」對我阿媽那種舊思想的人來說，身後事是很要緊的，而既然我都說我會讓她跟我媽媽放在一起、會替她處理好後事等等，她也就安心了許多。

日本時代的人對於公領域與私領域是分得很清楚的，我自己也是。所以我要到中國去抗日，這是公的問題；私的部分，就是我家裡的問題。私領域得要自己處理好，不可以妨礙到公領域的事。在台灣兩個禮拜後我又回日本去，等待出發前往中國。等待期間，我大多是到學校去和老師、同學們聊天，或者喝酒。到了九月，姓沈的同學說可以出發了，於是我連畢業典禮也沒去，畢業照也沒拍，就這樣前往中國。我前往中國的旅程並不需要什麼費用，中共都幫我處理好了。我個人的花費只有從東京到長崎的火車車資，但是那也沒有多少。我要去中國之前，把當時所有的相片、信件等等都燒掉了。那時候前往中國的決定，我心裡的狀態就像我們祖先當初渡海來台灣一樣，沒有想過會有再次回返的機會。

第四章

中共地下情報員

廈門尋親

一九四二年我到中國上海以後，特地去廈門一趟，與我阿爸和家人們見面。那時候我和上級說我想去找我阿爸，中共就順便派我到廈門帶一個女孩子回來上海，讓那個女孩子和我一起行動。由於中國社會沒有像台灣有戶口什麼的，地方上沒有組織，警察也沒什麼力量，所以社會上大多不太信任單身漢。兩口子一起行動，別人比較不會起疑心。所以自我進行地下工作開始，便都跟這位女孩子生活在一起。那次我在廈門大概停留了約有一、兩個月的時間，廈門當時的人口才十七、八萬人，畢竟是日本人管理的地方，有幾處風景看起來很像台灣。廈門的鼓浪嶼以前是很出名的租界，許多華僑經常在那邊出入。福建的華僑多是從廈門到南洋去，他們的家屬回來中國也大多住在廈門，房子蓋的規模甚至比台北的還要大間。

我阿爸是在一九三六年時到上海去，然後等到一九三八年日本海軍佔領廈門，他的思想稍微墮落、起了變化，跑到汪精衛系統下的廈門特別政府當官，擔任公賣局長。他的說法是：台灣人要做日本人和中國人之間的橋樑。我阿爸離開台灣的原因，主要是因爲一九三〇年代日本總督府一直壓迫台灣文化協會的人，連謝雪紅一九二八年回來台灣活動，也在一九三一年就隨即被逮捕。不管是文化協會或是楊肇嘉[1]創立的台灣自治聯盟[2]都受到壓迫，最後甚至連《台灣新民報》的漢文版都廢止，最後我阿爸和台灣文化協會的人也就四散了。在這種情形下，我阿爸覺得台灣難以居住，才決定放棄台灣高薪的工作搬去上海。我阿爸對台灣米出口的事情是很熟悉的，當時如果把台灣的米拿去外國叫作「輸出」，從台灣拿去日本則叫「移出」，我阿爸就在移出組合會社裡當專務，也就是現在所謂的總經理。那時普通中學校畢業去工作的台灣人，月薪每個月是二十五圓；而如果是大學畢業生，日本人的薪水是七十五圓，台灣人則是六十五圓。我阿爸當時的薪水卻有兩百五十圓，是相當罕見的情況。

我阿爸在上海就只是玩，他不會說上海話，也不會說北京話，最後只好都跟日本人來往，也才會結識到一些日本海軍的朋友。起初他一個人去，那時我人已經在日本，我媽媽與妹妹們則直到一九三八年才到廈門去租房子，與我阿爸會合。我在日本幾乎沒有和他們聯絡，一方面也是稍微在氣我父親，氣他爲什麼和日本海軍合作。那時的我眞的是很純眞啦！都沒有想到可能是環境影響什麼的。總之，一九四二年我到廈門去看我阿爸時，已經知道他和日本人合作的事情，而他也知道我反對這件事情。我就曾當面批評我阿爸說：「你這樣是投降啦！」因爲我覺得日本和中國在戰爭，你卻靠向日本、擔任公賣局長，無疑是投降，這也造成我與我阿爸之間在政治立場上的一個裂痕。

不過老實說，我阿爸還是很「古意」（kóo-ì，老實）、很正直的一個人。譬如一九四一年太平洋戰爭爆發時，華僑的錢都匯不進廈門，他見到那些華僑家屬沒得吃，就用公賣局的鴉片賣來的錢去救人。而且他當公賣局長也不曾給人家拿外快，投機取巧的事也都不會。要知道坐上廈門公賣局長這個位置，等於全廈門的鴉片都在我阿爸手裡。有一位中國人曾跟他

1 楊肇嘉（一八九二—一九七六），台中人。東京京華商業學校畢業後返鄉任教。一九二〇年出任清水街長。一九二五年參與台灣議會設置請願運動，被推為代表赴東京請願。一九二六年入早稻田大學政治經濟學科深造。一九二七年任台灣民眾黨駐日代表。一九二九年任《台灣新民報》監事。一九三〇年任台灣地方自治聯盟常務理事。一九三六年舉家移居東京。一九四一年至上海經商。二戰結束後，在上海組織台灣旅滬同鄉會。二二八事件後，前往南京向中央政府請願。一九四八年舉家遷回台中清水。先後任省府委員、民政廳長、總統府國策顧問等職務。詳參：吳密察監修，《台灣史小事典》，頁一七〇—一七一。

2 此指「台灣地方自治聯盟」（一九三〇—一九三七），鑒於台灣民眾黨日漸左傾，路線不同的楊肇嘉、蔡培火、林獻堂等人另組「台灣地方自治聯盟」，以推動地方自治為目標，要求州市街庄協議員改為民選、協議會改為議決機關。聯盟成立後因不少民眾黨員跨黨加盟，使民眾黨內鬨加劇。聯盟最終在中日戰爭爆發後解散。詳參：吳密察監修，《台灣史小事典》，頁一四二—一四三。

說：「你這個位置，只要四個月到七個月就夠你吃一輩子了。但是，你不要坐久喔！坐久會被人家怨歎。」而我阿爸一坐就坐了八年。一九四五年日本投降以後，我媽媽與妹妹先回到台灣。那時候國民黨派了一位同樣姓林的福建人來接收公賣局，這位姓林的人對我父親說：「你也姓林，我也姓林，大家是同親，你修改一下帳目，鴉片我們各拿一半，我再請人把你帶到香港。」我阿爸說：「我幫日本人做事沒貪過一毛錢，怎麼可能現在才來做這種事。」因此我阿爸就被逮捕，總共關了三年，直到一九四八年國民黨退敗、林彪已經來到長江的北面時，我阿母擔心我阿爸會這樣子死在廈門，才拿了三、五十兩的金子去買通看守監獄的人，向他們贖回我阿爸，這才回到台灣。

初抵蘇滬

我到中國一開始是住在蘇州的北寺塔[3]附近。北寺塔很有名，火車一到蘇州就可以看到它那很高的五層塔樓。老實說，蘇州並沒有很大，我出入都用走的，那邊也不像台北有公共汽車。除了日本軍人會開車闖來闖去之外，大部分的中國人也都是走路，頂多可能省長級的官員才有配車。在蘇州我租的房子叫「單間兒」，由於蘇州算是上海、南京等城市外圍的鄉下地區，房租一個月花不了多少錢，而且空間又很大。

我剛到中國時，本來被中共的地下黨員帶往蘇北的聯絡站，打算進去解放區。後來他對我一對一「講義」（授課）二十多天，才決定改叫我在上海地區進行情報工作。我們的授課方式很單向，並沒有我提出問題的空間，就是他一直說、我一直聽，沒有講義或手冊，只是一再地要我從行動中去學習。後來我的確也是在那三年做地下工作的過程中，才眞正知道地下工作的內涵究竟是什麼。地下工作簡單講就是不行正攻戰、採取游擊戰，而該注意的細節什麼的，我都是一步步跟他們做伙行動才學到的。

一開始我經常抱著不滿的情緒。因爲我覺得自己是來中國革命的，怎麼去做那些與日本人時時來往、息息相關的工作？而且這些工作也沒有太多的危險——我在上海、蘇州工作時經常要到日本的軍部單位去，或許是因爲我看起來像日本人，門口的憲兵看到我並沒有太多的阻撓，我也經常跟他們「嗨！」一聲打個招呼就進去了。當時我身上並沒有帶武器，沒有任何的武裝，拿武器反而礙事，一旦遇到臨檢就相當麻煩，雖然我從來也沒有遇過臨檢。

我初抵蘇州的隔天，就有一位姓周的人帶我去派出所報戶籍、拿良民證。良民證在過去的中國是從來就沒有出現過的東西，它是日本統治殖民地時所使用的一種工具，當日本侵略

3 即現今中國江蘇省蘇州市報恩寺，原名為報恩寺塔，北寺塔為其俗稱，為磚木結構的樓閣寺塔，有「吳中第一古剎」的美稱。

中國之後也延續了這種方法。拿了良民證，我的國籍就是中國人，本來我應該到日本領事館去宣布放棄日本國籍，但是我想既然那麼容易就拿到中國國籍，所以也就沒有去辦這道手續。我在上海與蘇州之間往來主要就是靠這張良民證，不過查驗票的人看我外表就像日本人，往往會直接讓我過去。在蘇州的三年期間，中共透過管道，把我安排在江蘇政府底下擔任經濟科的科員，用那份薪水做我的日常生活費，而如果我從蘇州要到上海工作、探情報，買車票或住宿等等開銷，會另外再給我工作費。老實講，這個位置根本不用做事情，每個月等著領乾薪就好了。當時官僚的薪水比起普通人已經多上兩三倍，甚至比一些日本人還多，如果再稍微跟商人做伙，外快收也收不完。不過我沒有外快啦！薪水已經很夠花了。至於我掛名的這個江蘇政府，是汪精衛系統底下的地方政府。汪精衛本來是孫文的左右手，在抗戰初期時和蔣介石一起去了重慶。不過後來他說是為了要反共，而從雲南的昆明逃到越南河內，然後再到南京，與日本軍方共同創立了一個反共的中華民國政府。

當時上海有國民黨與共產黨的地下情報系統，而日本也有特務與憲兵在對付。中共在上海的地下組織很龐大，情報頭子是潘漢年[4]。戰後新四軍[5]的首領陳毅去當上海市長之際，潘漢年擔任副市長。不過一九四六、四七年那時潘漢年被指控通敵，到一九五五年才回復他的名節，但是那個時候他已經死了。[6]那時候我只與中共的地下情報系統有往來，即便知道國民黨的地下組織像周伯誠等人，卻很瞧不起他們，覺得他們的情報系統很空虛，每次被破獲時總是被一網打盡。相較之下，中共的特務組織比較嚴密、比較不會被抓。其中的原因，首先就是他們大多用錢來買收情報、不拋頭露面；其次，中共地下組織的特色是單線領導，這一點最爲重要。單線領導的意思就是說：假如這裡有一個頭，他底下有五位同志，而這五位同志又各自去發展三、五位同志，但是這些人之間都不會有橫向的關係，只有縱向的聯絡，都是單線的；最後，中共的組織比較不會爲了錢而出賣同伴，也比較有自己的責任與目標，不像國民黨的人有時候會被金錢收買，把全部的事情都曝露出來。所以話說回來，爲什麼我剛到上海時，那位姓周的同志沒有給我看過什麼關於情報工作的文章？這就是因爲中共

---

4 潘漢年（一九〇六—一九七七），江蘇人。一九二五年加入中國共產黨，任國民革命軍總政治部宣傳科長。一九二七年後，任中共中央宣傳部文委書記，與魯迅發起組織左翼作家聯盟。中日戰爭至國共內戰期間，在上海、香港等地從事中共的統戰工作。中華人民共和國成立後，歷任中央華東局、中共上海市委統戰部長。一九五五年因內奸問題被關押受審判刑，並開除黨籍。一九七七年逝世。一九八一年得到平反，恢復名譽。詳參：黃文安主編，《中華人民共和國史辭典》，頁六四〇—六四一。

5 一九三七年，國民政府軍事委員會將湖南、江西、福建、廣東、浙江、湖北、河南、安徽等八省內的紅軍與游擊隊改編為國民革命軍陸軍新編第四軍，簡稱新四軍，由葉挺任軍長，項英任副軍長。一九四一年國共衝突，發生「皖南事變」（新四軍事件），葉挺遭俘，項英遇害，中共中央軍委重建新四軍軍部，由陳毅任代軍長。一九四七年改編為華東野戰軍，番號撤銷。詳參：《中國人民解放軍歷史辭典》編委會編，《中國人民解放軍歷史辭典》，頁五九七—五九八。

6 史明此處說法有誤。潘漢年一九五五年因內奸問題被關押受審判刑，並遭開除黨籍，後於一九七七年逝世，直到一九八一年才得到平反。詳參：黃文安主編，《中華人民共和國史辭典》，頁六四〇—六四一。

強調的是從行動中學習，要等到你去行動之際才陸續跟你講一些工作的步驟與方法，也避免留下證據。至於國民黨特務被逮捕、槍殺的消息，並不是我自己去挖的，大多是聽吳克泰，也就是詹世平告訴我的。關於他的事，我稍後再說。

紙醉金迷的情報工作

蘇州是我平日居住的地方，上海則大多是因爲任務而去的。我在上海的情報來源大概有三個方面：第一項，是我上級的情報人員或者中共的咨情部幫我介紹的一些對象；再來，則是透過我父親與上海日本海軍武官府的關係；最後一項，當時擔任封鎖長江任務的江陰部隊部隊長，剛好是在早稻田大學早我一年的「先輩」（學長），他那邊幾乎有拿不完的情報。

中共的咨情部曾介紹我認識日本人的軍部與特務科長，他們看我就像日本人一樣，大家一下子就融洽起來。我經常去找他們講話，有時候也跟他們去上海北四川路的日本料理店吃飯、喝酒。我們大多喝紹興酒，配上海的毛蟹和花生。我們台灣的毛蟹大多小小隻的，上海的毛蟹可是相當大隻，一隻隻張牙舞爪吊在店頭，等到客人說我要這串，店員才拿去燙。花生和紹興酒搭配起來很適合，但紹興酒好喝歸好喝，一旦喝醉，就會頭痛到連明天早上都爬不起來。吃了飯喝了酒之後，我們就去舞廳跳舞，主要是社交舞，還有像 Jazz、Quicker

（如狐步舞的輕快舞步，又稱 Quicker Trot）、Waltz 等等，我年輕時候跳舞可說相當拿手。我們一邊跳舞也是繼續喝酒，越活動越醉，等跳到差不多了，最後會去風月場所。對日本人來說，嫖妓並不是件什麼大不了的事情，他們平日自己就會去。不過有時候喝得醉醺醺，不管身邊有沒有女人，倒下便一覺到天亮。我就這樣一邊和他們玩樂、喝酒、跳舞，趁著聊天的時候，套取他們的情報。

雖然那時候是戰時，但是上海並不缺香菸或酒之類的物資。一九四三年、四四年，日本東京的物資已經很缺乏，如果想要喝一杯啤酒還得要排隊，而且是幾百個人在排。這種情況在上海卻不曾發生，只要有錢什麼都買得到。那時候我在上海時抽的都是英國菸，像三五牌、斯芬克斯（Sphinx）。酒除了紹興酒之外，也經常喝琴酒。跟那些日本人一起出去，都是這邊裝一罐菸、那邊帶一罐酒，大家又抽又喝，等到舞跳完了以後早就空空如也了。總之，當時我的生活可以算是相當糜爛，嘴巴上說要拿情報，其實也都跟他們到處去玩，去到哪就喝酒、去到哪就跳舞。

情報員的日常與上海印象

我在日本唸大學的時候，主要的興趣就是看書和聽曲盤。以我過去在日本唸書的標準看來，我在中國讀書的量算是很少很少的。我沒辦法很流暢地閱讀漢文，而且每次到書店一看，每一本都那麼大本、密密麻麻的，所以很少自己買書。不過在蘇州、上海的這段日子，我還是讀過一些用漢文寫的書，像是毛澤東的《新民主主義》[7]與《論聯合政府》[8]。這些都是禁書，老實講我看起來覺得很新鮮，再加上薄薄的一本，很方便閱讀。另外，也有看過從解放區拿出來的《解放日報》之類的刊物。這些書和刊物，大多是我上面的人拿給我的。而除了中共的人帶來的書籍或刊物，我也看了一些反封建的小說。沒想到後來等我到解放區，這些書變成禁書——那些反封建的小說原本在上海是進步的書籍，但後來強調社會主義，就被視爲是落伍的東西。像是由巴金[9]《春》、《秋》、《家》所組成的「激流三部曲」，就是所謂反封建的小說。巴金之外，我也看過曹禺[10]的作品。平日我也會看一些日文報紙，像蔣渭水二兒子蔣時欽所任職的《大陸新報》，還有《公論報》、《文匯報》等等；日文雜誌就較少見到。戰爭結束以前，我的中文程度並不算太好，不過眞要比起來，漢文學起來要比日文快，那個一二三四四聲稍微聽一下，就可以跟人稍微談話、寒暄。

在上海、蘇州那陣子我也沒有聽曲盤了，主要都看京戲。由於蘇州不做戲，我大多跑去上海看戲。我們地下工作的成員在上海大世界的對面租了一間平日居住的地方當聯絡處，除了我之外還有三、五個中國人，大家來來往往的，所以我也經常到那邊和他們一起去看戲。我阿母在我小時候，常常帶我去台北後車站的新舞台看那種我們多叫它爲「正音」的戲，其實指的就是「京戲」，搬演像三國誌、水滸傳等等故事。我對新舞台的胡琴有很深的印象，那胡琴拉得實在太好。因為小時候有這款經驗，到了中國我也喜歡看京戲。我特別喜歡看關公，像有一位叫林樹森的名角，他演的關公可說是全上海最好的。那時候上海的京戲有分做北京派和上海派，上海派的名角主要是一位叫麒麟童[11]的老生，他演的那齣「蕭何月下追韓

7 此指毛澤東之論著《新民主主義論》。毛澤東在該文總結中國革命的經驗，提出新民主主義革命的理論和綱領，將馬克思主義中所謂資產階級民主革命劃分為新舊兩個時期，指出中國的資產階級民主革命已不是舊民主主義革命，而是由中國共產黨領導的新民主主義革命，進而走向社會主義革命。該文發表在一九四〇年一月延安《中國文化》創刊號，對中國革命起了指導作用。詳參：黃丘隆、結構出版群主編，《社會主義詞典》，頁六二一—六二二。

8《論聯合政府》是一九四五年四月毛澤東在中國共產黨第七次全國代表大會上提出的報告。毛澤東在該文主張廢止國民黨的一黨專政，成立民主聯合政府，闡述民主聯合政府的綱領，發展《新民主主義論》的思想。詳參：黃丘隆、結構出版群主編，《社會主義詞典》，頁二八五—二八六。

9 巴金（一九〇四—二〇〇五），原名李堯棠，四川人，文學家。一九二七年留法，次年回國編輯《文學叢刊》，從事文學創作。一九三四年赴日學習日文，次年回到上海編輯叢書。一九四七年以後主要從事編輯、翻譯、校對工作，並多次擔任全國政協副主席，著有《家》、《春》、《秋》等多部文學作品。詳參：徐友春主編，《民國人物大辭典（增訂本）》，頁二四五。

10 曹禺（一九一〇—一九九六），原名萬家寶，湖北人，劇作家。大學畢業後從事教職。中華人民共和國成立後，曾任多項公職。著有《雷雨》、《原野》、《日出》等多部劇作。詳參：徐友春主編，《民國人物大辭典（增訂本）》，頁一六三〇。

11 麒麟童（一八九五—一九七五），本名周信芳，祖籍浙江，京劇表演藝術家。七歲便以七齡童為藝名登

信」特別有名。

當時上海人遊玩大多會到法租界去，法租界不是最大，但卻是最出名的地方。希特勒自一九三八年開始屠殺猶太人，加上一九四二、四三年時，由希特勒所扶持的維琪政府[12]對上海的法租界著力不深，並沒有什麼實際的控制力，所以有很多法國人和猶太人來上海這邊投資置產、開餐廳或酒吧。法租界當中一些整排的大樓都是猶太人所有，其中最著名的算是沙遜（Sassoon）家族的洋行，沙遜家族的創始者大衛．沙遜（David Sassoon）的兒子阿爾伯特．沙遜（Albert David Sassoon），還曾經被英國冊封爲男爵。法租界有很大的競馬場，也有賽狗場，還有一座蘭心劇院（Lycenm Theatre），裡面的歌劇表演相當好，很讓我入迷。如果要吃外國料理，就一定要來法租界，上海不只法國人、猶太人很多，白俄人也不少，所以不管法國料理還是俄國料理，甚至日本料理的水準都是一流的。

老實講，我當時在上海的生活，用革命的觀點來看算是相當糜爛，在我心裡面常常也會與我在日本時所讀到的馬克思主義產生衝突。不過這種糜爛的生活，其實正是上海生意人日常的生活，上海的有錢人都是如此喝酒、跳舞、去風月場合或者看戲玩樂等等。整個戰爭時期，上海比起東京與台北可說比較歡樂、輕快，並沒有發生什麼激烈的軍事衝突。我常常在想戰爭何時會結束，但上海人似乎沒有在想這些，在意的都是如何維持自己的生活。上海有幾十萬人，那些中上層的百姓，稍微有一點買辦的性格，講起來就是比較虛僞啦！像這首〈天堂歌〉便是當時上海生活的最佳寫照：「上海呀本來呀是天堂／只有歡樂沒有悲傷……住了大洋房／白天搓麻將／晚間跳舞場／財神爺竟跟他們通了情／洋錢鈔票總也用不光……」你看，這樣的歌唱起來是多麼地輕快又輕浮。

當然比起有錢人，下層的人像拖手車（人力車）的車伕之類的，他們的生活還是很辛苦。上海的有錢人很虛榮，坐拖手車時經常要一個車伕在前面拖、一個在後面推。不過上海拖手車的車伕大都有吃鴉片的習慣，賺來的辛苦錢多拿去買鴉片，大家瘦到只剩皮包骨。當時我糜爛歸糜爛，還是謹守一個原則，就是賭博與吃鴉片這兩件事絕對不碰。日本時代台灣社會中根本沒有人敢賭博，被警察抓到得進去關二十九天。現在台灣有這麼多人賭博，都是戰後從中國帶來的壞習慣。中國不管鴉片或賭博都很興盛，我曾經跟人家說：「這種情況

台，後又以麒麟童為藝名演出。文武全演，為著名老生，稱「麒派」。中華人民共和國成立後，曾任多項公職，受文化大革命衝擊，於一九七八年獲得平反。詳參：徐友春主編，《民國人物大辭典（增訂本）》，頁九一八。

12 即維琪法國，為第二次世界大戰期間由貝當領導的法國傀儡政權，因設在法國南方城鎮維琪（Vichy）而得名。一九四〇年六月德軍佔領巴黎，貝當為首的法國政府投降，法國東部、北部、西海岸由德軍佔領，南部為非佔領區，由貝當政府實際管轄，是為維琪法國。貝當政府推行法西斯化，禁止祕密結社、取締勞工組織、迫害猶太人，對德國唯命是從。一九四四年維琪法國因德軍戰敗而崩潰，貝當於戰後受審判刑，最終處以終身監禁。詳參：王覺非主編，《歐洲歷史大辭典》，頁一六五二—一六五三。

下我如果撩下去吃鴉片，我的人生就眞的墮落了。」一九四五年後我要去北京時才曉得，原來上海地區的鴉片，大多是從解放區那邊運來的；而汪精衛在南京和日本人弄的中華民國政府，事實上也有插手鴉片貿易。

街頭插曲

記得有一天，我經過上海共同租界邊界的霞飛路和南京路這兩條大路附近，因爲當天街上很熱鬧，我不經意地踢到一位男人的腳。我以過去在日本養成的習慣向他說：「失禮！對不起。」但是，他卻站起來拉住我的領帶——我在上海都跟一般人一樣穿西裝打領帶，不能有地下工作的味道——哇啦哇啦地在那邊嚷嚷。他一嚷嚷起來，旁邊的人就馬上圍上來，把人行道都給堵得水洩不通。我想說我都已經向他道失禮了，爲什麼還不放過我？看到人群圍上來，我就「こまった（苦惱）、こまった」地感覺到很困窘，然後想起中國人遇到事情都喜歡用錢來解決，便把錢包拿給對方。對方一見到我的錢包裡有十幾萬，便把錢抽出來，一溜煙地跑掉了。

然後我回到大世界那邊的聯絡處，和裡面的同志提到了今天遇到的狀況，沒想到我的同志卻反過頭說是我的不對。我問他原因，他說：「你跟對方道歉就錯了，如果你對他說：

『操你媽的！你腳怎麼給我伸得那麼長？走走走！』事情也就解決了。」我那時才體會到：人們的風俗習慣與倫理道德居然有那麼大的不同。當時在台灣與日本都一樣，如果遇到了類似的情況，一方就會說失禮，另一方就會說沒關係。我在上海時反而被對方抓得動彈不得、困窘不已，才知道在台灣的生活方式在中國簡直完全行不通。

類似這種狀況，我在上海、蘇州這段日子經常感受到日本人、中國人與台灣人在文化上的不同。老實講，我並沒有因爲到了中國，而對中國人產生什麼親切感。我之前有說過，台灣在日本統治時期中如果要出去島外，就要申請旅券，也就是現在的護照；台灣人到中國去往往都是跑單幫的，除了幾千位台灣人在廈門外，還有少數一些台灣留學生。而當時在台灣的中國人不是裁縫師、理髮師就是總舖師，大多都是福州人，一般的台灣人並不容易看到中國人，因此沒有太實際的中國印象。再加上我阿媽常常批評唐山人，所以我對中國並沒什麼情感在。我會到中國去抗日的思想背景，主要是馬克思主義中對於階級的討論。馬克思對民族方面的評論很少，他認爲解決了階級問題，民族問題自然也會解決。總之，我那時候參與抗日運動的思想，主要就是階級，而不是中華民族主義。所謂的民族主義其實有兩個面向，它一方面是侵略的、反動的，但另一方面也是進步的。在我參與抗日運動的時候，中華民族主義還可以算成是反封建、反殖民地的進步的民族主義；但是戰爭結束以後，作爲勝利者的中國人，來台灣卻胡作非爲，變成了退步的民族主義。像現在中共也是支持處在統治地位的國民黨，而不支持我們台灣，或者像新疆、西藏等地，中共對他們所採取的也是反動的、侵略的民族主義。

阿雲與結紮

之前講到，我去廈門找家人的時候，上級要我接一個女孩回蘇州。這個女孩叫阿雲，我跟阿雲在蘇州從一九四三年同居到一九四五年，我的日常生活，都是由她一手打理。住在一起三年，我們兩個又還少年，少年男女做伙，常常會有性的關係，有了性關係，往往也就會產生感情，這是免不了的。不過我自己是有一個「brake」，也就是煞車啦！心裡想著：阿雲是中共爲了讓我在工作上方便而派來給我的，所以即使跟她有了關係，也不一定要和她結婚，一切都只是爲了工作，和她在一起就是爲了工作、爲了革命。所以當終戰之後，上級把我調到北京，我也沒有多想什麼，就與阿雲分開了。

阿雲這個女孩看起來一副鄉下樣子，人也安靜，說起來眞的很乖巧，給我煮飯、洗衣服什麼的都沒有一絲抱怨。她不會問我去上海做什麼，地下工作的原則她也知道。我從上海回來，倒是會告訴她一些和工作內容比較無關的事情，比如說我跟那些日本人跳舞、喝酒、到風月場所等等。我每次跟她說，她也沒有什麼異樣。我是不清楚她心裡在想些什麼，那時候的台灣人跟現在不同款，更別說是中國人的心理又跟我們台灣人不同款。

我跟阿雲的關係其實算是很單純了。在中國的那幾年，我看見中共裡面的男女關係很亂，相當地複雜，更常常用革命的理由來合理化自己的慾望。比如說：黨員與黨員之間要結婚通常會在黨的公證下進行，等婚後生了孩子，要是先生對妻子感到厭煩、喜歡上別的女黨員，只要以「革命需要你」的這個理由，就可以把妻子調到他處，順理成章地再跟另一個女黨員結婚。由於中共裡面是男人的天下，所以這種事情很普遍。不過如果是女黨員的地位比較高，也可能換成是她將老公調走，再與別的男黨員結婚。

我和阿雲住在一起沒多久，遇到了一位即將要返鄉的同志，而決定去動結紮手術。這位同樣在做地下工作的同伴，已經來上海三、四年了，那天我聽聞他被上級派回去解放區的消息，便去向他恭喜。沒想到他說：「這哪是值得恭喜的事？這是相當悲慘的事！」然後我才知道，因爲他的另一半有了身孕，共產黨擔心他會因此影響到地下工作，才將他內調到偏僻的鄉村，而且爲了避免機密外洩，往後一輩子幾乎都不會再調到別處了。我知道後心想：「怎麼可以這樣！如果我被調到中國鄉下，就連台灣也回不去了！我還想要回台灣做革命耶！」擔心了一陣子之後，我就決定去做「pipe cut」、結紮的手術。

那時候我沒有什麼避孕的知識，只是認爲把自己的輸精管剪斷或者綁起來，就可以讓男女之間在發生關係以後不致於懷孕。當然我也知道這樣對我阿媽非常不孝，因爲我本來應該要替施家傳後代，我阿媽也說過家產要分一半給我，但是我卻騙了她。不過最後我還是決定對自己忠誠、做我當時認爲應該做的事，安慰自己畢竟阿媽也是希望我可以做一個好人。我現在回想起來，當時的想法可說相當的簡單、非常機械式的。只不過知識分子對於自己要做的事情，總是不論好壞都要將它合理化，而我的性格又是想到什麼事情就去做，再加上少年時我很容易被熱情跟正義感感染，比如說一般人不會想到要來中國抗日，而我卻千里迢迢從東京來到上海，後來更從解放區逃回台灣、計劃刺殺蔣介石，這些種種都是在這種思維下所採取的行動。雖然年輕的時候比較不會顧慮到對或錯，但老實講我眞懷念年輕的時候。青年人最可貴的就是擁有一頭撞進去的熱情，這種熱情伴隨著年華老去，往往會慢慢低落下來。

決定要結紮後，我沒有與阿雲做什麼討論，就到上海去找醫生。反正我在上海常常十幾日都不曾回去，阿雲也不會問東問西，於是我就從住院檢查、手術開刀直到完全痊癒了以後，才再回到了蘇州。我開刀的醫院位於北四川路的日本租界裡面，那是在大馬路邊、很大一間的外科醫院，我並沒有特別挑那一間醫院，只是看到「外科醫院」的招牌就撞進去了。一開始，那位日本人醫生說什麼也不肯給我動手術，劈頭就問我：「爲什麼這麼年輕就要結紮？」然後叫我快點回去。第二次我又去，他又跟我說：「爲什麼要這樣？結紮又不是一件好的事情。」第三次他說：「不然這樣好了，兩條輸精管我給你剪一條，留一條起來好不好？」我當然拒絕了。直到我去了第四次，他才終於屈服地問我說：「沒辦法了啦！你到底是什麼樣的情況，要動這個手術？」我說：「你不要問我什麼情況，我就是不能有小孩。」他才勉爲其難地給我動了手術。日本人就是在這一點上面很「阿沙力」，我叫他別問，他就不會在那邊追根究底。而且說起來，這位醫生是有良心的，如果換成是中國醫生，想必只要錢到手，就馬上動手術，不會這樣三番兩次地警告我。總之在那兩、三個月當中，只要我去上海就一定會去找那位醫生，他越拒絕我，反而讓我的意志更加堅定，一直試下去。雖然我跟醫生來往了一陣子，但是也沒有問清楚他的姓名。我們做祕密工作的人，自己不愛講話也不愛去問別人的事情。

這個手術前後差不多要休息一個星期。我的生活起居都在醫院裡面，沒有告訴阿雲也沒有通知當時地下組織的同志，更別說那些日本人。我動手術的那間醫院醫療條件還算不錯，醫院的寬度有三個店面，在當時的上海算是很大間的一間醫院，二樓以上都是病房。我在江蘇政府裡面拿乾薪，再加上我吃、穿沒什麼要求，每個月都有剩錢，所以住院的開銷並沒有對我造成負擔。

弟弟林朝陽與詹世平（吳克泰）

大概是一九四二年年尾，我的弟弟林朝陽來找我。他本來在東京唸書，因爲想要逃兵而來到上海。那時候由日本來上海可是個大工事，首先他得從東京坐火車到下關，從下關坐聯絡船到朝鮮的釜山，再由釜山到奉天、瀋陽，進到北京後坐火車沿著京浦鐵路南下，才能抵達上海。我弟弟會找到我，是因爲當時在上海的台灣人中，有一位名叫王柏榮的台南大戶人家，在上海弄一個振亞銀行，我到上海有時會去他那邊坐一下，剛好我弟弟也去那邊找他，才知道我在蘇州。我弟弟時常來我那邊住，我住的是「單間兒」，只有一間房間、一張床，床下面像是榻榻米一樣，所以我都會鋪一件草蓆，把被子弄好給他睡。我弟弟有一位台北二中的同窗叫吳克泰——當時叫詹世平——是羅東人，和李登輝在台北高校同期。他在高校時當志願兵，然後被派來上海的「登」部隊，常常和我弟弟禮拜天過來我住的地方，到禮拜一早上才離去。這位詹世平實在是不知道安靜，他會講一些北京話，遇到國民黨的情報人員要被日本軍方行刑時，都會跑來告訴我，我也因爲這樣知道國民黨情報人員的消息。後來我在一九四五年十一月到北京，詹世平則改名爲吳克泰，從上海和蔡孝乾一起回台灣了。

我弟弟和吳克泰經常來蘇州，到後來我沒有辦法跟他們解釋爲什麼我一下子去南京、一下子又去上海，究竟是爲了什麼原因常常必須四處跑來跑去，所以只好向他們坦承我參加中共地下組織，以及阿雲是我工作上的伙伴、是中共的上級要我們兩個人做伙等事情。我弟弟來找過我一次以後，第二次再見到他時，他就已經加入了南京的日本軍隊，好像是一九四二年十二月的事情。那時候，青年人的情緒都挺波動的，有時候也說不出是什麼樣的變化，我弟弟便是如此。他本來是爲了逃兵的緣故而來到上海，沒過幾天卻跑去加入了日本軍隊。我們兩人在「單間兒」獨處時，我有問過他說：「你怎麼這麼快就變了？」他說：「我就是這樣！」一方面由於我做地下工作養成的習慣，沒有一直追問下去；另一方面我們雖然是親兄弟，但是年紀相差近十歲，我又是我阿媽飼的，他則是我阿母飼的，所以不像普通兄弟一般親熱。我只能推測，可能那時候的大環境讓少年人比較難安定下來，不管有意無意都會隨著現實產生變化——這方面台灣的年輕人大多比較落伍，都只是想要當醫生、有穩定的生活，不然照理來講，一個青年對於台灣的情況，應該會有不滿，甚至於想要推翻現實才對——我弟弟可能因爲這個緣故，所以才從日本跑來上海；再加上他知道我參加了中共的地下組織後，也沒有批評，反而很羨慕，這也可能讓他心裡「浮腳浮腳」（有些心動的樣子）地想弄些名堂出來。

戰局變化下的中國社會與各方勢力觀察

我自一九四二年抵達中國，直到一九四五年戰爭結束的三年間，很明顯感覺到日本佔領區的經濟一直在變差，通貨膨脹相當嚴重，當時暴發戶的財產是以幾千萬、幾億萬的天文數字在計算。物價膨脹說起來就是一種循環啦！物價上漲，政府就印鈔票，想辦法繼續維持政府的運作，不過鈔票印了物價反而又會上漲。上海的物價直到一九四五年戰爭結束後，聽說國民黨要來接管時，才有稍微降低。但是沒想到國民黨來了以後情況變得更糟，每日物價都要上漲十幾倍。比如說上海人吃的米，大部分是安徽省蕪湖出產的，由農婦一次扛個五斤、十斤到上海的北車站前叫賣，有時一斤米早上去買十萬元，晚上去買就要二十五萬元以上，跟後來台灣二二八事件前夕的狀況一樣。通貨膨脹對都市人的民生有很大的衝擊，鄉下有產米的地方倒還好。這也造成汪精衛政權下的民眾對日本人都很反感、很有抗日的思想，就像現在我們台灣人對國民黨的情緒一樣，有一種感情上的民族主義。

經濟情況惡化對我的影響並沒有很大，因爲我從江蘇政府那邊拿的薪水也會隨著上漲。不管物價怎麼漲，中國官僚他們銀行裡面的存款也會跟著水漲船高，可見中國是官僚的世界。當時我的工作主要是向日本人套取有用的情報，所以經常和日本人交際、做朋友；那些我來往比較密切的日本軍人，對於自己統治區域內的經濟波動也覺得很困擾，因爲佔領區的民生凋敝往往會引起民眾反日的情緒，所以這些日本軍人反而常常會向我打聽中國民眾的感受，想從我這邊獲得情報。當時日本軍方並非沒有想辦法去壓制通貨膨脹，不過他們可以採取的手段有限。當時汪精衛的中華民國政府是由日本負責軍事方面的工作，行政方面則是由汪精衛的官僚們在負責，日本軍方雖然一定程度上能干涉政策，但也只能侷限在中央。地方上像是江蘇省，日本派有顧問，如政治顧問、經濟顧問等，但他們也只是看，不太能插手，頂多就是囤積物資以壓低物價而已。不過像上海、南京有那麼多萬人，囤積物資也實在沒什麼效果。再加上一九四三年，麥克阿瑟開始反攻，由中途島一下就拿下澳洲，然後再一路北上，甚至連菲律賓也被美軍攻佔了，日本也沒有什麼氣力來管事。

我在上海的時候，中國大概可分成日本、國民黨與共產黨等三方勢力。日本軍所佔領的大概是線跟點，像北京、保定、石家莊等都市，以及鐵路沿線，廣大的農村則是中共的地盤。在長江的周圍，中共有新四軍——皖南事變之後江南（長江以南）的新四軍被趕來江北——另外還有八路軍，大概分布在山東、河南、河北、山西、陝西等地。中共的這些軍隊都不採取正攻戰，因爲他們只有土槍、土造的手榴彈，只能在鄉村和日軍打游擊。打游擊就是說，日本軍隊若來，中共的勢力就後退，等到日軍回到他的據點，中共的人馬就再回來鄉村，簡單講就是敵進我退、敵退我進。游擊戰其實也是中共壯大自己的策略，比如說這個鄉村若有日本軍隊要來，中共就趁村民逃跑時吸收一些男丁。甚至更壞心的，爲了徵兵而故意去聯絡日本軍隊來鄉村掃蕩，好讓那邊的人走投無路，最後只能加入解放軍。一九四五年我進解放區時，曾看過有一個鄉村的男丁，被中共揀去了百分之二十。一九三五年中共逃到延安時只剩下五千多位黨員，八年抗戰打下來，原本五千多人的共產黨卻變成了擁有兩百多萬正規軍與鄉村民兵的龐大隊伍。當然國民黨有美軍的武裝，終戰時也有四百多萬的部隊，所以戰爭剛結束時雙方並沒有馬上打起來，只有零星的衝突而已。

至於蔣介石的部隊，大多在漢口以上、湖南等地與日本軍隊對峙，江南算是蔣介石的第四軍區。終戰以前，至少就我所知，第四軍幾乎沒有與日軍發生衝突。日本要佔領上海的時候有打一下，不過他後來就退去南京，再退去漢口；在漢口也沒什麼交戰，最後就退去重慶了。軍統[13]系統的情報頭子戴笠[14]在上海曾經弄了一個忠義救國軍，也是大家在那邊弄地下工作，不敢正面跟日本軍對打。我想這是因爲日本軍隊的力量大，正面衝突大家都會出事，國民黨又沒辦法打游擊，只好這樣子來對付。有些國民黨的軍人們甚至和日本軍人彼此交換物資、獲取利益。我覺得蔣介石是封建殘餘的軍閥，他北伐打倒了北京政府，卻沒有去改變那些封建的東西。那個時候，整個中國差不多都是封建殘餘，都是大地主。老實說，封建如果沒有滅亡，中國也沒有前途。反觀我們台灣，雖然有一些封建的東西，但還是有一點新思想，所以是半封建、半殖民地。

那時候在中國的台灣人數量並不多，像李友邦[15]在杭州那邊打著台灣義勇軍的旗號做生意，遊走於日本人與國民黨之間；[16]還有二林事件的那個李應章[17]醫生，另外包括楊肇嘉、

13 即國民政府軍事委員會調查統計局，於一九三八年正式成立，與中統局並列國民黨內兩大特務組織。前身為復興社，是蔣介石召集軍界人士及黃埔學生所成立的特務組織，社長為蔣介石，特務處處長為戴笠，副處長為鄭介民。一九三七年中日戰爭爆發，國民政府為統一特務組織，在軍事委員會下設調查統計局，由陳立夫擔任局長，戴笠則為第二處處長，然因二者鬥爭劇烈，遂於隔年改組，成為以戴笠為首

的軍統局。一九四六年撤銷軍事委員會，成立國防部，軍統局改編為國防部保密局，專責保密防諜工作，局長為鄭介民，副局長為毛人鳳。詳參：張炎憲主編，《二二八事件辭典》（台北：國史館，二〇〇八），頁二九八—二九九。

14 戴笠（一八九七—一九四六），本名春風，字雨農，浙江人。一九三二年任三民主義力行社特務處處長。一九三八年任軍事委員會調查統計局副局長。一九四三年任中美特種技術合作所所長。一九四六年因空難身亡，同年國民政府追贈陸軍中將。詳參：徐友春主編，《民國人物大辭典（增訂本）》，頁二六六九。

15 李友邦（一九〇六—一九五二），本名李肇基，台北人。公學校畢業後入台北師範學校，隨即參加祕密反日組織，從事抗日活動，亦參與台灣文化協會。一九二四年因遭日警通緝而潛逃中國，入黃埔軍校，並成立台灣獨立革命黨，結交左翼人士。一九三二年被國民黨逮捕入獄，西安事變後獲釋。一九三八年於浙江金華正式成立台灣義勇隊抗日，號召閩浙一帶的台灣人參加抗戰，該隊於一九四六年遭當局解散。二二八事件後被捕至南京監禁，後由陳誠援救。回台後擔任台灣省黨部副主委兼改造委員會委員。一九五二年因匪諜案被處決。詳參：林礽乾等總編輯，《台灣文化事典》，頁三九八。

16 此處應為史明個人臆測。實際上李友邦早年確實曾在杭州活動，但在史明抵達中國之時，台灣義勇隊已因日軍攻陷浙江金華而南遷福建龍巖。另外，李友邦曾因與左派人士密切接觸而遭國民黨逮捕，而國民黨又對台灣人不信任，種種因素導致台灣義勇隊頻遭國民黨猜忌，故李友邦在杭州打著台灣義勇隊的旗號，又要遊走於日本人與國民黨之間，實際上有一定的困難。詳參：王政文，《台灣義勇隊：台灣抗日團體在大陸的活動（一九三七—一九四五）》（台北：台灣古籍，二〇〇七）。

17 李應章（一八九七—一九五四），彰化人，農運領導者。一九二一年籌組全台灣青年會，結識蔣渭水、蔡培火等人，台灣文化協會成立後併入該會，任該會理事兼二林地方幹事，投身台灣文化啓蒙運動。一九二五年組成二林蔗農組合，領導蔗農反抗林本源製糖株式會社，同年因二林事件遭到逮捕。一九三一年台共大檢舉，深知自己即將被捕，遂於次年逃至廈門，在鼓浪嶼開設醫院，後加入中國共產黨。一九三四年遷往上海，改名李偉光，開設偉光醫院，從事情報工作，持續反日活動。戰後擔任台灣旅滬同鄉會會長。中華人民共和國成立後，擔任全國政協代表。詳參：林礽乾等總編輯，《台灣文化事典》，頁四一〇—四一一。

白成枝[18]等文化協會時代的出名人物也都在中國。但我很少和他們碰面，只有少數幾次在振亞銀行那邊見過白成枝、楊肇嘉、蔡培火等人。至於我弟弟和詹世平雖然和我比較熟，對外我也沒有與他們一起行動。我在上海活動時並不避諱承認自己是台灣人，但是我做的是中共地下的情報工作，所以不能到處見人。

當時我毫無疑問地將在中國的日本軍隊視爲侵略者，所以才會到中國抗日。我透過自己曾在日本讀書的經歷，來拉攏和日本軍方的關係，也許有些人會把這種行爲當成是叛變，不過事實上我對日本軍方沒什麼好感。日本人來到中國，強調和平共榮，自己成立的政府卻依然亂七八糟、貪污腐化。那時候我對毛澤東陣營的好感比較多，我看他〈論聯合政府〉、〈新民主主義〉等文章，覺得他的想法很進步、很民主。但是，等我後來進去解放區，才發現原來並不是這麼一回事。

一九四五年八月十五日終戰

一九四五年日本的戰況持續惡化，報紙上一直登美國今天拿下菲律賓還是哪裡等等的消息。到了一九四五年四月美軍攻擊琉球，我就開始想說：「日本這下子要怎麼維持下去呢？日本說不定會輸。」我阿爸有一位日本朋友在上海的軍事據點，我經常去向他套取情報，有時就問他說：「歐吉桑！按現在的情形，日本軍方有沒有可能採取什麼樣的措施？你們海軍又要如何因應呢？」他就會說：「你不可以問這些內容！」但是其實他最後什麼事情都會告訴我，所以在八月之前，我已經稍微探到日本有可能會投降的消息，卻沒料到那天說來就來了。

一九四五年八月十五日，日本天皇宣布投降當天對我的衝擊很大。我並沒有聽到「玉音放送」，天皇錄音的磁帶還沒有運到上海，但是全上海的人突然都知道日本打輸了。他們中國人傳遞消息的速度很快，嘴對嘴的傳播甚至比電視、廣播還要迅速。我們的地下組織也有祕密地去貼號外、宣傳日本投降的消息。上海比較熱鬧的地方像霞飛路、法租界或者是日本租界的電線桿上面，差不多都貼了我們用手寫的標語。那時沒什麼謄寫板，也沒什麼印刷

18 白成枝（？—？），又名黃白成枝，台北人。曾參與台灣文化協會活動。文協分裂後，加入台灣民眾黨。一九三一年台灣民眾黨遭當局解散，白成枝與蔣渭水、盧丙丁等十六人遭捕。蔣渭水逝世後，參與《蔣渭水全集》編輯作業。戰後於台北城內開設藥局。一九四六年參與組織台灣省政治建設協會。二二八事件爆發後，參與二二八事件處理委員會，提出國軍繳械、防止軍權濫用等要求，這些要求成為國府坐實二二八事件為叛亂之罪狀。白成枝於事後被列為叛亂首要並通緝。然有論者指出白成枝似為CC派下特工人員，因其參與之台灣省政治建設協會與CC派關係密切，CC派欲利用二二八事件打擊政學派之陳儀，故在白成枝提出激進主張時，省黨部未加以約束，甚至由蔣渭川通過廣播號召。詳參：張炎憲主編，《二二八事件辭典》，頁九四。

機，全部都是用手寫的。我們就四處張望、看看有沒有人注意，就迅速地把標語貼在電線桿上，一貼上去就馬上跑走。標語大多都是上級寫好的，我們只負責去貼。日本軍方並沒有公開承認投降的事實，不過各地方的駐軍都已經開始燒文件了，一看就什麼情況都了然於胸。

我本來到中國是想要抗日，等到中國眞的贏了以後，我的心情雖然高興，卻也開始空虛起來，覺得我在中國好像茫茫大海中孤伶伶的一個人。他們中國人在自己的地方有社會關係、朋友關係，可是我什麼都沒有。再加上我小時候唱的歌都是日本歌，回憶也多與日本人有關，頭腦裡的思想等等都是日本學到的那一套，生活也是日本款。那時候我就一直想：「日本輸了，我又會變成什麼樣呢？」大學的同學們都去參軍、去當敢死隊，我因爲不用當兵所以才來到中國；而如今日本戰敗，我自己的位置、我的生活又會產生什麼樣的變化？當時我自己也沒有辦法做出一個結論，最後我才重新想到社會主義，把它當成是我的救星、我在日本投降以後的容身之所。

當然我會這樣子感到苦惱，也有現實的因素。戰爭結束後，一般中國人的生活並沒有太大的改變，但是因爲我是汪精衛政府底下的官員，戰爭結束以後沒有人到行政單位上班了，我的經濟就出現問題。我和台灣方面也沒辦法取得聯絡，信件無法往來，如果想回台灣，則必須在上海等到一九四六年的夏天才有船隻。好在中共從一九四五年八月至十月間，除了工作方面的開銷，也開始供給我一些生活費。於是我就繼續住在原來的地方，每天祕密地與中共的情報人員一起行動。黨方面給我錢是希望我可以再去套取情報，像是日本人投降以後的相關情況等等。由此就可知道，一個政治系統進去容易，要出來就沒有這麼簡單，尤其是做情報工作，一旦進去裡面就不太可能出來，上級會不停派新的工作給你。

中共的情報網很厲害，比如日本投降之前我就已經知道，一九四四年時國民黨的陳儀[19]在重慶弄了一個準備來台灣接收的委員會[20]，裡面有很多台灣人，像謝春木[21]就是。謝春木

---

19 陳儀（一八八三—一九五〇），浙江人。一九三五年，以福建省主席身分來台參加始政四十年博覽會，並派員考察台灣各項建設。一九四四年接掌台灣調查委員會，主持並研擬戰後收復與接管台灣的各項計畫及方案。戰後任台灣省行政長官兼警備總司令，任內爆發二二八事件，於一九四七年五月離台。一九四八年任浙江省主席。一九四九年因策動湯恩伯投共未成而被捕。一九五〇年於台北遭槍決。詳參：林礽乾等總編輯，《台灣文化事典》，頁七六六—七六七。

20 此處應指「台灣調查委員會」，於一九四四年成立，由時任福建省主席陳儀擔任主任委員，丘念台、謝春木、夏濤聲等人擔任委員。該會主要任務在於調查台灣各方面狀況，為收復台灣做準備，並舉辦台灣行政幹部訓練班以培訓幹部。詳參：吳密察監修，《台灣史小事典》，頁一五八。

21 謝春木（一九〇二—一九六九），即謝南光，彰化人。一九二一年畢業於台北師範學校，後留學日本。二林事件發生時退學回台聲援，入台灣民報社工作。一九二七年出任台灣民眾黨中央常務委員、政治部主任、勞農委員會主席。一九三一年舉家遷往中國，創設抗日機關華聯通信社。一九三三年改名謝南光，入國際問題研究所，收集日軍情報，於一九四〇年任該所祕書長。日本投降後任中國駐日代表團委員，滯留東京。一九五〇年辭職，被選為日中友好協會理事。一九五二年赴中參加政治協商會議，任中國人大代表等職。詳參：許雪姬、薛化元、張淑雅等撰文，《台灣歷史辭典》，頁一二九七。

這個人畢業於高等師範學校，以前則和蔡培火等人一起參與台灣文化協會。那時要考師範學校，必須跟日本學生一起參加入學考試，所以說頭腦不好的人是沒辦法進去唸書的。謝春木後來跑到上海當雙面間諜，就是一方面拿國民黨的情報給日本；另一方面也從日本那邊拿情報回來給國民黨[22]——像他這種雙面間諜的人，戰爭期間一定都會存在——而當國民黨退去重慶，他也就跟著退去重慶。一九四三年底美國開始反攻，重新佔領了菲律賓，並計劃由福建登陸、從朝鮮那邊進攻時，美國首先將蔣介石所屬的四百五十萬軍隊進行美式裝備的武裝，然後再讓戴笠的軍統和謝春木一起弄了一個情報中心，叫「美中辦事處」，美國的情報人員、特務、CIA等，就能透過這個所在來活動，謝春木似乎在裡面擔任祕書主任。[23]謝春木本來以爲自己可以被蔣介石派回台灣擔任省長，結果最後卻被派到日本，成爲中華民國駐日代表團當中的一個成員。

我弟弟在戰爭結束後去了滿州，滿州那邊都是日本人。我弟弟會講日本話，後來就在當地和一位日本女生戀愛，跟著一起回到了日本。他在戒嚴時期有回來台灣啦！但是不敢告訴我。不過我後來跟我弟弟也是沒有什麼來往，他入了日本籍以後就很不喜歡跟台灣人在一起，弄到最後我自然也就不去找他了。至於阿雲，戰爭結束後我和她在蘇州一起又待了三個月，戰爭結束當下她也沒有什麼特別的表現，沒有特別表現出歡喜的樣子。那陣子我的工作就是設法調查日本的軍隊到底有多少人、物資的儲屯所又究竟在哪裡，等等這些情報。光是上海、蘇州、南京的範圍就有那麼大，我每日四處奔走忙都忙不過來。直到十一月底，上級突然叫我去北京，這才結束了我在蘇州、上海的生活。

22 史明此處說法有待考證。謝春木在當時確實被中國方面視為日本間諜，日本反戰人士青山和夫亦在回憶錄中指出謝春木是日本間諜，戰後重慶更有人透過傳單散布此論，然其長期投入抗日運動，與日本當局關係緊張，要成為日本間諜恐有難度，而史明之「雙面諜」一說可能性恐怕更低。詳參：何義麟，《跨越國境線——近代台灣去殖民化之歷程》（台北：稻鄉，二〇〇六），頁一五一—五九。

23 史明此處說法有誤。謝春木並未在「美中辦事處」（應是指「中美特種技術合作所」）擔任祕書主任，而是在抗日情報機關「國際問題研究所」任職。詳參：何義麟，《跨越國境線——近代台灣去殖民化之歷程》，頁一五一—五九。

第五章

滯留北京

北上執行任務

我的上級在一九四五年十一月的時候給了我一項任務，要我去北京拿鴉片回上海。簡單來說，就是要我到北京找人拿鴉片，然後再把鴉片拿給另一批人馬，建立一條鴉片流通的途徑。華北的鴉片和日本人關係很大。當時日本人侵略中國，爲了要過長城，先在蒙古建立了一個蒙疆政府，作爲侵略的據點；同時還在河北、河南、山東一帶種植罌粟，提煉成鴉片，運到天津、上海甚至東南亞等地販賣。戰後日本扶持的蒙疆政府被解放軍接收，中共想要繼續將鴉片運往南方，但是戰爭剛結束時，中共害怕蔣介石四百五十萬的美式武裝軍隊北上，一夜之間動用民力把北京通到漢口的平漢鐵路，以及天津通到南京的京浦鐵路兩大幹線給毀掉了，南北的交通已然癱瘓，所以上級才要我去北京拿鴉片，打通南下的關節。

因爲沒有鐵路，上級介紹了美國人給我認識，我就坐著美國人的水上飛機先飛到青島。

飛機是美軍進駐上海的主要交通工具，當時美軍的飛機幫忙國民黨載接收的幹部回來，在上海那邊就蓋有一個水上飛機的機場。中共方面的人員就是帶我去機場，然後交代美國人將我載到青島。我要上飛機時，只報上我的名字，美國人並沒有查驗我的身分。我和飛機上那位少年上尉也沒什麼講話，我英語很爛，只有像「Hi! Boy.」這樣子簡單寒暄，不過那位上尉平日都在中國進行任務，所以會說中國話。我到了青島以後，住了差不多十幾日時光，等到中華航空從重慶飛來青島、再從青島轉往北京的航班，才順利抵達北京。後面這趟從青島到北京的旅程，完全是美國人替我安排的。他叫我在青島等候，幫我處理航班、機票等等。說起來，這種事情是你們現在看歷史書籍時所想像不到的。美軍跟中共本來應該是對立的，美軍怎麼會讓我這個中共的情報人員去坐飛機呢？

戰爭期間美國表面上看起來是站在蔣介石這邊，給了他很大的金援，譬如說宋子文和宋美齡去美國要求援助時，杜魯門就拿了四十四億美金給國民黨。當時宋美齡大概四十幾歲，穿著藍布衣裳，再加上近代的化妝技術，那模樣眞的是一位美人，讓美國人直直誇獎。宋美齡只將這四十四億美金當中的三十億帶回中國，剩下的則在舊金山弄了一個廣東銀行，後來廣東銀行在國民黨準備要佔領台灣的時候起了不小的作用。另外像是美國的軍事顧問、政治顧問等等，也都一直送往蔣介石那邊。不過美國同時也派了觀察員到毛澤東這邊，他們兩邊一比，發現國民黨的官僚事情都不做，只有吃飯、跳舞、接收日本在中國的物資；相反的，中共這邊大家都在準備開戰。眼見情況如此，美國也開始援助中共。我後來進解放區，曾看見美國捐贈的像奶油、奶粉、罐頭或蕃茄醬等等生活物資，大罐大罐、成箱成堆地擺在房間裡。那時我就知道美國還是有在援助中共啦！但中共裡面的幹部都是大老粗比較多，這些東西都不敢吃。

我這趟到北京，本來是有打算再回去上海的。我先跟兩個人拿了兩、三箱裡面放有嗎啡與鴉片的皮箱，然後再去到約定的地方，等著把皮箱交給中共「晉冀魯豫軍區」[1]的關係人——所謂「晉冀魯豫軍區」就是鄧小平[2]和劉伯承[3]的那個軍區——再由他們帶去上海，但是對方卻沒有按本來的計畫出現。那時候我們的行動最多只能在原地等候十分鐘，如果拖再久一點就可能會有危險，地下工作最要緊的往往就是接頭的時候，你可以提早五分鐘前去，又不可以太早；如果你要等候，也可以等個五分鐘、十分鐘，沒有人來就必須閃避了。我在那裡等不到人，後來就帶著皮箱走開了。那三箱皮箱的樣子看起來頗新，皮革又高級。當時越大、皮越好的皮箱往往越貴，我一個人拿著三只皮箱，感覺有一些吃力，於是便決定先去當時北京最好的北京酒店住，再來想辦法，沒想到一等就是三、四個月。

北京生活

我與中共的上級聯絡不上，心裡面也沒有什麼煩惱。我想說這邊算是他們的範圍，中共他們應該會自己來找我。滯留北京的三、四個月當中，我日常生活上的開銷，都是用我賣鴉片的所得。我從那三箱鴉片中拿了一包，到北京的西單牌樓附近賣掉。這個地方是當初那兩

1 國共內戰時期，中國人民解放軍的大軍區之一，指揮山西、河北、山東、河南四省邊界地區的解放軍。一九四五年八月中共中央為因應形勢發展需要，成立晉冀魯豫軍區，由劉伯承任司令員，鄧小平任政治委員，下轄冀南、冀魯豫、太行、太岳四軍區。後又以抗日軍政大學第六分校為基礎，成立晉冀魯豫軍區軍政大學。一九四八年五月晉冀魯豫軍區與晉察冀軍區合併為華北軍區。晉冀魯豫軍區軍政大學與晉察冀軍區軍政幹部學校合併為華北軍區軍政大學。詳參：中國軍事百科全書編審委員會，《中國軍事百科全書：軍事歷史》，頁五六六—五六七。

2 鄧小平（一九〇四—一九九七），四川人，中華人民共和國前領導人。早年赴法求學，後至蘇聯莫斯科東方大學、中山大學留學。一九二四年入中國共產黨。一九三四年起參加長征。一九三八年後任八路軍政治部副主任，與劉伯承率部在太行山建立根據地。一九四七年劉鄧大軍挺進華中戰略要地。一九四八年與劉伯承、陳毅等人指揮淮海戰役。一九四九年劉鄧率部挺進西南。中華人民共和國成立後，歷任多項公職。文化大革命時受到迫害。一九七七年當選中共中央副主席，並在十一屆三中全會後，倡導改革開放，開闢「中國特色社會主義」之新路，提出「一國兩制」之構想。一九八二年當選中央政治局常委。一九七八年至一九八三年任全國政協主席。詳參：黃文安主編，《中華人民共和國史辭典》，頁四六〇—四六一。

3 劉伯承（一八九二—一九八六），原名劉明昭，四川人，中華人民共和國元帥。一九二六年入中國共產黨。一九二七年參與南昌起義，失敗後赴蘇聯留學。一九三〇年回國，任中共黨職，參與反圍剿戰爭與長征。中日戰爭時創建晉冀魯豫抗日根據地。國共內戰時任晉冀魯豫軍區司令員等多項軍職，並與鄧小平指揮多場戰役。詳參：《中國人民解放軍歷史辭典》編委會編，《中國人民解放軍歷史辭典》，頁二三六。

個拿皮箱給我的人告訴我的，他們其中一個就是從西單牌樓出來的。我按他們給我的地址過去，跟對方說我身上沒錢，必須處理掉這包東西，對方聽了就靜靜坐著，我大概等候了一個多小時，他才讓人拿了幾十萬的錢給我。

一九四五年十一月我到北京，大概十二月左右，我在外國人、外國官員與日本人比較密集的東單牌樓附近租了個房間住下來。東單牌樓裡面有個蘇州胡同，再裡面還有一條比較小的候位胡同，我租的房間就在候位胡同的一棟平房裡面，是那種和人家共用廚房的出租房間。我在北京住到一九四六年三月左右，中共那邊才派了一位瞿小姐來找我——我到西單牌樓賣鴉片時，有告知裡面的人我住的地方——我才把鴉片交給她。這段時間我出門，都把裝鴉片的皮箱放在我租的房間裡面，也不怕被人偷走啦！

在北京除了等待，我也沒什麼事可以做。因爲在戰爭結束前，我曾經爲了情報工作去過日本的北京大使館幾次，裡面有認識的人，所以那陣子就經常跑去日本的北京大使館閒晃。留在中國的日本人大概要等到一九四六年二月左右，才開始慢慢地被遣返回去。當時我對他們並沒有仇恨感，反而非常同情。日本人輸掉戰爭，等於被踹到平地去了，他們想回國又沒有船隻，一顆心浮在半空，不知道自己的房子還在不在，更不知道父母或家人有沒有死傷，每個人看起來都垂頭喪氣的樣子。我看他們很可憐，聊天的時候常常安慰他們說：「畢竟戰爭已經結束了，短期內也不用擔心這麼多。」有時也帶他們去什麼山海關、孟姜女廟之類的景點遊玩，或者去吃涮羊肉、烤羊肉、烤鴨子等等。烤鴨子的話我記得「鹿鳴春」很出名，當時北京好吃的店大多座落在城外。晚上我也常常帶他們去喝酒、跳舞、看京戲。中國有所謂的四大旦，就是梅蘭芳、尚小雲、程硯秋和荀慧生等四人，這四人除了當時不在北京的梅蘭芳之外，我都有看過。這些日本大使館的職員都很感謝我，當他們要回日本的時候，我也有去港邊送行。

除了和日本大使館的職員們消磨時間之外，我也常到西單牌樓那邊找中國人練習說北京話，更在北京的狗不理包子店學會了麵食料理。我還在蘇州時，要是和日本人一起去北京，常常會到狗不理包子店吃飯，裡面的人看我像日本人，對我的態度都很親切，廚房的大廚也常常讓我進廚房和他們聊天。狗不理包子店的廳堂很大、氣勢很好，如果有客人上門，走桌的（tsáu-toh--ê，跑堂）就會把毛巾披在肩上，大聲招呼說：「您來啦！」就像日本人說「いらっしゃい」一樣。他們的廚房也很大，隨時都有三十幾個人在裡面工作。那位大廚很厲害，聽見鍋子裡翻炒的聲音就知道這道菜做得好不好。有時候他聽到鍋子的聲音不如預期，心情不好生氣起來，還會在小廚背後用鍋子敲他的頭。我就是跟在大廚身旁，邊看邊學會了麵食料理。我常常吃料理，自然就會有研究、有那種眼光，光是在旁邊看就知道料理的方法。譬如說像大蒜要怎麼弄才可以讓味道跑出來、水餃的皮要怎麼擀得恰到好處——水餃皮中間要厚，邊邊要薄，這樣下鍋煮才不會破掉，煮出來的水餃也才會好吃。後來中共派來找我的那位瞿小姐，也帶我去那裡吃飯，我們一起進到廚房時，我才意識到原來那也是中共的據點。之前我只是去吃飯，所以不知道那個地方是中共的據點之一。

當時由於鐵路已經被中共破壞，來北京接收的李宗仁[4]只帶了一些幕僚坐飛機來北京，所以北京仍然是由過去日本佔領時期的警察，以及王克敏[5]華北委員會底下的憲兵與軍隊等在維持治安，後來才慢慢交接。當時北京的物價雖然也有在上漲，但比起上海是比較安定的，社會氣氛滿平和的，北京人對待日本人的態度也算和善，看我長得一副日本人的樣子，甚至還會偷偷鼓勵我說：「你們的國家再過四、五年就會爬起來了。」我那幾個月在北京，除非遇到台灣人才會說自己是台灣人，不然一般大多都是用「我們中國人」。稱呼自己若不是用「施明」，就是用「林明」，想到什麼名字就順口講出來，職業也說我是在上海做貿易的商人；年紀幾歲倒不會說，別人也不會問。像我這種做地下工作的人，少說話最好。我遇到人也是寒暄兩句，不會多問五四三的問題。而如果別人問起我的日語爲什麼那麼好，我倒是不會忌諱坦承自己是早稻田大學畢業的。這四個多月當中，我與阿雲已經斷了聯絡。我心裡一方面想說中共應該會照顧她；另一方面也因爲我之前一直告訴自己：「我來到中國是爲了革命，阿雲是工作上的安排。」所以也就不太重視和她之間的情感。

邂逅平賀協子

日本大使館的職員當中，有一位小我九歲——當時大概才十九、二十歲——名叫平賀協子的女孩，是日本東北的岩手縣人。一般日本人走路時肩膀都有些微駝、畏畏縮縮的樣子，但她卻落落大方。她有日本舞的基礎，後來回到日本以後當舞蹈老師、教日本舞。我年輕時的身高不矮，她的身高大概也有到我耳朵的高度。當時我帶一群日本人去看京戲，她每次都跟來，一開始還不知道她是日本人。其實我也沒有對她比較特別，像是去跳舞，並不單單只跟她一起跳，跟誰我都一起跳。只是我發現平賀不像一般害羞嬌貴的女孩，她是那種如果你邀她跳舞，就奉陪到底的女孩。

4 李宗仁（一八九一—一九六九），廣西人，軍人。一九二三年入國民黨。歷任多項軍職，在廣西擁有軍力，為桂系軍閥首領，並曾一度反蔣。一九四八年當選中華民國副總統。一九四九年代行總統職權，年底赴美。一九五四年被免去副總統職務。一九六五年赴北京，後於此病逝。詳參：徐友春主編，《民國人物大辭典（增訂本）》，頁四九四—四九五。

5 王克敏（一八七三—一九四五），浙江人。曾任中華民國（北洋）政府財政總長。一九二七年遭廣州國民政府通緝，因而逃往大連投靠奉系軍閥。一九三七年中日戰爭爆發後，組織中華民國臨時政府，該政府被視為日本在華北扶植的傀儡政權。一九四四年任汪精衛政權下華北政務委員會委員長。戰後因漢奸罪被捕，於獄中自殺。詳參：徐友春主編，《民國人物大辭典（增訂本）》，頁九九—一〇〇。

平賀的伯伯在中國一座相當大的紡織廠擔任社長，一九四一年左右，為了打仗，日本全國動員，國內局勢動蕩不安，她伯伯才運作讓她到北京工作。日本當時在北京的勢力很大，所以他們職員的「寮」（宿舍）也非常大，相當享受。不過日本人在北京附近的風評並不見得很差，尤其在鄉下更受到一些農民的歡迎。我後來在解放區時甚至聽見有農民說：「日本人在時，我們的麥子變得那麼大；國民黨來時變成只有一半大小；共產黨來了以後，因為都要我們去服勞務，收成變得更差。」從前農民在收割時，從早上六點就要開始割，但是就算一直弄到天黑也收割不完。日本人來了，就教他們利用驢子拖動輪軸來汲水，省去了農民晚上還得自己到井邊打水的功夫，讓他們相當感謝。相較之下，抗戰結束以後，國民黨跟共產黨到處徵糧，徵稅時收的也都不是錢，而是食物。共產黨的收稅可說比國民黨更厲害，國民黨的官員們還可以討價還價，共產黨的軍隊、警察需要糧食，往往不管三七二十一，有多少就拿多少。

這位平賀協子後來並沒有和日本人回去。說起來這也是一件偶然的事。我曾經問她說：「你會回去日本嗎？怎麼不留下來？」沒想到她眞的留在中國。當時其實不只平賀，很多日本人也都不想回去，因為大家對於日本的情況都不瞭解，自己的父母、親戚往往也都不知下落。我發現平賀沒有要回日本，才問她：「你不回去日本，是要住在哪裡？」於是她就和我一起住在候位胡同了。平賀留在中國、和我一起住等等這些事，我們之間並沒有討論、參詳過，就這樣子決定下來，說起來似乎也不像是愛情。那個時候我們大多認爲：兩個人有在一起，就可以算是彼此喜歡了。而且老實說，少年時代也不會想到喜歡或不喜歡，大家一群人，開心的話自然就會在一起。你們這一輩現在怎麼樣，我就不知道了，但我那時候對感情這方面，就是這麼回事。

後來我進去解放區，也帶著她一起去；逃出中國、回到台灣這趟路，也是一起行動。我母親當時看到我帶一位日本女孩回來，相當生氣。我們剛逃回台灣的時候，她非常失志，因爲信件不通，人要往來日本、台灣也不容易，她根本不知道她父母是否還在人間，更不知道自己若回去日本，還有沒有家。我阿母過世後，她才嘗試寄了一封信回去，沒想到她父親不久便回信來台灣。當她知道她父母還健在，整個人才又活了過來。我記得她父親的信中寫到，戰爭結束後每個人都沒飯吃，只好去摘海菜、沾美軍發的麵粉當正餐，就這樣吃了一、兩年。一九五二年我乘香蕉貨船逃到日本，她才從台灣坐飛機回到日本。

我們在日本重逢後，她也沒有離開我，和我一起擺攤子、一起蓋新店面。不過我們大概在六〇年代初期就分開了。那個時候我已經寫完也出版了《台灣人四百年史》。許世楷等年輕的台灣留學生，當時經常在我的店出入，吃吃喝喝都是由我買單，我賺來的錢也一直投入台灣島內的地下工作，平賀看到這樣的情況，就開始對自己的前途感覺到不安；再加上戰後日本人對於留在日本的台灣人、韓國人或中國人的印象都不太好，她父母也不贊成我們之間的關係。最後我才想說：「她是日本人，沒必要和我一樣把那麼多的精神都放在台灣上面。」所以就與她分開了。

我們分開後，我將新珍味地下室的每個月租金給她當作固定收入，還另外買了一間當時市價大概四、五百萬的房子給她，現在應該值三、四千萬了吧！平賀後來都在教人舞蹈，我不曾去她家找過她，連她父母親過世時也都只是叫人拿「香奠」過去，對她的情況也不太清楚。直到十幾年前她得了喉癌，手術過後我去看了她一次，自那之後開始，逢年過節我才會帶一些禮物去探望她。

第六章
解放區的探索與追尋

前進解放區

一九四六年三月左右，中共方面派了瞿小姐和另一位男同志來找我。我把鴉片拿給他們時，對他們提出了想去解放區、不再回上海的要求。我想進去解放區的理由說起來很複雜。我來中國是爲了抗日，而戰爭的結果雖然日本戰敗了，但是可能因爲我生命中的一切，像是生活、思想等等都是日本式的，所以我的心裡也像是打了敗仗一樣，反而有種茫然無目標的感覺。這造成我開始思考究竟要如何爲社會做一點事情，而不是像普通人一般，只想趕快回到家裡；而且我也覺得學問就是要一邊學、一邊做，書我已經唸夠多了，正是時候思考一下自己的未來。於是我重新想起從前那股改變現實的志向。而既然要改變現實，總歸一句就是需要革命嘛！蔣介石是半封建的軍閥，不可能去投靠他們；而強調革命的中共，他們的解放區就在北京附近——北京離解放區很近，那邊有個大都市叫張家口，本來是蒙疆政府的駐在地，戰爭結束後被中共接收，變成了中共的據點，叫「晉察冀軍區」[1]——我人在北京，豈有不去看看的道理？我想革命的陣營應該是相當宏偉吧？看他們要我做什麼我就做什麼，革命就是要服從上級。當然在思考的過程中，我也有想到在台灣的家，不過最後還是有一種爲了革命犧牲奉獻的味道。

總之我就向瞿小姐說：「我有馬克思主義的思想，如果沒有趁這個機會到解放區看看、學習一下，好像半途而廢一樣。」瞿小姐聽了之後表示很好，講說能夠爭取到我，也算是他們的成績，答應會幫我安排。從事地下工作的人都喜歡情資，她聽說我從東京早稻田大學畢業，然後在上海做過地下工作，所以對我有一些新奇。當時我已經稍微懂得一點北京話，我們之間的溝通就是講講話，不足之處再比劃手勢或者寫字。

瞿小姐回去後不久，還有來看過我一次。等到一九四六年四月，瞿小姐才說已經可以進去解放區了。我和平賀都沒有帶隨身行李，因爲進解放區前，瞿小姐曾說會替我把北京的私人生活用品等等寄過去，但是後來都沒有寄來，我想大概是被中共沒收了吧？出發時，我心中有一種國共內戰必然開打的預感——我進解放區是四月的事，國共內戰到六月左右就打起來了。我進去解放區，本來是想做其他事情，並沒有料到戰爭這麼快就爆發了。我記得美國的馬歇爾將軍與周恩來、張群弄一個三人小組，想要和談，不過當時中共其實完全沒有想要和談的意思，一心一意打算與國民黨開戰，和談後來當然也就破裂了。

我們往解放區出發時，是一個男的與一個女的來接我們，向我介紹了他們的工作人員後，才帶我們從北京坐鐵路往居庸關去。居庸關那邊有一座大橋，剛好分隔了國民黨與共產黨的勢力。我們在康庄下車，康庄再過去就是共產黨的地方。他們只帶我與平賀到康庄，然後向接應的人講了我的名字，用一張白紙寫上我與介紹人的名字，再將紙放在衣領的內側——在遇到臨檢時，這樣比較不容易被搜出來。中共他們做地下都有暗語，我們到了一個旅店，跟櫃檯的人說：「你有單間兒嗎？」櫃檯的人一聽，就把我們帶到裡面的房間去。原本帶我來的人已經不見了，換成另一組人馬帶我們進居庸關。經過居庸關時，我向國民黨的哨兵說：「我是台灣人，來中國賣茶。現在看國共兩黨就快要打仗了，想要快點回張家口把店面收拾好。我現在生活很困難，要是店沒有收起來，就連回去台灣的錢都沒有了！」老實說，當時國民黨的士兵水準都很低，你隨便給他拜託一下、求情一下，大多可以順利通過。過了居庸關，上級雇了馬車來載我們，差不多一、兩日就抵達張家口了。馬車上面擠了七、

1 中日戰爭與國共內戰時，中共所控制的大軍區之一，指揮河北、山西、察哈爾、熱河、遼寧五省邊界地區的武裝力量。一九三七年十一月中共中央在五台山地區成立晉察冀軍區，由聶榮臻任司令員兼政治委員。一九三八年成立晉察冀軍區軍政幹部學校，由孫毅任校長。一九四六年國共全面內戰，中共中央恢復指揮機構，由蕭克任司令員，羅瑞卿任政治委員，七月至十月進行大同集寧戰役及張家口保衛戰。一九四八年五月晉察冀軍區與晉冀魯豫軍區合併為華北軍區。詳參：中國軍事百科全書編審委員會，《中國軍事百科全書：軍事歷史》，頁五五〇—五五二。

八個人，當中大多眞的是在張家口做生意、要趁打仗前去收拾收拾的平民百姓。

在康庄接應我們的人到了張家口，將我們交給專門進行對敵工作的城工部成員。我們從北京到張家口，總共差不多花了三、四天的時間，吃住都由中共處理，大多都吃饅頭，唯一的要求就是路上不能隨便講話。這一路走來，過程可以說相當的複雜，看得出中共的組織並不簡單，一組人接著一組人把我們帶進解放區。那幾天從北京到張家口，我和平賀生活上可說起了很大的變化。雖然是下了決心才來到解放區，但是關於我們未來究竟要做什麼事情，中共方面的人都沒有做任何的說明，讓我與平賀感到相當的緊張。

林鐸在聯合大學

張家口和北京的生活水準相差很大。北京飲食和台灣當然不一樣，但畢竟是大城市，到處都有賣食物的店，像烤羊肉、涮羊肉等等；張家口則什麼都沒有，你首先感覺到的就是朔北的氣息。那邊的風刮得挺厲害，而且風裡有黃沙，風正面吹過來時，眼睛都張不開，台灣的風再怎麼刮也沒有這麼大。不過日本人之前在張家口還是有些建設，有些地方看起來和台灣其實沒有差很多。小學校都很寬敞，公路很大條，火車站更是很有規模。張家口另外一項特徵就是騾子跟驢子很多，騾子比較小隻，驢子比較大。每到晚上騾子就嚎嚎叫，很淒涼，讓人聽了不由得想念起台灣。

我以前在北京都用施明、林明爲名，到了張家口以後，才在塡表時正式改名爲「林鐸」。「鐸」是一種木鐘，我用這個名字就有警示、提醒自己的意思。中共有一招很厲害，我們到任何地方都得要塡表，他們會比對表格的內容，把不一樣的地方記起來，作爲查核的依據。我一到張家口，就被安置在看起來像是由日本式的房子改建而成的「招待所」裡面。招待所主要是中共提供給被重新指派任務的人暫時居住的地方，比方說如果上級要你換工作，就會讓你先換去住在軍區內的組織部招待所，然後再前往新的地方赴職。

我的房間不大，大概六塊榻榻米，門口有拿槍的「小鬼」守著，都是十七、八歲的年輕人，我如果離開房間，他就會跟著我，就算只是去上廁所也跟著，完全就像把我軟禁起來一樣。在進去解放區之前，他們都說解放區裡面很自由，在社會主義的土地上要吃什麼就吃、要做什麼就做。所以我一開始對張家口的生活有些不滿，覺得怎麼跟講的不一樣，人像是被關在籠子裡面。

我跟平賀住同一間，期間城工部部長劉仁有來看過我們三、四次。劉仁後來曾經當到北京市的副市長，一般來說，基層的成員不會見到他，但因爲我是台灣來的，所以他才特地來見我，要探我們的底細。劉仁每次來都會問東問西，但都是差不多、類似的問題，主要是想看看這幾次敘述中有沒有出現破綻。整個招待所裡面大概有五、六十個人，除了劉仁之外，中共方面也常常派人來問話。我不一定每次說的都一模一樣，常常也會記錯，不過或許大致上差不了太多，還不致於被懷疑是間諜。雖然戰前我已經在上海爲中共做地下工作，但不像從組織裡面被派出來的瞿小姐，中共對我的信任程度不一樣，所以當我進去解放區，仍然被中共視爲非核心的外圍人士。

我大概在招待所住了一個多月，直到五月中旬或者是六月初才到聯合大學。一開始中共方面是說我們至少得在聯合大學唸兩到三年的書，但根本就沒有人待那麼久，像我就只待了兩個多月，就被調到蒙疆銀行去整理日本人所留下來的資料了。聯合大學是日本佔領時期興建的一所小學校，校地很大，運動場也很大，校長是成仿吾[2]。聯合大學雖然叫「大學」，但是卻將教室隔成很多間，讓學生住在裡面，既是上課的地方，也是平日起居作息的地方，吃的話則另外有食堂。聯合大學內總共約一千多個人，大概十多人一班，一起吃住。裡面的成員有各種身分：首先是過去在共產黨勢力範圍下做地下工作的；第二就是在淪陷區或日本組織裡面做事的中國人；第三就是國民黨在抗戰時所發動、募集而來的十萬青年十萬軍——一九四五年日本投降以後，國民黨的官員都急著到淪陷區去接收物資與設施，這些青年沒人在管，中共方面就趁這個機會去吸收；最後，還有一些工農出身的老幹部。但不管什麼身分，主要的目的都是爲了整理思想。

我們每天早上都得看《解放日報》、讀毛澤東的〈新民主主義〉，毛澤東的中心思想可說重複讀到破了。中午吃完飯有午睡時間，由於氣候與台灣不太一樣，人在朔北午飯後不睡個覺，身體會承受不了。午覺後往往就是寫自傳，我在聯合大學的期間就寫過四、五次自傳，寫完自傳還要自我檢討。寫自傳強調的是地主、資本家、仲農、中農、貧農等不同的階級身分。貧農是跟人借土地來耕種的，中農是自己耕自己的田，仲農是自己有在種田，但同時也有借地給別人耕。中共就把資本家、地主與仲農指為階級的敵人。與我一同進解放區的平賀協子，她也要照做，不過平賀寫中文和學講北京話的速度都要比我快。中共有一點讓我學到很多，就是一般文人寫東西都會舞文弄墨，但是他們強調的是要寫得逼眞、讓人容易吸收。在這一點上我覺得是進步的，因爲社會主義就是站在被壓迫的大衆這邊，如果希望大衆能夠提高水準，就不該延續知識分子那種讓人看不太懂的書寫方式。

在聯合大學時，那時候要我們寫自傳，寫完自傳，下午接下來的時間，就是由老幹部所擔任的班長帶領大家一起討論、檢討或開會，氣氛是有點嚴肅、壓迫的，和普通大學的情況完全不一樣。我們的班長們都是從地方派過來的大老粗，都不會寫字，但是他們對中

2 成仿吾（一八九七—一九八四），湖南人，文學家。一九二一年與郭沫若等人於上海組織創造社。一九二五年入中國共產黨。中日戰爭爆發後，任陝北公學校長、華北聯合大學校長、中共晉察冀中央局委員等職。一九四八年任華北大學副校長。一九四九年當選第一屆全國政協委員，後任多所學校校長及多項黨公職。詳參：徐友春主編，《民國人物大辭典（增訂本）》，頁三〇九—三一〇。

共的組織、戰略戰術都很熟悉，所以擁有更高一層的位置。所謂的「檢討」或「開會」，就是一班十幾個人，大家拿個人的生平資料、履歷與自傳等出來反省，像是你小學校時做過哪些事情、說過什麼話，對革命有什麼看法之類的。其實自我檢討不是一件容易的事，通常只有受過訓練的老幹部才做得好。如果你是地主的後代，在聯合大學裡面會受到不小的言論攻擊，若有國民黨背景，就更不得了。在檢討時大家會一直逼問你：「你爸是幹嘛的？你媽是幹嘛的？是不是資本家？有沒有剝削別人？」如果你否認，他們就會繼續說：「怎麼沒有？那你吃的飯又是從哪裡來的？」就這樣子一直刺激你，卻藉口說是在幫你進行自我批評。那時候我雖然心裡有像馬克思主義或對於現實的不滿等種種進步的思想，但是他們還是說我是吃剝削飯長大的，是地主的後代。雖然我覺得講起來頗有道理，但是還是會有別的想法。

事實上聯合大學對我的思想並沒有太多的影響，因為我到中國以前已經唸了不少馬克思主義，即便少年時代讀的馬克思主義也是滿教條的，但我不會像他們講的那樣，把過去視為是一種罪惡，而只是將之視爲尚未瞭解、明白之下所產生的錯誤。此外，雖然我的確是地主的後代，是吃剝削飯長大的，但我認爲進步的社會中多少存在著剝削的情況，它不完全就是一個罪惡的事情。比如說過去我阿媽若遇到颱風天，就會減少收租的額度，照理說這是一種人道主義的關懷；但是按照中共的說法，這只是地主爲了要取得農民的信任而採取的手段，把它形容得很惡質。

聯合大學也會由講師帶領我們讀辯證法、唯物史觀等等。那時候我就覺得，中國理論的水準比日本差很多。聯合大學的講師大多由黨幹部擔任，即便有些到過蘇聯留學，講話卻很偏頗。比如說明明都是原子彈，美國擁有就是不對、反動，蘇聯擁有卻是很好的事情。但究竟是什麼原因，他們卻沒有進一步說明。這些講師幾乎都是用蘇聯的那一套來教唯物史觀。馬克思是在資本主義發展最興盛的時候成形的，後來傳播到帝國主義統治下的殖民地，社會主義革命很多就變成了民族主義的那一派，甚至轉成恐怖統治、不停殺人。照我來看，馬克思主義最重要的就是要恢復人性，人又不是菜頭，殺了那麼多人又要怎麼恢復人性呢？於是我在解放區聽他們講馬克思主義，就慢慢反感起來，覺得這些東西和我過去在日本讀到的馬克思主義都不太一樣，連帶的也對中共稍微改觀，發現他們的思想並非全然都是好的。比如說，當時剛好是中共公開反對自由主義的時候。但是我過去之所以會讀社會主義的書籍，一開始也是從自由主義的自由與平等等觀念中延伸出來的。所以我在解放區裡面聽見大家動不動就反對自由主義、說自由主義是反革命，老是覺得有一些奇怪，但也不敢表示反對。不過聯合大學裡教書的人並非都這麼不可取。

一九四一年延安成立了一個魯迅藝術學院，招收了一些魯迅的弟子、學生。魯迅一開始其實也是被中共那邊攻擊，沒想到等他過世以後，延安卻成立了魯迅藝術學院。魯迅藝術學院的丁玲[3]、蕭軍[4]、艾青[5]等人，雖然因爲自由主義色彩而遭到中共的反對，但他們戰後還是被派到聯合大學教歷史、文學。這些人的文學水準都是一流的，教的是五四新文學那派，國民黨那派的都沒教。不過我沒有被他們教過，我那時候還只是初期、在訓練政治思想而已，他們的學生都是外語科、以後準備要當外交官或宣傳官的人。雖然他們沒有正式教過我，可是當時解放區裡三、四個台灣人裡面，只有我是從東京到上海，戰後才進解放區參加革命，所以他們對我特別有興趣。這些人跟我也是滿合得來的，因爲我在早稻田大學時最拿手的科目第一是政治科，再來就是文學——我大學時常去文學科聽課——與他們說話就很合拍，經常聊一些法國文學、莎士比亞什麼的。不過由於我是剛進去的成員，不能自由進出，都是他們私底下主動來找我。

這中間還有個小插曲。我從小學校開始騎馬，中學時騎腳踏車，後來就患上痔瘡。等到進了解放區以後，因爲飲食和水土不服，變得更嚴重。那邊的廁所都沒有門，也沒有隔間，別人看到我上廁所鮮血直流，害怕得趕緊去報告上級。丁玲他們知道這件事以後，就常常請我去他們那邊吃飯。即便環境不算太好，不過他們畢竟算是延安來的高級幹部，我們一般人都是吃大鍋飯，吃小米配豆腐白菜湯，他們則有廚師煮功夫菜。我們之間大多談文學，不聊政治，他們也會問我台灣或日本的情形，那時候我的北京話已經有進步了。他們和聯合大學教唯物史觀的講師很不一樣，那些講師老實說，都是黨校不要的。中共的黨校有中央、縣級、區級的分別，像毛澤東的文稿，就是中央黨校的菁英學者替他寫的。

我在聯合大學的兩、三個月間，只有週六才會和平賀同住。平常她和女學員們住，我則和男學員住。我跟她相差九歲，她看解放區的一切都覺得很新鮮，可說一直著迷下去；相反

3 丁玲（一九〇四—一九八六），原名蔣偉，湖南人，文學家。一九二七年發表成名作《莎菲女士的日記》。一九三〇年參加中國左翼作家聯盟。一九三二年入中國共產黨。一九三五年遭祕密綁架拘禁於南京。一九三六年獲釋，與成仿吾等人組織中國文藝協會。一九四一年任《解放日報》文藝副刊主編。一九四六年參與河北張家口一帶之土地改革。一九四八年完成著名長篇小説《太陽照在桑乾河上》。一九四九年任政協會議代表及《文藝報》主編。一九五五年被打為反黨集團。一九五七年被視為右派而開除黨籍，於隔年撤職並下放黑龍江。一九七八年獲得平反，恢復黨籍。詳參：徐友春主編，《民國人物大辭典（增訂本）》，頁一。

4 蕭軍（一九〇七—一九八八），遼寧人，文學家。曾在九一八事變後於東北組織抗日義勇軍，失敗後避居哈爾濱撰稿謀生。一九四〇年赴延安，任魯迅藝術文學院教員。中日戰爭結束後於張家口組織魯迅學會，於一九四六年任東北大學魯迅藝術文學院院長。中華人民共和國成立後，任全國政協委員、中國文聯委員、中國作家協會顧問等職。詳參：徐友春主編，《民國人物大辭典（增訂本）》，頁二五七二—二五七三。

5 艾青（一九一〇—一九九六），原名蔣海澄，浙江人，文學家。一九三二年入中國左翼美術家聯盟，後於上海法租界被捕。一九三三年在獄中改名艾青，出獄後在上海寫作。一九四五年於魯迅藝術文學院文學系任教，並擔任華北文藝工作團團長，隨團赴張家口，在該團併入華北聯合大學文藝學院後，擔任副院長。一九四九年參加全國文聯與作協籌備工作，並參與第一屆政治協商會議。詳參：徐友春主編，《民國人物大辭典（增訂本）》，頁二四七。

的，由於我對中共的共產主義有些狐疑，所以時常會有一些停頓。平賀經常與中共的同志們談話，身體上的適應也遠比我還好。北京城內與城外的說話腔調有一些不同，她應付起來都沒有什麼問題，而我的ㄅㄆㄇㄈ讀起來就比較死板。我們在聯合大學時不像在北京穿長衫，而是一律卡其色的軍服，男女生都一樣。冬天則加穿棉襖、棉褲、棉襪子。總體來說，聯合大學就是集體生活、集體監視的場所，要出去走走，後面都會有人拿槍指著。不只是對我，對大家都一樣。後來我到蒙疆銀行做事，這種情況也沒有改變。

蒙疆銀行與游擊戰

我大概在一九四六年的七月底、八月初左右離開聯合大學。當時蒙疆銀行方面需要會日文又有一定的文化水準、能夠整理書籍的人——日本人到蒙古開銀行時，順便把蒙古、新疆的資料包括政治、經濟、文化等都一併整理好，存放在銀行裡，就算懂得日文但沒有文化水準的話，其實也是整理不好的——所以上級就派我到蒙疆銀行去，我與平賀就一起離開了聯合大學。平賀到了銀行之後，大多在做打算盤、算帳等工作，只有我一個人整理書籍。我們在蒙疆銀行的宿舍共住一間，門口還是有「小鬼」拿槍監視著。飲食比起在聯合大學的時候是有好一些，也是要到食堂吃。蒙疆銀行每晚還是都有檢討會，如果班長的文化水準比較高，當晚的內容就會說得比較好；反之，就會說一些有的沒的。當時我對於整理書籍這份工作有些不滿意。我一心想的都是革命，結果卻被派來整理書，眞的讓人很不舒服。

我們在蒙疆銀行也沒住多久，國民黨的軍隊就節節逼近張家口，想切斷北京和蒙古之間的交通。[6]當時國民黨的軍隊是四百五十萬美式武裝的部隊，黃河以北，中共的八路軍裝備上遠較國民黨遜色，都是以游擊戰爲主。所謂的游擊戰就是敵進我退、敵退我進，或者是聲東擊西等等。中共的組織動作一向很快，上級一聲令下東西拿了就走，也沒有說目的地，我跟著大家臨時撤退，根本來不及把書籍資料整理完。撤退當下有些慌張，但是我們的隊伍還是很有秩序，前頭走了後面就會一個個跟上來。爲了爭取時間，我們讓騾子隊先走，一隻騾子由兩個人顧，兩三百隻走在前頭，剩下的職員才由一位姓陳的隊長帶隊，連平賀這種家屬也跟著隊伍一齊走。我們的隊伍當中還有參雜一些各地方的民兵，他們大多護送我們到一個地方，然後再由另一個地方的民兵繼續保護我們走下一段的路程。

6 此指一九四六年七月至九月間的大同集寧戰役。共軍為奪取大同而發起戰鬥，九月國軍增援，共軍在圍困大同的狀況下，採取先滅增援再取大同的策略，於集寧地區與國軍展開激戰，後國軍攻陷集寧，共軍考量集寧失守，而大同又久攻不下，便撤圍大同，後又於十月撤出晉察冀軍區首府張家口。詳參：《中國人民解放軍歷史辭典》編委會編，《中國人民解放軍歷史辭典》，頁三四；《中國人民解放軍軍史》編寫組編，《中國人民解放軍軍史（第三卷）》（北京：軍事科學出版社，二〇一〇），頁一三四。

如果以「軍隊」的概念來看的話，我們的樣子看起來有點吊兒郎當，每個人持槍的方式都不太一樣，穿著也不整齊。我們穿卡其色的軍服，配布鞋、布襪，走跳等動作都很靈活，但軍服尺寸不像日本軍人那麼合身、穿起來那麼挺。每位穿軍服的人都配一隻日本的三八式步槍[7]跟一排子彈，每一小隊大概一、二十人，由民兵來帶領，如果前哨回報說前面有國民黨的軍隊，就想辦法繞開；如果繞不開，就散開來戰鬥。交戰的時候，民兵會帶著我們移動、開火，結果大多是國民黨的軍隊先撤退。我比較有印象的是有天我們在一個村落，一邊是國民黨、一邊是共產黨，白天大家都沒有動靜，晚上才起來彼此開火。國民黨的軍隊裝備好，但是他們沒有戰意，已經覺得自己是勝者，大多只想要快點到日本淪陷區去接收、掠奪人家的物資，所以不太敢追過來；而我們這邊因爲人數少也不敢打過去，形成一種曖昧的關係。由此其實也看得出來，爲什麼國民黨有四百五十萬的軍隊，和兩百萬的中共部隊兵力差距如此懸殊，最後還是會輸？最主要就是沒有戰意啦！當然中共要是沒有群衆的支持，也是絕對打不贏國民黨的。

善打游擊戰的中共部隊機動性很強，比方說有時候看到敵人在前面，他們就會挖地道從後方偷襲。我們隊上的幹部曾經與日本人打過游擊戰，爬地道很靈活，他們一邊爬一邊挖土，向前推進。地道的長度差不多有一、兩百公尺，人進去地道以後就只能用爬的，後面的人抓著前面的人的腳踝，既起不了身，也不確定自己究竟出不出得來，心理上有挺大的負擔。那些幹部大老粗們似乎沒有想太多，但是像我這種稍微有知識的人，想到就覺得很可怕。有些地方本來就有地道，有些則是到現場才開始挖，白天挖、晚上爬，一挖就是好幾個小時。

當時與我們遭逢的大多是國民黨的前哨部隊，所以使用的武器頂多只是來福步槍，沒有重機槍，一次都三、五十個人。我們這一大隊總共近百個人當中，並沒有人在途中陣亡。說起來，在游擊戰中陣亡的人本來就很少。到了晚上要紮營，上級就會強迫當地的居民先把房子騰出來；飲食的話有的是用買的，有的是用徵收的，其實跟國民黨差不多啦！由張家口向後撤退的這段日子，每天就是一直走，避免被敵人跟上。不過一路上也是見到很多風景啦！像狼牙山整座山都是石頭，不是一座容易攀爬的山，人爬上去往往都氣喘吁吁，更別提身上背著一、兩百斤貨物的騾子。在一路撤退的過程中，我也開始感覺到黨員與非黨員受到的差別待遇：第一，非黨員不能參加他們的會議，也不能提出意見；第二，組織對待非黨員的態度很差，像我們這種不是黨員的普通人一旦生病的話，上級只會說：「這沒什麼，多吃一點

7 三八式步槍是日本在一九〇五年定型的步槍，為毛瑟步槍的衍生型，構造簡單，堅固耐用，直到第二次世界大戰結束前，都是日軍的主力步槍。自清末民初以來持續引進中國，民間俗稱「三八大蓋」，源自槍上的防塵蓋。詳參：火器堂堂主編著，《抗戰時期國軍輕兵器手冊》（桃園：老戰友文化，二〇〇六），頁二八—二九。

就好了。」像我痔瘡發作時，上級只給了我五顆雞蛋。中共的醫生在訓練上也有些急就章，往往受訓四個月就開始行醫了，總是讓我感到有些害怕。只不過根據當時現實情況的條件，中共可以做的也算是都做了。畢竟有時候生病不只是生理上的，還有心理上的疾病，醫生來對你說：「這病沒什麼要緊！」說不定也就因此而痊癒了。

游擊戰對我來說是相當重要的經驗。我被派去蒙疆銀行整理日文書籍資料時，因爲心中認定自己是要來革命的，所以相當不滿。如今回想起來，當時青年的自己總是有些英雄主義，什麼事都想要搞得轟轟烈烈。眞正跑過游擊戰、經過那個危機感之後，才知道革命不是開玩笑的。說實在的，革命本來就不是轟轟烈烈的東西，如果弄得轟轟烈烈的，其實也已經是一邊要輸、一邊要贏那種大勢底定的時候。青年人學東西都比較容易顯得教條，覺得自己是對的，就一直往前衝，想比別人還要快，這就是英雄主義。少年時代的英雄主義影響比較嚴重一點的，就會變成毛澤東那種人，什麼都想要做人的頭，不做不行，連把自己的人都殺光了也要做頭。所以說，我才會認爲個人的英雄主義，是革命中一定要克服的東西。

步兵幹部學校

我們從張家口撤退到山西省的靈丘，我記得那個地方有座小山。由於國民黨的勢力比較少延伸過來，中共在那邊弄了一個聯絡站。經過游擊戰的洗禮後，我有了簡單的想法：「只有政治的想法已經不夠了。倘若革命就是要打游擊戰，不如去讀軍事好了。」於是我在靈丘就向組織提出申請，他們便派了一個人帶我到步兵幹部學校，那個人也可能是要順便監視我吧？步兵幹部學校的位置是在應縣，應縣大概是在張家口和阜平的中間。我到幹部學校大概是一九四六年十一月，天氣已經轉冷，後來也在那邊過了年。本來我要在那邊待上一年，但是大概過了三個月，上級就又把我調回蒙疆銀行。這種情況就是所謂的獨裁，上級要你怎樣隨時就可以怎樣——一開始說要讀一年，一旦他有需要，三個月就把我調走。我到蒙疆銀行以後，一直嚷嚷著要回步兵學校，不到一個月的時間，才又把我送回去。

幹部學校的規模大概就是一個村莊般的大小，位置又在鄉下，沒有什麼大學的氣氛。中共在瑞金時期有一個紅軍大學[8]，後來經過兩萬五千里長征來到延安，紅軍大學在抗戰時又改名爲抗日軍政大學[9]；日本投降以後，改名爲步兵學校，到最後才再改名爲華北軍政大

8 即中國工農紅軍大學，是中共培訓軍事、政治專業幹部的學校，於一九三六年六月正式成立，由毛澤東任政治委員，林彪任校長。十月長征結束，各方面軍下轄紅軍學校併入紅軍大學，十二月由林彪任校長兼政治委員。一九三七年校址遷至延安，改稱中國人民抗日軍事政治大學。詳參：中國軍事百科全書編審委員會，《中國軍事百科全書：軍事歷史》，頁一五〇六—一五〇七。

9 即中國人民抗日軍事政治大學，簡稱抗大，是中共培訓軍事、政治專業幹部的學校，於一九三七年一月成立，校址位於延安，前身為中國工農紅軍大學。該校由毛澤東擔任教育委員會主席，林彪、徐向前

學[10]。中共改學校的名字都不管學校的資格或大小，有什麼需要就改個名字。步兵幹部學校吃的也是小米飯配白菜豆腐湯，不過一個星期會殺一次豬。當時一般人只能吃小米稀粥，沒什麼機會吃肉，當兵吃的是乾飯，又有肉，很多人因爲這樣跑來當兵。和聯合大學時期一樣，我跟平賀除了禮拜六之外，並沒有住在一起。步兵幹部學校裡面沒有什麼教室、講堂，大家都坐在樹下，讓一些打過仗的大官來講授像是怎麼帶兵、怎麼打游擊之類的，我也因此才知道敵進我退、敵退我進，或者聲東擊西等這些概念。另外，我們還要讀毛澤東的思想。步兵幹部學校的學生不是一般生，大多都是由小兵升到營級、準備要再升上團級的幹部以後，才被調來步兵幹部學校接受再教育。這些人大多是農民出身，有的甚至連自己的名字都不會寫，上課的時候通常沒有辦法去問問題、自己思考，只能照上級說的吸收。但是他們的性格都很純樸，不會拐來拐去，說話也很直接、乾脆。步兵幹部學校裡面只有我是台灣人，大家對我都很溫和。我常常寄住在老百姓的家裡，可能是因爲我常常替他們挑水，也可能是因爲他們看我像是日本人，老百姓都會偷偷告訴我一些他們不敢跟其他中國人講的事情。他們也曾問我老家在哪邊，我答說：「台灣。」沒想到他們居然以爲台灣在朝鮮的北邊或者日本附近。由此可知，當時一般的中國百姓對台灣沒有什麼印象，也不覺得我們是他們的兄弟同胞。

疑慮叢生：跳古井的人與沒有頭的佛像

我進去解放區之前，以爲社會主義應該是讓被壓迫的人得到解放、自由。然而我們一到張家口，卻像是軟禁一般地被關在招待所裡，這就讓我自然而然產生了一些提防的心理。後來我在聯合大學、張家口撤退與步兵學校這段時間的一些見聞，更加深了我對中共的疑慮。

中共除了批判階級身分之外，還特別強調「反國特」，就是反對國民黨的特務啦！只要你曾經是國民黨的黨員，都會被當成是「國特」。我之前說過，聯合大學裡面有不少人是響應國民黨的十萬青年十萬軍，遠從華南各地跑來北邊，後來卻被中共組織吸收的青年人。他們文化水準較高，大多是有大學的學歷。我跟這些年輕人因爲文化水準接近，相處起來比較

先後任校長，學生以部隊中抽調的幹部為主，並招收愛國知青，特別注重政治思想教育，一九三八年至一九四五年間，在各抗日根據地陸續建立十二所分校。詳參：《中國人民解放軍歷史辭典》編委會編，《中國人民解放軍歷史辭典》，頁九五。

10 一九四八年五月，由晉冀魯豫軍政大學與晉察冀軍區軍政學校合編為華北軍政大學，由葉劍英任校長和政治委員，蕭克任副校長，用以培訓軍政幹部。該校下設八個大隊及步兵學校、婦女學校、高級幹部隊和台灣隊。一九五〇年八月，改為華北陸軍軍官學校，後改稱中國人民解放軍第六高級步兵學校。詳參：《中國人民解放軍歷史辭典》編委會編，《中國人民解放軍歷史辭典》，頁二〇八；中國軍事百科全書編審委員會，《中國軍事百科全書：軍事歷史》，頁一五七八。

有話講。不過這些人因爲大多是資本家、地主的家庭出身，又曾經是國民黨的人，所以一進解放區，每天都被強迫要坦白、自我批判，每個都垂頭喪氣的。他們從張家口撤退的時候，沿路又看到國民黨員被流血鬥爭的慘況，害怕起來就找機會逃跑。但是中共的組織很厲害，任何人在移動時都必須攜帶各單位發給的「路條」，於是他們通常跑不了太遠，就會被鄰近的幹部或民兵抓回來，回來之後都被吊起來、打得半死，一邊打還一邊恐嚇。有幾個人跑了被抓、回來又跑，來來回回兩三次，最後在走投無路的情況下只好去跳古井自殺。有一次我要去古井汲水時，發現一個人在裡面載浮載沉。撈起來以後，才發現死的人是曾經跟我講過話的年輕人。這讓我感受到非常大的衝擊。我心想：「我來革命是想要解放、幫助民眾，馬克思說革命的目的在於恢復人性，現在共產黨逼人自殺，又算什麼恢復人性呢？」

跳古井之外還有一項。當時我在華北鄉下看到很多佛寺，裡面每尊佛像都沒有頭，寺廟也都荒廢、沒人居住。我看了挺好奇，就問幹部究竟是怎麼一回事？他們回答我說：「因爲老百姓已經覺悟到宗教是人民的鴉片，所以自動把佛像的頭給砍掉了。」我卻覺得奇怪：「中國人怎麼會轉變得那麼快？宗教和其他生活上的事情又不太一樣，有可能這麼容易就轉變嗎？」後來有一次，我們行軍到了一個村落，村幹部在傍晚休息時，按照往例要民眾空出間房子讓我們住。我這個人不管到哪裡，和老百姓的關係都弄得挺好，相處都很融洽，因爲我除了有馬克思的思想，在行動上也常常幫老百姓的忙，像是幫他們做提水等等的勞務。

那天晚上我起來上廁所，看見我借住的那家夫妻與小孩子，在屋子的天井裡拿香跪在地上拜拜。他們看到我嚇了一跳，我順口問他們：「你們的佛像都被砍頭了，還在拜什麼？」他們才告訴我：「老林你不知道？是共產黨強迫我們把佛像的頭砍掉的。」我聽了以後彷彿晴天霹靂，整晚都睡不著。中國共產黨是相信馬克思的，馬克思的確強調解放老百姓，但那是基於人性，中共怎麼會用那麼粗糙的手段，強迫老百姓和他們的宗教分開呢？總之，進入解放區後，我開始覺得中共的事情未必那麼單純，也可能和蘇聯一樣，都是採取專制的手段，和我本來對馬克思主義的認知產生衝突、矛盾。所以後來他們要我入黨時，我便經常以我學習的情況還不夠好、要多學習一些爲由，來予以推托，始終都不願意入黨。

組織台灣隊與二二八事件

一九四五年國民黨佔領台灣後，在台灣的新竹、嘉義、台東等地徵召台灣子弟當兵，總共募集一萬多人，新編成七十軍。一九四六年年底，七十軍被派到黃河沿邊參與國共內戰，多數被中共俘虜。當時台灣的年輕人多有受過日本的軍事訓練，開槍等等的行動都很敏捷。於是中共便命令他們改穿中共的軍服，倒過頭去與國民黨的部隊打仗。我從蒙疆銀行回到步兵幹部學校時，由《解放日報》得知台灣子弟每次衝鋒都有五、六百人陣亡，感覺到很悲傷——台灣人一下子被當成是蔣軍，一下子又變成毛軍，任人擺布、何其悽慘，我自己的台灣意識，也因此再度燃起。

爲了幫助台灣子弟，我向幹部學校的主任建議：「我們不能讓台灣來的士兵全部陣亡。應該把台灣的士兵組織起來、成立一個台灣隊。」可能因爲我以前讀過政治，所以對於大局勢也有一些基本的概念。當時我看國民黨雖然全副武裝，但並沒有戰意，再過一、兩年內，整個中國應該就會由共產黨所控制。而蔣介石如果沒有逃去美國，海南島或台灣這兩個地方是最後的選擇，不過海南島是沒有開發的鄉下，所以台灣的機率應該不小。我把我的觀察向主任報告、以此作爲組成台灣隊的理由：「假如我們把這些台灣士兵從前線調下來，並且給他們政治訓練，未來說不定就可以讓他們回去台灣爲黨工作。」

那些大老粗聽了都嚇一跳，馬上打了通電報向延安方面報告。差不多一個月以後，中共就把我從晉察冀軍區改派至晉冀魯豫軍區去組織台灣隊。聽到這個消息的時候，我也是很驚訝，回音也來得太快了，而且其實我對我自己的分析也不是很有自信，只是剛好想到，也許是毛澤東等人看了也覺得有道理吧？總之，幹部學校的人替我寫了一封介紹信，我於是在三月初離開幹部學校，先往晉察冀軍區的阜平司令部出發，路程沒有很遠，只走了兩、三天就到了。到了阜平，他們安排我住進招待所，和之前一樣，房間都是小小一間，飲食也都吃小米與青菜豆腐湯。

一九四七年三月八日，我在阜平的招待所看見《解放日報》上面刊登了台灣二二八事件的消息。報紙上寫說國民黨反動分子在台灣殺人、台灣人民反抗國民黨之類的。不過這天之後，《解放日報》就沒有繼續報導下去了。二二八事件在台灣要直到一九七〇年以後才開始有一些紀念活動。我記得有一個叫廖承志[11]的人說：「二二八事件是毛澤東領導下的中國革命的一部分。」這無疑是故意顛倒歷史。當時我每天都看《解放日報》，它直至三月八日才報導台灣二月二十八日發生的動亂，而且後續也完全沒有報導，怎麼可能是由中共所領導的事變。

《解放日報》是我在解放區期間每天閱讀的刊物。我這個人很重視報紙，每一天都要看。我一九五二年去日本之後不只看報紙，還會剪報，就是把每天看到的重要消息剪下來。我們在解放區其實也只能看《解放日報》，中共不會讓你唸馬克思或者其他書，他會說：「你看大本兒書沒有用。」他們都管馬克思等經典叫「大本兒書」。當時我們每到一個村

11 廖承志（一九〇八—一九八三），又名何柳華，廣東人，外交家。一九二五年入中國國民黨，後於一九二七年四一二事件後脫黨。一九二八年在上海入中國共產黨。一九四六年起，歷任中共南方局委員、晉冀魯豫中央局宣傳部部長、中央宣傳部副部長等職。一九四九年當選全國政協委員，後擔任多項公職，多從事外交、統戰工作。曾在文化大革命時受到審查。詳參：徐友春主編，《民國人物大辭典（增訂本）》，頁二三二二—二三二三。

莊，村幹部那邊一定會有《解放日報》，有的村莊甚至會把《解放日報》當壁報一樣貼出來，就算不想看，加減還是會看到。

人民裁判的慘狀

我和平賀還有一位拿槍的士兵一起走了四十多日，這位士兵上級說是要來保護我，但是我想其實是來監視我的。因為從阜平南下到石家莊時，受到國民黨的殘餘勢力阻隔，所以繞了點路，經過黨城、曲陽、高邑、邢台，然後在武安轉西，最後才到達晉冀魯豫軍區司令部。我們身上帶著一條棉被，還有自己的一些東西，把生活必需品都背在身上。華北產棉，他們的棉被很薄，但是很溫暖，捲起來就跟背包一樣。那時候的生活很簡單，一、兩件衣服和內衣褲，一條毛巾，加上一、兩本書，總重差不多六、七公斤而已。那四十天的路途中，只有見到騎驢和騎馬的人，或者用兩頭牛拖著走的牛車。戰爭期間中國沒什麼車子，即使是毛澤東也得騎馬。那時候天氣已經很好了，早晚比較涼冷，但是氣候很乾燥、路上也沒有風砂。雖然中國很大，但是華北平原的人口還是相當密集，每個村莊中間約隔五、六里路，有時候走在路上就看得到下一個要去的村莊。那陣子我實在看到很多村莊，每一個村莊都有不同的習慣，吃的東西也不一樣。不過我並沒有那個心緒去感受風俗，因為我們這邊遇到人民裁判、那邊看到地主被人家吊起來打，四十幾天沒有間斷過，看得我頭腦亂糟糟的。

光是在路上，我們經常就會看到人民裁判時被打死的地主，或者是他們被凍死、餓死的家族親戚東倒西歪地死在路邊，相當悽慘。我不是黨員，但是後來無意間被我發現中共的祕密文件。中共要求每一個村莊都要進行流血鬥爭，流血鬥爭簡單講就是把那些地主殺掉，地主的人數大概是每個村落人口的百分之三至百分之八，平均約百分之五。華北一個村莊至少都有五、六十戶，多的則有到七、八十戶，如果有兩百多個人，就算是大的村莊了。而當時華北的總人口大概是兩億，換算起來等於殺了一千萬人，如果再加上家屬、子女等等，那就更多了。

我們到了當天要留宿的村莊，得先去找村長或黨幹部，拿路條給他們看，請他們幫忙找住的地方，他們就會騰出一個空房子來讓我們住。安頓好之後，他們就會跟我們講今晚哪裡要批判地主，或者哪裡有人民裁判，要我們去看、去瞭解階級仇恨是怎麼回事。一開始我還不知道是什麼情況，所以就過去現場，一去才發現，有的人都已經是六、七十歲的人了，也不分男女，全都頭下腳上地吊起來用棍子抽打——我在台灣從來沒看過有人被吊起來打，在台灣沒人這麼做——他們一邊打一邊要對方坦白，像是說清楚究竟他是如何剝削佃農、有沒有私藏龍銀等等。當時的錢幣分成袁大頭和孫小頭，一個龍銀可以換三十幾個小頭，袁大頭則可以換二十幾個。由於鄉村裡沒有銀行，如果要藏錢，都是把它們封起來藏在田裡，中共的目的就是要這些地主把錢挖出來。在我看起來，這些地主的樣子不過像是一般的農夫，中共的成員卻咬定這些人是剝削者，硬是要他們把錢吐出來。這些晚上被鬥爭的人，中共也不會浪費他們的勞動力，白天就一直逼他們做很多勞務，成果則都被村長等人拿走。我記得有位法國的記者，曾經在報紙上說過中共的這項措施很民主、很平等——這完全和我在現場的感受不一樣。

地主被打得半死還不夠，他們最後還要面對所謂的「人民裁判」。人民裁判當天，中共的幹部們會在村裡的廣場，把已經被鬥爭好幾天的地主再綁到架子上，在架子右邊的桌子放上佃農們家中的神主牌，另一邊的桌子則放上菜刀、豬刀等各式刀械。然後民兵敲打著鑼，要大家出來開會。大家知道一定沒好事，但是也不敢不出席，因爲不出席一個人就得罰兩斤的麻油。當時老百姓很窮，能有一個蛋就已經很寶貴了，怎麼可能吃得消兩斤油的處罰？最後只好都出來報名。等大家都聚集在廣場，就由黨書記、村幹部等擔任的議長宣布開會，拿槍的民兵則站在廣場四周。會議一開始，議長要佃農們出來拜祭自己父親的神主牌，因爲農民的文化水準比較低，所以說到要祭拜自己的父親，往往還沒拜就開始流眼淚了。他們邊祭拜邊流眼淚，場面就沉默下來、大家都不敢說話。

議長趁著農民情緒上來的時候，叫他向大家訴苦、說明他們一家是怎麼被地主剝削的。佃農越說，哭得也越大聲，在這個情況下過了一個多鐘頭，議長才會宣布這個地主犯了什麼罪，問在場的各位要用什麼樣的刑罰比較好。這時候民兵就會瘋起來喊：「槍斃！槍斃！」甚至還有人喊：「不夠！不夠！」就這樣一直亂，亂到最後有人說：「一人一拳把他打死。」黨書記就問大家：「有人提議要把這個地主打死，反對的人舉手。」你們想想看：手上有槍的民兵圍在四周，現場的氣氛又這麼瘋狂，怎麼可能有人敢舉手？黨書記看沒有人反對，就會說：「好！這是人民的決定，就一人一拳把他打死吧！」

可是問題來了，究竟誰要先下手？一個村落頂多也才兩百多個人，村裡大家的關係不是親戚就是朋友，大家只好你看我、我看你，沒有人敢上去。所以最後就會採用抽籤的方式。有的人抽到頭籤，卻還是打不下手、瑟縮在一旁，民兵就把他拖到廣場中間，大聲斥責他；甚至發動婦女會，對他的妻子說：「你如果不叫他下手，就是反革命、反共產黨！」他的妻子只好去威脅他：「你不打就是反共產黨！反革命！這樣我要跟你離婚！」一邊說，還一邊踢他、打他，造成他很大的精神壓力。最後這個抽到頭籤的人沒辦法了，只好拿起一支刀，從地主的頭部上劃下去，刀一落，整個頭顱就裂開了，血跟白色的組織液都流了出來。等到第一個人下手了，剩下的人也就比較輕鬆，管它什麼刀拿起來就往地主的身上劃，到最後，就算地主沒有死，也是吊在架子上面直到斷氣。人民裁判的舉行地點大多是在村莊的中心地帶，就像台灣每個村莊都有廟或廣場那種供大家聊天、吃飯的地方。另外，人民裁判也不一定每次都會死人，但是手法不外乎都是虐待，都是為了要發動群眾、挑起階級仇恨。

我看了人民裁判以後都沒辦法吃飯，有兩三天的時間躺在炕上動彈不得。平賀在屋子裡面進進出出，跟我也搭不上話來。批判地主或人民裁判之外，中共還有個可怕的東西就是「罪及九族」。「罪及九族」的意思，就是不只地主或國特本人——中共當時不只反地主，也反國特，也就是國民黨分子——連他們整個家族、親戚等等，都要被叫出來鬥爭、以同樣的手段對付。這些人有時候身上會掛著一個寫著「某某村家屬」的牌子，不但在自己的村莊沒有人敢接近，即便到別的村莊去，也沒有人敢接濟他們、給他們東西吃，最後往往就餓死或凍死在路邊。這些事情都是我在往晉冀魯豫軍區的路上親眼看到的。我說的還比較單純，因為以前已經說過很多次，比較沒有恐怖的感覺。總之，當時我看到這種情況，心裡想說：「怎麼會有這樣子的世界呢？大家都是村裡的人，彼此認識有感情，為什麼一定要用這種方式來處理？革命應該是要提高人性，不應該是這樣子施行的才對啊！」在這個情況下，我對中國共產黨可說一點信心都沒有了。

中共極權的地方組織

大家都會以為流血鬥爭或人民裁判，應該要等到中共一九五四年正式宣布土地改革之後才開始進行，但其實在一九四五年左右，中共已經在自己的勢力範圍，也就是解放區，進行土地改革與「反國特」的政策。也就是說，至少在解放區裡，土地改革早已推行了一段時日，只是等到國民黨的勢力完全被掃清之後，才正式宣布——如果中共眞的到一九五四年宣布以後才開始實行，那麼我不可能看到當時的情況。中共能夠擁有如此強大的力量，來自於它嚴密的地方組織。當時只要有三個黨員，就可以成立一個支部，而全中國的每一個村莊，中共幾乎都有支部，就我所知，總數差不多有四百萬個，可說是星羅密布。每個支部都擁有二、三十位民兵，支部書記等黨幹部也大多兼任村長。村長或支部書記平常找其他人代耕，並不自己下田，但他們會將自己的行爲合理化爲替組織幹活、出公差，久而久之，他們就成爲村子裡面的絕對權威者。

中共的地方組織對人民的控制很厲害，男的得加入青年團，女的得參加婦女會，不但公領域被黨監視，私人生活也難倖免——青年團開會時，會要求男團員向黨報告自己老婆的生活情況；另一邊婦女會的女會員，也要向黨報告丈夫的事情。除了青年團與婦女會，連小孩也有兒童隊，他們稱爲「聞香隊」。爲什麼叫「聞香隊」？因爲這些村裡的小孩會到處去別人家，有時候甚至在人家的屋頂上偷窺，去看每一家吃些什麼。假如家家都吃小米，連黨書記家也在吃小米，卻有一家在吃麵條，那一家就慘了，會受到黨的批判。華北的老百姓普遍都很窮，他們用大碗公來吃小米粥，吃不起乾飯，也沒有菜，配著蒜頭就把粥喝下肚，一天大多只吃兩餐。因爲怕被聞香隊投訴，所以都不在家吃，吃飯時間一到，村人全擠到樹下吃飯，巴不得讓人家看見碗裡面的食物。我那時候看到這種奇怪的情況，都快要笑出來，但是一想到背後的原因，就笑不出來了。

由此看來，中共的管理方式一定和民主相互衝突——民主簡單講就是「相對」，但是中共不但讓地方上的村長與支部書記成爲擁有絕對權威的土皇帝，它的中央最高決策機關、黨代表大會裡面那些中央委員，實際上都是由黨中央的黨書記來指派。中華人民共和國政府在一九四九年成立以後，組織了人民代表大會，但是所謂的「人民代表」也都是黨中央指派，而且百分之九十以上的代表都是中共黨員，大會上的提案等於是由中共自己提出來的，這就演變成一黨獨裁。雖然中共也有一個政治協商會議，但這個協商會議和國民黨後來在台灣、允許民社黨等花瓶黨存在的情況一樣，那些花瓶黨當然沒有決定權，也沒辦法對中共提出批評，只是表面上的民主。一九五二年我又到日本之後，重新閱讀第三國際的資料，才發現中共的統治方式，根本不是什麼馬克思主義，而是由史達林那邊傳過來的專制、獨裁的東西。馬克思曾說過：「資本家有軍隊有警察來壓制人民，所以取得政權要靠武裝鬥爭，不過一旦取得政權，就要實行民主。」然而中共拿到政權之後，卻沒有實行民主，更沒有嘗試恢復受到資本主義社會毀滅的人性。

晉冀魯豫軍區的日子

我到晉冀魯豫軍區司令部之後，住在他們牛頭村的招待所，也一樣是小間平房。招待所本身就是一個村莊，看有多少人來，就請村民騰出多少房子。由於是軍區，整個地方都有衛兵監視，不管是不是黨員，招待所外面都有人拿槍管理進出。也因爲招待所就是一個村莊，裡面也有像剛剛提到過的支部書記或村長、民兵等對外公開的組織，以及婦女團與青年團等對內的、用來彼此監督的組織。我和平賀同住，在台灣隊第一批成員抵達以前，我平常沒事就替招待所的村民挑水。不久，頭一批兩百多位從劉伯承、鄧小平大隊調下來的台灣隊成員抵達，也都住在招待所，我們直到一九四七年七、八月左右才更換駐紮地。一九四七年六月台灣隊其實已經成形，但是由於我一直不願意入黨，所以沒有隊長的名份。等到七月，中共方面看我一直以自己的學習還不夠爲由、推託入黨的要求，就派了一位廣東梅縣的客家人蔡公狄來當隊長，台灣隊到那時候才算正式成立。

其實從我在步兵幹部學校的時候，中共方面就一直要我入黨。平賀因爲是日本人，所以沒有被要求入黨。那時候我對革命的意志還很強，所以行動上都很守規矩。中國人當兵都吊兒郎當的，相形之下我就比較突出，也才會一直被要求入黨。但是我看到年輕人被逼得跳古井自殺、人民裁判等等狀況之後，開始對中共產生疑慮，覺得要是加入中共而因此被綁住的話就完蛋了。我當時想了很久，才想出自己對共產主義的學習還不夠、爲了正義所以暫時不入黨這種冠冕堂皇的藉口。入黨與不入黨的差別，在於沒入黨就沒有發言權、不能參加他們的會議，只能提報自己的意見。日常生活的待遇也有無形中的差別，像我之前講的，黨員生病的話就送去給醫生看，不是黨員的就要你多休息、給你幾顆雞蛋。

在蔡公狄來接任隊長之前，中共讓我與台灣隊的成員們一起消磨時間。台灣隊的成員當中有一、兩個在戰爭時較爲勇猛，被稱爲「特等英雄」，像後來擔任副隊長的廖先景就是；另外也有一、兩個祕密黨員，應該是在替中共監視我們。台灣隊的成員剛抵達時，大家的台灣意識都很強。台灣與中國的風俗習慣不一樣，話也不通，又吃小米，每個人都很想回台灣、沒什麼元氣。當時我也不知道什麼時候可以回台灣，只好常常帶他們去抓魚當消遣。華北平地的魚鹽分很重，不能吃，我們就跑去山裡的溪溝，那裡的水比較好。大家很久沒吃到魚，有魚吃就很開心，彼此相處也融洽了起來。不過我們要小心不可以在嘴巴上分台灣人與中國人，如果這樣講，中共就會批評你在搞小集團。

六月到七月間，我們兩百個人團進團出，吃的是白菜豆腐湯與小米窩窩頭，穿著都是軍裝。我們吃的食物是由招待所的總舖師處理，中共會向民間徵糧，所以我們不用親自下田耕作。中共在時間的掌握上頗爲確實，在招待所的日子，每天早上七點就是跑步，跑完步以後，八點才吃飯。下午一點到三點的時間是自由時間，看是要睡午覺或者是抓魚都可以，不過要去抓魚的話，會有兩、三個荷槍的中共士兵與我們同去。三點以後回招待所，四點才吃第二餐——當時在華北，大家都只吃兩餐。五點以後是檢討、學習，或者是上級講話的時間。在中共的組織裡，檢討與學習非常重要，我們學習的材料主要是由中共提供的《解放日報》，毛澤東說的話一字一句都寫在上面，所有的黨員都要閱讀。檢討則是檢討自己的事情，或者是談談時局之類的。有時候我們兩百多個人會被動員去看土地改革、人民裁判的情況。黨會來通知時間地點，你如果不去，容易被上級懷疑你的思想有所動搖。軍事訓練方面，在蔡公狄過來當隊長、台灣隊還沒有正式成立之前，我們只有早上跑步，中共並沒有要我們練習開槍，也不會教我們究竟要如何進行地下工作等等細節。

我在晉冀魯豫軍區司令部籌備台灣隊時，鄧小平和我們同住在一個村落，我也曾親眼見過他——由於我們早晚吃飯前要跑步，偶爾就會碰到面。當時有人跟他介紹我，說這是台灣來的同志，鄧小平就走過來和我握握手。不過人家是大幹部，所以我們也沒有什麼機會談到話。老實講，官僚派頭真的是中國地區一個特別的產物。不只國民黨的人有官僚派頭，中共裡面的派頭甚至比國民黨還要大，上級如果向你伸出手，你就感謝得五體投地。鄧小平與劉伯承當時正在準備總數十三萬的南下部隊要渡過黃河，我曾經跟他提到自己想要隨部隊南下，但是他說：「不行，組織台灣隊是黨交代給你的任務。」

台灣隊正式成立

一九四七年七月，蔡公狄赴任，台灣隊正式成立，我們也被調到河北省南宮縣的棗兒庄。棗兒庄離原本的駐紮地大概只有兩天一夜的路程，但是因爲整個部隊一起行動，所以走了三天兩夜。南宮縣的棗兒庄屬於「冀南」——河北省分成冀東、冀南、冀北，冀南屬於晉冀魯豫軍區，冀東、冀北則屬於晉察冀軍區。棗兒庄是一個小村莊，裡面也有農民百姓。因爲中共不希望幾個單位圍起來變成小圈圈，所以棗兒庄除了台灣隊以外就只有村政府，沒有其他的組織。

台灣隊到了棗兒庄，編制才正式化。一開始的三個幹部除了擔任政治教員的我之外，都不是台灣人——隊長蔡公狄是廣東梅縣人，指導員林施均是海南島出來的；另一位政治教員叫辛喬，是東北吉林人，看起來像國民黨三青團[12]的人，很沉默。他在被派來台灣隊之前，曾在東北管理過不少日本人，所以會講日本話。我猜他是爲了偷聽台灣隊隊員用日語交談的內容，所以才被派來的。聽說他自己有一些與國民黨的事情沒有坦白，後來去北京的時候就自殺了。台灣隊成立以後，主要的訓練情況第一就是組織分班，第二就是思想鬥爭，第三是讀毛澤東思想。我們每天早上起來要跑步一個鐘頭，然後上課，教社會主義、共產主義。上課的內容挺教條的，和聯合大學聽到的可說沒什麼差異，不像我過去在日本學習到的那樣精要。下午則大多是在讀書、檢討，晚上那些加入共產黨的人就會一拉二、二拉三的去開會，不是黨員的人就繼續唸書。他們開會的場地其實就在寢室旁邊，有時候我經過也聽得到一些內容，主要就是逼大家坦承過去自己究竟屬於剝削人或者是被剝削的階級。由於共產黨採取的手段都比較激烈，所以台灣隊的隊員到後來都必須撒謊，說自己在台灣時都只能吃「野菜」——野菜在日文裡是說青菜的意思，但是華北的野菜指的是吃草根——都是貧農，不然的話就會一直被質問過去是不是每天都吃好料、天天都吃魚。總之大家都受到黨方面不小的壓迫，但也只能逆來順受。中共組織的問題就是相互監視的情況很嚴重，大家往往都必須拍馬屁，或者是假裝很進步的樣子，那些比較正派、比較不媚俗的人在中共裡面往往都吃不開。

到了一九四八年初，華北差不多都已經是中共的勢力了，國民黨只剩下天津、北京還有青島等地方，而且還得靠日本兵來幫忙防守。中共中央在轉守為攻的情況下，把原本的晉察冀與晉冀魯豫軍區合併為華北軍區，幹部學校當時也改名為華北軍政大學，校長是由華北軍

12 即三民主義青年團，一九三八年在中國武昌正式成立，由蔣中正擔任團長，陳誠擔任書記長，蔣經國則為第一處組織處處長。一九四五年九月張士德奉派來台發展三青團組織，台灣各地菁英加入頗多，擔任重要幹部，如陳逸松、陳復志、吳新榮等人，後因捲入二二八事件而被解散。詳參：許雪姬、薛化元、張淑雅等撰文，《台灣歷史辭典》，頁六六。

區的參謀長葉劍英[13]兼任。華北軍政大學於石家莊成立後，台灣隊隨即從南宮縣棗兒庄遷移到石家莊，正式名稱訂爲「華北軍政大學幹部總隊第一大隊」，直接隸屬於該校領導。名稱中有沒有「台灣」這兩個字，我記憶有一點模糊、沒什麼印象了。

由於台灣隊一開始的計畫是希望每年可以調五千人來訓練，所以在組織的幹部成員方面也會不停擴大。台灣隊遷至華北軍政大學後，隊長仍是蔡公狄，在前線曾立下特別功勞的廖先景，則擔任副隊長。廖先景是台灣楊梅的客家人，當中共要大家加入共產黨時，他是頭一批參加的隊員；政治委員楊城則是印尼出身的台灣人，有去過廈門的集美中學唸書；另外一位政委是原本任指導員的林施均；而張省吾則是副隊長兼副政委——張省吾就是棗兒村的村長兼支部書記，這個人很厲害，在棗兒庄就像土皇帝一樣；辛喬與我則是政治幹事，其他幾位幹部像劉世英、林漢章、張文華等人，是我離開台灣隊之後才來報到的。我們這些幹部都是由林施均來指揮的，因爲在共產黨的組織裡面，政治委員的地位最大。隊長負責訓練、發號施令，但是如果沒有政治委員的同意，隊長或司令官的計畫也不能實行。副隊長的工作則是扶助隊長，政治幹事與教育幹事等人則主要負責教學。隊長、副隊長、政治委員都算是中級幹部，當時只有營長以上的才可以算成是高級幹部。中級幹部大多還是跟小兵一起吃大鍋飯，高級幹部才能吃小灶，也就是由總舖師特別烹煮。

台灣隊的幹部都是黨員，只有我一個沒有入黨，隊員裡面的黨員數量也不多，大家大多是更後來才入黨的。台灣隊的人數不停增加，到我要離開台灣隊前夕差不多有三百多位。可是自從廖先景當上副隊長之後，中共就開始以族群分化台灣隊。廖先景是客家人，當時台灣隊裡客家人佔多數，福佬人數較少，原住民則有二、三十個。廖先景以人數優勢動員客家人鬥爭福佬人，然後林施均再來動員福佬人，他們相互鬥爭對方的身世、指責別人是地主的後代，用中共那一套逼對方低頭，叫人把你圍住、要你坦白，如果不按照他們的意思，他們就壓住你、動手打你巴掌，跟人民裁判很類似，只是沒有公開讓別人看而已。我看到這個狀況後心想：「分化政策是像清朝、日本人這些殖民者使用的步數，現在怎麼連革命部隊也在這樣子胡搞？」但是即使我的內心不滿，表面上卻不能露出反對、討厭的神色，這讓我在精神方面相當困擾，也對中共更加失望。後來有一個嘉義人被客家人吊起來打死——當時台灣隊裡那些客家人的文化水準比較低，過去在台灣又多務農，每個人又黑又壯，打一下比別人打兩、三下還要厲害——那個嘉義人的肚子被打得都開花了，怎麼可能活著？我知道以後，便下定決心要離開台灣隊。

13 葉劍英（一八九七—一九八六），原名宜偉，廣東人，中華人民共和國元帥。早年追隨孫中山革命，曾參與籌建黃埔軍校、北伐戰爭。一九二七年入中國共產黨，擔任紅軍多項軍職。中日戰爭初期，與周恩來在國民黨統治區做統戰工作，後返延安隨毛澤東、朱德指揮戰爭。詳參：《中國人民解放軍歷史辭典》編委會編，《中國人民解放軍歷史辭典》，頁一六三—一六四。

其實從一九四七年、一九四八年間，我對於中共方面的要求就已經大多採取應付的態度，一直向他們要求說我想要休息、想要去學校唸書，所以中共的上級也開始不信任我。最後我在一九四八年年底被調離台灣隊，先前往華北軍區的招待所，準備接受中央下一個指派的工作。台灣隊後來再從石家莊移到上海，因爲那時候聽說北朝鮮要南下進攻南韓，蘇俄要去佔領北海道，而中共要來取台灣。有個叫周明[14]的台中人，也在這時加入了台灣隊。

周明原本是謝雪紅的左右手，周明與楊克煌[15]於一九四七年三月從埔里脫逃的時候，二七部隊只剩下黃金島[16]在那邊指揮。後來周明在大肚追到謝雪紅，才一起逃到香港。在香港，謝雪紅和廖文毅[17]一起弄了一個「台灣再解放聯盟」，不過謝雪紅比較親近中共，廖文毅比較親近聯合國，兩個人不合，聯盟也就解散了。一九四八年謝雪紅、楊克煌、周明一起到了上海解放區，由於謝雪紅主張台灣有特殊的條件，援引第三國際的說法，認爲台灣必須自治，讓她和中共的關係產生嫌隙，埋下後來一九五七年被中共鬥爭的導火線——一九五七年，另一位台灣人江文也[18]也是被鬥爭得抬不起頭來——而謝雪紅與楊克煌後來也就消失在

14 周明（一九二五—二〇〇一），本名古瑞雲，台中人。二二八事件爆發後，參與二七部隊，擔任部隊副官，協助部隊長鍾逸人，後隨謝雪紅、楊克煌等人偷渡廈門，輾轉至上海，經李偉光安排與中共中央取得聯繫，被派遣至香港為中共工作，同時配合台灣省工作委員會進行宣傳工作。一九四八年被派至解放區，入華北軍政大學。一九四九年改名周明，參與台灣隊，並參加中華人民共和國開國典禮，後南下上

海擔任謝雪紅的祕書。一九五一年成立台灣民主自治同盟。一九五二年不再參與政治活動。一九六一年起擔任講師教授日語。曾於一九九〇年返台。二〇〇一年於中國逝世。詳參：張炎憲主編，《二二八事件辭典》，頁八五—八六。

15 楊克煌（一九〇八—一九七八），彰化人。早年在國際書局當店員，曾因總督府取締台共而被捕入獄。戰後持續從事政治活動，在謝雪紅指示下進入《和平日報》擔任編輯。二二八事件爆發後，在台中舉行市民大會，痛批陳儀暴政，並參與二七部隊，隨隊轉進南投埔里，後與謝雪紅偷渡廈門，並在謝雪紅於香港成立之台灣民主自治同盟擔任祕書兼理事。一九四八年以林木順為名，撰寫《台灣二月革命》，為二二八事件留下見證。詳參：張炎憲主編，《二二八事件辭典》，頁五二四。

16 黃金島（一九二六—二〇一九），本名黃圳島，台中人。曾為日本海軍志願兵。二二八事件爆發後，組織青年自衛隊，擔任二七部隊警備隊長，指揮埔里烏牛欄戰役與國軍對抗。失敗後逃亡，並改名黃金島，入左營海軍陸戰隊。曾一度離開軍隊至《新台日報》工作，後因報社遭到查封又入軍中。一九五二年被捕，以參加叛亂組織罪名遭判處無期徒刑，期間遭到刑求，直至一九七五年出獄。美麗島事件後再度投入反對運動，亦是民主進步黨創黨黨員之一。詳參：張炎憲主編，《二二八事件辭典》，頁四八七—四八八。

17 廖文毅（一九一〇—一九八六），原名溫毅，雲林人。一九三四年獲美國俄亥俄州立大學化工博士，曾兩度赴中任教，戰後返台成立《前鋒》雜誌議論時政，主張聯省自治。一九四六年參選國民參政員、制憲國代均落選。二二八事件爆發後，赴南京請願，後遭通緝而流亡香港。一九四八年與謝雪紅在香港組織台灣再解放聯盟。一九五〇年潛赴日本成立台灣民主獨立黨。一九五五年成立台灣共和國臨時政府，自任大統領，創設機關報《台灣民報》。一九六五年聲明放棄台獨，歸台後獲當局特赦，任曾文水庫建設委員會副主委，餘生飽受監視。詳參：許雪姬、薛化元、張淑雅等撰文，《台灣歷史辭典》，頁一〇二三。

18 江文也（一九一〇—一九八三），本名江文彬，台北人，音樂家。一九三二年赴日期間改名江文也。一九三四年返鄉期間曾進行民歌採集，同時在作曲界嶄露頭角，獲獎無數。一九三八年任北平師範大學作曲教授。一九五〇年轉任天津中央音樂學院，潛心整理台灣民間音樂素材。一九五七年因捲入反右運動而被剝奪權利，直至一九七六年獲得平反。詳參：許雪姬、薛化元、張淑雅等撰文，《台灣歷史辭典》，頁三〇五。

政治的舞台上了。

正因爲謝雪紅與楊克煌的遭遇，我對周明這個人有打一點折扣。怎麼說呢？同樣是三個人由香港進去中國，爲什麼兩個人被鬥爭但其中一個人沒事？可見周明這個人應該是有向中共「低頭」，也就是向黨投降的意思。不過眞要說起來的話，每個人都有一些不便啓齒的地方啦！周明後來在上海教人家日語，他對我其實很不錯。周明大概一九八〇年代到日本時，因爲沒地方住，曾經來我店裡待了四個月，跟我講了不少中共內部的事情，他自己也有寫下一些東西，我有留下來。台灣隊裡那位會講日本話的東北人辛喬，像他後來自殺等等的遭遇，就是周明告訴我的。周明來找我時，似乎已經染上了肺癌，他過世之後我還有去台中上香。他娶了一個上海太太，之前我也去拜訪過周明的女兒與她先生，兩個人現在好像住在美國。

失望與離開的決心

我在一九四八年年底離開台灣隊後，在華北軍區的招待所住了很久，上級卻還是沒有派工作給我。華北軍區司令部的招待所和台灣隊一樣都在石家莊，只是不同位置。那陣子我沒有事情可以做，招待所裡的其他人沒事做就是賭博、玩撲克，這些我都不會，因爲我之前有發誓過，賭博跟鴉片是我絕對不碰的東西，一染上賭博，人生就等於殘廢了，鴉片吸下去更是爬不起來。我在招待所已經沒那麼勤奮學習了，上面也只是照規定拿《解放日報》給你看，你想唸什麼書也不太管，不過當然還是有人監視。

我和平賀一路從北京進解放區，各項大小事情，她也都看在眼底。我們在聯合大學那時，私底下會交換一些心得，但不敢講太深、表露太多心聲，因爲有的人爲了自己的安全，會打小報告，我怕如果我跟她說了什麼，害她被抓去逼供、要求坦白的話，兩個人都會沒命。共產黨常常讓一個人坐在人群當中，用群衆的壓力威嚇你、要你坦白，如果不是很穩重的人，很容易就會被唬住。我想平賀應該也知道這一點，所以我們兩個人見面時，大多沉默著、假裝什麼事都沒有發生，頂多只是搖頭嘆息而已。而且我們交談都要用北京話，一旦用日語，中共的幹部發現了就會詢問我們交談的內容。人在中共的組織裡面，似乎很自然就變成這樣，解放區的氣氛，就是讓你心裡面有想法也不敢說出來，讓你必須不時僞裝自己，這讓我很感到苦惱。雖然平賀的年紀比我小上九歲，但是她比我還世故，在處理這些事情上也比我更加得體。後來我們兩個逃出中國，都會回想起當初在中共解放區裡的經歷。平賀常常對我說：「那邊不是人住的世界！」平賀是日本人，雖然日本人也會把人吊起來打，但是像中共那種頭下腳上凌虐的方式，還是令她很不能接受，覺得這不是人做得出來的事情。

我在解放區親身體驗這些事情時，總覺得整個天都暗下來了一樣，好像連自己要走哪個方向都分不清楚了——那時候我有很高的理想，但是到解放區卻發現理想與現實居然有那麼大的落差，頓時間前途茫茫。本來我到解放區的目的，主要是想到馬克思說過：「資本主義社會中有毀滅人性的一面，所以要革命。」但是解放區裡的種種情況，哪裡可以算是恢復人性？這一點我有很大的疑問，也遭受了嚴重的衝擊。老實說，當時我在心理和思想上的苦惱是很煎熬的。後來我去組織台灣隊，中共又要求我一定要入黨，否則就不可以當隊長；更在台灣隊中採取分化政策的手段，激化福佬人與客家人的矛盾，最後才讓我決定：再怎麼樣也要回到台灣，死也不可以死在中國！

第七章

重回荊棘之島

關鍵時刻

一九四八年年底，當時我決定逃回台灣，甚至已經偷拿了用來僞造路條的日本帝國陸軍用箋。而如果想逃，不離開台灣隊的話完全沒有辦法，所以我跟上級說我不要再待在台灣隊，想要再去學習。我對他們說：「我比台灣隊的隊員們還要落伍，我家裡是地主身分，我必須再學習、接受教育。」上級最後就把我調到華北軍區司令部的招待所等候差遣。我跟平賀雖然沒有明說要逃出解放區，但是我們兩個人很明顯都無法再忍受當前的情況了，也沒有想過如果中共打到台灣的話該怎麼辦，一心一意只想脫離現況。李宗仁是在一九四九年三月派人去講和，所以我大概在招待所住了三、四個月。華北軍區司令部的招待所裡面有很多人，大家都沒有工作，而且隔很久才會被調動。我前後待了大概兩、三個月，有很多人在那裡待上一整年。由於成天吃飽沒事幹，我就跟以前一樣，幫老百姓一起擔水、做些勞動。就算是中共，當了兵也派頭十足，都不願意跟老百姓說話、互動。

我決定展開逃亡，是北京被解放軍攻陷的時候。一九四九年初，國民黨將領傅作義投降，毛澤東、朱德已經從延安來到了石家莊西北一百華里的地方。那時候華北是聶榮臻部隊，平津地區則是林彪部隊，兩軍因爲爭功，在北京城外打了起來。雖然報紙封得住情報，但是人的嘴巴卻封不住，人人都想要情報，人人也都會說一點。當時如果我還留在台灣隊，而不是在招待所，可能不會知道那麼多事情——招待所裡面有一、兩百人，都是來自各個部隊的人，所以情報會彼此流通。當我知道中共在誰先進北京城這點上有所矛盾、局面亂哄哄的時候，心裡面想：「再不逃走，恐怕就來不及了！」所以才展開逃亡，最後於一九四九年五月十幾號左右回到台灣，蔣介石也是那陣子從溪口飛抵台中，不過我不清楚究竟我跟他誰比較快。

中共在華北、東北的戰況能順利推行，日本軍人的參與絕對是很重要的原因之一。中共的林彪部隊於一九四六年時，被國民黨推到哈爾濱、大連、奉天、長春一帶，處於劣勢。但是蘇聯將之前滿州國日本軍隊的軍械、汽車等等全部給了林彪，林彪又抓了幾千、幾萬的日本戰俘來幫忙開車、開炮，機動力大大提高，再加上國民黨的部隊沒有戰意，所以林彪重新殺出來的時候，國民黨可說兵敗如山倒，部隊多舉手投降，一次就被俘虜了五萬、十萬，這是歷史上很少見的。

日本兵戰後在中國的情況，並不是我從書上看來的。我逃出解放區的路線，一開始是由石家莊往東走，打算去濟南換津浦線。路上經過一個叫德縣（即今德州市）的地方，因爲需要半天的時間換車，不能出車站，我就到處散步，發現很多穿著共軍的軍服卻講著日本話的日本人。我過去搭訕說：「你們怎麼不回去日本，還在這裡？」他們嚇了一跳，我趕緊說：「你們別擔心，我是台灣人。以前是日本人啦！」於是他們才告訴我戰後滿州國的情況，我也才知道日本軍人起碼有幾萬人去幫中共駕駛交通工具、參加內戰。照理來講，國際公約是規定不能虐待俘虜，應該將他們遣返，但是蘇聯卻抓他們去當苦工，中共也強迫他們駕駛汽車、貨車參與國共內戰，而且陣亡了不少人。這些事情我覺得一定要讓大家知道，因爲不管是國民黨或者是共產黨都不會承認。

逃出生天

爲了離開解放區，我準備了幾樣重要的東西。首先就是錢。中共平常有給我們零用錢，我跟平賀兩個人加起來雖然不多，但是幾年下來還是有存一些。再來是吃的問題。我去買了一整袋的饅頭，不過饅頭容易爛，所以我把一顆饅頭切成五塊，再拿到屋頂曝曬，就成了乾糧。最後，也是最重要的，是中共的路條，沒有路條，你跑不了多遠就會被抓回來。中共一九四五年戰爭結束後，接收了日本軍隊的一些物資，其中日本陸軍用箋——就是一張白紙，兩旁印著「日本陸軍用箋」幾個大字——就被拿來當成是中共的路條用紙。我按照當時中共書寫路條的方式，在箋上寫著：「各位憲警同志、領導，林鐸及其他一人是台灣人，要去台灣工作。沿途各位要保護放行。敬革命禮。」準備這些東西也就差不多了，行李越簡單越好，一條棉被、毛巾就夠了。衣服則還是穿軍服，我們一直到濟南才換成長衫。

我與平賀大概是在一九四九年四月從石家莊逃離解放區。我們一離開招待所馬上就拿著僞造的路條去坐火車，隔了一夜才到德縣，然後再經過一個白天到濟南，中間都吃饅頭充飢。濟南附近算是陳毅新四軍的範圍，不論在車站、路邊或者坐汽車等等，都會檢查路條。檢查的方式就是在路中央隨機攔車，在車站的話就是在出入口檢查，像查驗車票一樣，如果你有軍部的路條就可以無條件通過。我沒讓別人知道平賀是日本人，因爲她山東腔的北京話講得很流利，所以我都說她是山東人，說她要跟我一起回台灣。

有些中國的城市衣服很便宜，所以我們到濟南時便把軍裝換成長衫。在中國做生意的人大多偏向國民黨，他們看我長得像日本人，反而喜歡跟我說話，甚至安慰我說：「你們國家一定又會站起來的！」我才回說：「我不是日本人啦！我現在要回台灣。」買完衣服以後，我向旅館探聽路線，旅館告訴我濟南到青島之間的鐵路不通，如果要去青島，就得乘馬車。乘馬車之前的空檔，我們在濟南到處逛，因爲到青島的路途挺遠的，我們不敢吃乾糧，怕太早吃完，於是就在當地用了豆漿和燒餅——濟南的豆漿、燒餅最好吃，另外還有一種台灣叫「雙胞胎」的麵食也很可口。

到青島的馬車一共走了十四、五日，路上我們也是盡量少吃手上的乾糧，偶爾下車吃吃麵條，晚上馬車會停在小旅店讓我們睡覺。後來馬車還沒到青島，在青島城外的麥子廠我們就下車了，因爲前面的路上有國民黨的堡壘工事，不讓人過。晚上土共會去摸哨，兩邊就在火拼。麥子廠附近差不多擠了幾萬個想進去青島的人，有一些是國民黨背景、在逃難的人，有一些則是被新六軍釋放的俘虜。我在麥子廠住了一日，身上在解放區存下來的錢，在那邊還是可以通用，老百姓都會跟你換錢，賺那一點點的匯差。比如說一個「袁大頭」換多少人民幣、一個「孫小頭」又可以換多少錢等等。當然也會有人騙人，隨便混雜一些硬幣給你，不過倒是沒有人搶劫。那個地方的物價極高，生意都是半哄半騙在做——一碗水就要十個孫小頭，一塊燒餅就要一個袁大頭——有人捨不得吃，有的人是好幾個人合吃一個燒餅。我和平賀盡量吃那包乾糧，不過反正乾糧在身上也放不久，後來就全部拿出來請了二、三十個人吃，大家都說怎麼會有像我這樣的人，氣氛一時變得很融洽。結果當天晚上就有一個新六軍的人問我：「我們要進城，你要走不走？」他說有位附近的農民，常常推車載青菜去城裡賣，知道怎麼樣才可以繞過堡壘，開價一個人三枚「袁大頭」。於是我與平賀就跟這位新六軍的士兵，一大早跟著那位老百姓往青島前進。老百姓推著單輪車在前頭領我們走，有時候甚至用爬的。我們從堡壘與堡壘中間的低窪小路爬過去，兩旁的堡壘看不到我們也打不到我們，我們就這樣子越過了國民黨軍隊的防線。

進青島之前，必須經過一個檢察良民證的哨亭。我與平賀都沒有良民證，還好國民黨的士兵都很隨便，換成是美軍或者是日軍恐怕就沒辦法了。我向士兵攀談、胡謅說我是在北京賣茶葉的台灣人，良民證被共產黨沒收了，又說我的太太是日本人什麼的，把情況弄得更加麻煩。後來裡面的辦事處出來一位吳先生，瞭解狀況後問我說：「為什麼你一位台灣人會和日本女性在一起？」我就說：「因爲我到日本早稻田留學過。」吳先生就嚇了一跳，說他自己也在早稻田大學上過課，問了我幾個關於早稻田大學的問題，好像很懷念過去的時光一樣。我們越聊越融洽，後來他想了想，說了一句：「你們跟我來吧！」就帶我們從後門出去，用吉普車載我們，開了五十分鐘左右到青島市區，然後對我們說：「這裡已經不是我的範圍了，你自個兒保重吧！」

我與平賀到青島市以後，因爲人生地不熟，就跑到警察局前面對警察說：「拜託！我們要回台灣，請你幫我找機關。」我一直叨擾，警察拿我一點辦法也沒有，有位姓張的祕書循聲出來，我就轉向他要求說：「至少給我一個地方住，再不然只是借住的地方也可以。」這位張祕書問我是從哪裡來的？我才一回答我是台北人，他就立刻換了一張臉說：「好、好、好，台灣人都是好人！」於是他寫了一張條子，叫兩個人帶我去旅館住。幸好我有拿到這張條子，否則當時沒有良民證還去住旅館，警察一查很有可能就被抓去槍斃。國民黨在青島的部隊後來撤退到海南島，最後退到台灣，我想可能是他們心中有著會去台灣的自覺，所以對我的態度才會突然轉變。我們在青島市住了一星期左右，常常聽說有錢人因爲不肯交出財物，而被國民黨抓到天橋槍斃的事情。

重回荊棘之島

當我人進到青島時，我的心情整個都是「解放」的，甚至開始想像當時島內的情況。不過要回台灣只有坐船，我和平賀卻沒有錢買船票。我只好去找當地不認識的台灣茶商幫忙——之前太平洋戰爭的時候，台灣的烏龍茶都銷到華北、滿州甚至蒙古等地，因此在青島等華北沿海城市，往往設有分行——透過他們找台灣文山茶行的王水柳。王水柳這個人是王添灯[1]的哥哥，也是我的姨丈。我請他幫我通知士林家裡，先寄兩百元美金給我，錢第二天

1 王添灯（一九〇一—一九四七），台北人。早年任公職時，曾因思想問題遭日警拘禁。出獄後至蔡式穀的律師事務所擔任書記，學習法律知識，培養地方自治意識。一九二九年辭去公職，致力振興漢醫運動。一九三〇年任台灣地方自治聯盟台北支部負責人。一九三一年開設文山茶行，從事茶葉生意，同時關懷地方自治，出版《台灣市街庄政之實際》。戰後活躍於政壇，一九四六年當選省參議員。二二八事

馬上就到了。於是我回頭去找那位吳先生報答人情，並給了他五十元美金，請託他幫我買兩張船票。我們的船順利離開青島，隔天船還在青島外海，隱約聽見有人喊著：「退啊！退啊！」原來國民黨的軍隊開始撤離青島，等於我們的船前腳剛啓航，國民黨就宣布撤退了。我心裡想：「如果這時候我還沒有上船，早就完蛋了。」

現在回想起來，這一段路程中，我遇到的事情和遇到的人們，像是那趟顛簸的馬車之旅、跟著菜販的推車進到青島、吳先生、張祕書、不認識的茶行老闆、我姨丈王水柳與我士林施家的親人，如果哪個環節出現錯誤，或者沒有他們的幫忙，老實說我不可能回到台灣。可是當時我都不知道害怕或警覺，像我們在德縣等車時還買燒雞來吃，與平賀交談也大方地使用日語。也許因爲我覺得我是台灣人，要回台灣是光明磊落的行爲，所以也不怎麼害怕。

我們的船上大概有幾千個人，幾乎都是軍人，我和他們在一起都說說笑笑的。我睡在甲板上，幸好那時候是農曆四、五月，所以沒下雨。當時國民黨對內使用良民證，對外是用入境證來控管人民，沒有入境證他就不允許你登陸。國民黨垮台時，很多人都打算逃來台灣，不過如果沒有入境證，即便人都到了港口，還是會被原船遣返——國民黨有那麼多特務，軍統、中統等等每一個人都想要跑，但是沒有上級的命令，等於是被丟進海裡。我跟那些軍人建立關係後，坦承自己沒有入境證，想請他們想辦法讓我入境，然後等他們到台灣我再幫他們打點生活。沒想到他竟然跟我說：「你就直接跳下去就好啦！」要我從船上朝基隆港的岩壁那兒跳船。他會這麼講，是因爲基隆算是一個新的港口，船都會先停在外面，從華北載來的綠豆、玉米等等貨物，全部都丟在岸壁上面，一個一個的布袋堆到距離船面大約只有三、四公尺高，人跳下去沒問題。我跟平賀看到這種情況，就抓住時機縱身一跳，然後就頭也不回迅速跑掉。我們拿著美金，買了往士林的車票，終於回到了故鄉。

件爆發後，擔任二二八事件處理委員會宣傳組長，草擬政治改革綱領，卻在國府援軍抵台後遭到逮捕，從此一去不回。詳參：林礽乾等總編輯，《台灣文化事典》，頁一五四—一五五。

輯二・橫過山刀（一九五〇—一九七四）

第八章
歷劫歸來

重回家園

一九四九年我進到青島，因爲沒錢買船票，只好找文山茶行的王水柳幫我聯絡士林老家，要家人寄錢過來，家人直到那時候才知道我人還在中國。我與平賀好不容易回到士林之後，跟家人介紹平賀，講說她是日本人、現在跟我在一起，我阿媽聽了情緒沒有很激動，只是唸著：「回來就好、回來就好。」但我阿母卻狠狠罵我：「死囡仔！無代無誌帶一個日本女人回家幹嘛！」平賀當然聽不懂我阿母在罵什麼，但光用看的也知道我阿母不高興。只是平賀這個女人相當大方、有膽量，就算知道我阿母不歡迎她，臉上還是笑笑的。至於我阿爸，他本來就是個好好先生，一見面就很親切地用日本話與平賀交談。當時我在台灣還留有戶籍，平賀當然沒有，所以我就到雙溪向一位保正弄了一個山東的戶籍給她，名字也改成別的。我的家人問我在中國做什麼，我毫不隱瞞地說我是去中國抗日，看到中共不好才從青島回來，甚至連在上海結紮的事也告訴他們。我阿媽沒說什麼，我阿母則是非常氣憤。我覺得我阿媽可能是年輕就守寡，長年吃素，守著一個大家族，我阿公的兄弟又都會來家裡拿錢，算是吃了很多苦，所以比較看得開吧？

我回到台灣後，發現家裡的情況挺糟糕的，經濟比以前差很多。這大概有幾項原因啦！首先就是一九四五年陳儀來台灣接收時，印了太多鈔票，再加上一九四八年的三七五減租，我阿媽收的田租少去很多，後來一九五二年，我阿媽又因為耕者有其田的政策，八十多甲地只留下三甲，其他都被拿走了。另外一項原因，我阿爸在戰爭期間擔任廈門公賣局長，戰後被國民黨抓去判了十二年徒刑，一直關到一九四八年，我阿母才用金條買通中國人看守，帶我阿爸回到台灣，這件事對我家的影響也滿大的。最後，說實在話，那時候我們家姓林的可以說都是姓施的在養，像我回家時，我的妹妹都已經結婚了，但還是留在施家讓我阿媽養；我阿爸從廈門回來以後身上半毛錢也沒有，也是我阿媽供吃供住。我們施家到了戰後仍然是大家庭，阿媽、玉英姑、施家的弟弟（我阿舅的孩子）、弟媳、我阿母、阿爸、兩個妹妹和她們的丈夫、小孩，再加上我與平賀，總共十幾個人。

我阿母本來很有錢，她要生我的那一年，我阿媽給她五千圓當私房錢——當時在士林蓋一間兩層樓的樓房只需要一百多圓，由此可知五千圓是多大的一筆數字——但這些錢到戰後卻被「錢桌」咬掉。錢桌就像今天的地下錢莊，如果銀行的利息是兩分，錢桌就講說會給你五分，所以大家都想把錢存到錢桌去，最後卻往往沒什麼好下場。我阿母一生都算是不缺錢，這就讓我阿爸變得很沒有責任感。我阿爸本來是台中貧農家出身，卻很會花錢，一九三六年時，他的月薪有兩百五十圓，當時一般的大學畢業生才四十圓，中學校畢業生的話則只有二十圓，他的薪水算是非常非常優渥。但我阿爸都把錢拿去花天酒地，很少把錢拿回家。像延平北路有間叫「黑美人」的酒家，他幾乎每天都泡在那邊，家中買菜、孩子唸書的學費等等開銷好像不關他的事，都是我阿媽在負擔。

我們整個家族幾乎只靠我阿媽一人，還好我阿媽不像我阿母把錢放在錢桌，而是寄在王水柳那裡，即使田租少收很多，日子還是過得下去。一九五二年土地改革以後，我阿媽又將現金拿去給當時在華南銀行任職的陳逢源，請他代爲操作股票買賣。我阿媽在一九五九年過世，她的財產到了一九九三年換算下來，還有接近一億元的價值，不過那些土地、房子都被我妹妹賣掉。我妹妹她們後來移居美國，加上她們都反對我從事台灣獨立運動，看到我就好像看到「歹物仔」（pháinn-mih-á）一樣，所以我們很少聯繫，可以說是恩斷義絕。

我在一九四九年五月左右回到台灣，不久我阿母就罹患了大腸癌，大概八、九月發病，住院住了四個月，一九五〇年正月就過世了。住院期間平賀跟我妹妹們時常去探病，我也會去照顧她，善盡長子的責任，我脊椎的老毛病，就是有一次抱她上下床的時候，不小心被壓到而造成的。儘管我盡心盡力，她還是常常罵我不肖子，直到死前還在罵。我不肯留在台灣當醫生，偷跑到早稻田大學唸書，畢業了也不回台灣，戰爭結束後我阿爸被抓去關、家裡沒大人，偏偏我又進去解放區，我阿母對我如此任性妄為非常不能諒解。總之，我在醫院大部分的時間都在被罵，但是我想被罵也是應該的，也為了避免她的情緒過於高亢，所以常常笑笑的不回嘴，不知道的人還誇我很孝順。我阿母過世時，沒有留下棺材本，還是我阿媽先把為自己準備的棺材借給我阿母用。

我回到台灣之後，平常在家的話就看看書、聽曲盤，或者跟我阿爸討論時事，像是有關台灣獨立的想法，我就幾乎每天都和他討論。偶爾我也會帶孩子們去抓魚、去台北看電影。不過我帶小孩去抓魚什麼的，其實也是為了盡量不要引起警察、特務的注意，那時候只要跟中共沾上一點邊的人都會被槍殺，更何況像我這種進過解放區的人。我的生活表面上看起來悠閒自在，但是總覺得自己是個無用的人。身為長子，卻成天白吃白喝，對前途也感到茫然，每天早上起來，總是垂頭喪氣，內心事實上並不如意。不過我的意志倒是沒有消頹下去，我一直認為我做的事情光明磊落，只是對家人難免感到不好意思。

所見所聞

我回到台灣的時候，二二八事件已經過去兩年了，不過台灣社會仍然存在著相當緊繃的氣氛，軍隊、警察和特務把老百姓壓得不得動彈，大家吃了虧也不敢聲張。那些中國來的士兵有的氣燄很囂張，我就曾聽說士兵搭巴士不買票，還摑了車掌小姐巴掌；另外買麵、看電影不付錢的情形也經常發生。我曾在《台灣人四百年史》中描寫過戰後台灣的社會情況，其中包括了我個人的親身經驗，比方說警察、特務在火車或巴士上查身分證、晚上到人家家裡查戶口——當時如果你要去戶籍地以外的地方住，必須先到警局報備，不然晚上遇到查戶口，多一個人、少一個人，事情就很麻煩。我記得有一次，有個苗栗來的女生來我們家借住，忘了去報備，結果害我阿媽被帶去警局，在那裡待了兩個晚上，直到查明那個女生的戶口，才放我阿媽回家。

戰後雖然有一些台灣人跑去從政，但是大多不太敢說國民黨的壞話，甚至像我阿爸的好朋友、戰後曾擔任過台北市長的黃朝琴[1]，他就一直在幫國民黨說好聽的話，我日後流亡日本，他來找我時也還是如此。至於大部分吃過虧、受到迫害的台灣人，當然反對國民黨，但也只敢在家裡罵、罵給小孩子聽。二二八事件台灣人幾乎沒有人不被影響啦！大家都有朋友、親戚，今天被抓去槍殺、抓去關的人很有可能就是你認識的人。像我們士林家的隔壁，就有人被抓去槍殺，被凌虐致死的王添灯是我的親戚，台中那位被關了兩、三年的林西陸也算是我的叔叔，還有一位我叫他「茂生伯」的林茂生[2]，因爲領導學生去請願，被國民黨帶走以後就沒有回來。

台灣人那時候叫中國來的人爲「阿山仔」，而不是現在大家習慣的「中國人」這個詞彙。除了「阿山仔」，跟國民黨一起從中國回來接收的台灣人叫「半山」，而幫國民黨做事、求取經濟特權的台灣人則叫「靠山」。我剛剛提過的黃朝琴他就屬於「半山」，另外跟我們家最親近、我都叫他「逢源伯」的陳逢源——他戰後和一位叫劉啓光的特務，一起接收華南銀行，變成暴發戶，後來也擔任過省議員——他就算是「靠山」。逢源伯對我稱他爲「靠山」一事相當不高興，但是沒辦法，公與私要分明。這些什麼「阿山仔」、「半山」或「靠山」，都是民衆用語，不是小說家、教授創造的名詞。現在台灣社會討論台灣意識都只看知識分子那個層面，反而忽略了民衆到底在想些什麼。像有一首當時很流行的打油詩：「光復歡天喜地，貪官污吏花天酒地，**警察橫蠻無天無地**，人民痛苦烏天暗地；**轟炸驚天動**

1 黃朝琴（一八九七—一九七二），台南人。早年曾至日、美留學，一九二八年入中華民國外交部，歷任洛杉磯總領事等職。一九四四年參加台灣調查委員會，進行接收台灣的準備工作。戰後隨陳儀來台，出任台北市長。一九四六年被選為台灣省參議會議長。一九五一年議長選舉中擊敗林頂立，此後擔任議長至一九六三年。詳參：吳密察監修，《台灣史小事典》，頁一七二。

2 林茂生（一八八七—一九四七），台南人，教育家。一九一六年畢業於東京帝國大學，主修東方哲學，為第一位台灣人文學士。台灣文化協會成立後，在夏季學校主講哲學與西洋史。一九二九年獲哥倫比亞大學哲學博士，為台灣第一人。戰後擔任台灣大學文學院代理院長。二二八事件爆發後，遭當局帶走，從此失蹤。詳參：林礽乾等總編輯，《台灣文化事典》，頁四五七。

地，光復歡天喜地，接收花天酒地，政治黑天暗地，人民呼天喚地。」就足以反映大部分的台灣民眾對國民黨政府的看法。

戰後初期，台灣土地大概有六成屬於地主、四成屬於農人。台灣中南部土地較肥沃，地租算到六成，如果是新竹以北、地力比較差的，像我阿媽的八十幾甲地，就是地主四成、農人六成。所以一九四八年的三七五減租，南部的地主受到的影響比較大。不只地主受到影響，一九四九年中國大批的軍人、官員、難民來到台灣，爲了讓這些人吃飯，國民黨政府就用外國的肥料向農民換米。原本應該是用兩斤肥料換一斤米，但是國民黨偏偏相反，用兩斤米換一斤肥料。總之不管是地主或農民，在減租、課稅、肥料換米等等一連串的政策下，再加上物價飛漲，大部分人的生活情況都很糟糕。

一九五〇年韓戰爆發，全世界都很關注，大家都在爭論著究竟是南韓先動武，還是北韓先開火。其實當初我還在中共解放區幫中共組織台灣隊時，就已經聽說有一隊北韓的朝鮮隊在台灣隊附近接受訓練，準備回朝鮮作戰。這批朝鮮隊在中國一開始就接受軍事化訓練，不像我們要等到後期才有軍事化訓練。韓戰打得火熱，但是當時台灣的媒體被蔣介石政府壟斷，韓戰的眞實資訊——像是美軍在韓戰一開始時節節敗退，直到麥克阿瑟從仁川登陸，才一路打回去等等——幾乎都被封鎖，所以台灣人並不太清楚韓戰的發展，而我倒是知道一些消息，但也不方便向別人透露太多。

組織台灣獨立革命武裝隊

雖然我回到台灣後，成天垂頭喪氣、感覺在大家面前抬不太起頭來，但是情緒還是挺高昂的。當時我阿爸一直叫我找工作，像是去陳逢源的華南銀行任職之類的，但是我覺得這一輩子如果就這樣娶妻生子，未免太沒有價值了。每個人都有自己的人生觀。人如果想要活下去，什麼最重要？說到底，最根本的就是衣、食、住這些東西。知識分子總是喜歡動腦筋，但是你只有想法卻沒有錢，怎麼可能活得下去？這樣想當然沒有錯，人的確只有在能夠活下去以後，才會思考、才能創造。不過話說回來，人比動物多了一重智慧，所以人會組成家庭、集團以至於社會，懂得以分工的方式形成一個合作的組織——按共產黨的說法，就是成立一個「共同社會」。由於各自有其地域性，繁衍、擴張以後難免彼此接觸、侵略，進而就創造了階級，也形成了族群。有的族群是以血緣來劃分，有的是以地域來區分，不同的族群、社會也就產生了各自不同的人生觀。人生觀之爲物，自私自利是一種人生觀，爲別人付出也是一種人生觀。我唸書的時候，認爲「克己」、爲別人付出才是正確的人生觀，這種少年時代的熱情和正義感，變成我唯一的信念，日後我到中國參加抗日，這個信念就一直支撐著我一路衝撞下去，既不感到害怕也不擔心。回台灣時，我已經三十歲了，照理講應該替我周圍的人、尤其是我最親近的阿媽考慮，但正是因爲我的心中還是有著革命的夢想與理想，而且又看到當時台灣的局勢，特別是國民黨的警察、特務橫行的情況，才重新燃起爲台灣人做一些事情的念頭，後來也才會去弄了個台灣獨立革命武裝隊。

我從前在小學校、台北一中唸書時，同學幾乎都是日本人，所以回到台灣之後，周遭熟識的朋友並不多，但是那些二二八事件被關過後出獄，或者沒有被國民黨抓到的人，一知道我是早稻田大學畢業、又是去過中國的人，自己就會跑來士林找我討論時事。我擔心他們對中國共產黨存有幻想，所以經常將我在中國的種種經驗說給他們聽。另外，我也與士林青年們組織的協志會開始有比較頻繁的接觸。我會跟他們談一些革命的理念，也會述說我在中國的見聞。或許因爲我是長輩，加上他們對國民黨、中國人恨得半死，所以大家都聽得進我說的內容。我們大多在我家裡聊天，爲了避免被別人聽到，有時也會依據我在中國進行情報工作的經驗，相約划船論事以掩人耳目。

以前經常和我做伙、士林有名的知識分子郭琇琮，等到我回台灣卻沒有聯絡了。戰後初期，中共派蔡孝乾潛回台灣，做革命需要錢，更需要人，郭琇琮便是由蔡孝乾吸收、加入地下組織，曾擔任過中國共產黨台灣省工作委員會的台北市市委——後來和我在中國相遇的吳克泰也曾是委員之一。中共方面一直持續提供蔡孝乾工作所需的經費，所以他的系統在台灣發展的速度很快，不過一九五〇年蔡孝乾被軍統幹部葉翔之抓到，又刻意當作誘餌放出來，和蔡孝乾一起工作的人沒多久就被一網打盡了。正是因爲我知道郭琇琮已經是蔡孝乾的人，所以回台灣以後就沒有再跟他聯絡。我跟一般人聊天，大多會像剛剛講的那樣，告訴他我在中共看到的內部狀況，但遇到已和中共有關係的人就不說了，因爲說了也是白說，而且可能會給自己帶來危險。不過話說回來，當時那些和蔡孝乾一起工作的人到底算不算是共產黨？我覺得不算是。其實他們只是反對中國、反對中國國民黨而已。所以當郭琇琮被處刑的消息傳來，我爲他感到很可惜，他連什麼是共產黨都還不知道，就被抓去槍決了。當時誰被抓、被判刑或槍決，大家都會知道，報紙新聞都會刊登，說起來就是在殺雞儆猴啦！

我阿母是在一九五〇年的正月過世，二、三月那時，我就在草山一帶成立了台灣獨立革命武裝隊。這個組織的名字，是我和另一位擔任領導、名叫周慶安的同志一起討論決定的。周慶安小我兩、三歲，住在大正町五條通附近，他有一些政治意識，一九四八年曾到香港去，恰好碰到廖文毅的台灣再解放聯盟在當地宣揚台灣獨立。他跑去廖文毅的基地想加入他們，不過當他看到廖文毅底下幾十個跟隨他的台灣囝仔只能在樓下吃稀粥，廖文毅卻在樓上吃牛排、和美國老婆跳舞，就馬上決定回台灣，後來才透過別人介紹與我結識。

我和周慶安分成兩班，每人帶十幾位同志，兩班同志間彼此並不認識，只有周慶安跟我可以互相碰面——這就是我從中共那邊學來的單線領導。我和周慶安兩個人宣傳時，都說台灣要獨立、要推翻中華民國，同志們聽到要去士林幹掉臭頭仔（蔣介石），都會振奮起來。除了周慶安，其他人都是用假名稱呼，聯絡的工作我都讓周慶安負責，底下的人只知道周慶安之外還有另外一個人在領導，但不會知道是我。我跟周慶安見面的頻率很高，我常跑去他住的地方，但我們在外面從不講政治，要講的話，就像我講的去坐船、在船上講，避免被別人聽到。我們的同志當中除了台北人，因爲我舅公的女兒嫁到苗栗，我在苗栗也有發展我的人手。當時我跟周慶安並沒有辦法集合同志進行訓練，但革命首要的是立場、理念，這兩項不用我們訓練，他們對於國民黨的統治早已經咬牙切齒，所以我們就直接透過行動來結合。

行動分成幾個部分，主要的話第一就是收槍、藏槍，第二就是藏匿在草山一帶，監視出入官邸的蔣介石。收集槍支比較是個人方面的行動，比如說誰有哪裡可以收槍、買槍的消息，誰就去做。收來買來的槍每支都是完整的，沒有拆開，我們大多是趁晚上去拿槍，方法很多，以當下可採取最安全便利的方式爲主，看要用竹竿還是籠子，總之就是不能教條，要機動靈活。蒐集來的槍我們最後會藏到菁礐的相思樹林裡面，用草席蓋住，兩三支槍放一處。至於監視方面，當時要去草山只有一條巴士可以走的路，路上有一間日本人蓋的草山公學校（今陽明山國民小學），裡面的教師宿舍有幾間是空的，我借了一間，方便同志監視、觀察。蔣介石每次出入都有將近十台車隨行，我們雖然已經收集了二十幾支三八式步槍，但恐怕連車輪也打不破，於是我開始想辦法，看能不能弄到更有威脅性的武器。

有一次我和周慶安在船上論事，他拿了一張手寫的地圖給我看，講說日本陸軍參謀部在苗栗山區藏有重型機槍，我二話不說，親自前往苗栗大湖內山找槍。當時入山需要入山證，我只好背著一個鐵桶謊稱要去內山收香茅油，在苗栗買來入山證，出山後還眞的把香茅油賣給國民黨的中央信託局。當時南庄附近的賽夏族約有四、五千人，山裡的人口很稀少，一整天也看不到什麼人，原住民有的以獵鹿維生，見到我就一直向我兜售鹿皮和鹿鞭。從一九五〇年一直到一九五一年年尾這段時間，我持續前往苗栗找槍，每次入山我都會在山上原住民的家裡借住一晚。原住民的房子裡面很簡樸，只鋪有草蓆，他們對我都很親切，和我講日語也講得很開心。這些事情當然是瞞著家裡的人在做，只有平賀知道我在「革命」，但她並不清楚具體的情況。我也知道這些事情很危險，但是當時我全心就只想著革命，所以也不怎麼害怕。

島內大逃亡

一九五一年年尾我從苗栗回來，發現家裡的亭仔跤有位中國老婦人在賣土豆，又看到一個穿中山裝的中國人住到我們家對面。可能從事過地下工作的人都會有野獸般的敏銳直覺，我一見到他們，感到不對勁，便在十分鐘內迅速抓上五、六條金條和幾百元的美金衝出門去，沒有告訴家裡任何一位親人，就此展開逃亡的旅程。離開士林前，我先到士林鎮公所一趟，想要探聽情報。當時國民黨的控制力還沒有滲透到下層機關，鎮公所裡面的職員都是台灣人，我還沒走進去，就被一位認識的職員推出來，他劈頭跟我說：「你在幹嘛？聽說你有藏槍被抓到？現在憲兵要去包圍你家，你還在這裡做什麼？」我聽完馬上離開士林，並且打電話通知周慶安。我和周慶安之前曾約定暗號：把一塊板子劈成兩半，兩片可以相合，一人拿一半，如果有事需要互相聯絡，便必須將信號交給通風報信的人。當時也說好，出事了就電話通知。我先逃往苗栗，在當地的旅館先住了一、兩晚。

當時投宿旅館要用良民證登記，坐車也要用良民證。我擔心警察清查住宿名單時會發現我，所以我在逃亡的時候，都是晚上投宿、清晨離開。警察或特務大多早上八、九點會巡視旅社的登記簿，然後晚上再來一次，我都是算好的，等他們查過以後才進去住。像我跑到台中時，大概半夜十二點才進旅館，清晨四點就離開了。雖然我覺得警察或特務的行動應該沒有那麼快，但總要做最壞的打算。我的逃亡事實上沒有刻意安排什麼路線，只是嚴守大進大退的原則，一下子從台北到高雄，高雄再到屏東，屏東再拉到基隆。逃亡期間我去過很多地方，不僅止於西部、南部，也有去到東部的宜蘭、蘇澳、台東等地，花蓮的話則盡量避免，因為陸上交通不發達，只有一條路，海上的話船又不能靠岸，必須靠接駁。

我大多是以火車、巴士來移動，當然上面常常會有人查票、驗身分，不過只要夠鎮定，拿出身分證或良民證給他們看，一般是不會露出破綻的。我穿的衣服因為變裝的需要，所以都是隨便買、隨便扔。我身上有逃亡之際慌亂從家裡帶出來的五、六條金條，不管是要住宿、搭車或買衣服等等都沒有問題。當時台灣有很多黑市，要用錢就去黑市跟他說你的金條要切多少變現。我就這樣子逃了兩、三個月，一直到一九五二年二、三月間，才到基隆當搬香蕉的工人，準備伺機偷渡到日本去。

說起來，我逃亡期間都不算眞的遇過危險，大概是因爲我很瞭解從事地下工作就像「過山刀」，面對敵人的時候總是要準備兩三種不同的方法，事先規劃好後路，不能等到遇到問題才來想辦法。此外，我也懂得調整緊繃的神經，一直處在壓力下，反而容易犯錯——像我在新竹逃亡時，就曾經跑到香山的海邊游泳，藉此放鬆心情。

香蕉船

逃亡期間，我一直想辦法尋找偷渡到日本的機會。選擇日本的原因主要是我對菲律賓等其他鄰近的國家並不熟悉，此外，當時台灣出口大量的香蕉與糖到日本，不少人看上其中的利益，用小船經由與那國島進行走私，門路比較多。不過我並不打算利用走私的小船，小船的艙底淺，比較容易被發現，合法貿易用的大船艙底一次可以放幾千簍香蕉，人容易躲，海上航行也比較穩。我在蘇澳時，探聽到有些搬運工人住在原來三井、三菱公司位於基隆的宿舍，經過一番調查，我就決定前往基隆。到基隆後，我先和工人們一起生活，直到跟一位工頭混熟了，才告訴他我想要去日本，請他給我一頂識別工人用的紅帽子——當時碼頭的工人如果要上船，必須先由工頭向警察領取紅帽子，警察、特務或憲兵就以工人頭上的那頂紅帽子爲識別，認帽不認人——那位工頭看我手上拿著五兩金子，一口便答應下來。我和工人們相處得還不錯，一起喝酒時常常會爭相出錢付帳，台灣的平民對於「自己人」總是十分親切、有信用，所以我並不擔心那位工頭會出賣我。

當時台灣並不乏偷渡的人，有的人是用兩三百塊美金直接收買船員、請船員安排，但我卻是自己戴上紅帽子去扛香蕉，勘查有無藏身船底的可能。我從一九五二年二、三月左右一直到五月，都在基隆搬香蕉，我當然沒有使用本名，多用「阿杜」之類很平民的名字。停泊在基隆的船多在清晨時離港，所以碼頭工人大概是從下午兩點開始工作，一直到深夜。這些工人都是勞動階級裡面最底層的人，多半沒有家，也沒有親人，自然而然就去住不用錢的工寮。工頭其實和大家沒什麼不同，他也要一起搬貨，只不過像我剛剛講的，他要負責在上船前向警察報備今天有幾個工人、要拿幾頂紅帽子。那陣子我和工人們一起住在倉庫或工寮裡，吃的話就隨意到媽祖廟附近解決，那邊什麼吃的都有，很多山東人在那邊賣牛肉麵，味道很可口。一般台灣人大多不吃牛肉，我因爲阿媽吃素，所以我小時候也不吃牛肉，直到去日本留學，才開始吃牛肉。

我決定偷渡當天，香蕉快搬完的時候已經接近十二點了。我把紅帽子拿給其中一位工人，跟他說：「幫我把帽子拿給工頭！」他什麼話也沒說就接過帽子，留我一個人待在船艙裡面。我在艙裡用箱子疊出一個大約三四層、長寬各兩米的凹洞，艙門關起來以後，四周黑漆漆一片。我搭的這艘船是台灣的招商局管理的五千噸貨船，名字叫「天山丸」，當時招商局接收了一批美國送的貨船，有五千噸，也有一萬噸。我在船艙裡聽著引擎發動的聲音，心中感慨無限想著：「每次離開一個地方總是用偷跑的，去日本唸書偷跑，從早稻田離開去中國或從中國出來也是，沒想到現在還是偷跑。」

原本船過一晚就可以抵達下關，但是坐了好久還沒有到，原本我胡思亂想船該不會是開往中國去了，後來才知道因爲海裡的水雷尚未清除完畢，所以船繞道而行，總共繞了五天四夜才到日本的神戶港。那幾天我就待在兩米大的空間裡，什麼事也沒做，餓了就吃香蕉。途中倒是發生過小插曲，當時有個人突然打開艙門，從甲板上走下來，我安靜不敢出聲，他卻往我躲藏的地方不停靠過來，我也只好不停往後退，直到上面傳來叫他上去的聲音，他才回頭離開——原來他只是要用溫度計量艙裡的溫度，而不是發現有人躲在裡面。

從我在台灣開始逃亡，之後偷渡到日本生活的幾十年間，因爲不想造成家人的麻煩，我都沒有寫信回家，也沒有嘗試與他們聯絡，只有請島內的地下同志偷偷去士林打探家人的消息。後來我阿媽過世，我隔了一個多月才知道；我阿爸過世時，也是隔了一個星期才接到通知。一般來說，普通的家庭若遇到有人反叛政府、流亡海外的情況，大概會很困擾，但是我們家因爲家境不錯，所以沒有造成什麼影響，只是警察會定期來家裡盤問。

第九章
再見日本

關關難過關關過

船到了神戶港，日本當地的碼頭工人上船來卸貨。當時船上有一個規矩：工人們下到船艙，會先各自在一個地方待命，等候工頭下達指令，之後才開始行動。我就趁他們待命時，拿出兩百塊美金給一個工人，小聲對他說：「我想上岸。」他一見到我遞上的美金，似乎知曉一切地回我：「你辛苦了！」然後把他的衣服和我的交換，帶領我上岸。

上岸後我招了一輛計程車，想先到平賀住在神戶的哥哥那裡落腳。我向司機報上地址，帶我上岸的那位工人很親切地表示要同我一起過去。雖然我認爲他應該沒有別的目的，但爲了避開可能的危險，絕對不能讓他知道我的行蹤。於是我故意叫司機走小巷子，在抵達目的地之前突然叫他在兩間屋子之間停車，再塞給那位工人一百塊美金，匆匆忙忙地對他說：「失禮！我要走了！」然後迅速下車，穿過兩棟屋子間的小巷，自己一個人行動。

我來到平賀哥哥的住所附近，卻不小心找錯房子，再走回街上的時候，不巧遇到兩位正在巡邏的警察。我已經好幾天沒吃什麼東西，鬍鬚又長得亂七八糟，很引人注意，警察一見到我就叫住我問：「你從哪裡來？」我說：「從下關來。」旁邊那位警察一聽便說：「我也是下關人！」然後問我：「你住在下關哪裡？」我隨口說了一處公園的名字，沒想到他居然說：「哇！我也住在那附近。」態度也馬上轉變，對我親切起來，勸我至少也應該去剃頭髮、刮鬍子，才不會被懷疑、帶到派出所。我原本以爲可以成功闖過這關，結果走沒五、六步，警察又把我叫回來，問我：「你是怎麼從下關到神戶來的呢？」我回說：「坐火車。」他又繼續問：「花了多少車資？」我隨口回答兩千圓，但是其實只要七、八百圓，事跡就因此敗露了。那兩位警察將我帶到派出所，搜身以後發現我身上有金條、美金，我只好承認我是從台灣偷渡到日本的。或許是因爲警察抓到偷渡犯會有獎金，他們聽我這麼說都很高興，點了很多食物給我吃。但我因爲太緊張的緣故，只喝了幾碗水，直到被帶到留置所之後，才吃了一點東西。

我抵達日本是一九五二年五月十二日，上岸當天就被警察逮捕，然後移送生田署扣押犯人的留置所，遭到起訴以後，又被送到裁判所。我大概在裁判所待了一個月，一整個月都只是等候判決，獨自被關在一間房間裡。期間我曾拜託平賀的哥哥通知當時人在日本的弟弟林朝陽，我弟弟請了朋友來探望，替我送了些衣服，也拿回被警察搜去的黃金、美金。裁判所裡面有裁判長、判官、檢察官，審判都是公開的，也可以聘請律師。我請已回到日本的平賀幫我找律師——平賀在台灣一收到我在日本被抓的消息，便立刻向警方自首，承認自己是日本人，然後搭機回到神戶，暫時先住在他哥哥那邊——最後我被判處四個月徒刑、三年緩刑。我本來以爲判刑完就可以離開，沒想到人才走到裁判所的門口，出入境管理局的人就來接我，告知我必須被收容，然後將我帶到出入境管理局收容所神戶分處，準備把我送回台灣。我在收容所時一再強調自己是政治犯，請他們替我申請政治庇護，但是日本官員要求我拿出足以證明我是眞的政治犯，而不是在台灣作姦犯科的壞人的證據，我拿不出來，只好聽天由命。

之前我在生田署留置所的時候，環境很乾淨，裡面都是日本人。出入境管理局的收容所裡面，每一間房間大概都住十幾個人，一半以上是朝鮮人，另外一半是中國人，只有我一個是台灣人，每個人遣返回國的時間並不一定，面孔都來來去去。也因爲我們並不是犯人，只是被收容而已，所以大家在裡面可以自由走動，不像留置所有那麼多規矩。大家住在同一間房間，平日沒事做就會聊天，朝鮮人會跟我說朝鮮的事，我也會對他們說台灣的情況，大家都希望能不要被送回去，可以留在日本。我在收容所時，平賀經常來看我，收容所每週按規定可以見幾次面，每次見面的時間大約十幾分鐘。我們見面時並沒有討論如果被送回台灣要怎麼辦之類的話題，大多說一些衣服換洗、飲食方面的問題，或者請她送書給我看。我沒有對她說什麼安慰的話，畢竟她經歷過許多風雨，擁有相當膽識，不會輕易動搖，而且我表現得坦然自在，反而能讓她寬心。

當時我有一件美式背心，本來是黃色的，被我染成黑色。我以刮鬍子為由，要平賀帶長式的刮鬍刀片給我，然後將它們縫在背心裡面。那時我有個覺悟：如果有一天真的要被遣返回台灣，一定要先自殺。因為自刎必須抱持相當的決心，如果只割一半，沒死成的話反而麻煩，所以我常常用手確認頸動脈的位置。我當然沒有跟平賀說過這個決定，不然她也不會給我送刀片進來。有一天，管理員要我收拾衣服準備出所，我還以為要被遣返了，心裡就做好了自殺的準備。沒想到管理員把我帶到收容所所長的辦公室，所長居然面帶微笑地對我說：「恭喜！」我心裡想：「我都已經要被遣返、隨時要自殺了，哪有什麼值得被恭喜的地方？」所長這才拿了一張外交狀給我看，跟我解釋：「天山丸回台灣以後向警總報告，你們中華民國外交部便寄了速件到日本外交部，說施朝暉是叛亂第一司令，必須儘快遣返。以日本政府的立場來說，這張外交狀正好證明了你真的是政治犯，因為擔心你回台灣以後的生命安全，決定允許你在日本居留。」

於是，我就在兩位管理員的押送下，與平賀同坐一輛車到橫濱的出入境管理局辦理手續，在那裡又住了兩、三日，才真正重獲自由。我與平賀一離開收容所，便啓程前往東京。老實講，我偷渡到日本去，也算是一件了不得的事。後來回想自己之所以有此種勇氣，大概與我從中共解放區逃出來的經驗有關，就算遇到再怎樣危險的事情也不會害怕，只一心想著該怎麼解決。人到了東京，我也沒有煩惱太多，只想先將自己的生活建立起來，其他的未來再打算。

戰後初期的日本社會

一九五二年八月左右我抵達東京，我的弟弟林朝陽叫了一些台灣人來為我接風，當中有些是我在早稻田大學的學弟，席間他們告訴我：「前輩！你現在出來，做生意都不用資本了！」細問之下，才知道戰後「第三國人」（指朝鮮人與台灣人）在日本享受著相當大的特權，受到麥克阿瑟的特別照顧。當時，身為戰敗國的日本人正挨餓受凍，第三國人卻可以享受配給的米糧與衣物，物質無虞。有許多第三國人就藉此在日本作威作福，高玉樹[1]便是其

1 高玉樹（一九一三—二〇〇五），台北人。一九三八年入早稻田大學。一九四五年出任東京台灣同鄉會副會長、日本華僑總會會長。一九四六年澀谷事件爆發後，被移送上海看守所拘留，於隔年回台。曾兩度當選台北市長，後又出任官派台北市長。一九七二年由蔣經國延攬入閣，擔任交通部長。一九七六年任政務委員。一九八九年任總統府資政。戒嚴時期以無黨籍本省人身分擔任多項公職，官拜內閣閣員，是台灣重要的黨外政治人物。詳參：林忠勝撰述，《高玉樹回憶錄：玉樹臨風步步高》（台北：前衛，二〇〇七）。

中一個。高玉樹終戰時在東京組織了一個青年團，並且擔任團長，他為了找尋製作團體制服的布匹，便去與日本大藏省的官員談判，過程中使用暴力，因而遭到美國憲兵逮捕、遣返至上海。[2]高玉樹後來當選台北市長，他在競選市長時有林水泉等人替他助選。林水泉是松山地區的角頭，開了一間旅館當成自己的據點。我是直到一九九三年回到台灣後，才與高玉樹見到面，這才知道他也畢業於早稻田。不過我們除了簡單寒暄外，未有深入的交談。

那些早稻田的學弟就是因此建議我去經營柏青哥（小鋼珠店）這門利潤很高的生意——後來我開的那間新珍味旁邊，就有一間柏青哥店，老闆正是早稻田大學肄業的台灣人，常常來店裡面吃東西，一見面就喊我：「前輩！前輩！」——我一聽之下馬上生氣地反駁，告訴他們我將來是要繼續從事革命運動的人，不可能去做賭博生意。他們知曉我的態度，也就不敢胡說了。

既然到了東京，我也特地回早稻田大學附近打聽消息，得知我們政治科兩百多位同班同學，因為參戰、擔任神風特攻隊的關係，只剩下十幾位還活著。雖然距離一九四五年終戰已經過去七年，東京卻仍一片平地，沒什麼高樓大廈，大家住的都是非常矮小的木造平房。現在你若在東京街頭，已經看不到富士山了，但當時還是看得到的。戰後日本人「復員」，很多人從外地回來，產生的第一個問題就是糧食匱乏，很多百姓只好把美軍的配給麵粉和海帶攪和在一起，以此度日，物價雖然是以穩定的方式持續上升，不像台灣幾十萬倍在跳，但還是比台灣高。當時日本人的心理可說非常荒蕪、有氣無力，很多人身上明明沒什麼錢，但只要稍微有點錢就會去借酒澆愁。

美國人在戰後的日本幾乎是「全能」（almighty）的角色，他要日本政府做什麼，日本政府不敢不聽，比如說麥克阿瑟想讓日本的經濟力分散，三井、三菱等大企業就馬上被分割成十幾間小公司。[3]就像我剛剛講的，麥克阿瑟剛到日本時，朝鮮人——當時沒有人稱韓國人，多用朝鮮人——與台灣人在日本頗受優待，美軍發放配給品時，只有他們能夠收購，再轉售給日本人，而且有些很「匪類」（huí-luī）的朝鮮人會仗著美軍給的特權，隨便去佔領別人的房子、拿別人的東西。戰後在日本的朝鮮人大約有兩百萬，台灣人只有五、六萬而已，這些所謂的「第三國人」，很多經營柏青哥店，十間店裡大概有七間店的老闆是朝鮮人、三間是台灣人。美軍在日本的作爲雖然有很多爭議，但日本能從頽敗中重新站起來，美

2 史明此處説法與高玉樹有所出入。高玉樹表示自己是因澀谷事件而受牽連，最後以「戰俘疑犯」之罪名，被押解至上海。詳參：林忠勝撰述，《高玉樹回憶錄：玉樹臨風步步高》，頁三五—四三。

3 即財閥解體，為二戰後日本依據盟軍最高司令官總司令部（GHQ）指示，以經濟民主化為目的所進行的改革。一九四五年公布財閥解體計畫。一九四六年控股公司整理委員會成立，陸續解散財閥，排除財閥家族對企業的控制力，將股權分散化，並公布《獨佔禁止法》、《過度經濟力集中排除法》，進行大企業的分拆及重構，日本製鐵、三菱重工、王子製紙等部分企業因此被分拆。詳參：京大日本史辭典編纂會，《新編日本史辭典》，頁四〇二。

國事實上也出了不少力。一九五〇年爆發的韓戰，更是關鍵所在。在朝鮮打仗的美軍，會將需要修理的武器、坦克送到日本，日本因爲軍需產業賺了不少錢。

從路邊攤到新珍味

我在東京一開始是與我弟弟同住，不過兩人之間不太和睦，我便想去擺攤賣料理，讓自己可以獨立生活。本來我身上還有一些金子，結果被我弟弟用光，我只好請他幫我向別人借錢，才湊到擺攤子需要的四十萬本錢。在台灣，擺攤大概一台推車就可以，但日本都是一間間叫做「屋台」的矮房。原先我曾考慮要賣炒米粉之類的台灣料理，但一想到從台灣回去的日本人只有一、兩百萬人，從中國回去的卻有上千萬人，才決定賣中華料理。當時日本的中華料理店都叫「上海樓」、「北京館」之類的，我不想和大家一樣，想到我們常說「津津有味」、「山珍海味」，就把店名取爲「珍味」。至於擺攤的地點，我心裡盤算著像我這種初來乍到的人，一定沒辦法在熱鬧的地方跟那些老店家競爭，最後才跑到西池袋——西池袋早先不是一個很繁華的地方，是戰後才漸漸興盛起來的——不過我跟平賀人生地不熟，只好找不動產公司，協助我們頂下一個大概才三坪大、沒有洗手間的小攤子。

我們賣大滷麵、燒餃子（煎餃）等主食，還有炒豆芽菜、炒豬肝、炒豬肉等小菜。另外，我也會去橫濱向船員們拿他們從香港帶回來的白乾酒。白乾一杯五十日圓，餃子一盤六粒也是五十日圓，每樣菜都是五十日圓啦！我們的餃子是北京口味，皮比較薄，裡面的肉餡是用麻油拌的，口味實在一等一，大滷麵也是珍味有名的料理，還有人會從很遠的地方特地前來嚐鮮。那些華北、東北回來的日本人一看到熟悉的餃子、大滷麵、白乾酒都很興奮，我的攤子只能坐六個人，結果外面一堆人在排隊，連垃圾桶都被拿來當椅子。我跟平賀兩個人一起包餃子，餃子包完則由我負責煮菜，她負責洗碗或招呼客人排隊、算錢。平賀個性很活潑，包水餃也包得很好，是個得力的助手。當時沒有瓦斯，只能用燒煤炭的烘爐，我們就用它來燒餃子或幫客人溫酒。我們兩人忙進忙出，每天大概都要工作到半夜一、兩點，早上差不多五、六點就得起床，到附近一個很大的市場補貨，不過有時如果先預定好貨品，店家也會替我們送來。我和平賀晚上睡在攤子上面的小閣樓裡，生活條件很低，但畢竟經歷過華北解放區的生活，只要有處地方可以做生意、休息，我們就感到很滿意了。回想起來，那時候也眞的是年輕才能拼成這樣，年輕確實就是資本，換成是現在，根本沒辦法。

我是在昭和二十七（一九五二）年開始擺攤，當時台灣人跟朝鮮人不用繳稅，可是我想這是人家的土地，我又是打算要做革命的人，心裡一股正氣還沒有泯滅，看東西比較不會自私自利，所以我就在店名上故意標注平假名，也按一般日本人的規定去繳稅，日本的公務員看到我來繳稅還嚇了一跳。當時做餐飲業，絕對是賺錢的，平均利潤都有三成左右，如果勤快一點，自己多做些事，則會拉到四、五成。比如早年都是我親自下廚，利潤就有四成，之後放手給店員做，獲利大概只剩下三成。我們的攤子生意很好，之前借貸來當創業基金的四十萬圓，兩年多左右就還清了。到了一九五四年，我決定把攤子升級爲店面。因爲我本來就有計劃要做政治工作，所以故意挑了一間位於街角、比較好辨識的三角窗店面。

開了店面後生意更好。我買下的店面原本有十七坪、兩層樓，後來經過市區改正、道路拓寬後，剩下十一坪多，我才再加蓋成五層樓。市區改正的時候，日本政府只賠償我幾百萬，我蓋房子卻花了幾千萬。加蓋後的店面一、二樓用來做生意，三樓給店員們休息、換衣服，起先兩、三年，也充當員工們的宿舍，員工原本習慣住在店裡面，後來才各自去外面租房子。日本赤軍的人大概在一九七〇年代來我這裡，和我混熟後，詢問我有沒有可以讓他們開會的地方，於是三樓偶爾也會提供給日本左派他們開會。至於我與平賀，則是住在只有九坪大、隔成兩間房間的四樓。五樓我蓋了一座灶，當成炸藥的試驗場所。灶的周圍很厚，只有邊邊開了一個小小的開口，我就是靠它試爆炸藥，讓那些地下工作的同志觀摩。不過一九七五年以後，我決定轉換路線，不再進行暴力運動，五樓就被我改裝成房間和浴室，很多朋友來我店裡拜訪，就讓他們住在五樓。

一九五〇年代末期，我開始寫《台灣人四百年史》，有時去圖書館，有時顧店，顧店的話大多從中午十一點到半夜兩、三點，一站就是一整天，爐火在身邊燒，體力消耗相當大。蠟燭兩頭燒的情況下，我開始藉由慢跑跟游泳來鍛鍊體力。我大多是趁下午兩、三點店裡比較沒有客人的時候去游泳、慢跑。我不像別人一樣到運動場上繞圈圈，大多從西池袋跑到新宿，在住宅區裡面的街道慢跑一個半小時。慢跑這個習慣沒有持續下來，游泳倒是直到現在還保持著。新珍味附近有座游泳池，我平均兩、三天去一次，每次一個小時。我也重拾從前聽音樂的興趣，像我寫文章的時候，會放比較輕的音樂，來幫助精神集中。每次我和平賀經過唱片行，都會買一大堆曲盤，不過平賀喜歡舞蹈，曲盤都是我在聽的。我不只聽古典樂，流行樂我也很喜歡，貓王當紅那陣子，我就買了很多他的錄音帶，披頭四來日本時，我也去現場聽他們的演唱會。這些戰後才在日本購買的曲盤我後來都有帶回台灣，現在放在新莊的家裡。

一九五〇年代我只僱用了四、五個人，每人每月的月薪大概三千圓，開了店面以後，店員的數量變多，我記得一九六〇年代前後，店裡曾經同時僱用十三個人，員工的薪水當然也隨著物價上漲。我們的店員之間薪水有分級，有經驗的員工與新手領的錢會有差異，此外，供應吃住與否也會影響到他們的薪水。原先店裡月休一次，後來才改成週休一次。日本人形容彼此感情好的用語常常是「吃同一鍋飯」，所以每次休假我就會帶平賀以及店員們一起去吃豪華的料理。我在忙地下工作的時候，店面就交由平賀管理，她很少過問我在外面的事情，可是後來她無法再忍受我一直把錢投入獨立運動，再加上「第三國人」在日本的風評很差，她的父母親不太贊成我們在一起，因此我們在一九六三年左右分開。平賀離開後，我只好固定培養一位店長，每三位員工中也會有一位組長。當時店裡的帳目沒有區分什麼公帳、私帳，即使有一本帳簿，也不是非常正式的，現金夠用就好，我本來就沒什麼開銷，吃就在店裡吃，出門不是去圖書館就是去慢跑、游泳，最大的開銷算是接應地下工作的夥伴。店裡的員工多多少少都知道我在做革命，畢竟常常有台灣來的、不會說日語的人出入，不過他們倒是不敢亂說話。

珍味直到一九七五年以前僱用的都是日本籍的員工，當時日本經濟還沒有完全復甦，很多孩子從鄉下來東京找工作；一九七〇年代後期，大概是盧修一來找我的那陣子，因爲日本人需要保險等等之類的額外開銷，我才開始僱用中國或者台灣的アルバイト（工讀生）。說起來，日本員工在金錢方面比較靠得住，也比較守規矩，日本社會對這方面原本就很要求，他們可說從小具備紀律上的認知，台灣人跟中國人員工卻必須重新教育、提醒他們。一九八〇年代，我每年夏天都會去美國巡迴，不在日本，所以店長的地位越來越重要。店長大多是在店裡做過兩、三年以後的員工才有能力擔任，不過人的個性百百種，有的人肯打拼，有的人就喜歡嚼舌根、破壞團結。

最近這一、兩年，我不在日本時，珍味是由一位叫小野寺的日本人，和另一位台灣人負責。小野寺已經在店裡待了三十年，本來只是打工的，後來一路做到正職。這個日本人很準時、很負責任，而且不亂拿錢，不過他有個亂罵人的缺點，店裡客人一多，他一緊張起來就會罵人，不知道他個性的人往往會受不了。我給小野寺的月薪之前有到五十五萬，最近因爲不景氣的關係才調整到四十五萬，不過這還是算少有的待遇，像我們店附近有間台灣人經營的柏青哥店，他的店長一個月才領三十八萬。至於另外一位台灣人，她本來是一九七〇年代在台灣替我們做地下工作的同志。當時島內傳來消息，說警總準備要抓人了，我連忙替徐美跟她訂了機票，要她們快點離開台灣。徐美因爲希望留在台灣跟家人過節，不幸被特務抓走，只有她逃了出來。本來我讓她去早稻田大學唸心理學，不過後來她嫁到洛杉磯，沒有完成學業。兩年前她說想來日本住，我就幫她處理好在日本居留的事宜，也讓她在珍味裡面工作。

一九九三年我偷渡回台灣時，店裡很多員工都已經待了十年以上，加上我給的薪水比一般的行情高，大家都願意留下來。店長或正職員工之外，如果一般打工的人時薪七百圓，那麼我的工讀生就是八百五十圓，就算你是中國籍，我也給你同樣的薪水，任職較久的甚至可以到一千圓，而且每天供應兩餐，水餃、炒麵、炒肉任由員工選擇，飯更是吃到飽。這種待遇不管在台灣或者日本應該都很少有。回台灣後，每年夏天我會回去算一次帳，如果台灣的事情不忙，會住上一個多月，順便整頓一下店裡的情況，忙的話就只住一星期，帳對好立刻回台灣。以前我自己做帳，多少還可以想辦法節稅，後來二〇〇七年左右我成立公司，讓員工們做帳，雖然相對來說比較按部就班，不過利潤就會受到營業稅的影響。

我人不在日本，店的管理就會出現一些問題。首先，店內清潔多少會變得比較馬虎，很多原本我每日清潔的東西，員工三、五天或一星期才處理；其次，人事方面比較不穩定；第三，員工招待客人也比較不周到，像是以往客人來到店門口，我都會發自內心地大聲招呼：「いらっしゃい（歡迎）！」客人往往感到十分窩心，但我不在的話，員工都只是有氣無力、敷衍敷衍而已；最後，利潤沒有以前來得多，以前每個月大概都可以做到兩百萬圓，後來差不多只剩一百萬圓。總之，一間店有沒有主人還是有差別啦！之前日本經濟好的時候，曾有人開口要用九億日圓跟我買下珍味的店面，可是我想珍味要是賣掉了，我沒有一處基地也是不行的，所以最後沒有出售。如今日本經濟不景氣，即使想賣也沒有那個價格了。

因爲我在做地下工作的關係，資金需要流通，而不管回台灣或者是去美國，日幣都可以用，如果放在銀行，反而不方便，所以我大多用紙袋子裝著放在身邊。我不諱言我的確賺了不少錢，但我和別人不一樣，大家往往都會把賺錢當成「目的」，而我賺錢就只是個「方法」而已，目的則是爲了台灣的獨立運動，從事革命運動，需要人也需要錢。如果爲了賺錢，我一年開幾間分店，現在的規模早就已經不得了！不過眞的開了分店，我每天管這些分店就沒時間了，怎麼做革命？所以，自始至終我就只有一間店。此外，用自己賺的錢當革命資金，就不必向別人募款。其他的運動團體都向別人募款，如果我也跟進，彼此就會競爭，乾脆自己賺錢當資金。不過二〇〇九年八月時，因爲我決定替店裡裝修，沒想到負責的建築師一直拖延進度，從二〇〇九年八月一直到二〇一〇年的六月才完工，這段期間我持續支出，卻沒有收入，多花了兩千萬圓，不得已的情況下，才終於又向人家借錢。二〇一〇年珍味重新開幕，業績至今仍待努力，還須打拼。

話說回來，我擁有這一間店，表面上似乎和我信仰的馬克思主義有所衝突，不過我並不這麼覺得。馬克思說的是共產主義而非社會主義，共產主義就是你一個月付出五十元價值的勞力，但是如果你一個月必須用到一百元，社會就給你一百元的價值，這就是「各盡所能，各得所需」。但是，共產主義到後來變成社會主義，情況就不一樣了。如果你只付出五十元，那麼你就只能夠拿五十元，這就是「各盡所能，各得所得」。原本馬克思的思想因爲被說明得不夠清楚，最後變成一個很遠的理想。

日華信用組合

我在經營珍味的期間，也曾參與了日華信用組合的工作，以往我很少跟人提起這段經驗。日本的金融機關包括銀行與信用組合，這兩者的差別在於信用組合的業務庶民化許多。戰爭剛結束時，日本政府的公權力比較薄弱，沒辦法進行有效管理，所以不管是國民黨或者中共，在日本都擁有非法、祕密的金融機關，只是沒有浮上檯面。我會去弄信用組合，主要是想讓在日本的台灣人團結、向上發展。我們都知道經濟產業大概可分爲三種：第一產業是農業，第二是工業，第三是服務業。戰後在日本的台灣人大多從事服務業，而且常常陷入自己人跟自己人競爭的局面，再加上沒有親近的金融機關，沒有辦法像資本主義理論所說的那樣集合資本、擴大規模。我們台灣人雖然看不起朝鮮人，但是朝鮮人在日本有大企業——像樂天（Lotte），全日本的口香糖幾乎都是他們公司生產的——台灣人則大多只有小規模的酒吧與柏青哥店。我看到這種情況，心裡想說：「現在中國人、中共有合作社，朝鮮人也有合作社和銀行，台灣人卻什麼都沒有，應該要弄一個出來。」所以我就和林益謙[4]做伙，跑去東京都申請了日華信用組合。

日華信用組合表面上由一位日本人擔任理事長，但副理事長與主要的負責人是林益謙。林益謙是林呈祿的長子，林呈祿是台灣文化抗日運動的大幹部，與我阿爸林濟川的感情很好。林益謙雖然是桃園人，但是小學校、中學校都在東京唸書，後來畢業於東京帝國大學。日本時代他曾擔任總督府的金融課長，是第一位爬上課長級的台灣人。林益謙的人生可說一帆風順，爲人處事相對也比較官僚主義，喜好與高層結交，又因爲他大我七、八歲，所以便由他出任信用組合的申請人，連「日華信用組合」這個名字也是他取的。日華信用組合內部有十多位理事，辜寬敏和我都是其中的一員。辜寬敏的哥哥辜振甫娶了台南大地主黃溪泉的女兒，林益謙則是黃溪泉的哥哥黃欣的女婿，彼此有間接的親戚關係。[5]我在日華信用組合時，才第一次與辜寬敏碰到面。信用組合成立之際，每位理事都必須拿兩百萬現金出來，辜寬敏手頭吃緊，起初還是以支票支付，再由我替他換成現金。

我的頭銜是常務理事，大家每個月開一次會，常務理事主要的工作就是去找人存款和借貸，所以信用組合實際上的工作很多都由我經手。信用組合服務的對象都是台灣人，當時在日本的台灣人戰前大多是工人，戰爭結束後靠變賣工廠物資致富，後來則在銀座、新橋等繁華的地方開設酒吧與柏青哥店，不像朝鮮人那樣創辦牙膏、食品工廠之類的企業。我大概是從一九五〇年代末期加入信用組合，但到了一九六四年就決定離開，在這六年當中我出任過兩任常務理事。那段期間我除了照顧店裡的生意，大多從早上九點就得開始處理一些信用組合的例行事務，傍晚五點以後，又因爲跟其他理事比起來還算年輕，還要負擔和客戶們交

4 林益謙（一九一一—二〇〇八），台北人。父親為林呈祿。一九一四年與家族赴日定居。一九三三年東京帝國大學法學部畢業，次年回台任總督府財政局金融課。一九三七年任台南州曾文郡郡守。一九四〇年任總督府財政局財務事務官。一九四四年被派赴印尼，管理金融事務。戰後因對國民黨政府感到失望，漸漸支持台獨主張，曾拜訪流亡香港的廖文毅。一九五二年遷居日本，創設日華信用組合。一九七八年返台定居。一九八五年任東方出版社董事長。一九九五年組織台日交流促進會。詳參：陳翠蓮撰稿，《續修台北市志　卷九，人物志，政治與經濟篇》（台北：台北市文獻委員會，二〇一四），頁一二一—一二二。

5 史明此處說法有誤。林益謙與辜振甫同為黃溪泉之女婿，並非黃欣之女婿。林益謙與黃溪泉長女黃荷華結婚，辜振甫則在林益謙的介紹下，與黃溪泉四女黃菖華結婚。詳參：黃天橫口述；陳美蓉、何鳳嬌訪問記錄，《固園黃家：黃天橫先生訪談錄》（台北：國史館，二〇〇八），頁一五〇—一五七。

際、取款或放款等工作。取款方面，我會先跟那些經營酒吧的台灣人交際、招募存款，過幾天再去跟他們收錢、繳回信用組合。如果有應酬的需要，也會陪客戶們喝酒、跳舞，常常半夜兩、三點才回家。至於放款的話，一般必須經過理事長、副理事長、常務理事長、總務等四個人蓋章以後才可以放款，但是日華信用組合處理事情的方式很中國式，總是先把錢給客戶，再回來補章。

雖然我自己在信用組合上班，但從來不需要向信用組合借款，每個月五萬多圓的月薪，也幾乎全交給在信用組合擔任總務的弟弟。離開日華信用組合以後，因爲我的現金很少寄放在銀行，也從來不用支票，所以跟他們就漸漸地疏遠了。我連續擔任兩任常務理事，原本希望藉此多認識一些台灣人，一起從事獨立運動——王育德[6]當時說他想籌錢出版《台灣青年》，我便讓我弟弟先拿十五萬日圓給他——但後來我還是決定離開。我離開的具體原因，主要是每次我在外面募到存款，拿回信用組合以後卻常常被其他理事挪用，既沒有擔保，日後又不願意存回組合裡面，再加上當時常常有人向信用組合貸款，最後卻倒債跑到國外，正所謂「落水叫哀哀，上水叫無代」（Lo̍h tsuí kiò ai ai, tsiūnn tsuí kiò bô tāi.），原本我借人家錢是爲了解決他們的困難，最後卻變成我要承擔他們的債務。六年下來，我竟然賠了兩千多萬，所以我才會在第二任理事任期屆滿以後辭去職務、退出組合。

參與日華信用組合的經驗是讓我看到台灣人的努力，但也看到台灣人內部的不團結，像是看到別人賺錢就吃醋、想盡辦法阻止對方——台灣人在這一點上輸給朝鮮人太多了——又或者像那時我跟人家募集資金、爭取存款，常常一起到酒店應酬，大家一開始往往嚷嚷著要付錢作東，等到真的算帳時，卻佯裝沒有自己的事。當初我在唸早稻田大學的時候，喝酒都是大家爭相出錢的，就這一點來看，我們台灣人實在是有一點落伍。

陰錯陽差的壽屋泡麵工廠

我大約在一九六〇年代初期曾經經營過一間泡麵工廠「壽屋」，只是最後並沒有成功。日本最有名的泡麵公司是台灣人吳百福[7]創辦的，這個人住在大阪，原先計劃與他合資的人

6 王育德（一九二四—一九八五），台南人。一九四二年入東京帝國大學文學部，後因戰爭局勢緊張而回台避難。二二八事件爆發後，於一九四九年傷心赴日。一九五〇年於東京大學復學，積極研究台語。一九五八年任明治大學兼任講師。一九六〇年創立台灣青年社，發行《台灣青年》雜誌，積極推展台灣獨立運動。一九六九年獲東京大學文學博士，在多所學校從事語言教學。晚年為爭取台籍日本兵補償而奔走。詳參：林礽乾等總編輯，《台灣文化事典》，頁一五〇—一五一。

7 安藤百福（一九一〇—二〇〇七），原名吳百福，台裔日籍企業家。一九一〇年出生於台灣。一九四八年創立中交總社。一九五八年發明瞬間油熱乾燥法，開發世界第一款泡麵，並成功將之商品化，同時將社名改為日清食品。詳參：上田正昭、西澤潤一、平山郁夫、三浦朱門監修，《日本人名大辭典》，頁一〇二。

是我以前的家庭教師許炎亭。許炎亭當時跟他朋友一起向日華信用組合借了四百萬，說要跟吳百福一起弄泡麵工廠，再用股份還我。但是兩個人不知道什麼原因不合，吵架拆夥以後，許炎亭並沒有將錢還我。

會經營泡麵工廠，說起來有點陰錯陽差。當時有一位台灣人向日華信用組合借錢，想拿來開設泡麵工廠。因為很少台灣人在日本創業，我二話不說就貸給他一千多萬圓。沒想到錢剛借給他，他就跑路了。既然他沒辦法還錢，這筆貸款又是我經辦的，我就自己變賣一些財產，乾脆把泡麵工廠頂下來。泡麵工廠的位置在東京北邊大概三小時的車程，一處叫宇都宮的地方。我把工廠頂下來，也不是想靠它填補債務缺口。我當時看到一位名叫施清香的台灣人，個性很溫和，但是工作卻比日本人辛苦，收入也少——其實不只他，台灣留學生在日本的生活都挺辛苦的——才萌生念頭，想讓台灣留學生在工廠工作，吃、住都由工廠負責，依照工時領月給，我再另外去東京租一間公寓，學生們有課的時候可以另外住在東京，如此一來，學生有了收入補貼，生活也會比較安定。而且在工廠裡，不管是炸泡麵、加調味料等生產技術都有專業人員，學生們做其他工作應該不算難事。我還進一步規劃，如果未來工廠規模可以不停擴大，那我第一件要做的事就是全部只用台灣的留學生當工作人員，第二件就是在日本辦一間台灣人開辦的大學。當時有日本記者來採訪我，我便是這樣對他談論自己的理想。我心裡面有了這個理想，連工廠裡面新蓋的宿舍都取名為「青雲宿」——意指「青雲之志」，另外我還在工廠裡面挖了一個長度大約二十米、台灣形狀的大水池，這個水池夏天時甚至可以下去游泳。

當時正是泡麵剛開始發展的開拓時代，不是到處都有泡麵，廠商必須一一拿到商店請店家推銷。起初兩年，壽屋的情況還不錯，台灣學生也很順利地當起工作人員。但不久之後，等到泡麵市場開始競爭，業績就因為通路方面的問題開始下滑，成品一直囤在工廠裡面。而且另一方面，學生們一邊工作、一邊唸書，有時候上勤的時間比較不準確，管理上的問題也就產生了——台灣留學生雖然把自由主義掛在嘴邊，實際上卻跟無政府主義差不多，人在台灣的時候被國民黨高壓統治，到日本一接受自由主義的思想，就亂紛紛、不守規矩，把自由和放任摻在一起。如果有人在那邊管理還不至於出事，沒人管就糟糕了。由於我一邊擔任信用組合的常務理事、一邊照顧店理的生意，所以只有週末有時間到工廠視察，最後只好請了一位警察出身的人駐在工廠幫我管理。

由於泡麵的銷售業績始終沒有起色，我最後還是把工廠頂讓給別人，我與平賀差不多也是在這個時候分手。雖然兩件事情沒有直接的關係，但這段期間可說是我人生第一次走下坡。除了頂讓工廠得到的現金，我還向之前受過我幫助的台灣人湊了一筆錢，才得以還清最初日華信用組合那筆被倒掉的貸款，前前後後總共賠了兩千多萬。我不喜歡提到錢，不然我一生幾乎都與錢有關啦！泡麵工廠結束後，我專心經營珍味的生意。我人有沒有常駐在店裡差很多，光是餃子的口味就有些差別，來客數也多了至少半倍以上。我大概用了兩、三年的時間還清這筆債務，經濟情況才又開始好轉，後來也才能組織台灣獨立連合會與獨立台灣會。不過話說回來，在賠了那麼多錢以後還可以東山再起，你們就知道珍味那間麵店究竟有多賺錢。這次事業上的挫折其實我不是那麼在乎，一方面雖然經營壽屋失敗，新珍味仍然每天在營業，沒什麼後顧之憂；另一方面，也可能是因爲我想事情比較簡單，而且大部分的心思都放在獨立運動上面，私人的成敗或生活的品質並不值得放在心裡——我的衣服常常穿了許久才換，房間也只有六疊榻榻米寬，裡面除了滿坑滿谷的書，只有一張用來寫《台灣人四百年史》的桌子。不過現在回想當時的生活，總覺得應該到日本各處名勝遊玩、享受一下。

第十章
戰後日本的台灣獨立運動

國共對峙在日本

戰後初期，日本大約有一萬多名台灣留學生。中華民國在日本還設有大使館的時候，這些學生都有由麥克阿瑟撥給「第三國人」的特別優待。但等到一九四九年蔣介石敗退，在日台灣人的特權開始漸漸消失。一九五二年日本恢復治權，中共方面趁機成立中華人民共和國華僑總會，與國民黨的中華民國華僑總會打對台。中華民國華僑總會是在銀座的東邊，中華人民共和國華僑總會的位置則在西邊。不過，不管是共產黨或者是國民黨的華僑總會，裡面的成員都以台灣人為絕對多數，實際上有如台灣人的同鄉會一般，像是澀谷與新橋一帶的台灣人比較偏中共，通常就會加入中共這邊的華僑總會。當時台灣人在日本沒有什麼組織，就屬兩個華僑總會的規模最大。

我到日本不久，中共開始宣傳「中國華僑回祖國建設新中國」的口號，接下來五、六年期間，每個月都有一艘從日本出發、開往天津的輪船，上面多載著台灣的留學生。他們在天津下船後，就坐火車前往北京，其中除了少數已經娶日本妻子的人，大多數台灣留學生都跟謝雪紅一樣，從此被困在中國，有些人後來便在中國成家、變成中國人。這當中有一個怪現象，那些帶領台灣學生去中國的華僑總會幹部，反而至死都沒有在中國定居。據說這些幹部都去過中國視察，看到中國社會當時的情況，嚇都嚇死了，但是人都加入華僑總會，也不敢忤逆上級的意思，只好硬著頭皮矇騙在日本的其他台灣人。我到日本後，把我所知道的中國的情況或缺點告訴一些台灣人，但是他們都不太相信，寧可聽信那些華僑總會的幹部天花亂墜，把中國說得有如一朵花，像是什麼吃、住都沒問題，也可以自由選擇職業之類的。我想許多台灣人之所以受騙，中共那句「回祖國建設新中國」的口號之所以發揮那麼大的影響力，大概是當時台灣人在精神上缺乏依靠——戰前台灣人依賴日本，戰後日本倒了就改依靠國民黨，後來國民黨也倒了，就開始想要偎去中共那邊。

國民黨或共產黨華僑總會的人我都認識，中華民國華僑總會在全日本各地都設有支部，總會的會長是林以文，台中霧峰出身，是林益謙的好朋友。這個人在日本做生意，賺了很多錢，我見過他好幾次，他和其他中華民國華僑總會的人對我也很好，不過我從事台灣獨立運動這件事他們都佯裝不知情，我也不會跟他們講，畢竟他們不可能拿錢出來支持，所以我們往來大多只有喝酒、應酬等風花雪月的事。至於中共那邊的會長則是黃昆旺，年紀比較輕，我比較少和他碰面。中共華僑總會的人幾乎被中共洗腦得很嚴重，只要說話批評到中共，他們都會起身與你嚷嚷。

國民黨除了華僑總會，它在麥克阿瑟的司令部裡有個「中國班」，其中一個代表叫謝南光——他就是從前台灣文化協會的成員謝春木。戰爭期間謝南光曾到上海當「雙面間諜」（double spy），南京被日本打下來之後，跟著國民政府退到漢口、重慶。這個人算是軍統的人，除了他以外，當時在國民黨政府裡的台灣人還有劉啓光、丘念台[1]等人。謝南光在國民黨政府裡面表現很積極，本來以爲戰爭結束了，他會被派回台灣擔任行政長官，但他在重慶時跟中共有些關係，或許因爲如此，蔣介石並沒有如他所願，最後他只好到日本擔任中國駐日代表團委員，也開始和中共勾結。

1 丘念台（一八九四—一九六七），其父為丘逢甲。一九四三年奉派為國民黨台灣直屬黨部黨員。一九四五年任監察委員兼台灣省黨部委員。戰後主要扮演台籍仕紳與國民黨間的溝通管道。一九五四年曾赴日與主張國際託管或台獨的台僑會面，遊說其支持國府。詳參：林礽乾等總編輯，《台灣文化事典》，頁一五九—一六〇。

廖文毅與台灣共和國臨時政府

一九四七年二二八事件發生以後，有些在日台灣人起來反對國民黨。一位是在美軍部隊裡擔任醫生、家住橫濱的吳振南，他成立了台灣住民投票促進會；另外，京都也有一位林白堂成立台灣民主台獨聯盟。廖文毅則大約是一九五〇年到日本，當時他在台灣島內擁有一個祕密組織，成員包括他哥哥的兒子廖史豪等人。當廖文毅在京都成立台灣民主獨立黨時，蔣介石馬上逮捕黃紀男、廖史豪、鍾謙順這些島內成員。廖文毅後來在一九五五年成立台灣共和國臨時政府，擔任大統領（總統），並出版《台灣民報》作爲組織的機關誌。

我第一次聽到廖文毅這個人，是台灣獨立革命武裝隊的同志周慶安告訴我的。之前我有說過，周慶安曾經在香港跟十幾位台灣青年一起追隨過廖文毅，所以知道廖文毅家裡面的一些情況。廖文毅是西螺人，從祖父那代便是當地的大地主，家中有三、四個兄弟。因爲南部的土地比北部肥沃，田地的生產量比較多，再加上中南部比較沒有娛樂開銷，所以中南部的地主都很有錢。當時台灣的有錢人，家中孩子如果考不上台灣的中學校，大多會將小孩送去日本或者是中國讀書，廖文毅兄弟便是先到中國、改爲中國籍以後再到美國讀理工科，戰爭期間又帶著美國太太回到中國。我不清楚他究竟是哪一年去中國，他在戰爭時期似乎有擔任過國民黨的官職，一九四五年戰爭結束後也有回來台灣，不過因爲他不能算是國民黨系統中的人馬，國民黨並不願意給他期待的官職。一九四七年他剛好在二二八事件前一週去上海找他哥哥，否則我看他也是生命難保。廖文毅便是在二二八事件後開始提倡台灣獨立，在香港跟謝雪紅組成了台灣再解放聯盟。

雖然廖文毅跟謝雪紅合作，但是他們兩人的思想並不相同——廖文毅主張台灣應該讓聯合國托管，但是謝雪紅卻認爲必須向中共靠攏，聯盟後來也就自然消滅。聯盟消滅後，廖文毅一九五〇年偷渡到日本，組織了台灣民主獨立黨。廖文毅在台灣民主獨立黨成立後的發展挺順利的，他成功整合了日本的台獨團體，成爲大家的「共主」，也因此一九五六年台灣共和國臨時政府成立時，順理成章地當上大統領。廖文毅在美國留學，妻子也是美國人，比起當時其他在日本的台灣人，英語能力好上許多，不只會讀，更會聽、寫。聽說麥克阿瑟起初每個月都有支援他一千元美金，雖然不能確定眞假，但我還是認爲美國、麥克阿瑟應該有在背後祕密支持他，不然我和他吃飯的時候，怎麼會有兩位美國軍人陪同呢？

我會和廖文毅吃飯，是因爲一九五二年我逃亡到日本、遭到警方逮捕，弄得人人皆知，我一到東京，廖文毅就親自來找我，直接表明他是廖文毅，希望跟我吃個飯。不過那次宴席把我弄得不太愉快。我的英文能力馬馬虎虎，但多少能聽得懂一、兩句。廖文毅當時對兩位美國軍人說：「He is our underground.」明明我跟廖文毅是在日本才認識的，他卻把我說成是他們的地下人員，所以後來我就不想多說些什麼，只在一旁看他們彼此應酬、奉承，說一些好聽話。廖文毅並沒有邀請我參與他們的組織，只是彼此認識、交一個朋友。後來我成天跟平賀一起擺攤子，弄得全身油膩膩、髒兮兮，也沒時間再跟他有什麼來往。不過，我還是經常資助廖文毅的組織，他們的人每個月也會固定來我這裡取款——我雖然不算富裕，但是每次至少都會給他們上萬圓，以當時的幣值來看，並不是小數目——也因此我對廖文毅組織內部的情況，像是官僚作風、講究派頭等等都相當瞭解。

一九五六年台灣共和國臨時政府成立時，聲勢十分浩大。當時台灣人在東京的人口大約有兩萬人，而神戶一帶也有兩萬人，全日本的話總數不過五、六萬人，可是成立現場就聚集了兩、三千人，甚至有兩路台灣特有的獅陣出來慶賀，算是很了不起了。廖文毅的手下有很多走私糖、味素的夥伴，他們偷渡回台灣的時候，四處散布像是「東京有一個我們台灣人自己的政府」之類的消息，一時間沸沸揚揚。但是，廖文毅的臨時政府聲勢雖大，卻中看不中用。一方面臨時政府並不算有真正的組織，僅僅只是誰當大統領、誰當副統領、議長、外交部長等等這些頭銜，讓大家填個入會表格、佔個閒缺，卻沒有實際的活動、分工，連組織最要緊的聯絡和「交通」方面等事宜也沒有去處理；另一方面，他們也只停留在「感情獨立」的層面，沒有嚴肅的理念，光用「因為國民黨如何橫暴、如何屠殺台灣人，所以我們想要獨立」三兩句話就全部講完了，究竟什麼才是台灣獨立最重要的關鍵？台灣又是什麼？這些廖文毅都沒說清楚，比較接近烏托邦式的空想主義。我曾讀過廖文毅撰寫的《台灣民本主義》，書中內容比起當時其他在日本的台灣人來說，算是比較進步的思想。所以，儘管他這個人有很大的爭議性，他的組織也以失敗告終，我終究還是會將他視爲在大家還不敢喊出台灣獨立的時候，第一個站出來的先進、先覺。

我認爲不管是政治或者是人生，總有一個現實。我們現在活著，不是空的，而是現實的存在。如果想要實現一個主張、理想或者目標，就一定要從現實出發，去思考「怎麼辦」這個問題——你有 ideology，那麼就更應該一步步地處理現實。如果今天有十個人需要糧食，卻只有兩個人吃得飽，你還在一直談理想，老實說那就是觀念的，是從頭腦而不是從現實出來的，方向根本就錯誤了；而方向錯誤，即使短時間來看會有些成就，但最後往往都不會成功。廖文毅跟他的組織就是這樣，他成功組織了一個政府、議會，但是沒有以現實爲基礎。大家當然都是從反對國民黨的暴政開始，但那只算是感情上的獨立，如果要進入到理性的獨立，就應該進一步思考：如何推翻蔣介石與國民黨？如何讓子孫不要再當別人的奴隸？如此才能夠從現實出發，找出「怎麼辦」的方法！我所謂「怎麼辦」其實是馬克思思想的原則。社會主義雖然是十九世紀的東西，但其實在十七世紀就有「空想的社會主義」，馬克思則是從空想進而到理想，從理想來看社會。馬克思曾說：「眞理有時空的限制。」意思是眞理會隨著時間、空間改變，我們如何依照現實的不同，去發展自己的理想，正是「怎麼辦」的原則。

臨時政府本身太過形式主義，反而失去了它主要的功能。現在全台灣的人口有兩千多萬人，而台灣現在的遊行若有二、三十萬人參加就算是非常浩大，用這個比例來看當年廖文毅成立臨時政府時的聲勢，就知道臨時政府一開始還是具備相當的民意基礎。但是在日本的台灣人最後卻沒有幾個眞正參與台灣獨立運動，他們要不是開柏青哥店，不然就是做酒吧。廖文毅後來在日本娶了一位日本女性，美國妻子便跟孩子一起搬回美國。廖文毅是有錢人出身，生活水準高，喜歡享受，住在東京最好的地段，成天唱歌、跳舞。戰後初期他本來靠在香港與日本之間走私盤尼西林與味素賺了不少錢，但是久而久之錢還是不夠用了。再加上在日本的台灣人擔心捐款給廖文毅以後沒辦法回去台灣，所以廖文毅在募款方面並不順利，後來他甚至開始賣官，任何人只要拿個幾十萬、一百萬日圓，就可以擔任臨時政府的官員、部長。或許賣官在中國政治是一件平常的事，但是這種事情不管對台灣人或者日本人來說，卻被認爲是一件惡德的事。自此以後，廖文毅的名聲就漸漸低落了，原本在他旗下的邱永漢、廖明耀和剛剛提過的吳振南這些人，也開始對廖文毅很不滿。

邱永漢畢業於東京大學，對日本很熟悉。那時候如果從日本走私一罐味素到香港，可以賺到十倍的利潤；而從香港拿盤尼西林到日本，也可以賺十倍。廖文毅一開始就是藉此賺了不少錢，而替他跑腿的就是一個姓林的和邱永漢。這種錢畢竟不是很正大光明的收入，雖然起初一、兩次是爲了籌備公款，後來卻變成滿足廖文毅等人私人的利益。邱永漢認爲錢都是靠他賺來的，廖文毅則認爲若不是靠臨時政府與他的名號，邱永漢要怎麼成功地在海上來回？兩人因此發生糾紛，邱永漢最後出走，與林炎星等人組織台灣獨立同志社。至於廖明耀則是普通的生意人，後來也有回來台灣投降。至於當時臨時政府的副統領、在香港曾任廖文毅的祕書長的吳振南，也因爲財務方面的糾紛與廖文毅不合，和邱永漢一樣自立門戶，在東京與何文燦等人成立了台灣獨立革命評議會。何文燦是民雄人，爲人比較正派，金錢方面也很乾淨，只有出、沒有入。一九六三年他曾經想要擴大台灣獨立革命評議會，不過沒有成功，臨時政府垮台後他曾來跟我做伙，不過因爲心臟病的關係，身體不好，實際上沒有做什麼。我回來台灣後，聽說他在日本過世。

此外，像林台元的台灣建國會、王育德的蓬萊社、廖明耀與簡文介的台灣自由獨立黨等組織也紛紛成立，廖文毅的台灣民主獨立黨因此分裂。這些雨後春筍般冒出來的團體大多各有十幾位成員，除了蓬萊會以外，成員的背景多以生意人爲主，文化水準不高。廖文毅的組織分裂，再加上他個人家庭方面等等因素，最後在一九六五年五月十四日回台灣向蔣介石投降。廖文毅投降後，臨時政府頓時群龍無首，郭泰成、林台元等人爭著要當大統領。有一次他們曾一起來珍味詢問我的意願，我說：「我是做地下的人，沒有這個打算。」我們地下工作是要衝、拿命去拼，他們只是要獲得名聲，雙方路線相差太多。不過，我還是勸他們要團結啦！最後當上統領的是當初拿出大筆金錢幫助廖文毅的郭泰成，林台元則任副統領，郭泰成後來過世，才換林台元當統領。郭泰成是高雄人，戰後初期因爲走私砂糖致富。林台元則是汽車旅館的老闆，除了剛剛提過的台灣建國會，他也曾與何文燦、李伯仁等人組了一個名叫「台灣獨立戰線」的組織。李伯仁本姓廖，之前經常跟在廖文毅身邊，我靠過去的經驗，判斷他可能跟國民黨有關係，是國民黨的特務，我曾提醒何文燦：「李伯仁這個人有問題。」後來他果然跑回去台灣。雖然臨時政府有人繼任，但內部還是七零八落，大家也沒有趁此機會思考台灣獨立的前景。

廖文毅回台灣這件事，可說直接曝露了臨時政府的缺陷。獨立是個理念，理念要有原則，要有個起始。像很多人喜歡用「民族主義」作爲起始——不過「民族主義」這個詞彙翻譯上好像不太有共識。state 是國家，nation 是民族，意思是指民族國家、一個民族建立一個國家。台灣的學者們也許是不知道，也許是想標新立異，我說「民族主義」，他們就說國民主義、國家主義、國族主義，其實都是自個兒的發明——再來是，有了理念，那麼立場呢？比方說如果你的立場是在中華民國的體制內從事台灣獨立運動，那豈不是出問題了？大家在國外罵中華民國罵得很激烈，一回台灣卻都進入中華民國的體制，頭壓得低低的、不敢做聲，這就有了立場的問題。當然我不是說大家都不能夠和國民黨、中華民國有關係，只是從事台灣獨立運動的人，最後卻當中華民國的官，不是很矛盾嗎？理清了理念與立場，最後才能夠談戰略、戰術。大方向是戰略，因應不同的情況而有的方法則叫戰術。台灣獨立運動要跟美國勢力接近比較好，還是跟中共接近比較好？這就是戰略；今天遊行要走什麼路線？要怎麼前進？怎麼跟警察對抗？這就是戰術。臨時政府這幫人就是什麼都沒有，所以等到廖文毅回台灣以後，內部就開始動搖，連誰要繼任大統領都沒辦法決定。

當時在日台灣人大概可分成兩派，一派是臨時政府，一派則是王育德、黃昭堂這些想要打倒臨時政府的台灣青年派。仔細分析台灣青年派與臨時政府派的群衆基礎，會發現台灣青年派主要是以留學生爲主，數量少，社會關係也比較不足；相對的，臨時政府派在神戶那邊還有很多支持群衆，資源也比較充足，不過臨時政府內部也不是很團結，分成四個團體，大家彼此爭奪大統領的位置。當時我對這兩派都不太贊同，像王育德一開始也在臨時政府裡面，後來組成蓬萊會，又變成台灣青年社，青年社裡面的黃昭堂、許世楷等人批判臨時政府的力道比他們罵國民黨還兇狠，不過反對的理由卻很薄弱，這對臨時政府這邊來說並不算公平。總之，我覺得廖文毅的臨時政府有國民黨的官僚氣息，王育德他們則太躁進，雙方都沒有從現實出發。後來因爲我希望他們團結、不要分派鬥爭，才提出了組織「台灣獨立連合會」的建議。台灣想要獨立，不打倒中華民國、改變體制，說什麼也沒有用。而推翻體制需要革命，革命則需要力量，台灣獨立運動分成這麼多派系，力量分散，彼此之間有什麼意見，應該透過內部討論的機制，而不是在外頭爭吵。他們兩派人在外面互相說對方壞話，說到底還不是爲了要爭取募款。所以如果台灣獨立運動必須團結的話，倒不如大家都各退一步。

臨時政府派很快便接受了我的提議，組成「台灣獨立連合會」，但他們未必眞的接受了我的思想，只不過是寄望於我的金援。至於台灣青年派，像是台灣青年獨立聯盟的辜寬敏與台灣獨立總同盟的張春興等人不僅拒絕加入，更持續在日本各地宣傳連合會內部都是一些落伍的人。臨時政府派的內部組織不管在紀律、情報與聯絡上原本就很差勁，以其爲主體的連合會最終還是逃不過解散的命運。而且繼廖文毅之後，一九六六年吳振南、一九七一年廖明耀與簡文介等一夥人，都紛紛跑回台灣投降，臨時政府也就自然消滅了。臨時政府自然消滅以後，台灣青年獨立聯盟變成日本當地較爲主流的台獨團體。

嚴格說起來，臨時政府當年成立時受到那麼多台灣人支持，日後卻在國民黨在台灣作威作福的時候一個接一個回去投降，以世界上革命的標準來看，不僅是脫離戰線，更是叛變。這些向國民黨政府投降的人，下場也沒多好，像廖文毅只擔任過曾文水庫副主任之類的小官，什麼事都沒法做，成天被軟禁在天母，後來也在天母過世。

王育德與台灣青年社

我組織地下工作當然是祕密進行，但我對外卻堂堂正正、公公開開地支持台灣獨立。王育德在一九五二年十一月時獨自一個人來找我，或許就是因爲聽說我很願意支持台獨運動。我曾經聽過別人介紹王育德，他是台南人，與我弟弟一樣，都在東京大學唸過書。王育德的哥哥是在新竹擔任檢察官的王育霖，二二八事件時被國民黨殺死，所以他們一家人對國民黨都恨之入骨。王育德在一九五一年時將全家人連同財產一併帶去香港，後來才到日本置產、定居。當時一個人要離開台灣都未必是一件容易的事，更何況是舉家搬遷！不過王育德從來沒有告訴我這部分的詳情，我也沒有多問。

我們認識後不久，王育德告訴我他和廖文毅等人有在一起做事情，雖然我不確定他究竟有沒有正式加入廖文毅的組織，不過他曾替廖文毅的組織向我拿贊助的款項。後來差不多一九五三、五四年的時候，王育德開始向我抱怨廖文毅組織的內部問題。廖文毅這個人有一些中國派頭、官僚作風，加上他底下的人手大多都是「雜作人」，就是做生意、有事業的人，很會宣傳，但不夠實在。王育德本來在台灣的台南一中教書，多少有些讀書人的氣質，跟他們就不太合得來，所以到了一九六二年，王育德聚集了金美齡、黃昭堂、許世楷、廖建龍等人離開廖文毅，另外成立了蓬萊會，不過很快就改名爲「台灣青年社」，後來又變成「台灣青年獨立聯盟」，最後在一九七〇年併入台灣獨立建國聯盟。他們一開始有辦一份刊物叫《台灣青年》，是在王育德家編輯的。青年社成立第二年就因王育德與黃昭堂、許世楷之間不愉快而鬧分裂。王育德這個人很誠實，但是個性比較死板、教條，與金美齡等年輕人不合。黃昭堂、許世楷等人離開以後，王育德被孤立起來，一度甚至要寫傳單出去撒，跟大家抱怨這些「猴囡仔」有多糟糕，是我一直勸阻他，最後他才沒有付諸實行。台灣青年社分裂以後，一邊是王育德，一邊是許世楷與黃昭堂等人。與王育德不和的學生們搬離他的住所，另外租了一間房子擔任會址，房租以及其他的開銷所需，還是許世楷、金美齡等人按月到珍味來跟我索取的。後來王育德好不容易與黃昭堂他們妥協，身分變成一位普通會員，而辜寬敏大概就是在這個時間點開始介入台灣青年社。

王育德組織蓬萊會的時候，我只是知情，並沒有參加，也不認識裡面的人。我當時正在日華信用組合工作，王育德有一天與我弟弟同來，告訴我他想辦雜誌，希望我替他募款。於是我請我弟弟到日華信用組合信用部，透過他先拿了十五萬日圓給王育德，後來，我每個月也提供大概兩萬日圓左右的經費給他。王育德經常來珍味找我，有時候是一個人，有時候兩、三人同行。我們大多在珍味的四樓、我住的地方碰面。王育德這個人話不多，我又因為地下工作養成的習慣，很少跟別人談自己的事情，所以我們彼此交談的內容相當有限。我跟這群人之間的關係算是很被動啦！我不曾去找過他們，都是他們來珍味找我，來我這裡有得吃、有得喝，我每個月又給予他們贊助，即使不是跟我一起做伙弄地下工作，多多少少也算是有關係。台灣青年社在一九六五年的時候發展成台灣青年獨立聯盟，一開始的委員長是黃昭堂（黃有仁），他和許世楷邀請我參加，不過因為我正在進行地下工作的關係，是以祕密會員的方式加入的。黃昭堂找我參與，主要是希望可以藉此牽制辜寬敏，辜寬敏當時不斷在組織內部安插他的人馬，架空許世楷、王育德等人，不過最後辜寬敏還是當上台灣青年獨立聯盟的委員長。

當時神戶那邊有個叫黃介一的人組織了台灣公會，希望我去擔任他們的會長。黃介一去過上海，後來才到日本神戶，身上雖然帶著一些流氓氣，但是有行動力。神戶那一帶的台灣人背景跟東京不同，比較大衆，多是賣炸雞卷、摵仔麵（tshik-á-mī）的基層。黃介一一夥人在神戶，跟社會大衆頗有來往，作風比較像過去台灣的角頭、頭兄。當時我每週都會從東京搭新幹線去神戶同他們開會。黃介一之所以要我去當他們的頭，目的是想透過我向台灣人募款，我也希望藉此可以鼓勵台灣人回台灣做點事情。我在台灣公會投入不少金錢，比如開會的場地費、印旗子等等的開銷，另外，黃介一個人也拿了我不少錢。台灣公會曾經與台獨聯盟在神戶合辦過幾場遊行，幾次都刻意選在二月二十八號當天，聲勢挺浩大的。不過一九七五年之後，在日本的台灣人因爲很多台獨運動的幹部、頭人都回去台灣投降，意志產生很大的動搖，再加上台獨聯盟的重心一直往美國移動，表面上聲勢不錯的公會也就直直走下坡，甚至連黃介一也回去投降，組織當然就消滅了。黃介一沒有向我透露他要回台灣，我也裝作不知道，等到他一開始與國民黨往來，我就馬上跟他切斷關係。後來他再回到神戶，我也沒有與他聯絡。畢竟組織就像一棵樹，如果有一枝樹枝生病，就要把它切除，以免對本枝或其他的樹枝有影響，這算是我在中共組織內學到的方法。

辜寬敏知道台灣公會想找我去當頭之後曾來找我，希望我即使參與台灣公會，也不要退出聯盟。我回說：「我沒有理由退出啊！」沒想到，幾天後辜寬敏在開會中用表決的方式將我除名。當初許世楷與黃昭堂等人與王育德鬧不合，我還是每個月幾萬圓幾萬圓的支援他們，更常常招待他們吃飯，結果那次表決，許世楷與黃昭堂兩人竟然棄權，而金美齡與周英明則說他們因為塞車、被堵在高速公路上，來不及抵達會場，實在令我非常失望。再後來，台獨聯盟的人更在外面放風聲說我是共產黨，謠言甚至傳到美國去，所以像金美齡、周英明等本來跟我還算密切的人——他們兩人結婚時我也有幫忙——也慢慢離開我身邊。金美齡跟周英明他們在組織裡面算是比較「隨性」、超然的，但相對的缺點就是沒有紀律。想要露面就出來，不想露面就待在家，發表文章也只用自己的名字發表，很少署名台灣青年社。這對夫妻也算是掌握了台灣人所說的待人處事的「要領」，像後來辜寬敏返回台灣，被許世楷、黃昭堂等人除名，氣氛鬧得正僵，他們也不表示意見，對大家都好、兩邊都不錯。我被除名後，只剩下王育德有持續前來珍味找我，只是比較低調，不讓他們知道。我們直到一九七一年因為國台合作一事有所爭執，他才不再過來。王育德一九八五年過世時，雖然家屬沒有通知，我還是去參加了他的告別式。

辜寬敏與台灣青年獨立聯盟

台灣青年獨立聯盟成員最多的時候宣稱有七十人，他們與臨時政府、台灣公會的差別，在於台灣青年獨立聯盟的成員比較有文化性。比如說像周英明，他的母親是日本人，這個人很誠實，會寫文章，文化水準高。至於臨時政府以及台灣公會的支持群衆比較靠近神戶，大多是賣擔仔麵、烤香腸、炸雞捲的大衆，每次開會幾乎都有幾千人到場。台灣青年獨立聯盟有一個會館，本來我也替他們租了一間房子，希望他們可以在那邊跟我一起做地下工作、幫忙宣傳台灣獨立。因爲是祕密工作的性質，所以只有許世楷跟另外一個人知道，但是他們在這方面沒有用心。不管是當面跟他們講或者是書面文章，我都一而再、再而三強調「主戰場在島內」這點，但是我看他們的心力大多放在他們自己辦的《台灣青年》上面。當時在日本實在不容易舉辦演講，要到美國才比較有條件。遊行的話一年大概兩次，每次大約有兩百多位參加，實在是太少了。雖然聯盟宣稱他們有在招募地下會員，但是這方面我不太清楚。

我和台灣青年獨立聯盟之間的關係，說起來其實不是一件好聽的事。王育德他們離開臨時政府以後，不管成立組織還是辦刊物等等，我都有幫忙出力，要什麼經費都找我拿。結果一九六五年比較闊綽的辜寬敏當上聯盟主席，大家就逐漸與我疏遠，明顯偎過去辜寬敏那邊——現在由連根藤主持的《台生報》[2]，最早是在我新珍味的三樓編輯，大家也時常在我這邊喝酒、吃東西，什麼事都在我這邊參詳，像是黃昭堂、許世楷、林啓旭、侯榮邦等十多位年輕人，都在我這邊出出入入，沒想到辜寬敏一來，他們就都消失了。其實我失望、在意的並不是金錢，在大家每個月三、五千圓在過日子的時候，我就已經花上萬圓支援獨立運動。我給人錢，是信任他、相信他是爲了革命而不是私人利益，如果你沒做，那是你自己的事，與我無關。所以從以前到現在，不管我給過誰金錢，我從來不後悔，畢竟我一直抱持著革命工作不只需要錢，更需要人的理念。

我跟辜寬敏之間不管在經濟上或從事運動的方法上都有很大的差別，他是辜顯榮的小孩，住在東京一流的地區，不過他和霧峰林家後人林水之間有一筆借貸，鬧得不太愉快。在日本的台灣人之間來往未必單純啦！辜寬敏會進去台灣青年社，主要的目的是想培養一個自己的系統，架空本來的人，這和我完全不同。辜寬敏身邊當時最親近的人可以說是邱永漢，邱永漢在脫離臨時政府以後，去投靠辜寬敏，除此之外，簡文介、廖春榮、張榮槐等人也隨他一起加入台灣青年獨立聯盟。後來辜寬敏一九七二年被台獨聯盟除名，廖春榮也跟著退出。廖春榮的膽識很不錯，又有行動力，做事簡單明瞭、不會拖尾。最近幾年我才又在台獨聯盟的總會見到廖春榮，不過就沒有見到張榮槐了。至於我自從一九六七年被辜寬敏除名後，在日本再也沒有和他見過面，直到回來台灣，才在一些場合遇到。台灣人對辜寬敏當年回來台灣這件事看得很輕鬆，但如同我之前講的，不管什麼理由，投降或者脫離戰線，以世界革命的標準來看是很不應該的事情。即使日後重新回到革命陣營，也應該要交代當時的歷史才對。不過由於辜寬敏現在也是爲了台灣獨立努力，所以之前記者一直來問我過去的事情，我也沒有把這段歷史向外界公開。

我被除名之後，和一些人在一九六七年成立了獨立台灣會。獨立台灣會與台灣青年獨立聯盟的差異，主要表現在基本路線上。我們這邊的理念是社會主義，強調要和民眾站在一起、大家都是平等的，我就算跟學生們在一起的時候也一樣，從來就沒有想要去當一個頭，有什麼事想做就叫大家參加，而不是叫特定的人去做。相對來說，台灣青年社、台灣青年獨立聯盟裡面比較菁英主義，當然大家對自己從事獨立運動多少都會有些自豪，但是如果讓自豪演變成一種優越感，那麼對外的發展就會遲緩下來。

2 《台生報》為在日台灣學生聯誼會的會刊，一九六六年由黃文雄創辦，刊名中的台生即是指台灣學生。一九七七年由連根藤接辦，至今不輟。詳參：陳儀深訪問；彭孟濤記錄，〈以在日《台生報》為終身志業：連根藤先生訪問紀錄〉，《記錄聲音的歷史：台灣口述歷史學會會刊》，第十期（台北，二〇一九年十二月），頁三七—六二。

在日台灣獨立運動的危機：國台合作

一九四九年中共建國以後，日本本來跟中共是對立的，等到一九七一年中、日兩國復交，國民黨便趁著這個機會，呼籲台灣人要一起反共，開始積極派人到日本來，要獨派與它一起合作，這就是所謂的「國台合作」。國民黨不只來日本，同時也派人到美國，不過口號改成「革新保台」。當時台灣人聽到中共就嚇得要死，像看到妖魔鬼怪一樣，實際上卻不知道它究竟壞在哪裡。國民黨祕密派來日本的，是一個叫伍英的人，王育德、黃昭堂、許世楷等人，還有許多團體都曾經與他碰面，邱永漢更是跟他時常往來。伍英也曾來過珍味，指名要找我，當時我正在關店，一聽口音就知道這個人是台灣來的，便說：「史明啊！已經出去了，晚上才會回來。」然後就把店門關上不理他。伍英在日本造成的影響比廖文毅回台灣投降這件事還要巨大，廖文毅可說只影響了臨時政府內部的少數人，大部分的獨派仍留在日本。可是伍英來了以後，邱永漢、辜寬敏、簡文介，還有更多過去沒有公開的獨派人士都紛紛回到台灣。

辜寬敏回台灣這件事是祕密，國民黨方面並沒有大篇幅的報導這個消息，然而因爲我阿爸過去也算是有頭有臉的人，所以他身邊的親戚、朋友多少與辜家有些重疊，其中一位平日與我有聯絡的人，當時馬上把消息傳過來給我，我再打電話給當時人在國外、擔任世界台灣獨立建國聯盟主席的彭明敏。當時日本的台獨聯盟已經算是支部，彭明敏那邊則是總部。彭明敏在還沒有逃出台灣以前，就已經透過香港轉信，一直持續跟我聯絡，所以辜寬敏回台灣這件事說起來不論於公於私，我都應該要告訴他才對，也希望由他撐起大局。彭明敏接到電話以後大吃一驚，向我問起情報來源，我跟他說：「我不能說，你也不要跟別人講是從我這邊得到消息的。」沒想到彭明敏打電話給黃昭堂時，向他透露是由史明告知的。如果以革命的方法來看，彭明敏此舉眞的算是失格啦！

縱使台獨聯盟日本支部馬上發表聲明、宣布開除辜寬敏，但還是造成一定的負面效果。黃昭堂跟辜寬敏從此也就沒有做伙，辜寬敏跟許世楷還有金美齡等人，甚至我跟他們之間的關係也都越來越疏遠。我認爲會發生這些事，是因爲台灣人在面對敵人的時候沒有把彼此的界線、分寸拿捏好，國民黨一提出「國台合作」的口號，才會有想試試看的念頭。可是不管你的理由是什麼，問題還是一樣：一九七五年蔣介石才過世，在那之前正是台灣人被殺、被抓、被刑求人數最多的時刻，在此情況下還回去台灣、脫離戰線，就算不是投降，難道不應該被「淘汰」？如果我和你是兄弟一般的關係，而我和敵人正在相殺，那你怎麼會跟我的敵人會面？辜寬敏後來聲明他並不是回台灣投降，但是爲什麼其他回台灣的三、四十位台獨運動人士都沒辦法再離開台灣，偏偏只有辜寬敏、邱永漢還有簡文介可以在日本、台灣來來回回的？

大部分的人都是回去台灣以後我才知道的，王育德本來也想回去，不過他事前有來找我商量。這個人雖然跟學生派處不來，做事畢竟比許世楷等後輩成熟。當時我雖然已經被台獨聯盟公開除名，但是在裡面仍暗藏了兩位地下成員，我就跟他們分頭勸說王育德，要他千千萬萬不要回去台灣，結果卻讓我跟王育德兩人之間的關係破裂。當時的情況是我跟王育德在外面碰面，彼此用日語討論這件事情，我認爲王育德在日本是使用本名在做獨立運動，因此他一旦回去，運動就消滅一半了。我對他說：「台灣島內現在已經傳出你要回台灣的風聲，如果你眞的回去，會變成什麼樣？」他說：「還只是在想啦！」我說話一向很直接，就回說：「你有在想，這本身就不對了！」就此不歡而散。辜寬敏回台灣以後，我在《獨立台灣》發表文章批評這件事，其中有提到王育德，不過目的是想提醒他，如果他回去台灣的話會造成多麼嚴重的後果——王育德看到那篇文章以後大吃一驚，馬上打電話跟我說他絕對不會回去。

第十一章

獨立台灣會與地下工作

從《獨立台灣》到獨立台灣會

台灣獨立運動若從地下工作的角度來看，一九五〇年我就已經組織了台灣獨立革命武裝隊，比王育德他們的台灣青年社早先一步投入地下工作；但若從發行雜誌來看，台灣青年社大概在一九六一、六二年開辦《台灣青年》，我到日本之後，一九五八年左右重啓地下工作，卻是用 letter（信件）而非雜誌的方式傳播台獨思想。《台灣青年》原先是季刊，多是日文寫成的文章，慢慢地才變成以漢文的文章爲主。[1]早先廖文毅的臨時政府也有出版過週

1 史明此處說法有誤。《台灣青年》原為日文雙月刊，一九六一年十月正式改為月刊，一九六六年十月到一九七〇年一月改為全中文發行，一九七〇年二月到一九七三年三月改為中文與日文交叉隔月發行，一九七三年四月起改回全日文刊物。詳參：許維德，〈發自異域的另類聲響：戰後海外台獨運動相關刊物初探〉，《台灣史料研究》，第十七期（台北，二〇〇一年五月），頁一〇五—一一〇。

刊《台灣民報》，這份刊物直到廖文毅回去台灣投降以後依然持續發行，但最後仍然隨著臨時政府派的瓦解而自然消失。《台灣民報》每期我都有收到，內容大多都在攻擊國民黨，程度不深，也沒有渲染力。我眞正辦起雜誌，要等到一九六七年台灣獨立連合會成立時，才由我統籌《獨立台灣》的發行事務。當初我建議組成連合會的目的，原本是想團結大家的力量，不過由於辜寬敏與張春興拒絕加入，連合會最後還是解散了。解散之後，原先屬於臨時政府派的那些人更加群龍無首，但我也不想管他們，也沒有再與郭泰成等人往來，兩個月後便成立了獨立台灣會，把《獨立台灣》移到獨立台灣會之下繼續發行。

獨立連合會成立之初，就一直受到國民黨的注意，像李伯仁就是潛藏在台灣獨立戰線裡面的特務，當然還有更多特務，只是大多不會像李伯仁這樣拋頭露面。除了國民黨，日本政府也很注意我們的情況。戰後日本政府對思想的控管滿自由的，只要我們的行動不要違反日本的法律，基本上都不會干涉，而且相較於我們這些搞台灣獨立的分子，他們反而比較害怕國民黨出手，在日本境內引發治安問題，所以經常會有「特高」（特別高等警察）或入出國管理處來我店裡訪視，瞭解國民黨是否有派人來刁難。他們來了大多問我：「你現在生活好不好？」、「安不安全？」、「國民黨或者中共方面有沒有來店內打擾？」等這些問題。不過說實在話，我身邊幾乎從來沒有發生過他們所說的那些事，頂多只有貌似國民黨的人來我店裡消費而已，而且新珍味兩邊的巷道很狹小，才各四公尺和八公尺寬，要想在門口監視而不被我發現，幾乎是不可能的事。

我成立獨立台灣會的原因，主要是不希望看到好不容易聚集在一起的七、八位核心成員散去，再加上我意識到參與檯面上那些比較大型的什麼黨、什麼聯盟式的組織，並不是我眞正有興趣的工作，我理想中的組織，大概差不多是一個「班」的規模。不過「班」聽起來太過於渺小，我最後才與顏尹謨及另一位同志，一起將我們的組織命名為「獨立台灣會」。至於為什麼不叫「台灣獨立會」？因為我們覺得「台灣獨立」是一個名詞，意指台灣已經獨立了，是個完成式，但實際上我們還沒有獨立，所以應該把「獨立」當成動詞，放在「台灣」前面，這樣才有一種行動、主動的意義。組織成立後，我曾透過管道詢問過島內同志有關「獨立台灣會到底要不要公開？」這個問題，傳回來的大部分都是贊同公開的意見。公開獨立台灣會這個組織，第一個影響是讓很多人得知我在從事台灣獨立運動，得知寫《台灣人四百年史》的史明就是施朝暉。不過早在一九六二年我出版《台灣人四百年史》的時候，因為王育德對外走漏消息，有些人已經知道這件事，連日本警察也曾到店裡問我是否就是史明。

獨立台灣會從命名到公開的過程，顏尹謨都直接參與。當時他住在珍味裡面，跟我提過他想要唸勞動法，我就透過關係請人介紹勞動法的教授，為他進行入學考試——東京大學留學生的入學測驗主要並非測試專業，而是以是否聽得懂老師的「講義」（授課）為標準——

日後他進入東大，也是由我出資。獨立台灣會裡除了顏尹謨以外，還有其他五、六個成員也是留學生，這些學生除了編輯《獨立台灣》，也負責在留學生團體中宣傳。我在《獨立台灣》上發表的文章署名都是用「史明」，除了我之外，一九七〇年代初期，社會主義派的留美台灣學生經常會寄文章來，在日本的台灣留學生也有人投稿，但他們通常不願意公開自己的身分，署名也都不是使用本名。比如曾經參選台南縣長、也是獨立台灣會成員的李宗藩，筆名就叫「台風」。因爲《獨立台灣》當時是一份地下刊物，沒辦法主動向別人邀稿，我們刊出的都是主動寄來的稿件。你如果向別人邀稿，他反而會因此感到害怕，與你切斷關係。

《獨立台灣》從一九六七年到一九七五年間總共發行了一百五十多期，幾乎每個月都會出版。[2]偶爾因爲島內地下工作的事情分神、奔波，才有可能開天窗。每一期的印量都有三千本，最多曾到七千本，由於發行前後歷時頗長，已經無法計算每一期的花費了。我持續出版《獨立台灣》的目的，主要還是在於啓蒙，政治工作第一重要的是感情，第二重要的正是思想理論化以及傳播啓蒙，第三才是行動。很多人都是因爲看到《獨立台灣》或者我寫的那本《台灣人四百年史》，才開始意識到自己是台灣人而不是中國人。話說當年連戰曾經寫信給我，表示他很贊成我們的想法，不過他的信後來跟著其他資料一起銷毀了，很可惜。

《獨立台灣》和印刷廠方面的聯絡事宜都是由我出面，每一期工廠大概兩個月以前就要準備好。我們人手少，聯絡上又不能公開，雜誌印好後，光是裝箱、寄出等流程就很費力。

我們大多是把《獨立台灣》寄送到海外幾個有我們自己人的聯絡處，像加拿大就是溫哥華，美國則有洛杉磯、紐約、波士頓等據點，歐洲則是寄給張維嘉、盧修一，南美洲的話有巴西，澳洲就沒有自己人了。船運的速度太慢，不管歐洲、美國、巴西等地，我都用空運的方式，因此郵費的開銷很大。雖然有這幾個聯絡處，但是沒辦法每個地方一次寄幾百本、幾千本過去，必須視當時獨立台灣會裡的人手而定，時常是一本一本零星寄出的。日本方面我們大概留幾百本而已，主要都是寄給台灣留學生。從第九期開始，因爲可以節省大概三分之一的郵資，《獨立台灣》上面開始加上諸如「昭和四十四年二月十五日第三種郵便物」的戳印。寄送的過程大概就是我用推車把雜誌推到郵局，行員再一次計算數量，如果是航空信件就不會有戳印，而改採雙掛號。

除了郵寄到聯絡處，我也會照我自己的「名簿」寄送給個人。不管你做的是什麼樣的政治活動，情報都是關鍵。我到日本之初，就開始收集資料，設置一份我自己的「名簿」，來

2 史明此處說法與真實狀況有所落差。實際上若以月刊的形式而言，一九六七到一九七五年間也不可能發行一百五十多期。《獨立台灣》為史明獨立台灣會的機關刊物，一九六七年於日本東京以月刊的形式發行，一九七四年因無法兼顧島內工作與刊物發行而停刊。然而，目前所能找到的最晚期數為一九七六年六月三十日出刊的第八九期。詳參：許維德，〈發自異域的另類聲響：戰後海外台獨運動相關刊物初探〉，頁一一四—一一五、一四七—一四八。

源有別人給我的名片、資料——像美國那邊曾有人與我聯繫，我趁機問他們大概有哪些人參與台灣獨立運動，請他們寄在美台灣人的通訊錄給我——或者是記在筆記本裡我平常聽見、看見的消息。我的名簿裡面會有人名、電話、住址、職業等等，我就以此爲依據，不管他到底是什麼立場，先把雜誌寄過去，再看看他的反應如何。

台灣的話當然就不能用郵寄的方式，都是靠我們的地下工作人員夾帶闖關。不過也不是全部做地下工作的人都敢拿，有的人不敢冒險，所以流進台灣的《獨立台灣》每期大約只有百餘本。夾帶的方法最好是放在口袋裡，有的人也會包成一本書的樣子藏進行李箱。放在口袋裡雖然一次只能帶一、兩本，但別人不會無故查看雜誌的內容，相對比較安全，因此《獨立台灣》的版面開數後來就設計成方便放進口袋的大小，但也不能太小，不然就會過厚。我發現夾帶雜誌闖關這件事，女人意外地比男人勇敢，藏東西的方法也更多，一次甚至可以帶上六、七本回去。像有個叫徐美的人，有一次就帶了十幾本。老實說，夾帶的重點並不是藏得好不好，而是通關的時候走路等等的儀態要正常，不可以緊張失態，也因此我從來不會硬塞刊物要人帶回台灣，得要當事人自己有自信才行。不過話說回來，國民黨的海關其實也不太用心，沒有那麼仔細啦！我早先重啓地下工作時，爲了與島內的人聯絡，曾派人進去瞭解情況，這才知道像是信件檢查的規定，本來每一封都要打開，但他們往往十幾封信才拆一封。

我在一九六〇、七〇年代主張的都是暴力武裝行動，與其他台獨組織有很大的不同，但獨立台灣會成立以後，我們還是有參與其他團體主辦的遊行活動，在現場伺機發放傳單。我覺得當時在日本的台灣人舉辦的遊行雖然形式上很盛大，實際上卻沒辦法產生效果。除了路線上的差異，我們獨立台灣會的成員有些是比較下階層的人，身上帶有流氓氣，很多人一看到這些人，就不敢來了，不過也唯有這些流氓願意回台灣替我聯絡同志、拿情報拿資料，對地下工作的運作起了很大的作用。當時與我、獨立台灣會有來往的人很多，一九七〇年代，有些早稻田大學的留學生來找我，我也協助早大的台灣留學生協會成立，像黃文雄等人都跟我很接近，夏天時還會一起到海邊游泳，後來也是比較疏遠了。此外像張國雄、何昭明等人，也都是早大出身，何昭明已經過世了，張國雄則是在做貿易。他們有些人加入獨立台灣會，也有人加入台獨聯盟。彭明敏還沒逃出台灣前，也透過香港方面與我聯絡，日後像張維嘉就是彭明敏介紹給我認識的。此外，一些當過國民黨副議長、發言人或新聞部長的人，也都與我聯繫過，只是我回台灣以後都斷掉了。一九六〇、七〇年代除了日本以外，美國也有台灣獨立運動的團體，雖然不算密切，但也斷斷續續和我們聯絡，我還記得最早在美國與我搭上線的人，名字不能講，他現在住在瑞典。

獨立台灣會主要以地下工作爲主，所以爲了成員的安全，大家入會時都沒有填表，也不需要任何申請手續。獨立台灣會運作一段時間，島內的同志漸漸變多以後，我就透過組織找了一些中南部如六龜、甲仙等鄉下的人，替他們出機票錢飛來日本，在我這裡接受一星期左右的訓練。如果以一班三十個人左右來計算，前前後後大概超過一千人以上。這些人我都要他們使用化名，而且從來不過問私事。我從事地下工作有幾個習慣：首先，如果無關正事，那麼這個人的資訊即使我聽了也馬上忘掉；其次，保持「公平原則」——你的一切背景我都不知道，我們才能彼此平等地說話、討論。因此，關於這些來日本接受訓練的台灣人，我唯一知道的，是他們來自中南部。我會如此發展組織，當然是爲了保守祕密、避免讓別人知道我們內部的關係。我的目的始終都是爲了台灣，並不在意有沒有人簽名連署、組織的規模大不大這些事，最重要的關鍵還是我們到底有沒有在做事情。

重啓地下工作

我在中國的時候，只是一個在街上跑跳的小幹員，並沒有機會見到中共當時在上海的情報頭子潘漢年——潘漢年曾經成功策動一些不屬於國民黨或共產黨的自由主義派人士，突破國民黨的封鎖，靠攏中共，算是一項了不起的功勞——我在中共情報組織內，也沒有收到像是《支部怎樣工作》、《怎樣做支部工作》等書面教材，一切都是直接在行動中學習，而這些寶貴的經驗，就成爲我到日本後做地下工作的重要依據。一九六七年成立的獨立台灣會，除了辦雜誌以外，也同時把之前我已經開始進行的島內地下工作接過去。雖然說是同時，但兩件事並不是混在一起的，獨立台灣會的公開宣傳與地下工作基本上是分開行動的。

老實說，我在日本的地下工作和台灣的流氓有很密切的關係。戰後初期在日本幹走私生意的台灣人大多聚集在神戶一帶，自成一個小型社群，裡面米店、香腸攤、台灣小吃店等到處都是。麥克阿瑟統治日本那陣子，因爲憲兵人數不夠，沒辦法有效控制社會治安，台灣流氓的勢力也就越來越大。這些流氓旗下差不多有一百多艘船，從基隆、蘇澳、高雄港走私鴉片、嗎啡、糖到日本來。不過一九五二年我到日本的時候，剛好舊金山條約[3]生效，日本的警方迅速逮捕了上千位台灣流氓，很多都被判了五、六年的徒刑。這些流氓服刑期滿以後必須要有人擔保才可以出獄回家，我看到中國人期滿都有人保釋，台灣人卻被困在監獄當中，於是就到日本各地替他們擔保，還替他們買衣褲，提供他們生活費，甚至讓他們到我的泡麵工廠工作。所以說那些戰後從日本回到台灣的流氓，很多人都跟我有些關係。他們大多會爲自己取一個偏名，比如說阿水、大頭鰱、皮蛋等，我也不會多問他們的背景，大概就只是知道他們很多都是底下有「細漢仔」的大尾流氓。他們當中有的人四、五個月以後就回去台

3 即《舊金山對日和約》，一九五一年九月八日，四十八國代表在舊金山與日本締結和約。日本僅在和約中放棄對台灣及澎湖的權利、權限及請求權，並未說明台澎將由誰承接。詳參：林礽乾等總編輯，《台灣文化事典》，頁一〇六一。

灣，有的過了一、兩年才回去。流氓、兄弟這種人都很重情義，不會違背約束好的事情，我相信他們會替我保守祕密，因此他們動身之際，我往往會請他們替我帶一些東西回去台灣，或者幫我留意台灣的狀況，聯繫島內之前獨立武裝隊的地下同志。

就像我之前一直強調的：台灣獨立運動的理想得從「現實」出發，所謂「現實」絕對不是美國、日本，而是台灣，所以革命應該老老實實地從台灣島內開始行動，若不如此革命不可能成功。不過，我也知道剛起步的革命畢竟不是一般人敢參與的，孫文、蔣介石也是先與清幫的杜月笙[4]、黃金榮[5]等人交好，然後才慢慢地拓展革命的版圖。台灣獨立運動總是缺乏基層的耕耘，沒有鋪路、沒有人脈就直接成立一個組織，結果底下都沒有群眾、沒有支持者，當然很難有收穫。而想要鋪路、耕耘，首先就要掌握聯絡與情報的交通等工作——我把訊息傳達給你叫「交通」，傳達的訊息內容則叫做「情報」，這都是地下工作的專業用語——如果情報往來很確實，才能稱得上是一個組織。我拜託那些流氓幫我做事情，目的正是如此。這些流氓也很守信用，不久我就跟過去台灣獨立武裝隊的成員重新取得聯絡，不過我也僅止於請他們幫我重建聯絡網、拿情報等工作，或者在他們走私時替我運送重要的東西，並沒有再讓他們碰政治方面的事情。這些流氓中，大頭鰱算是做比較多事情的人，阿水後來則去北投開料理店。很多人日後如果來日本，還是會到我這邊吃飯、喝酒，像之前過世的蚊哥[6]也來過三、四次。蚊哥本來比較沒膽量，卻越做越大尾，不過我回到台灣以後就沒有再跟他聯絡過了。

我和周慶安重新搭上線，大概來回了三、四次。第一次我給他半張鈔票，要人轉告是東京的某某給他的；第二次再給他另一半；第三次則寫上一些過去的事情，最後他才相信眞的是我。當年獨立革命武裝隊的核心成員有我、周慶安和一位外號叫阿東的苗栗人。我逃亡到日本以後，周慶安就沒有再從事什麼有組織的活動。一九五〇、六〇年代，正是國民黨對台

4 杜月笙（一八八八—一九五一），上海人。二十歲拜青幫通字輩陳世昌為師，屬悟字輩。曾與黃金榮等人合組三鑫公司，經營毒品生意。一九二〇年與黃金榮、張嘯林結為拜把兄弟。一九二七年參與四一二事件，協助蔣介石清黨，事後被聘為少將參議。一九三三年杜門子弟成立恆社，任名譽理事長。詳參：徐友春主編，《民國人物大辭典（增訂本）》，頁四一七—四一八。

5 黃金榮（一八六八—一九五三），江蘇人。一八八〇年舉家遷居上海。曾與杜月笙等人合組三鑫公司，經營毒品生意。四一二事件後任國民革命軍總司令部少將參議。中日戰爭爆發後留滯上海，拒絕為日本人效力。詳參：徐友春主編，《民國人物大辭典（增訂本）》，頁一五九五。

6 許海清（一九一一—二〇〇五），又名蚊哥、艋哥，台北人，萬華河溝頭角頭老大。十四歲開始兄弟生涯，因身材瘦小而有「蚊子」之稱，為人豪氣大方，年僅二十歲便與資深角頭大哥平起平坐，成為享譽台北的「蚊哥」。二二八事件爆發後，協助政府安撫民眾，化解衝突。歷任台北市議員、台灣省青果合作社理事長，善用政壇人脈，迅速發展事業。因曾協助滯台日本浪人返日，而得到日本黑道的敬重。一九七二年出遊日本，受到山口組高規格接待，是台灣少數具有跨國地位的黑道大哥。詳參：鍾秀雋，《艋舺角頭、廟會與陣頭之研究》（台北：國立政治大學民族學系博士論文，二〇一九），頁八二—八四。

灣控制得最厲害的時候，周慶安被嚴密看管著，也有被逮捕、刑求，不過國民黨主要是詢問他之前在廖文毅底下的事情，他也沒有透露與我這邊的關係。出獄以後，周慶安的身體變得不太好，他在一九六〇年代隨著妻子回屏東，不久就過世了。過世之前，周慶安除了替我聯絡別人以外，沒有再多做些什麼。陳深景就是周慶安幫我牽上線的其中一位。陳深景他妻子的娘家好像在屏東，後來去了美國。我沒有見過他的人，是周慶安告訴過我如果他發生什麼意外，可以改和陳深景聯繫。除了陳深景之外，周慶安甚至還幫我跟國民黨裡面的人搭上關係，不過這方面的細節就不方便透露了，因爲昔日曾約定好永遠不能說，遵守約定是做人最要緊的部分。

當時台灣漁民常常到琉球一帶海域捕魚，可以透過他們交換物資、情報，我也因此吸收了一些漁民。留學生或比較偏知識分子的成員當然也是我的目標，像當年林洋港底下有幾個人，曾跟我有過聯繫，可是最後都無消無息。相較於流氓或漁民這些大衆，留學生或知識分子都怕怕的、不敢做太危險的事，在海外一臉悲壯的樣子，回到台灣一遇到困難就退縮，不管日本、歐洲或者美國的留學生都一樣，所以我常說：「留學生就好像射出去的子彈，有去無回。」不管給他們多少資金、多少訓練，幾乎沒有幾個是眞的去做事的，只有盧修一與少數幾個人例外。盧修一在我這邊受訓比較久，他一次來四個月，總共來過三次，算是比較清楚我的生活、思想與地下工作的技術等等。總之，在吸收留學生或知識分子方面大致來講是失敗的，但我對這件事並沒有很悲觀，更沒有對學生這個群體失去信心，畢竟失敗的是個別的學生。整體來講，學生還是比別人有更多讀書、接觸新思想的機會，而且懂得說、寫，不管是宣傳或做運動還是很有幫助。除了發展我們的組織之外，其他的台獨組織我也有藏自己的人進去。我如此安排的原因，在於大家努力的目標雖然一致，但是台獨的組織眾多，正確的想法與不正確的想法經常彼此鬥爭，如果正確的想法贏了，走的方向就會比較正確，所以情報蒐集必須要全面、整體。

做地下工作一定要防範特務滲透，不過我倒是曾經成功吸收過幾位特務，讓他們倒戈加入我們的陣營。國民黨在日本的僑務委員中，有幾位就是我們的地下成員，有什麼風吹草動都會通知我。此外，像鄭評、盧修一、陳正然等這些人被抓進去收容所時的情況，或者像廖偉程與Masao（林銀福）被逮捕以後什麼都沒有招供，堅持自己當時在日本只有與日本人碰面、否認到底等細節，我也都是因為在國民黨特務裡有自己的人，才知道得清清楚楚的。有些國民黨特務我只利用他們一、兩次就切斷關係，只有兩位至今還有聯絡，但是他們因為覺得丟臉，不願意公開自己的身分。

以上講的都是台灣人，日本人方面，除了前田光枝和另外一位日本人，我並未吸收到很多地下成員。前田光枝是我在一九八〇年代來往最密切的日本人，她不僅是地下工作的伙伴，也是獨立台灣會的成員。至於另外一位日本人，是因為一九六〇年代末期我曾想要在與那國島附近架一個無線電台，再把訊號打進台灣，所以找上他，要他回台灣幫我調查。雖然我們沒有很多日本人的地下成員，但和我來往的日本人們，事實上也給予地下工作很大的幫助。像是炸火車的火藥要怎麼製作？到底是從鐵軌內側塞火藥，還是從外側插進去比較好？在直路或者是拐彎的地方炸比較好？等等這些技巧都是日本赤軍那邊的人教我的。不過我雖然和日本赤軍的人有接觸，但並沒有很常與日本共產黨的人來往。此外，我重回日本後，也與戰前早稻田大學政治經濟科的同學們取得聯繫。我們班上本來有兩百多位同學，戰後只剩下四十多位，其中有六位擔任記者，甚至一路當上總編輯或報社的董事，他們大多是右派民族主義的人。透過他們的關係，台灣、國民黨或者中共方面有什麼動靜，我第一時間都會收到消息。

其實所謂的左派、右派，並沒有絕對的區分，左派裡可能有右傾的分子，右派裡也可能有左傾的分子，像共產黨裡面就會分右傾、左傾。以一般世界通用的說法來講，政治態度比較保守就是右派，比較進步並爲大衆發聲的就是左派。大家都說史明是獨立運動中的左派，實際的意思卻都搞不清楚。有人以爲台獨運動中比較靠近國民黨的人是右派，貫徹獨立路線的人就是左派，事實上左派就是站在大衆的立場、爲大衆謀進步，沒有人站在資本主義立場、卻又號稱自己是左派的。現在很多人談到左派、右派，大多只是用來中傷別人而已。

在台灣島內幫我拿情報的人，多是回報給我早先在一九五〇年代慢慢發展起來的十幾個聯絡處。我大多要島內同志寄信給以西田、葛西等爲化名的收信人，他們替我收信以後再轉交給我，所以說，他們當然知道我在進行地下工作。聯絡的管道建立起來、穩定之後，我才開始讓人來日本受訓。比如我們的成員中最早被逮捕的溫連章，就是一九六七年到我這裡受訓的。溫連章原本住在巴西，回台灣之前先到日本找我。不過他和台灣派來受訓的人並不屬於同一條線，如果是台灣送來的人，受訓完了我就會要他回台灣再找一個人來日本，並告知我他找的新人什麼時候到達。等候新人到達這部分我覺得是最累人的，因爲來日本的人未必知道怎麼來找我，找不到的話就直接掉頭回台灣，每當等不到人，我的心情就會懸在半空中。這批來受訓的人通常以男性居多，女性比較少。一般從台灣來的成員大多只會到東京找我一次，回去以後在組織內部參與行動，通常不會來第二次。至於獨立台灣會在日本的地下成員分布狀況，因爲日本是個島國，漁港是交通的要道，成員因此集中在港口，特別是漁港附近。地下成員最多的地方是神戶和東京，東京約有百餘位，神戶兩百出頭，長崎大概十幾位，大多是長崎醫科大學出身的，大阪地區的人則比較分散，多是經營柏青哥的有錢人。有些成員現在定居在日本，沒有再回到台灣了。

從事地下工作講求信用、彼此信任，所以我從來不過問地下成員的背景資料。任何一位要來我這邊受訓的人，我第一步就是要他取一個化名，既讓他可以安心，也願意信任我，這是我進行地下工作的第一課。我跟地下成員們會面並沒有固定的時間與方法，當然有像是以電話響幾聲就切斷來判斷今天是否要碰頭，或者約定暗號、交換信物之類的方法，但是會因爲狀況的不同、關係或重要程度的差別而產生許多變化，不一定每個人都一樣。我有事情交代，通常都是當面接洽，像盧修一這種跟我做伙五、六年的人，才會同時透過信件聯絡。總之，只會講求技術沒有什麼用，實際行動、如何應變才是更重要的，不過其中還是有幾個原則：首先，我強調過好幾次，地下工作基本上只能上面的成員跟下面某個成員單獨聯絡，他旁邊或者再下面的人都跟上面這個沒有關係，這叫「單線領導」，我曾經跟張維嘉講過這項原則，後來他就把這一套運用在新潮流的組織上[7]；其次，不必要的事情不必說——你和我聯絡，只要讓我知道什麼時候你要做什麼、有哪些人，其他都不用告訴我；第三項，要學會「忘記」，不重要、沒關係的事情即使聽到了，也要把它們全部忘記；第四項，不能留信、備忘錄等等白紙黑字，像盧修一保留了我與他的來往信件，他被逮捕時就全部被搜到，當成證據；最後，要遵守紀律，你要遵守和我的約束，同樣我也要遵守對你的約束。大家都認爲地下工作危險，但眞正危險的其實不是「涉險」，而是你有沒有確保同伴的安全，是否各項細節都能做到滴水不漏。我常稱地下工作爲「過山刀」，就是說你做地下工作，像腳踩在刀子上面，只要一失足就成千古恨了。

聯絡、情報交通這些事情對地下工作而言當然很重要，但地下工作背後有無金錢支援也很重要，所以雖然我說我不重視金錢，但其實我也最重視金錢——當年我手上有二十三輛宣傳車的時候，每個月光維持車隊的運作就需要一百多萬元——不重視金錢是指我不會抱怨錢交給別人後都沒有成果。正如我之前所說，我知道政治運動的開銷本來就很有可能有去無回，所以我不會計較每個人拿了錢以後，是否都照著原來的計畫執行。而且話說回來，我條件都替他弄好了，他沒去做那是他的問題，責任並不在我，是台灣的不幸，不是我個人的不幸。我還在日本時，就往台灣島內送進大筆資金。這些錢當然不可能用寄的，都是讓同志夾帶現金進去，以面對面的方式交付給對方。

橫過山刀

爲了訓練地下工作的成員，我會爲他們準備一份工作綱領，不過都是寫了就撕、撕了再寫，近年爲了留底才留下一份。這份綱領主要是教導他們我剛剛講的那些保守祕密、遵守紀律的工作原則，以及一些技巧。比如說你跟別人相約十二點，就不能十二點準時到，但也不能遲到，一定要五分鐘前到達，五分鐘過後如果沒碰到面，就有可能出事了，要趕快離開；

7 對此，張維嘉則認為新潮流本質上是一個集體領導的雙首長制團體，未有自己從史明學習單線領導，再將其運用至新潮流一事。詳參：張維嘉，〈對於史明與鄭自才訪問紀錄的若干辨正——張維嘉先生來函〉，《口述歷史》，第十三期（台北，二〇一三年十一月），頁四二三。

再比如說「平凡」和「說話簡單明瞭」，平凡就是不要太突出，衣服穿著要和大家一樣，行動也要和別人一樣，說話簡單明瞭則是不說不必要的事情，做學問還可以長篇大論，行動的話就不行了。除此之外，綱領也很強調修養，像「不要錢，不要名，敢受委屈，敢倒楣，敢犧牲」這段話，每天早上起床我都要他們唸上五遍。我還要求他們學習判斷整體情勢的「發展」，必須看到事情的「全面」——桌子上面有很多東西，你不能單獨注意到某支筆，卻忽略其他部分；同理，今天失敗，明天不一定失敗，看事情發展的趨勢不能只看一點，只看一個點，失敗的時候就會手足無措，即使未來時機到了，也不可能成功。地下工作是祕密的，沒辦法東張西望，你必須在極短的時間之內綜觀全局才行。

照表操課表面上很簡單，其實很花時間。剛開始三、四天我會要他們唸綱領裡面的內容，並對他們說明其中的意思，然後才配合實際的行動訓練，談技術層面的問題。行動前當然要先學習知識，學問畢竟可以傳達人們無法親身經驗的事物，但是有學問，思想觀念卻沒有實踐，往往靠不住，要在行動中實際觀察，才能真正思考，才能透過你所學到的東西解決行動時出現的問題。這一份訓練綱領裡面的想法，綜合了我以前唸的哲學和參與中共的情報工作，以及進入解放區的實際經驗。過去我在中國時，上級並沒有提供我關於地下工作的書面資料，所以訓練綱領是我自己將過去行動中成功的部分提煉出來，可以說是一部從「現實」出發的著作。「獨立」這個理念不是我的專利，我特別提出來的是台灣民族、勞苦大眾出頭天等等觀念，不過我並不會跟地下成員們談論社會主義，當時大家聽到社會主義都會怕，我甚至連台灣民族如何從種族變成民族也不說，畢竟他們也聽不懂。我主要就是透過批判國民黨在台灣進行的大屠殺與殖民統治，強調台灣獨立的必要性，讓他們理解革命的意涵，知道爲什麼非得要進行暴力行動。

一九六〇年代，我們在台灣的下線不到十條，主要分布在北部，總數大概有十幾位，平常收集情報與貼宣傳單等工作都由個人負責，等到像炸火車或者燒鐵路局工廠等較大型的任務才共同行動。一九六〇年代國民黨的特務系統已經完備，本來的軍統、中統[8]、三青團逐漸整合、淘汰，由蔣經國成立的救國團[9]慢慢地在台灣全島挑選效忠國民黨的人才，送到石牌訓練所加以訓練，再派到各機關擔任特務，包括警局、法院、學校等，總數據說有二十多

8 即中國國民黨中央執行委員會調查統計局，於一九三八年正式成立，與軍統局並列國民黨內兩大特務組織。前身為一九二八年成立的中央組織部調查科，為調查黨內派系動態的情報單位，由陳立夫擔任主任。自此之後，組織始終由陳立夫、陳果夫為首的CC派掌權。中日戰爭爆發後，曾一度與軍統合併，但因鬥爭激烈而分裂。詳參：張炎憲主編，《二二八事件辭典》，頁四一一—四一二。

9 即中國青年反共救國團，一九五二年在蔣介石的號召下成立，由蔣經國擔任主任，為黨國體制的輔助機構，以青年、學生的動員與控制作為主要工作。然其成立法源、執行公權力的依據爭議不斷，自一九六〇年代起，業務範圍逐漸縮小，轉變為以青年、學生為對象的休閒、獎勵機構。二〇〇〇年改名為中國青年救國團。詳參：許雪姬、薛化元、張淑雅等撰文，《台灣歷史辭典》，頁一三一—一三二。

萬人。當時如果想在台灣發展地下工作，可說冒著很大的危險，一不小心就可能遇到國民黨的人，而且來我這裡受訓的成員，通常僅接受十幾天到一個月的短期訓練，爲了避免他們回台灣發展時遇到麻煩，所以一開始大多讓他們貼傳單、搞破壞，之後再慢慢計劃翻火車，或者去派出所縱火等大宗的任務。

我們的傳單都是在日本特別請認識的工廠印製的，別的公司做不來。這款傳單一貼上去沒辦法靠平常的方式撕下來，得用砂紙與水不停擦洗才有辦法處理。傳單印好以後，上百張、一整批地包裝起來，僞裝成其他東西，從我們地下的路徑——經常是走私船——送進台灣，交給我們在台灣的地下成員。走私船的船員與我們的地下成員會約定好時間、地點以及物品的品項，剛碰面時還會有個口令，如果吻合才會交付物品。地下成員收到傳單後，再透過單線的方式，一個傳給一個，自己想辦法偷貼在公車、貨車上面，甚至貼進軍隊的營區裡面。

貼傳單的機動性很高，相較之下，炸火車、燒派出所等大型任務就需要長時間的計劃，而且不是每一位成員都可以去做，依據到日本受訓、成員的條件等等，每個人回台灣後都有不同的任務。這些地下成員大多不是知識分子，一開始我用畫圖的方式讓他們回去做，但是沒有成功，我才覺得只憑文字圖像沒辦法說清楚，得實際操作一次給他們看才行，於是便在珍味的五樓做了一個比平常大三倍、用磚頭砌成的灶，讓受訓的人可以現場練習、測試定時炸彈的威力。日本當時一般二、三十坪的建地才會蓋到五樓，我的房子只有九坪就蓋了五樓，而且又在市區人口密集的地方，如果不是過去我在中共有經驗，再加上日本赤軍的人來幫忙，說實話我也沒有在那邊試驗火藥的勇氣。日本要取得火藥並不難，在台灣島內就比較辛苦了。爲了避免被懷疑，我們必須分散到台北、台中、新竹各地零星購買煙火，再一個一個拆開，取出裡面的黑色火藥，塞進水管裡，算是很幼稚的炸彈。本來我以爲成員有了日本赤軍的人現場教導、實際操作之後就沒問題了，想不到又沒成功，最後我才請日本赤軍的人到台灣去探勘，看看台灣的鐵路到底長什麼樣子，討論炸藥要設置在哪個位置——炸藥設置的地方不同，會造成不同的效果，在鐵軌轉彎的地方引爆，列車翻覆的機率最高、效果最好。不管是炸藥的製作還是設置的技巧，都有賴日本的左派支援，過去台灣人並沒有這些知識。我們第一次行動最不順利，前後規劃了一年多，結果卻沒什麼成效，後來幾次慢慢累積了經驗，規劃的速度就很快。

每一次行動的人都不會是同一批人，帶頭的人也不一樣。基本上，每一次行動以後，整組人馬至少三年內都不會再讓他們進行其他行動，避免曝露蛛絲馬跡、東窗事發。行動前組員要通知我，炸完以後還得再告訴我成果。我們的規模不夠大，所以沒辦法乒乒乓乓地一路炸下去，一次只做一條線。我們的對象都是軍用火車，因爲炸客車會傷害到台灣人，反而引起自己同胞的怨恨，那就沒有用了。所以早先我就透過關係，在鐵路局裡面安插了自己的人，請他們負責調查班次，確認哪一班次的火車是軍用火車，他們會將消息與情報傳達給我，再由我告訴島內執行計畫的小組。我們總計六次的行動中有一次出錯，幸好沒有傷到人，不然被國民黨藉題發揮、大肆宣傳下去就完蛋了。不過話說回來，我們炸鐵軌、翻火車的行動，除了第一次在樹林執行時有被刊出來以外，其他都被刻意壓下來，燒鐵路工廠那次也有報導——燒鐵路工廠的點子是由我們安插在鐵路局工作的成員提出的，在北門對面、中央郵便局與鐵路局附近的鐵路局工廠，裡面有很多列車，包括客車、軍車、貨車。我們在一九七二年十二月某日，一把火把它給燒個精光，因為風勢的關係，甚至延燒到靠近西門町的貧民窟附近，也讓當時報紙不得不報導這起「意外事件」。

除了炸鐵軌、燒鐵路局工廠之外，我們也有到派出所縱火，大部分都是由南部的成員去燒南部的派出所——當時我對北部的成員比較沒辦法控制，南部的話就比較有號召力，所以後來一九九〇年代我回台灣以後，才會先將獨立台灣會的本部設置在鳳山——這些暴力式的行動直到一九七五年我因為鄭評被槍決偷渡回來台灣幾天、評估狀況之後，又鑒於當時《台灣政論》發行，台灣人的民主工作已經展開，盧修一也回到台灣了，才決定中止、轉換路線。之前曾經參與行動的成員，有些日後還有繼續聯絡，有些就跟他們切斷關係。這些行動花去我不少錢，光是一個人往返台灣、東京的機票，以及受訓時的開銷，預估就要十幾萬日圓，再加上火藥、器材等雜費的開支，總數起碼要幾百萬日圓。好在珍味當時每個月都能賺上兩百萬，才有能力負擔。

每次島內成員一說要行動，我的心思就會飄回台灣，時時刻刻等候著島內的消息，擔心如果事跡敗露，不知道會被抓多少人，內心因而十分煩躁，所以我重新開始練習打坐、坐禪。我在就讀早稻田大學時，大學生之間流行著修養人生的風氣，常常週末一群人七、八個到寺廟一起坐禪。我個人倒是沒有什麼佛教的背景，坐禪只是為了統一自己的思想，讓內心安定下來，在調整呼吸的同時調整一個人的「形」，進入「無心」的狀態，免除波動、煩惱的侵擾。總之，我只要一有空就會坐禪，一次坐二、三十分鐘，算是讓心靈得到喘息。

我剛剛有講過，我們行動上的知識、技術等等受日本赤軍的幫忙很大。我會和日本赤軍的人結識，說起來是珍味的關係。一九六〇年代，珍味的大滷麵跟水餃遠近馳名，加上店址離火車站又近，走路大概十分鐘就到了，所以很多學生都會來用餐，裡面就有一些年輕的日本赤軍成員。從事革命的人往往一眼就可以看出對方也是在做革命工作，我看那些人的樣子與講話的內容都不像普通人，就刻意讓他們知道我的政治傾向，他們不久也都知道我在做台灣獨立運動，慢慢地就建立起良好的關係。他們會面需要比較隱密、安全的場所，所以常常來珍味吃東西，原本只有兩、三個人，後來人變多，我就乾脆把三樓借給他們開會。珍味的廚房在一樓，給客人吃飯的座位、吧檯也在一樓，二樓讓客人喝酒，三樓則提供職員換服裝，或者當成客人來訪時聊天、說話的場地。三樓沒有隔間，再加上又有可以鎖上的對外門，很適合開會。雖然我和他們有些交情，但他們借三樓開會時，都會跟我說：「麻煩你等會進來時要先敲門！」而且一定都會把門鎖上。

參加赤軍在日本並不是什麼嚴重的事，他們辦的示威遊行隨隨便便都有二、三十萬人參加，大家拿著竹竿往前衝，警察也拿他們沒辦法，那才叫革命的氣勢，不像我們現在的遊行都好像去遠足一樣。赤軍辦的遊行很有氣勢，但也有紀律，不會傷害到一般人，所以不會被認爲是恐怖分子。我跟赤軍他們來往過程並沒有牽涉到金錢，頂多請他們吃飯而已。不過後來像是我請他們到台灣幫我勘查鐵軌，或者去學習無線電等方面的工作，當然就由我提供一切所需的資金。

會請日本赤軍去學習無線電的原因，是因爲我想在日本缺乏管理、靠近台灣的島嶼上面架設無線電放送台，從日本把訊號打回台灣，作爲宣傳獨立運動的利器。在一九六七、六八年左右，我找三位赤軍的成員去接受講習，取得無線電的執照，另外也請專人去台灣探查台灣的天線都對著哪個方向。這個日本人回來以後，向我回報台灣的天線都朝北邊，因爲台灣的基地台在大屯山的小觀音一帶，都是從那裡發送到北部，再往南傳到高雄旗山。弄清楚情況後，我決定在日本的與那國島架電台，前前後後弄了好多年，可惜電台快架好之際，一九七二年琉球的統治權從美國手上交還日本，一九七五年左右NHK在與那國島一帶設了很大的據點，蓋掉我的訊號。最後不得已，只好把電塔等設備全部拋入海底，原本準備開始錄的電視節目也中止，前後開銷近兩千多萬圓，全部付諸流水。

總之，日本赤軍的人幫了我很大的忙，不只是暴力行動的技術指導或架設電台等，如果我有文章想在媒體上面刊登，也常常透過他們牽線。他們並沒有加入獨立台灣會，我也從來不問他們的名字，相處時都是叫綽號、小名，有不少人都是我後來看到新聞報導，才知道他們確切的身分。後來日本赤軍的成員中，有一些人計劃從日本去巴勒斯坦，我還替他們向香港人、泰國人張羅了六、七本假護照。僞造護照是違法的事，一旦被查到可能影響到我在日本的居留權，但是革命的時候，該做就得去做，做的時候多留意小心就好。

第十二章
台灣獨立旗幟下的人與事

李宗藩（台風）

李宗藩本來在台灣大學唸畜牧，到日本留學唸的也是農業實務。他到日本曾寫信給我，來回了四、五封，我才叫他來見我。他娶日本牽手，和台灣的農會也有些關係。因爲我不能一開始就信任他，所以要他回台灣替我拿一份東西出來，可是他不方便回台灣，只好請他的日本牽手回去完成任務——這位日本牽手日後其實也是很幫忙我們的，只可惜我從未與他太太聯絡——起初李宗藩參與獨立台灣會的方式就是寫文章，一九六九年他第一次以化名「台風」投稿於《獨立台灣》十一期，並且成爲獨立台灣會的會員。他到《獨立台灣》五十期都還有發表政論，不過回去台灣就沒有再寫了。他回台灣之後，主要的任務就是在農會裡面發展人脈，可能因爲培養了一些人馬，後來他才想出來角逐台南縣長。我跟他之間的關係完全是祕密的，普通人並不知道他的化名，直到他過世以後，我才提到他其實就是「台風」。

李宗藩回到台灣，我和他的聯絡主要都是透過地下成員親口傳達，避免用書面的方式。畢竟他在台灣算是公衆人物，一旦被逮捕，在刑求的壓迫下很可能會透露資訊。所以我都是透過好幾條線的轉接，再將消息帶給他。內容大多簡單明瞭，如果說一大堆，某個環節出錯了反而不好。我與溫連章之間有使用密碼，跟李宗藩就沒有了。密碼的缺點在於未必擋得住刑求的壓迫；其次，密碼不容易記得，萬一記錯了，就會發生錯誤。地下組織的成員如果沒有經過訓練或經驗不足，即使用講的方式傳達也會聽錯。

理念必須和現實結合，大方向就是戰略，執行的細節則是戰術。只有身在現場的人才能決定戰術，沒在現場的人只能講戰略。所以像顏尹謨那時說要回台灣，我雖然建議不要，但他是從島內來的，比我清楚狀況，所以終究還是按照他的判斷。李宗藩後來決定參選台南縣長，這件事情我也沒有干預，由他自己決定。說起來，李宗藩這個人很硬氣，講話多少有些粗魯，硬氣的人講話都會比較粗魯，我講話也是，甚至會臭幹別人。

顏尹謨與全國青年團結促進會[1]

顏尹謨因為在美國新聞處閱讀了我寫的《台灣人四百年史》，觸發他產生武裝革命的想法。他與劉佳欽和一些同志們，一九六六年在台北組織了一個名叫「全國青年團結促進會」的團體，後來他到日本留學，參與了我們獨立台灣會的成立過程。他們組織裡另外有一位成員林水泉，是當時的台北市議員，來日本訪問時也曾經與我碰面，嚷嚷著要接受我們的革命訓練，回台灣進行武裝爆破行動。

劉佳欽、顏尹謨他們跟郭雨新一樣，來找我時都會聊到台灣地方選舉的事情。當時我對台灣地方選舉的意見，是覺得蔣介石在台灣有六十萬的兵力，二十萬的特務、警察，人數比日本時代多幾十倍，即使有選舉，在沒有足夠民意基礎的情況下，想要藉此扳倒國民黨，不太可能成功。此外，他們也有跟我透露雷震想要籌組中國民主黨的事情。雖然這些人在台灣有替黨外[2]助選的經驗，但是我觀察他們的言行舉止，覺得他們在政治運動方面還是有些生疏。比如說，他們曾經給我一張上面蓋有組織章的信，請我資助二十萬元讓人帶回台灣，以協助他們組織的發展與行動。這種請人刻組織印章的方式，已經違背地下工作的原則。再加上他們一夥人既不是同學，也不是同鄉，彼此連接可能有問題，所以起初我對他們說話的內容有所保留。

我與顏尹謨第一次碰面大概是一九六七年五月，他是和陳光英（實際身分爲國民黨特務）一起來的。由於我不能輕易信任不認識的人，所以想到我這邊請求收留、協助，必須提供像是介紹信之類的信用資料，我才願意出手。當時顏尹謨身上帶著彭明敏的介紹信，我二話不說就安排他在珍味住下。不過陳光英卻沒有帶介紹信，我不想違背我的原則，便要求他回去向彭明敏拿介紹信。一個多月後，陳光英拿著彭明敏的介紹信再次前來找我，我才開始讓他在珍味出入，不過因爲我覺得陳光英與顏尹謨兩人的路線似乎不太相同，最後並沒有讓陳光英也在我家住下。這件事彭明敏後來並不承認，不過我有保留當年他寫來的介紹信。[3]

1 一九六六年，對組黨運動充滿熱誠的黃華，與林水泉、呂國民、顏尹謨、劉佳欽等知識青年，企圖以參與選舉的方式，來推動民主運動，並祕密成立「全國青年團結促進會」。一九六七年，調查局潛伏其中的線民陳光英告密，該會即遭情治單位破獲，涉案人士相繼被捕入獄，是為「全國青年團結促進會案」，又名「林水泉等叛亂案」。詳參：林水泉等口述；曾品滄、許瑞浩訪問；曾品滄記錄，《一九六〇年代的獨立運動——全國青年團結促進會事件訪談錄》（台北：國史館，二〇〇四）。

2 「黨外」原本只是對非國民黨籍的一個泛稱，早期無黨籍的候選人，多以「無黨無派」標榜，而少用「黨外」一詞。自從黃信介、康寧祥崛起，「黨外」一詞大量使用，無形中成為無黨籍中的政治異議分子所共同使用的號誌。詳參：李筱峰，《台灣民主運動四十年》（台北，自立晚報，一九八七），頁一二二。

3 實際上彭明敏在其回憶錄有提及陳光英曾要求自己撰寫介紹信給史明。詳參：彭明敏，《自由的滋味：彭明敏回憶錄》（台北：玉山社，二〇〇九），頁一九二—一九八。

跟顏尹謨一起來日本留學的劉佳欽並沒有與我碰面，聽說他因為岳父生病，五月時便返回台灣了。當時我曾託人告訴他不要回去，但他覺得沒關係，結果回台灣就被抓走了。劉佳欽被捕以後，在基隆弄補習班的黃華、南部的吳文就與呂國民等人也都被抓走。想不到在情勢危急下，顏尹謨仍一直說要回台灣。我勸他說：「你周圍的人都被逮捕了，現在怎麼可以回去呢？」顏尹謨卻主張他跟那些人的關係沒有公開，回去應該沒有大礙，而陳光英也贊成他回台灣，最後我也只能照他的意思。顏尹謨回台灣的時間是一九六七年七月初，果然如我所料，沒多久就被抓走。像顏尹謨這樣明知危險還要硬闖回台的行為，只能說是缺乏警惕心，不懂得革命運動的危險性。

顏尹謨這個人話很少，平常做事時也不太聊天，但是看得出來肯為台灣打拼，很有熱情、很願意參與行動。他前後只住在我這邊兩、三個月，日語還不太會講，白天又必須去學校，整天忙得天昏地暗，再加上我沒想到他會回台灣，本來打算慢慢和他互相瞭解、聯絡感情，再開始聊一些比較深入的話題，可惜，後來的發展讓我們來不及有更密切的關係。顏尹謨回台灣之前，一直認為自己馬上就會回日本，所以我也沒有交代他什麼任務。他們一夥人之前不斷向我表示想要在台灣進行爆破，我卻點醒他，這種事情不能掛在嘴邊、到處張揚，想要行動還得先去現場考察，瞭解是否有可行性。像我就曾經告訴他，在縱貫公路山線苗栗段那邊，有一個很長的山洞，出口是大安溪，如果把這段炸掉，國民黨大概兩、三年都不可能修復。不過其他聯絡、交通等地下工作的技術方面，因爲相處的時間不長，他也沒有跟我說清楚他究竟想要幹嘛，所以我沒有跟他說明。

顏尹謨七月被捕，我八月就從彭明敏那邊得到消息，後來再見面已經是他出獄十多年以後的事了。他有來找過我一次，人已經變了很多。他的哥哥顏尹琮也因爲同案被捕，只可惜因病死在獄中。我們台灣人有一個問題：放眼世界各地，革命行動中如果被敵人逮捕，出獄以後通常都會歸營，但我們台灣人則是毫無例外地切斷聯繫。如果你們看過法蘭茲．法農[4]的書，就知道我們實在跟人家相差太多了。

史清台[5]與溫連章案

我發行《獨立台灣》以前，美國那邊就有人與我聯繫，後來《獨立台灣》創刊，我持續

4 法蘭茲．法農（Frantz Fanon，一九二五—一九六一），法國人，後殖民主義論述先驅。出生於法屬殖民地馬提尼克島，於從軍過程中培育反抗意識，並體會到無所不在的種族歧視。二戰結束後至法國里昂攻讀精神醫學，同時參與反殖民運動。一九五三年通過精神科醫師考試，前往阿爾及利亞行醫，目睹殖民地慘狀。著有《黑皮膚，白面具》、《大地上的受苦者》。詳參：法蘭茲．法農，《大地上的受苦者》（台北：心靈工坊文化，二〇〇九）。

5 王文宏（一九四七—），化名史清台，高雄人。父親為二二八事件受難者，幼時在母親經營的日本料理

寄刊物到美國，一開始我只能一個人一個人慢慢寄，後來找到人手幫忙，才開始這邊發五百本、那邊寄一千本，與我搭上線的人也越來越多，像有一位政治學博士賴文雄，他本來是台中人，就是最早和我有來往的人之一。

這批人其中有一位姓王，化名為史清台。史清台中學校畢業以後跑到美國，當時如果沒當兵不能出國，但是他不知道什麼原因，還沒當兵人就跑出來。史清台有一位哥哥在巴西，他哥哥寫信要他來找我，我見到他時他才二十歲左右，剛剛高中畢業。他每次到日本，都在珍味四樓的另外一間房間裡住上四、五個月。他來找我那陣子我正好在弄炸藥，他便參與了第一次試爆，也參與了第一次成功炸毀鐵軌的行動。年輕氣盛的史清台一直跟我說他想繼續進行武力鬥爭，所以才弄了一個名為「台灣獨立軍」的組織。一九七一年我們在日本和洛杉磯設立了兩個海外聯絡處，號召台灣人回台灣從事獨立運動，史清台就等於是我的橋梁，我透過他與美西的台獨聯盟人士取得不少聯繫。當時我的口號是「主戰場在島內」，我認為只有講話、座談、發表聲明是沒有用的，台灣民族要獨立就要付諸行動，而行動就得在島內。

史清台後來一直住在洛杉磯，期間曾到巴西的聖保羅讀大學。我們在美國的同志有王秋森、賴文雄等不少人，但是大家聽到武裝鬥爭都會害怕，只有史清台他有興趣，所以我才會讓他在日本待久一點，好好訓練他。不過史清台的個性比較「軟爛」，這樣也沒關係、那樣也可以，雖然很好相處，但說起來也是沒什麼原則，人一結婚，事事都聽妻子的，逐漸退出獨立運動。一九八〇年代我去美國巡迴時，還曾繞去他家拜訪。

溫連章，雲林人，他就是透過史清台從巴西來日本接受訓練。溫連章大約是在一九七〇年代初期才來受訓，至於島內的同志，則大約從一九六七、六八年就開始來我這裡學習了，因此他與台灣來的同志之間並沒有關係。溫連章在日本受訓四十天，回去以後進行了貼傳單、破壞、燒派出所等騷擾行動。溫連章回台灣前，我拿了兩年份的資金，要他兩年內都不要再到日本來找我，好好建立組織。畢竟當時台灣人要出國是一件很不簡單的事情，不只要人保，甚至還要「店保」——店保的意思就是要以店面做抵押——而且不只台灣，日本等海外各地都有國民黨的情報人員，雖然我與溫連章之間透過密碼在通訊，但地下工作的進行總是得萬般小心。沒想到，溫連章十月回去，隔年一月卻又出現在我店門口，嚇了我一大跳。一問之下，才知道因為地下工作發展順利的關係，他需要買一台汽車方便四處聯絡。我要他

店目睹蔣孝文的劣行，中學時期因作文書寫二二八而觸犯當局禁忌，後在家人安排下出國避禍，前往巴西投靠兄長王瑞霖，並加入由兄長主持的台獨祕密組織。一九七〇年參與組織的「刺蔣鎮山」計畫，預計刺殺蔣經國。行動失敗後，組織轉向與日本史明獨立台灣會合作。王文宏與史明頻繁往來，是史明島內地下工作的重要人員，史清台即是王文宏在獨台會的化名。二〇一六年以張欽泰為筆名出版半自傳《刺蔣，鎮山：一位海外台獨運動者的行動與見聞》。詳參：陳儀深訪問；彭孟濤記錄，〈王文宏先生訪問紀錄〉，《記錄聲音的歷史：台灣口述歷史學會會刊》，第七期（台北，二〇一六年十二月），頁一一一二九。

兩年後再出來，他隔不到三、四個月就來找我，根本違背了紀律。他從巴西回台灣，本來就很引人注目，又馬上來日本，當然會讓人起疑心。果然這次回去不久，溫連章放火燒到住家附近的派出所，引來警方注意，進而被跟蹤、逮捕，刑求之下不得不吐實。

地下工作最重要的就是紀律，組織要能運作，第一就是必須嚴守紀律，我相信你、你相信我，有什麼消息隨時互相聯絡，如此一來才能掌握全局，正確決定我們未來戰略與戰術的走向。溫連章被捕，他那條線等於整組斷掉。被抓到的人被關起來，沒被抓的人也不敢再做。溫連章東窗事發後，鄭評也差不多在一九七三年被抓、一九七四年槍決，再加上一九七五年四月「臭頭仔」（蔣介石）過世，以及台灣人開始進行民主改革等種種原因，我才決定轉換路線，停止武力鬥爭。

壯士去兮不復返：鄭評的犧牲

我過去不太喜歡提起我和鄭評的往事，因爲每當講到這件事，我心裡總是非常傷心。鄭評是一位麵包師傅，信基督教，一九七〇年代初與宗教團體一起來日本訪問，突然來新珍味找我。他知道我在從事台灣獨立運動，但他的背景我卻一無所知，因此初次見面並沒有跟他聊得太深入。同年，他再次來日本拜訪我，帶上他在台灣設計的傳單讓我看，上面用「芋仔」稱呼外省人，我這才知道當時台灣社會對外省人的稱呼已經不一樣了。一九四五年時大多叫外省人為「阿山」，若是在戰前就到中國去的台灣人則是「半山」，與國民黨合作、拿好處的台灣人就是「靠山」。一九四九年我回到台灣時，私底下也聽過有人用「豬」——狗去豬來的「豬」——這個比較不好聽的詞彙來指稱外省人。鄭評的傳單不管是字體還是紙質都和日本當地不同，一派「台灣款」，看完傳單我才比較確定這個人的確是在為台灣做事情。隔了一兩年，他再次跟隨宗教團體來日本，也是脫團隻身來找我，那次才主動告訴我他想要刺殺蔣經國的想法。

鄭評來日本這三趟，住的時間長短不一，最後那次大概住了一個月，不過不是都住在我這邊，大部分由他自己安排。我們最後一次會面，聊的內容非常深入。當時鄭評手下總共有三十位祕密成員，他拿了大概二十來張的紅色、求職用的履歷表給我看，我並沒有細看內容，畢竟也不可能憑藉履歷表，就得知每個人的底細。鄭評他們的目的是暗殺蔣經國，我跟他說昔日我也曾經有暗殺蔣介石的念頭，他則告訴我現在暗殺蔣經國遠比暗殺蔣介石容易，因為蔣介石已經完全沒有公開活動，蔣經國卻四處跑，下手的機會相對多。我想他說的有道理，但我也知道在台灣想要訓練槍手並不容易，如何取得槍枝更是個棘手的問題。經我們討論之後，決定由我供應槍枝，剩下的讓他放手執行，不必告知我內部的運作與細節，我並不認識他們組織內的成員，當然無從干涉人家實際上要怎麼進行，以免到時候因為我們的緣故而出了意外，良心上會過意不去。不過槍枝不是說拿就可以拿，大概需要一年半的時間準備，我就請他等槍械到了以後再來日本一趟，然後要他先來珍味住兩、三日，由我跟他講授一些地下工作、組織與運動的方法，諸如聯絡、交通等等。

那時候我跟他之間的氣氛，不是你們現在可以想像的。那是一種很悲壯的心情。如果他不是存著必死的決心，怎麼會有暗殺的計畫呢？不過我也問他：「你那三十個同志，都跟你一樣抱持著這樣的決心嗎？」他說：「有啦！」我心裡暗自覺得，三十個人已經是一個組織了，成員裡面是否有人有家室等等，都應該要加以考量，怎麼敢如此肯定大家都跟你一樣呢？但是現場的氣氛實在過於激昂，我也就沒再多說什麼。

至於爲何我可以承諾供給鄭評槍枝的原因，說起來有點複雜。我之前說過，台灣有很多流氓、迌迌人（tshit-thô-lâng）在日本被逮捕時，由我保釋出獄，出獄以後很多人經常在我那出入，其中就有位戰前在上海販賣鴉片的人。這個人是跟從中國蒙疆地區運出鴉片的潮州人取貨，再拿到上海販賣。戰後那些運送鴉片的潮州人，有些搬到台灣定居，若來日本時便會去找他。有次兩位汕頭人——潮州人就是汕頭人啦！潮州話和廈門話互相可通，腔調不同而已——一起來我店裡喝酒，我聽他們講起當年從蒙疆地區經解放區搬運毒品的過程，知道他們不是「嘐潲」（hau-siâu，吹牛），便問起他們台灣現在的情況。他們說台灣比起當年的中國還容易行事，只要買通海關即可。於是我趁機問：「槍呢？七支的話有辦法進得了台灣？」他們說：「槍比鴉片容易，國民黨對於鴉片、嗎啡抓得很緊，槍就沒這麼嚴。」總之，不管是毒品或是槍枝，有錢都好辦啦！他們還說香港附近有一座小島，是他們汕頭人的據點，毒品要運到台灣或者東南亞等地之前，都會先在那裡分貨。由於汕頭人說，大概需要一年半的時間才有辦法把槍運進台灣，所以我才會跟鄭評約定一年半以後，由我提供武器讓他行事。

鄭評在台灣發展的情況，老實說我眞的不知情，我唯一知道的是鄭評將他的組織取名爲「台灣獨立黨」，其他像同案中的賴錦桐、黃坤能、林見中等人我都未曾見過。即使後來像跟我比較親近的盧修一，我也只是知道他底下一、兩位同志而已，其他人我都沒有多問。鄭評要暗殺蔣經國這件事，更是他自己告訴我的，不是我指揮他去做的，而且鄭評是來日本幾次以後，我才信任他。過去我在台灣地下工作的網絡，從來沒有人想到用暗殺的方式，暗殺是殺頭罪，大家怕都怕死了，所以就算我採取暴力路線，也不會跟鄭評一樣以暗殺爲目標，當時暗殺不是可以常態運作的方式。至於鄭評案的判決書裡面，提及有位特務曾到東京找我，我並沒有印象。

我與鄭評之間的代號是「一〇二」，我們從來沒有一起出現與別人碰面，我與他兩個人在一起的時候，旁邊都不會有別人。光是貼個傳單、標語都要冒很大的危險，更別說是計劃暗殺蔣經國，這種事一絲一毫都不能有偏差。沒想到鄭評等不及一年半，自己去高雄洽詢槍枝的事，而遭到逮捕。事發時，島內沒被抓的人來信，通知我鄭評被逮捕了，由於當時國民黨會抽驗國外信件，所以內容寫得很簡單，只有一句「你朋友鄭評現在出事了」。鄭評被判處槍決後，以及行刑當時的情況等等，島內其他小組也都有把消息傳達給我。他們說當天早上鄭評得知即將行刑以後，一直在祈禱，等到走出牢房，就一直高喊：「台灣獨立萬歲！」

受限於當時台灣島內特務橫行，鄭評東窗事發後，我沒有辦法立即與他組織內部的其他人士取得聯絡。一九九〇年代初期，鄭評的同志黃坤能有到日本拜訪我兩次，給我帶來了當時的判決書。除了黃坤能，受到鄭評案牽連的人，約有十幾位來日本找過我，但是全部的名單不方便透露。洪維和是直到我回台灣，才與我碰面，他是淡水人，也是基督徒，我跟他挺親近的，當他是自己人。不過他們這夥人都不太願意提起當年發生的事，聊天時往往都會避開這個話題。我現在手上還有幾張相片，包括鄭評個人以及他與兒子的合照。一九九三年我回到台灣以後，有去找過鄭評的兒子，也曾想協助他的女兒，但是他的家屬們並不太希望我去拜訪他們。

鄭評事發以後，我兩、三天都吃不下飯。雖然不是我親自下達指令，但我卻覺得我未能善盡職責、要求他一定要遵從紀律，這才讓他未能遵守我們一年半的約定，自己去尋找買槍的管道。好不容易讓我發現有決心、有意志的同伴，最後卻未能用有效的方法辦事。鄭評的失敗，對台灣人來說是一件很深刻、很需要反省的事。說穿了，敢爲台灣拼命的人有幾個？然而今天我們提到鄭評這樣一位爲了台灣而犧牲的人，卻好像平常聊天、講笑話一樣，這實在是台灣人很大的缺點，也是讓我深感遺憾之處。我在日本跟新赤軍的人做伙時全然不同，他們不是台灣人，但只要聽到鄭評的故事，就會跟著一起掉眼淚。

徐美案

稍晚於鄭評，我們另外一位地下同志徐美，在一九七五年左右也遭到國民黨逮捕。一九六〇年代末期，我在台灣祕密組織了一個「查某班」，徐美正是成員之一，不過她要等到來日本之後才與我碰到面。當時想到國外不是件容易的事，聽說她是因爲一位特務想在東京開店，才充任他的代表來到日本。徐美在日本前後待了兩、三年，期間常常來找我，但我從來沒去過她幫人家打理的那間店。徐美這個人的個性很健談，有外交家的特質，很會穿衣服，打扮起來整個人「軟蓬蓬」，非常嬌艷。

徐美到了東京後，認識了郭幸裕這個人，不久也加入他的組織，擔任台灣建國委員會的婦女部部長。郭幸裕在東京大森區[6]開中華料理店，牽手是朝鮮人。我人在東京的西北邊，

6 大森區已於一九四七年與蒲田區合併，改稱大田區，為東京都二十三個特別區之一，東京（羽田）國際機場即位於此。

他則在東南邊，地緣關係很遠，所以平日很少往來。郭幸裕到處宣揚台灣獨立，但是也會順便宣傳自己，感覺很有野心。郭幸裕和徐美結交後不久，我便得知這件事，郭幸裕也開始對外宣稱徐美是「他們的人」，我當時就警告徐美：「東京其實跟台灣差不多，特務到處都是，你最好小心一點。」

徐美在台灣時曾經待過國民黨的組織，而且又與其他台獨團體往來，所以我也不太敢對她進行什麼訓練。只有在她要回台灣前，帶她坐計程車，在東京街上繞了一個多小時，和她討論未來在台灣如何發展，主要是提醒她回去以後繼續跟國民黨方面保持關係，但絕對不要出風頭，地下工作人員出風頭反而危險。而且她在東京與獨派的人接觸，又跟郭幸裕弄台灣建國委員會，一定會被國民黨注意。以前我在台北組織台灣獨立革命武裝隊時，偶爾會與地下工作人員去划船論事，以避人耳目。等我到了東京，雖然市區遼闊，但畢竟不是土生土長的人，地頭不熟，所以我偶爾會帶同志去坐計程車、在裡面討論事情。計程車跟船都一樣，不用害怕有人偷聽，就算車上有司機，他們也不可能聽得懂台灣話啦！

徐美回台灣以後，我透過一位日本人記者——長淵一郎與她聯絡，徐美回報給我的，大概都是一些國民黨內部或台灣社會的消息，我也沒有另外交代她做什麼任務。長淵一郎是日本東京的記者，大概是我在一九五三、五四年認識的人。長淵他的思想和尊崇日本天皇陛下的右派分子很接近，通常日本的右派分子都比較支持台灣獨立，所以即使我個人比較親近日本赤軍，但是只要他們對台灣友善，我也不會排斥與他們友好。

至於徐美的事情怎麼會曝光？這就是郭幸裕搞的鬼，郭幸裕後來回台灣投降，把徐美拱出來。當時我在調查局裡面有一些線民，警告我說國民黨方面馬上要下手了，於是我隨即準備了兩張機票，要徐美及另一位女性地下成員何某馬上離開台灣。徐美因爲有家庭的關係，希望過完端午節再走，沒有與何某一起離境，結果在端午節前被逮捕。徐美被判處八年徒刑，沒有緩刑，提前假釋，整整關了八年才出獄。她是關在土城女子監獄，期間曾經透過地下管道寫信給我，說如果有機會的話她要再來日本，請我一起協力把她在監獄中的所見所聞記錄下來。除了信件，她也寄來幾張生活照，我現在還留在身邊。徐美出獄後，一直受到國民黨的特務跟蹤、監視，後來在菜市場意外過世，享年才五十多歲。

強渡關山

一九六〇、七〇年代獨立台灣會時常聯絡的夥伴，世界各地加起來不過百餘人，又受限於資金，能夠做的事情非常有限。不過我一向是有多少人做多少事，不像很多組織愛膨風，只憑書面登記的方式來吸收會員。和我一起從事地下工作、收集情報與聯絡交通的同志，像我之前所說，大多是位居社會底層的流氓、迌迌人、漁民或大衆，與編輯《獨立台灣》的那一夥人有所區別。我在一九六八、一九七五年兩次偷渡回台灣，多是靠他們的幫忙，兩次都牽涉到三、四十個人。

一九六八年那次偷渡，是因爲顏尹謨等人被逮捕以後，島內消息的取得相當有限，沒辦法知道確切的狀況，我擔心如果不弄清楚，同志們回台灣做事情很容易被抓，沒辦法進一步發展，才決定親自回去一趟。偷渡是非常冒險的事情，不是你有錢就可以達成，前後我大概用了一整年的時間規劃，首先當然得先聯絡島內地下工作的夥伴，跟他們確定我能不能回去、有沒有人可以在台灣接應我；其次，我打算去與那國島搭船，與那國島本來就是走私的重鎮，日本除了琉球有黑糖以外並不產糖，一九四〇、五〇年代，走私砂糖的台灣人會先將船開到與那國島，然後再轉去神戶，很多台灣人靠著走私砂糖賺了不少錢。雖然與那國島是走私的中繼站，可是如果不先去當地跟人家認識、熟悉，對方怎麼敢載你？於是我就透過日本的迌迌人，跑到與那國島住了一個月；最後，由於船並不會直接開到台灣，而是在日本跟台灣的走私客經常交換貨品的釣魚台上交接，再加上我是祕密行動，不能讓台日雙方的聯絡人碰面，因此雙方人馬要非常仔細安排。至於偷渡的開銷我已經不記得了，大概也要近百萬，主要是爲了打通日本的門路，等我到台灣之後就沒什麼花費了。那些迌迌人都把我當成自己人，當年他們在日本被捉，是我擔保他們出獄的，這是很大的恩情，他們對我因此特別照顧，坐火車等等都是由他們貼錢，不過後來他們來日本，我也經常招待他們當回禮。

我跟島內同志的聯絡，不像你們想得那樣複雜。我先請人回去詢問島內的迌迌人說：「我有個人要寄在你們那邊，可以嗎？」他們說：「可以，儘管來。」兩邊就有共識了。他們做事很乾脆，而且比起知識分子還要保守祕密，也不會多問什麼。我抵達台灣以後，那些迌迌人也都默默在我身邊保護著我，像那時候最有名的「艋舺十二生肖」，便在我身邊安插了六、七個人。此外，北港的黑熊、高雄的Matsu（松）這些人，雖然他們在生意上都已經與國民黨密切合作了，但是他們的心還是台灣心，也盡可能地幫助我。

這次我回台灣身上沒有攜帶任何東西，《游擊戰術手冊》是之前從日本赤軍那邊取得，經過我重新組織，才又編成一本手冊。這本小冊子在日本印好以後，我就讓地下工作的同志挾帶四、五本回台，並不是這次我帶回去的。這份資料原先內容其實也沒幾頁，比許信良後來在美國印的那本還薄。不過做革命說話越簡單明瞭越好，寫太多字其實也沒有什麼用。

我在與那國島上待一個多月，除了和漁民們結識、取得他們的信任，日後我們架設無線電台的計畫，也是在那一個月想到的。當時與那國島的人口才兩、三千人，規模比台灣一個鬧區還小，我跟他們講日本話，他們也不知道我是台灣人。行動當天，我們清晨從與那國島出發，抵達釣魚台已經是隔天中午了。我上岸以後，發現釣魚台上面大概搭了三、五個棚子，裡面有許多台灣的漁民——當時大家從基隆、蘇澳出港捕魚，都會在釣魚台搭草寮，充當休息的場所——我安靜不作聲，讓負責聯絡的人先進去草寮裡面，那些喝酒、聊天的人看到我心裡也有數，沒有開口多問些什麼，當作沒看到我一樣，畢竟又不是只有我一個人在偷渡，看都看習慣了。當時偷渡貨品的方式，是船與船直接在海上交換，但是這樣會讓雙方看到臉，容易造成危險，所以我請日本人載我到釣魚台以後先行離開，留我自己一個人在釣魚台島上等候從台灣來的船。

信物核對好以後，我大概在釣魚台上面等候了兩、三天，我要搭的船並不是隨時都在附近等人，沒辦法很準確。那幾天在島上的情況我也記不太清楚了，可能是因爲當時太過於緊張。我搭的船大概是晚上的時候到的，是那種搭了一個小棚寮的小漁船。我上船時只說了一句話當信號，就沒有再說些什麼。船航行了兩天，也是在晚上抵達台灣，來接我的人用手電筒打信號，碰面以後再一次交換信物。我到艋舺已經是隔天中午了，和「艋舺十二生肖」裡面的那隻老鼠碰面，隔天就出發到南部，連我士林的家也沒有回去。

這次回台灣我大概停留了八、九天，最長不會超過十天，時常移動，沒有一個地方待超過兩天，我還拿到一張僞造的身分證。我都住在迌迌人替我安排的地方，這些流氓、迌迌人跟中國的黑道不同，中國的黑道是「幫派」，如青幫、洪門、四海幫；台灣的黑道則是「角頭」。假如我要去某個角頭的地盤，他們就會先和對方聯絡好，讓我串起「交通線」。我那幾天透過他們，認識了不少人，這些人就成爲我們地下工作的消息來源，不管對方人在台北、台中或者高雄，我都可以在日本與他們取得聯絡。聯絡方式當然是事先約定好的，比如說如何建立交通、如何讓人放心、如何交換信物等等，他們當中還有些人日後也參與了炸鐵軌的行動。

這段期間我除了在高雄見過一個地下成員以外，沒有特別再跟其他人碰面，都跟平常人一樣在街上逛街、喝酒、看電影，然後按照原訂行程返回日本。回程是在南方澳搭船，也等了一些時間，但沒有來的那一次久。這次回到台灣，我是想實際去觀察台灣社會的情況，以供日後組織工作的安排，同時也去瞭解那些被捕的同志們會不會被判死刑。我發現當時台灣社會的白色恐怖氣氛比我一九五二年離開時更加嚴重，到處都可以感覺到特務出沒的氛圍。

這次偷渡回台期間，我將珍味交由員工們打理，當時員工都來自日本鄉下，個性耿直，再加上我給他們的薪水挺優渥的，他們都是爲了養家活口，所以不會出什麼問題。我這次出門長達一個多月，途中可能在海上發生意外，或者在台灣遭逢不測，但是我並沒有替珍味規劃備案，只在出發前交代一位朋友，萬一我出事，務必替我處分財產，讓員工們可以拿到薪水。

我經營這間店的目的不是爲了賺錢，是爲了替革命募集資源，如果我在台灣被捕，想必也很難再參與革命行動，那麼珍味這間店有沒有繼續營業，其實都沒有關係。

鄭評一九七四年被槍殺以後，我在一九七五年決定再回台灣一趟，畢竟你有一位同志被敵人槍決，這不是簡單的事，不回來看看狀況說不過去。可是這是事後的解釋啦！說實話，當下為什麼決定回台灣，我自己也不清楚，只覺得心裡充滿著悲傷，像是有一條線牽引著我回去，和第一次的情況不太一樣。

那次我循第一次偷渡的方法，先到與那國島，再上釣魚台等個兩、三天。不過當時釣魚台因為保釣運動——說到釣魚台事件，其實也是讓中共在美國的地下組織正式浮出水面的跳板——的關係，氣氛比較緊張。上次在島上看到的那些工寮、草寮都不見了，島上也沒有那麼多的台灣人。這次參與偷渡的人與上次不相同，上次完全是靠迌迌人的幫忙，這次我們自己就已經有一條應援線了。這句話你們一定要記得：地下工作一定要有群眾的擁護才做得下去。只仰賴有錢、有地位的人沒有用，他們沒有膽量行動，而且也容易失敗；那些沒有人注意的社會大眾，反而有關係、有辦法，不但替我準備好偽造的身分證，也幫我規劃路線、安排住宿等事宜。

這一次我改從瑞芳到宜蘭之間、人煙較少的海岸線登陸，內應接到我之後，我就直接前往鄭評當時活動的區域——高雄。上次在那些迌迌人的掩護下，我從這個角頭的地盤到另一個角頭的地盤，去過新竹、台中、嘉義、北港等地，但這次是我自己安排的線路，我便決定直接到高雄，停留了兩、三日以後才一路往北，前後大約停留了一週。

在高雄時，我當然不能直接與鄭評案的相關同志碰頭，主要是跟其他運動組織的人會面，那些人曾去獄中探望過鄭評，我就向他們探聽裡面的情況，並討論一般人是否知道鄭評遭到槍決的消息。那時正好是余登發等人正在「風頭」的時候，但我們卻發現大多數人對於鄭評一事幾乎一無所知。除此之外，我們也就地下活動是否會因為鄭評被槍決而消失彼此交換心得。不過我究竟跟誰、跟幾個人會面，這些細節不能曝光。

這次我回台灣就像剛剛講的，是發自於情感、感覺到自己的責任很重，和頭一回完全不同。我雖然在方法上很多是效法中共地下黨，但是我跟他們的理念不一樣，他們是為了共產社會，我是為了台灣獨立；他們是法西斯，我們是為了爭取自由民主。列寧或史達林等人把同志們的犧牲看成是應當的，我更沒辦法這麼想，我對「人」有一定的重視程度，而且像鄭評那樣的台灣人實在很少，我在感情上當然會放比較多下去。我一生一貫的思想就是Humanism（人道主義）。

從早稻田大學時期，我就特別強調人的自由，後來也才會毅然決然地投入馬克思主義、參與中國共產黨。但我的想像很快就破滅了，正如我二〇一〇年在台灣教授協會所出的《穿越紅色浪潮》中提到：我對中共最失望的地方，就是裡頭沒有Humanism、沒有用人的立場來看事情，只是把人當成一個社會的機器。其實蔣介石也是如此，他們都一樣有統治者的自傲心態。如果不是Humanism的影響，當年我早就留在鄧小平底下做事了。

第十三章
其他人物往來

林獻堂

林獻堂是於一九四九年來到日本的。我有個台北一中的同窗，在日本投降時，任職於台灣陸軍司令部參謀部，這個人曾和我透露一個內幕：原本陸軍找辜振甫和許丙[1]會談，想將陸軍的武器交給台灣人。許丙說隨時都願意接受，辜振甫則有些猶豫。三、四天之後，辜振甫跑去找林獻堂參詳，林獻堂戰前時常與梁啓超往來，對中國算是有些情感上的牽扯，因此對這件事也和辜振甫一樣猶疑不定。最後事件曝光，日本陸軍司令官因此自殺。[2]迄至陳誠就任台灣省長，因二二八事件、土地改革接二連三的發生，林獻堂開始對中國人、國民黨很感冒。一九四九年便以養病爲理由，飛至日本，住在東京衫並區。我一九五二年到日本後，便忙於擺攤子，期間只與他見過一次面，甚少往來。

童年時，我與父親一起見過林獻堂幾次，由於同姓的緣故，喚他「伯公太」。然而那已是我孩提的事情，我在日本再見到林獻堂，他似乎不記得我了。當時我見他身體有恙，意志也極爲消沉，便未談及政治方面的話題，只恭敬地要他好好保重身體。我猶然記得，我與他談話時，他用手指著牆，提醒我隔牆有耳，要我說話謹慎小心。

丘念台

我人在日本的期間，雖然很少人是以國民黨的名義直接來與我接洽談事，但當時我和不少與國民黨關係甚密的人相識，甚至包含與共產黨友好的人士。畢竟當時我爲了地下工作，

1 許丙（一八九一—一九六三），台北人。畢業於總督府國語學校，曾在大永興業株式會社、林本源製糖株式會社任職，更歷任台北州協議會會員、總督府評議員、貴族院議員。處事手腕靈活，政商關係良好，累積豐沛財富與人脈，活躍於商場。戰後因涉嫌「八一五台獨事件」而被捕。一九五〇年任台灣省政府顧問。一九五三年任中日文化經濟協會顧問。詳參：許雪姬、薛化元、張淑雅等撰文，《台灣歷史辭典》，頁八〇二。

2 此為八一五台獨事件，又稱辜振甫台獨案。一九四五年日本無條件投降後，台灣紳商林獻堂、辜振甫、徐坤泉、林熊徵、許丙、簡朗山等人，與主戰派日本軍官牧澤義夫等人，在草山召開會議策劃台獨，醞釀成立獨立政府，最後因台灣總督安藤利吉對此不表支持，而使計畫胎死腹中。然上述說法近來已遭到修正：其一，所謂獨立政府應是指維護戰後政治空窗期治安的台灣治安維持會；其二，所有參與者皆否認其有台獨主張。詳參：陳佳宏，《台灣獨立運動史》（台北：玉山社，二〇〇六），六七—六九。

必須收集政治行動的情報，其中首要的任務就是建立名簿，所以我並不排斥和非台獨運動圈裡的人士接觸。不過我於一九五二年到日本，約在一九五三年開店做生意，當時，大家未必會給素昧平生的人名片，因此一開始收集名簿的工作算是十分困難。

我碰上第一位偏向國民黨的人是丘念台，當時大概是一九六四、六五年左右。丘念台就是丘逢甲的兒子，他一見到我就說：「施先生！施先生！雖然你在書中寫我是『半山』，但是我並不生氣，你不用介意。」我訥訥地回說：「這樣喔！」便招待他在我店裡吃飯。

他又跟我講到他自己也是台灣人，我聽了就牽住他的手，掌心交疊地說：「你跟我同樣都是台灣人（指著掌心），但我是台灣獨立，你是國民黨（指著手指）。」他後來一年差不多有兩到三次來店裡找我聊天，他每次來日本，比如初一到東京，預計月底要回去，便會在前兩天來我這邊住。來的時間大約都是晚上九點到，早上六點多離開，同我一起飲食，甚至也睡在同一間房間。

我跟丘念台其實挺談得來的，他和我阿爸都是台中潭子出身的，感情上就多了一分親切。有時候他會帶些情報給我，不過他每每與我提及一些國民黨內部的事，我就知道他是想勸我回台灣，即便他從未明講。

雖然丘念台未曾當面明言要我回台灣，卻一定有對我周圍的人吐露此意。我阿爸可能就是因此知道我跟他見過面，還曾派人來日本叮囑我，說是丘念台若勸我回台灣，要我仔細思量。當時蔣介石只有三個資政，丘念台就是其中一個，算是有實際影響力的人物，但似乎對權力沒有什麼欲望。後來他在台中創辦逢甲學院，就是今天的逢甲大學。他也提攜了不少後進，更曾向蔣介石建言，別將日本各大學的同窗會皆視為中共的地下組織，讓衆人可以安心聚會。因此，後來三、四百位台灣人才得以在林以文位於新宿那邊的一間club（俱樂部），第一次聚在一起同歡。我記得丘念台是在一九六七年，在日本坐電車時腦溢血過世的。

黃朝琴等人

黃朝琴是我阿爸在明治大學讀書時所結識的朋友，不過黃朝琴是唸早稻田大學。黃朝琴娶了位中國官員的女兒，因此遷居中國，任職於中華民國外交部。我阿爸總是要我喊他「朝琴叔」，他則叫我父親「濟川兄」，我們兩家過從甚密。我人到日本時，黃朝琴大概六十七、八歲，仍然風流，喜愛喝酒、跳舞。他若有到日本來，我和林益謙便會招待他。黃朝琴經常囑咐若我有什麼想對阿爸說的話，他皆可以代我轉達，但我從未託他傳過話。

我從事獨立運動，他當然知曉，之前我因爲台灣獨立革命武裝隊事跡敗露、四處逃亡之際，他曾要我阿爸勸我自首，我阿爸態度有些鬆動，但最後仍堅決說不。我們彼此聚會時總會避免觸及政治的話題，我想黃朝琴也是害怕被波及，淪落同林頂立[3]一樣的下場吧？林頂立這個人戰前本來在廈門作 double spy（雙面諜），屬於軍統的系統，後來擔任警備總部的特務科長，二二八的時候殺了很多台灣人。他利用特權開設許多公司，所有人都是用蔡萬春[4]的名字。林頂立老家在莿桐，隔壁就是廖文毅的老家西螺。戰後他有次到日本，不知爲何與廖文毅會面，也不知道談了什麼，被國民黨跟在廖文毅身邊的特務傳回台灣，回台灣後蔣經國便藉故逮捕他，囚禁了八年，出獄以後在一九八〇年過世，財產全歸蔡萬春所有。

除了黃朝琴外，大同公司的社長林挺生也與我有往來，我常帶他們去吃東京最好吃的天ぷら（天婦羅）。

張超英[5]我也認識，他原本住台北宮前町，爸爸是張聰明[6]，祖業是煤礦業，也包括金礦等礦產，家境十分富裕，可說是「紈褲子弟」，但是他擁有極好的外交手腕，讓人覺得他不只是在「迌迌」而已。他退休後，才與我有所接觸，但早在此之前關於他的事情，便多少有些耳聞。我們碰面時，大多只是禮貌上打聲招呼，並未談及戰後在日本的往事。

至於陳逢源與蔡培火等人雖然時常來日本、像「行灶跤」（kiânn-tsàu-kha，出入廚房）一般頻繁，卻怎麼也不敢來我這裡。蔡培火這個人，虧他前半生都在反抗日本政府，戰後國民黨給他當個小官，他就投降、倒向國民黨那邊。

我從未透過這些人與士林的家人聯絡，眞正替我帶話的是我姨丈——文山茶行的王水柳。他約於一九六二、六三年要出發到日本賣茶的前夕，去與我阿媽見了一面。我阿媽一聽說我在日本賣麵，便急著要他跟我說：「好好的人你不做，居然落魄到在日本賣麵，台灣又

3 林頂立（一九〇八—一九八〇），雲林人。早年西渡福建，後至日本留學。一九三一年至國民黨軍統局從事諜報工作。一九四五年任保密局台灣站站長，兼任台灣警備總司令部別動隊司令。一九四七年創《全民日報》。一九五一年當選省議會副議長。一九五三年任《聯合報》發行人。一九五九年後往商界發展。詳參：林礽乾等總編輯，《台灣文化事典》，頁四五九—四六〇。

4 蔡萬春（一九一六—一九九一），竹南人，國泰集團創辦人。中日戰爭時，取得軍方供應豆類原料，開始製造「丸庄」醬油，後又生產「丸萬」米醋，除上市銷售外，亦供應當地駐軍，短短數年已有相當積蓄，成為家族事業的起點。戰後出任台北第十信用合作社理事會主席，並創立國泰人壽保險公司，後因中風隱退，交由其子掌管事業。詳參：許雪姬、薛化元、張淑雅等撰文，《台灣歷史辭典》，頁一二三五。

5 張超英（一九三三—二〇〇七），台北人，外交官。生於東京，未滿周歲即返台。祖父張聰明為煤礦富商。父親張月澄致力於反日運動，組織廣東台灣革命青年團，二二八事件後遭到逮捕，險遭處以死刑，獲救後徹底對國民黨失望。張超英一九五二年入明治大學政經學部。一九五七年學成歸國，後至行政院新聞局擔任公務員。一九八〇年任駐東京新聞處處長，期間促成日本首相中曾根康弘與宋楚瑜非正式會面，並大力推動日本主流報界高層與台灣交往。一九九四年任行政院新聞局駐日新聞處處長、亞東關係協會駐日代表處顧問。一九九八年退休。詳參：張超英口述；陳柔縉執筆，《宮前町九十番地》（台北：時報文化，二〇〇六）。

6 史明此處說法有誤。張聰明為張超英的祖父，張超英的父親為張月澄。

不是沒有錢吃飯，阿媽的財產都是要留給你的，趕緊回來台灣！」王水柳對我很好，總共來找過我二、三十次，每次都會帶上士林家裡的口訊與消息給我，比如說我阿媽身體狀況如何等等。

我想阿媽畢竟不懂政治，所以才會一直要我回去吧？她只知道要我回到家鄉，但不知道這是很危險的一件事。因此，雖然阿媽一直要我回去，我也只能讓王水柳替我向她說抱歉：「我阿暉仔不孝，阿媽特意讓我姓施，我不但沒有替施家留後代，甚至在阿媽年老了，還沒有辦法陪在阿媽身邊。」眞的是，每次講到我阿媽，我都會掉眼淚，心裡相當難過悲傷啦！

還有一位林木土[7]，他是士林的富紳，與我阿爸唸同一間國語學校，更是我阿爸與阿母的媒人。他來過我的店三、四次，珍味的一樓是吧檯，客人坐在吧檯上，我則在吧檯裡煮菜，他既不敢直視我，我也不敢看他，兩人都沒有講話，搞不清楚他的目的。像迪化街那邊的某位李姓茶商也是如此。那位茶商每次都坐兩、三小時，什麼話也不說。

另外，以前參加過協志會，後來在中共駐日本大使館擔任一等祕書的潘淵靜也來過珍味許多次，大多把麵、水餃吃一吃，說個幾句話就走了，內容不外是要我回中國看看、中國現在跟以前不一樣了等等之類的話。

若我當時比較憨直，聽信他的話到中國，大概馬上就被關起來了。我記得還有個不認識的女性，也時常來店裡吃飯，那位女性常常用台灣話跟我講台灣社會的現況，但我始終不知道她是誰。

7 林木土（一八九三—？），台北人。一九一二年畢業於總督府國語學校，任板橋公學校教員。一九一四年協助實業家李景盛創立新高銀行。一九一九年至新高銀行廈門分行任職。一九二八年創設豐南信託公司。曾任廈門台灣公會副會長、會長及上海新興銀業公司代表。詳參：許雪姬、薛化元、張淑雅等撰文，《台灣歷史辭典》，頁四六八。

第十四章

《台灣人四百年史》與思想體系的建立

通古今之變：《台灣人四百年史》的書寫、出版與流通

我在日本這段期間，除了弄獨立運動、開店做生意之外，最重要的事就是寫出《台灣人四百年史》。我在中共解放區那陣子，因爲無法理解大家明明都是漢人，何以台灣人跟中國人之間嚴重對立、爲什麼中共對台灣人如此刻薄，而慢慢產生了「台灣意識」；逃回台灣後更打定主意，一定要除去外來統治者在台灣施行的殖民體制，讓台灣人出頭天做主人。不過我也體認到，想進行革命事業，除了行動，也必須從歷史脈絡尋求解釋，台灣人如果想要當家做主人，怎麼可以連什麼是台灣人、什麼是台灣社會都不知道呢？想決定台灣的未來，就一定要瞭解台灣的歷史。我這才興起了不唸台灣史不行的念頭，在組織台灣獨立革命武裝隊的期間，開始跑去找當時在台灣大學圖書館裡面任職的曹永和[1]，借閱有關台灣歷史的書籍，那些書籍大多是以日文寫成的。曹永和和我從小就認識，他也是士林人，畢業於台北二

中，小我兩歲，我並不是去台大圖書館找他，而是直接到他在羅斯福路附近的宿舍。

閱讀這些書籍，算是我寫《台灣人四百年史》（以下或簡稱爲《四百年史》）的緣起，至於眞正動筆，大約要到一九五〇年代末期，總共寫了兩年多才完成。我的日文寫作速度很快，大部分的時間都花在閱讀、整理資料上。寫書的同時，我也得照顧珍味的生意，所以只能利用店裡清閒的空檔，把珍味交給平賀，把握時間做《四百年史》的工作。來店裡吃飯的客人數量往往有週期變化，像月初通常比較少，我就趁月初去國會圖書館或早稻田大學圖書館看書、查資料；珍味打烊後，我更經常徹夜讀書、書寫到早晨四、五點，然後休息到十點，再到樓下幫忙。

我把書名取爲「台灣人四百年史」而非「台灣四百年史」，背後是有原因的。如果用「台灣」，那就像是從國家、社會或制度等層面來看歷史，然而這些偏向政治的東西，說實在話都是爲了生活於其中的「人」，如果不從「人」的角度，我們的祖先們赤腳到台灣移民

1 曹永和（一九二〇—二〇一四），台北人，歷史學者。早年與何斌等人成立士林協志會，隔年舉辦士林文化展，並在《民俗台灣》發表介紹士林歷史的文章。一九四七年進入台大圖書館工作，期間自行鑽研歷史，為戰後以檔案從事荷治時期台灣史研究的第一人，並受到國外學界的肯定。一九八八年當選中央研究院院士。一九九〇年提出「台灣島史」的理論架構，深深影響歷史學界。詳參：林礽乾等總編輯，《台灣文化事典》，頁六九五—六九七。

開墾，受盡漢人官僚、日本政府與國民黨等等殖民體制壓迫的痕跡就會消失，最後只剩下管理者、統治者的身影。台灣的民衆，誰能夠爲自己寫歷史？即使是連橫[2]的《台灣通史》也是以中國人、用北京的立場來寫，像林爽文那些反抗漢人官僚壓迫的義士都被他寫成匪徒。台灣人雖然始終是被統治的角色，但是殖民者離開台灣以後，台灣人依然存在。可見不論國家或制度都只是人爲的東西，只是一個工具。相反的，除非種族滅亡，人的存在是不可能消滅的。所以我才會試著站在清朝被稱爲「本地人」、日本近代化以後被叫做「台灣人」的開拓者、民衆的立場上，思考台灣這個社會究竟是怎麼發展的，書名也才取爲「台灣人四百年史」。這個想法是經過長時間醞釀才逐漸成形，但當我抱持如此想法進行書寫時，經常遇到缺乏資料的問題，畢竟之前很少有人以民衆的立場來寫台灣史。我記得矢內原忠雄有一本《帝國主義下的台灣》，算是少數從殖民地的角度來做研究的著作。

剛剛提到的日本國會圖書館、早稻田大學圖書館等兩處，是我研究資料的主要來源，但很多國民黨內部的資料，像是台灣人口、物資生產數量等一般人拿不到的東西，則是靠我們地下工作的成員去調查出來，有時甚至要依資料的重要性，花上三、五萬塊錢去購買。當時國民黨對外發表的數據，經常與實際的情況相差很多，像我曾經請教一位研究台灣人口的學者，他告訴我國民黨公開的人口數據怎麼看都是假的。歷史研究追求的是眞理，不能人云亦云，我才會請別人幫我找正確的資料。基本上，我需要哪方面的資料，就跟相關人士聯絡，比如今天我想要經濟部裡面某一筆資料，就請有經濟學背景的人去攀關係、想辦法拿出來。這在地下工作來講叫做「交通」，詳細過程是不能說的祕密。

「站在台灣大衆的立場來寫的台灣通史」，當然是《四百年史》這本書的最大特色。除此之外，這本書大概也是全面談論二二八事件的第一本書。在此之前，很少有歷史著作觸及二二八事件，即使有所著墨，往往只提到嘉義、台北等局部地區的情況。我一九四九年五月才從解放區回到台灣，並沒有親身經歷二二八事件，但我蒐集了很多資料，也透過一些參與事件的人，像我的姨丈王水柳（王添灯的哥哥）、謝雪紅的主任祕書林西陸——他是我阿爸那邊的親戚，我們都叫他西陸叔——等人，重建當時的狀況。因此，《四百年史》有關二二八事件的部分，可說寫得很符合事實，內容也很具體。我的書提及原住民的篇幅並不多，對他們比較抱歉，但我稱他們爲「台灣的第一主人」。日本統治時期，台北帝國大學有一個土俗人種學講座，他們曾指出台灣原住民大概是五、六千年以前來到台灣，我本來認爲這個說法很合理，不過後來我回到台灣，經常有原住民朋友跟我講說他們的祖先兩、三萬年以前就已經來到台灣了。

2 連橫（一八七八—一九三六），台南人。一九一八年完成《台灣通史》。台灣文化協會成立以後，受聘講授台灣通史。晚年因替日本鴉片政策辯護而遭到批評，遂遷居上海。詳參：林礽乾等總編輯，《台灣文化事典》，頁七三三—七三四。

《四百年史》也整理了很多社會主義、共產黨在台灣的相關資料。到日本之後，我一方面爲了釐清社會主義、共產黨在台灣的發展狀況；另一方面也想瞭解中共最後何以變成法西斯，於是開始重新閱讀馬克思與社會主義。《四百年史》裡面就提到連溫卿這個人。我認爲他與王敏川[3]的爭執並不能算是馬克思理論的爭執，只不過是政治派別的吵架。連溫卿的馬克思主義是到日本跟山川均學的，與他對立的那些人則是從上海大學畢業的，最後演變成謝雪紅與連溫卿的對立。當台灣文化協會（新文協）被上大派那些人掌握後，連溫卿就遭到除名。這種鬥爭的情況我在中共看了很多，老實說只不過是用理論來合理化派別之爭而已——你和我的想法其實是相同的，但爲了清算異己，就算只是一個字的差別也能被當成藉口。毛澤東跟劉少奇[4]之間就是如此。本來毛澤東是被劉少奇捧起來才成爲主席，後來劉少奇卻被毛澤東鬥爭到凍死在鄭州一所醫院的屋簷底下。不只劉少奇，當年捧毛澤東上台的人，像林彪、朱德後來都被毛澤東殺死了。共產黨這一點確實厲害，昨天的朋友今天馬上變成敵人。

台灣有一批自稱左派、親共的學者曾大肆批評我，我反而認爲他們唸馬克思主義唸得不夠正確又過於教條：首先，他們沒有意識到馬克思提出共產主義的動機，是爲了恢復人性；其次，馬克思雖然贊成必須靠暴力與資本主義鬥爭，但是他也認爲一旦取得政權就應該恢復民主。之前我在台大門口靜坐時，王曉波有來見我，幫中共說好聽話，我只問他一句：「你向中共靠攏的原因，究竟是根據民族的立場，還是階級的立場？」他就自己走到一邊去了。

一旦他回答民族，那麼他階級的立場不就不見了嗎？我希望大家記住一件事：殖民地必須先有民族的解放以後，才可能有民主。而台灣如果沒有獨立，台灣人擁有的都是假民主。

《四百年史》出版之前，國民黨已經得知有人在寫台灣史的消息，一直試圖與各家出版社聯絡，想要買斷這本書的版權、阻止它出版。因此，我費了很多功夫找出版社，最後才找上一間由早稻田大學學弟經營的音羽書房。我請學弟務必保密，並且馬上給了他出版所需要的費用。我會用「史明」這個筆名出版《四百年史》，一方面是想突顯「明瞭歷史」的意思；另一方面也由於當時我已經開始進行台灣島內的地下工作，常常有人會來珍味找我，我不希望讓別人知道這本書的作者就是施朝暉。可是後來王育德走漏風聲，大家還是知道了寫《四百年史》的史明就是珍味的老闆。

3 王敏川（一八八九—一九四二），彰化人。早年就讀早稻田大學政治經濟科時，加入啓發會、新民會，擔任《台灣青年》編輯工作。一九二二年畢業回台後，擔任《台灣民報》記者，並參與文協活動，至各地巡迴演講。一九二三年因治警事件被捕。一九二九年與連溫卿對立，新文協因此分裂。一九三一年因支援赤色救援會而入獄，於一九三八年出獄。詳參：林礽乾等總編輯，《台灣文化事典》，頁一五三—一五四。

4 劉少奇（一八九八—一九六九），湖南人。一九二一年加入中國共產黨。一九三四年參加長征。中華人民共和國成立後，歷任中央人民政府副主席、人民革命軍事委員會副主席、全國人民代表大會委員長、中華人民共和國主席等職。文化大革命期間遭到迫害。一九八〇年恢復名譽。詳參：《中國人民解放軍歷史辭典》編委會編，《中國人民解放軍歷史辭典》，頁二三三。

一九六二年出版的《台灣人四百年史》日文版總共印了三千冊，大概花了五、六十萬日圓。書的封面是由日本大文豪武者小路實篤題字，他是我學生時代就認識的朋友，雖然出身貴族，卻是一位人本主義者，他看到我是台灣人，從那麼遠的地方來到日本，對我非常親切。書出版以後，我寄了很多本回台灣，像在台灣的美國大使館就買了一、二十本，放在美國新聞處的圖書館。一九七四年《四百年史》出版了增補修訂本，不過因爲音羽書房已於一九七〇年代倒閉的關係，便改由新泉社出版。新泉社兩次再版我都沒有拿版稅，贈書也大多拿來送人。台灣鴻儒堂則在二〇〇五年時主動說要替我再版，是以新泉社出版的那本爲底本，我也沒有跟他們拿版稅，只得到一百多本贈書。基本上，我的書大多送給學生看，並不在意版稅。

比較可惜的是，《四百年史》日文版出版後，除了報紙讀書欄有簡單介紹外，日本人與台灣學生們都因爲顧忌國民黨的關係，鮮少有人公開談論我這本書，頂多只有一些台灣來的大學生私底下跟我說這本《四百年史》很特別，不像連橫《台灣通史》那樣中國式的史書，算是少數採用歷史科學的方式寫成的台灣史。王育德本來想要成爲第一位撰寫台灣史相關書籍的作者，但是他的《台灣：苦悶するその歴史》要到一九六四年才寫成，我的《台灣人四百年史》卻早先一步出版，讓他覺得有些遺憾。至於戴國輝等人的台灣史書寫，成書就更晚了。書出版不久，我就與平賀分開。平賀覺得我一直將錢投入台灣獨立運動，不計代價地拿給來珍味的人，而感到很不安。我想她的反應也是正常的，畢竟我當時眞的是一頭栽入台灣獨立運動裡面。

一九七〇年代我著手進行《四百年史》漢文版的書寫。老實說，我的漢文並不流利，所以這次的工作花了比較長的時間。你們從小讀漢文，一看就知道我的文章沒有漢文的規矩、比較有個性。如果我小時候是在中南部求學，可能還有機會讀漢文，但我是在台北讀書，學校教的都是用日文發音、不純正的漢文。當時有一位叫石清正的人，從美國聖荷西到日本找我，他出身宜蘭，戰前如果來台北，都會到我家借宿。[5]他知道我要出《四百年史》漢文版，回美國就寄了一萬元美金過來，以當時的匯率來看，一萬美金大概是日幣三百六十萬，不是一筆小數目。一九八〇年《四百年史》漢文版脫稿，爲了感念他慷慨解囊，雖然是在日本印刷，但是出版地就改在聖荷西。《四百年史》漢文版總共印了三千本，印好後我寄了兩

5 石清正於一九三九年出生台中清水，石煥長為其叔公，家族原本定居宜蘭。故史明此處「他出身宜蘭，戰前如果來台北，都會到我家借宿」之敘述應是指石煥長，史明在其回憶錄亦提及此事。關於石清正與史明接洽出版《台灣人四百年史》之過程，亦可參閱學者何義麟之論著。詳參：史明，《史明回憶錄：追求理想不回頭》，頁一〇六；石清正口述；何義麟訪問、記錄，〈台灣協志會石清正先生訪談紀錄〉，《台灣風物》，第六七卷第二期（台北，二〇一七年六月），頁一三三—一七〇；何義麟，〈台灣史的誕生——以《台灣人四百年史》的文獻學考察為中心〉，《台灣風物》，第六九卷第二期（台北，二〇一九年六月），頁七一—一〇二。

千本到舊金山給石清正，請他替我販賣。這次印書的成本大概花了一千五、六百萬日圓，但是每本訂價只有九十美元，根本賠本在賣。至於留在日本的一千本書，我大多用來送人，或者讓人一本一本地偷偷帶回台灣，前後大概帶了幾百本進去。一九八〇年的漢文版，資料方面比較豐富，還加上了一些有關中共的內容，但是思想體系基本上和之前一致，並沒有變化。這次《四百年史》漢文版在美國產生很大的迴響，因為海外沒有人像我一樣寫大部頭的台灣通史，大多是著眼於事件史的撰寫而已。等到一九八一年我開始到美國各地巡迴時，也把《四百年史》一起帶過去推廣、販賣。

台灣學生於一九八〇年代讀到的，大多是鄭南榕[6]在一九八五、八六年左右印的「紅皮」版[7]，據說許榮淑當時在台中也印了兩萬本，而那些一九八〇年代從美國回來的台灣留學生，也從美國偷偷夾帶了三、五十本回去，不過似乎都是在大眾之間傳遞，沒有流到知識分子手上。因為這些關係，日後等到我回台灣，很多人都知道《四百年史》這本書。話說回來，鄭南榕的版本其實算是盜版，他是先印出來賣以後，才從日本一路追到洛杉磯找我拿授權書。鄭南榕後來還有派胡慧玲來找我，想跟我洽談版稅的事，說是有幾十萬元。我當時說：「你就先放著，以後地下工作有需要再找你們拿。」不過也是不了了之。[8]一九八六年我再出版了《四百年史》的英文版。英文版的內容是濃縮過的版本，由我撰寫大綱，再將稿子連同一萬美金，交給華盛頓一位姓陳的人，請他幫我拿給美國人修改。英文版跟當時美國的美麗島雜誌社沒有關係，是我自己透過美國的人際網絡搞定的。書印好以後，也是大量送給在美國的台灣留學生，但比較少送給美國人。我在日本時代長大，英文不太行，而在美國的台灣人後裔很多又不會講北京話或台語，所以我一直沒有機會和英文版的讀者當面討論。不過，感覺上美國那邊對英文版的反應挺熱烈的，畢竟美國一般書店關於台灣的資料並不多，這本書剛好成爲他們認識台灣的管道。

除了以上這幾個版本，後來因爲常常有讀者反映一九八〇年的漢文版字太小，而且內容只寫到一九八〇年，所以我就把資料補充到一九九六年，還加上人名、地名索引——可惜的

---

6 鄭南榕（一九四七—一九八九），出生於台北，台大哲學系肄業，以「爭取百分之百的言論自由」為宗旨，於一九八四年創辦《自由時代》系列週刊，並組織群眾，發動街頭示威，主導一九八六年的五一九綠色行動、一九八七年的二二八和平日紀念活動與聲援蔡許台獨案、一九八八年的新國家運動等社會運動。因刊登許世楷之〈台灣共和國憲法草案〉而收到高檢處涉嫌叛亂之傳票，遂在雜誌社展開自囚，行使抵抗權，一九八九年四月七日遭國民黨當局拘提之際，於雜誌社自焚殉道。詳參：鄭南榕基金會・紀念館編著，《剩下就是你們的事了：行動哲學家鄭南榕》（台北：書林，二〇一三）。

7 史明一九八〇年出版的漢文版為青綠色封面。

8 一九八〇年代後期，台灣出現大量《台灣人四百年史》盜印本，購買者主要是黨外運動的幹部與支持者。一九八八年史明曾獨家授權鄭南榕自由時代社在台發行漢文版，據說該版原書係由台灣史學者張炎憲提供複製印行。另外根據黨外雜誌研究者廖為民所述，自由時代雜誌社僅發行一次單冊精裝版，其他分裝兩冊紅皮版、三冊版等在市面上廣泛流通的諸多版本，皆為盜印版，總計銷量超過十萬套。詳參：何義麟，〈台灣史的誕生——以《台灣人四百年史》的文獻學考察為中心〉，頁九三—九四。

是，終究沒辦法完成事件索引——再出了一套三冊裝的版本。這個版本也印了三千套，花了幾百萬台幣。雖然訂價很高，但是書中有很多資料是花錢買回來的，算是成本的一部分。一九九八年這套書出版時，葉博文有幫忙銷售一些。基本上，各版本的《四百年史》都是以一九六二年的日文版爲基礎，再加上後續補充的資料。《台湾：その現代と将来》大概是一九六七年前後寫的，算是內容濃縮後的《四百年史》，並沒有印很多，主要的目的是想給學生唸。至於由我在美國成立的草根文化出版社出版的《四百年史》漫畫版，是因爲我看到戰後的日本人都在看漫畫，心想：「台灣人應該也會看漫畫吧！」才花上兩、三年時間，有一搭沒一搭地在腦海裡決定內容，再用比較粗的簽字筆直接畫在紙上。不過《四百年史》漫畫版只出了上冊，回台灣以後，我一方面沒那個心情，再者是筆觸也不太一樣了，就沒有將下冊完成。

重讀社會主義

我在撰寫《台灣人四百年史》的同時，也重新閱讀馬克思主義等相關學說，並涉獵第一國際[9]、第二國際[10]或第三國際方面的知識，這些東西後來都被我發展成行動上的綱領。除了馬克思主義，我的思想體系，包括台灣民族主義或者過去寫的《西洋哲學史序說》、《民主主義》等，都是從西洋的學說延伸而來，孔子學說是不可能產生這些東西的。

就像之前所說，我是在就讀早稻田大學的期間才正式進入馬克思主義、社會主義的殿堂。不過我只讀了兩年多，對馬克思主義的理解還很粗淺，就跑到中國去了。

當時我沒有辦法思考到多元論的層次，沒有想得那麼深，才會迷信一切問題都可以透過階級鬥爭來解決，而非將階級、民族與民主等問題，就世界各國不同的革命階段與背景來區分清楚。戰後等我進到解放區，看到毛澤東在華北罪及九族式地屠殺有國民黨背景的人——華北兩億人口中，被牽連的人總數將近一千萬人——又看到中共壓迫解放區的年輕人，逼得他們跳井自殺，才驚覺中共的手段與納粹沒有兩樣，毛澤東繼承的是中國兩千多年來的帝王思想與史達林的法西斯主義，而不是馬克思主義——帝王思想與封建社會的絕對性，德國納

9 即國際工人協會，一八六四年由英、法、德、義等多國工人代表在倫敦開會成立。馬克思為組織靈魂人物，以科學的社會主義為理論基礎，訂定組織行動綱領，並與恩格斯一同領導各國工人進行反對資本主義的鬥爭。一八七一年積極支持巴黎公社，但因巴黎公社的失敗，而使組織工作嚴重受挫，最後於一八七六年解散。第二國際建立後，始稱第一國際。詳參：黃丘隆、結構出版群主編，《社會主義詞典》，頁五六六—五六七。

10 第二國際是繼第一國際後，第二個聯合各國社會民主黨和社會主義工人團體的國際組織，一八八九年在恩格斯的倡導下成立。一八九五年恩格斯過世後逐漸分裂，第一次世界大戰爆發後，因大多數社會民主黨領袖公開支持本國參戰，而導致崩解。詳參：黃丘隆、結構出版群主編，《社會主義詞典》，頁五六八—五六九。

粹與義大利墨索里尼的法西斯政權等，都是無庸置疑的惡，是近代社會必須淘汰、打倒的。

瞭解事情眞相以後，我抱持著「我是台灣人，死也要回到台灣」這樣素樸的民族主義意識，計劃逃出解放區。但我回到台灣，發現國民黨的手段跟中共其實毫無差別，才又決定成立台灣獨立革命武裝隊。武裝隊的主要目的是暗殺蔣介石，不管從政治、革命或者武力的角度來看，本來就應該先從頭子下手，殺小卒沒用。我本來設想一旦蔣介石死了，台灣社會可能產生動亂，國民黨的部隊也可能會像二二八事件的時候一樣出來掃蕩、屠殺，屆時台灣人反抗的熱潮或許會再次湧現，雖然勢必會造成一些犧牲，但是也會帶來革命的機會。

馬克思主義的創始人卡爾．馬克思是德國人，一八四二年大學畢業，從學生時代就是信仰黑格爾辯證法的左派知識分子。畢業後他去當新聞記者，卻受到保守勢力壓迫，因此在一八四三、四四年左右搬到法國。馬克思在法國意識到資本主義存在著毀滅人性（human nature）的成分，必須予以淘汰，加以當時法國革命思想興盛，在此環境下，他先是閱讀英國的資本主義思想，像亞當．斯密的《國富論》，然後再繼續攻讀黑格爾哲學、往社會主義的方向邁進。十八世紀的歐洲已出現一些社會主義的思想家，跟隨前行者的足跡，馬克思一八四八年寫出第一本有關共產主義的著作《共產黨宣言》。

馬克思的思想主要從希臘的物質主義與觀念主義出發，物質主義與觀念主義是西洋哲學的兩大主流。其實物質與觀念兩者本來不是相互對立，而是一體兩面的，但在十八世紀傳到日本時，卻被中江兆民[11]翻譯成唯物論（物質主義）和唯心論（觀念主義），容易讓人誤以為它們是相對的。

中國的馬克思主義者大多參照日本的翻譯，至今仍有許多人沿用這兩個詞彙。唯心論認為世界本身沒有發動力，需要一位超然於世界與人之外的絕對者來予以啓動才會開始運行，這一位絕對者或許可以被稱為「神」。

唯物論則是說：世界當中存在著矛盾，矛盾就是反，反了以後會合，合了以後又會反，這即所謂「正、反、合」的辯證法則。辯證法跟唯物論是一個銅錢的兩面，馬克思正是將唯物論和辯證法結合在一起，形成唯物辯證論，把它當成研究方法的基礎。

總之，如果認為世界運轉的原動力存乎於世界內部，就是物質主義、唯物論；存乎世界之外的，則為觀念主義、唯心論。

從世界史的角度來看，公元六世紀到十四、十五世紀都是由天主教、基督教所主宰，辯

11 中江兆民（一八四七—一九〇一），高知人，思想家。一八七一年至法國留學，返日後開設法文學塾。一八八一年與西園寺公望創辦《東洋自由新聞》，隔年翻譯盧梭的《社會契約論》。一八八七年因《保安條例》而被迫離開東京，至大阪創辦《東雲新聞》，宣揚自由民權言論。一八九〇年當選眾議院議員，隔年辭職。晚年創辦實業失敗，致力於專書寫作。詳參：上田正昭、西澤潤一、平山郁夫、三浦朱門監修，《日本人名大辭典》，頁一三四六。

證法是相對的，但是天主教、基督教採取的卻是絕對主義。比如基督教主張天動說，而伽利略只不過主張地動說，就差一點被抓去燒死。

老實說，萬物都有生有死，怎麼會有絕對呢？這種情況直到十四、十五世紀才在馬丁路德、喀爾文的宗教改革，以及義大利的文藝復興、英國的民主革命影響下開始改變，等到近代資本主義、民主革命、科學革命相繼開花結果，絕對論才演變爲相對主義、唯物論。

雖然馬克思使用唯物辯證法，但他的學說卻容易走上基督教一元的、不允許其他意見存在的絕對論，像很多人就以爲，只要解決階級問題，其他問題都可迎刃而解。如今，現代大衆的知識都已經提高，不可能只有一元觀點，世界存在物質與觀念，若要求進步，唯有物質和觀念相互辯證與影響才有可能。

馬克思學說裡很重要的一項，就是他以唯物史觀來看人類社會的發展軌跡。馬克思認爲人類一開始是原始共同社會，再來發展成奴隸社會、封建社會。十五、十六世紀因爲自由主義、民族主義發展，封建社會被打倒，變成資本主義社會。但資本主義社會中，人的勞動跟商品一樣，可以被買來買去，人性因此有了被毀滅的危機，有鑒於此，馬克思希望能夠推動社會再一次改造，使之成爲共產主義社會。爲了打倒資本主義，馬克思組織了第一國際，第一國際後來沒有成功，但不久第二國際馬上延續了他們的理想。第一次世界大戰時，第二國際曾鼓吹大家不要參戰，呼籲全世界的勞動階級團結起來。不過這個訴求也沒有成功，勞動者們終究還是拿起槍來保護自己的國家，走上民族主義、民族國家的路線，第二國際最後也垮台了。

第二國際垮台以後，馬克思主義的路線分成兩條：一條是不用武力、以民主的方式來達成社會主義，像現在的北歐四國和德國、法國、英國等，他們都有社會主義政黨，社會福利方面的政策是全世界最進步的；另一條則是使用暴力來達成社會主義，像列寧、史達林等人。

但採取暴力路線者，往往在革命成功、得到權力後，會走上獨裁。像列寧透過祕密警察排除異己，繼承列寧事業的史達林，更在一九二八年到一九五三年間殺害將近五千多萬俄國人，明顯違背了馬克思主義的原則——馬克思本來是說：資本家掌握了軍隊、警察、裁判所，因此，無產階級如果沒有武力，就沒辦法與他們鬥爭。

但是一旦打倒資本家，就應該採取民主選舉，選出官僚、民意代表，官僚的薪資則和一般勞工採取相同的水準，要是他們表現不佳，大衆還可以免除他們的職務，最明顯的例子就是巴黎公社[12]。而且當時歐洲的勞工生活水準，因爲海外殖民地剝削的利潤而逐漸提高，降

12 為法國巴黎無產階級在一八七一年三月十八日革命之後建立的政府，本質上是一個工人階級政府，將企業交予工人管理，並頒布保護勞工利益的法令，最終遭到法國當局鎮壓，於同年五月二十八日消亡。詳參：黃丘隆、結構出版群主編，《社會主義詞典》，頁一二五—一二六。

低了武裝革命的可能性，馬克思就曾經調整自己的說法，認爲當下必須以民主手段爲主。

馬克思過世以後，伯恩施坦[13]進一步修正了他的理論，與此同時，資本主義到十八、十九世紀過度發展，進而產生危機，內部也因此出現修正的聲浪。

最具代表性的學者是凱因斯[14]，他認爲第一是必須創造有效需求，提高員工薪水，讓他們可以購買自己工廠生產的產品；第二是社會福利，透過向富人課較重的稅金，讓國家可以實施失業保險、健康保險等社會福利政策；第三則是金融管制，即國家介入銀行等金融機關的管理。其實凱因斯的意見有四條，但是第四條我忘記了。簡單來說，凱因斯認爲資本主義和社會主義看似彼此對立，但如果資本主義不往社會主義靠攏的話，資本主義本身也會自我瓦解。

重讀社會主義、馬克思主義，當然對我的地下工作幫助很大。革命是一個體系，必須要有理念、立場、戰略和戰術。

理念是原則、中心，立場則是分辨公與私，至於要採取暴力還是民主選舉，就是戰略、戰術。我在日本從事台獨運動初期，基於國民黨從二二八事件以降殺了很多台灣人，原先也是主張以暴制暴的手段，才會讓人去炸鐵軌、翻火車、燒派出所，可是我心裡很明白，有朝一日台灣如果獨立成功，終究也要採取民主的方式。不過我也沒有完全拷貝馬克思主義，我個人認爲台灣應該屬於社會主義的民主與民族革命，而不是社會主義的階級革命。因爲台灣是殖民地，要是資本家和大衆在階級革命的情況下自我分裂，要如何面對外來的統治者呢？

除了革命上的幫助之外，重讀社會主義，也讓我對知識分子這個身分有所省思。知識分子比起大衆有更多讀書、吸收新思想的機會，因此有進步的性格。但是，知識分子時常想要往上爬，遇到挫折更容易產生動搖。

相對而言，社會大衆比較沒有讀書的機會，缺乏新的思想，性格衝動，但這也代表他們有行動力，而且他們不會汲汲營營想要往上爬。我常常說：「我們不應該將知識分子與大衆視爲不同的群體，兩邊需要結合，才能夠產生力量。」

知識分子總是想教導別人、自以爲比大衆高一層，這是不對的，應該跟大家打成一片、鼓舞大家一同行動，也要避免使用理論，最好使用大家可以聽得懂的語言。比如若有人問：「什麼是社會主義？」說穿了不過是一句「社會主義就是代表大衆的利益，爲了大衆的利益

13 伯恩施坦（Eduard Bernstein，一八五〇—一九三二），德國人。一八七二年參與德國社會民主黨，並多次擔任國會議員。主張社會改良，鼓吹議會鬥爭，認為社會主義可以在資本主義下實現，反對階級鬥爭、暴力革命與無產階級專政。詳參：黃丘隆、結構出版群主編，《社會主義詞典》，頁三三三—三三四。

14 凱因斯（John Maynard Keynes，一八八三—一九四六），英國經濟學家。主張政府應透過管制貨幣來穩定資本主義經濟，並透過政策干預解決失業問題與經濟危機。其主張的經濟學說被稱為凱因斯主義，影響經濟學界甚鉅。詳參：王覺非主編，《歐洲歷史大辭典》，頁一七一九。

打拼」罷了。

俄語裡有一句話叫「到群眾裡去」[15]，正是要知識分子和大眾打成一片。這句話產生的背景大概在帝俄時期，當時很多貴族子弟到法國留學，受到自由、民主氣息的薰陶，回國後憑恃著年輕人的熱情和正義感，把土地發放給農民，意圖打破封建社會對人的束縛。不過中國五四運動前後，這句話卻被陳獨秀與李大釗等人翻譯成「民粹」，原本是好的意思，後來變成一句罵人的話，台灣現在就經常拿這個詞彙亂批評，實在是很落伍。

老實說，人有了金錢或知識權力以後，往往會慢慢脫離群眾。像現在的教授都不會跟群眾對話，他們讀的書，大眾不會讀，說話的內容、喜歡的東西也都跟大眾存在著鴻溝。如果知識分子顯得保守、和大眾保持距離，台灣怎麼可能團結起來呢？台灣人不團結，又怎麼會有力量呢？又要拿什麼來打倒外來者呢？既然我們是爲了台灣獨立而努力，最重要的事就是要好好耕耘大眾與基層，否則，既想要採取民主的方式，又沒辦法得到大多數台灣人的支持，怎麼可能會贏得勝利？

成一家之言：反殖民地民族革命路線

我在《四百年史》的序文中曾經提過：這本書是從台灣大眾的角度，思考台灣民族主義與台灣意識的發展。過去針對民族主義與台灣意識的討論，都認爲要從知識分子的觀點，而忽略了社會大衆。

這其中有很大的錯誤。從前台灣的知識分子，數量上遠遠沒有現在那麼多，即使是戰後，美國與歐洲的台灣留學生加起來也不過兩、三百人，如果用他們來討論台灣人的台獨意識或民族主義是否存在，一定會有偏差。基於這種認知，我才會在一九六九年提出「反殖民地民族革命路線」的口號。這裡所謂「殖民地」，意指佔人領土、對原住民施行政治與經濟壓迫的外來勢力。

殖民地之所以產生，與十五世紀開始發展到十八世紀的產業大革命有關。人類社會發展型態的第一階段是原始共同社會，指的是初民打獵、分工，進而因爲獵場決定生活範圍。伴隨著人口增加，各部落的生活範圍也逐漸擴大，彼此接觸進而引發戰爭，戰爭往往會刺激一個社會組織產生特權階級，這就是奴隸時代到來的原因。奴隸時代之後變成農奴[16]時代，也

15 十九世紀中葉，俄國革命運動中的民粹派發起「到民間去」的運動，促進農民進行反對地主與沙皇專制的鬥爭，其思想主張通常被稱為民粹主義。詳參：王覺非主編，《歐洲歷史大辭典》，頁一一二七三。

16 農奴制是歐洲中世紀封建制度下奴役農民的制度。農民從封建主取得土地，被迫提供勞役、繳納地租，被束縛於土地上，且必須服從封建主，成為農奴。詳參：王覺非主編，《歐洲歷史大辭典》，頁二二二三—二二二四。

就是封建時代。農奴與奴隸不同，奴隸沒有土地、人格，會被當成商品買來賣去。但無論奴隸或者農奴，封建社會基本上都是束縛人的，人們受到封建領主的控制，不能自由遷徙。這種情況因爲資本主義發展產生變化，資本家們希望打開市場，便與農奴結合，打倒封建社會、解放農民，進而形成了現代社會。

封建時代的西方，眼裡只有歐洲，亞洲、非洲都不算在裡面。但當資本主義時代來臨，歐洲不久就出現市場飽和、供過於求的狀況，需要殖民地以取得原料、擴大市場。於是歐洲人開始到亞洲、非洲、美洲等地用大砲、戰艦、軍隊攻佔別人的國家與領土，形成帝國主義。

現代社會的形成，除了資本主義之外，民族與民族國家的概念也相當重要。原本是封建帝國、王國的歐洲各國，在封建社會崩潰後，若想動員平民支持自己的政權、抵禦別國的侵略，最直接的方式就是訴諸民族主義。因此，英國開始跟老百姓說我們是盎格魯薩克遜人，法國也說我們是法蘭西人。後來等到這些因爲民族主義而團結一致的歐洲強國，開始以帝國主義侵略殖民地，殖民地被壓迫的人們也形成了民族主義，藉以抵抗帝國主義，如英國的殖民地印度、荷蘭的殖民地印尼、西班牙的殖民地菲律賓、法國的殖民地越南等等，都可以觀察到殖民地民族主義。

換言之，民族主義同時包括了侵略別人的、反動的民族主義，和主張自己要做人、進步解放的民族主義，二者產生的衝突就是殖民地鬥爭。

成長過程中，我心裡並沒有所謂「中華民族」的概念，一方面我們林家來台灣已經十九代了，中間沒有人再回去中國；另一方面，清朝時期漢人早就已經分成「唐山人」和「本地人」，日本時代的台灣人又成爲日本國民。再加上當時的台灣人幾乎都沒有到過中國，在台灣的中國人也不多，大多是修理皮鞋、替人剃頭的工匠，大家喚他們爲「支那人」，對他們懷抱輕視的態度。

不過，我自己倒是不曾以「支那人」稱呼他們，畢竟他們也不喜歡。日後等到我唸早稻田大學，才從幾位很有名的教授那邊接觸了民族主義的思想。但就像之前所說，當時我一心相信馬克思的階級論，也就是全世界都應該以階級作爲根本、用階級處理一切的問題，所以沒有投入太多心思在民族主義上頭。不過其實馬克思自己並沒有否認民族問題啦！他只是認爲必須先解決階級問題，才有可能解決民族的爭議。

我是一直到一九五二年逃到日本、重讀台灣史以後，台灣民族主義的思想才逐漸明確。除了原住民外，我們的祖先雖然大多是從中國來的，但那是漢族、是「族群」，並非現代概念下的「民族」。

清朝末年孫文提倡中華民族主義，當時台灣也不屬於中國的領土，不算是參與了中華民族主義的建構。我們雖然是漢人的後裔，但是四百年間台灣已有獨特的歷史演變：首先，荷蘭人當然是外來的殖民統治者，而清朝時的統治者與被統治者儘管同屬漢族，但政治、經濟上的壓迫造成「唐山人」和「本地人」的區分，不然怎麼會有「三年小反，五年大亂」、「本地反唐山」、「出頭天做主人」的狀況？

接下來到了日本統治時期，台灣比中國近代化的速度快上幾十倍，再加上第一次大戰全世界提倡民族解放，所有的殖民地都在高喊「民族獨立」——也是日本殖民地的朝鮮，當時就掀起三一獨立運動——台灣的民族主義也就在這種環境下逐漸成形。然而，國民黨來台灣以後，很多台灣人都以為自己是中國人，混淆了「種族」與「民族」的差別，更沒有意識到國民黨政府也是外來殖民者。

蔣介石統治最厲害的地方，在於他不僅僅用高壓的恐怖統治，讓台灣人害怕、不敢說實話，更試圖透過教育，將台灣文化變成中華民族的黃河文化，像他們不願意教台灣歷史、台灣人在學校講台灣話還得罰錢等等。不過我並不是說人在台灣，就一定要認同台灣民族，民族認同到頭來最重要的，終究還是得回到個人。有些人父母親都是中國人，或者雙親一邊是台灣人、一邊是中國人，我們不能強迫他，要以他自己的認同為主。

總之，我在一九六九年提出「反殖民地民族革命路線」的口號，是因為意識到我們必須先有自由、解放的民族，才能有自立、現代的社會——一九六〇年代亞洲幾乎都沒有殖民地了，印度、印尼、菲律賓、安南、緬甸，甚至太平洋上面隨便一個小島都獨立了，只剩下台灣還沒有獨立。

過去台灣人看不起非洲人，說人家是「黑番」、文化水準很低，但是人家現在擁有國家，台灣卻仍然是全世界唯一的殖民地。這句口號更非隨便喊出來的，它和我的《台灣人四百年史》有密切的關係，也是結合歷史學與社會學的成果。我一直覺得，歷史學必須結合社會學才會具體，因爲歷史學是直的，社會學是橫的，一九七〇年代法國學界就有所謂「歷史社會學」的概念。

當時這些想法我都會講授給來到日本的地下工作同志聽，不過受限於大部分時間必須用來談論戰略、戰術，沒有辦法很深入，只能觸及一些皮毛，用詞也更加簡單。比如說：「我們的祖先是哪裡來的？中國。我們跟他們一樣都是漢族，但是荷蘭時代、日本、直到現在卻還都是外來者統治……現在全世界都那麼文明了，大家都想自己當主人，只有我們還是殖民地。你說說看，你究竟是要做奴隸還是做主人？」或者像是：「我們台灣人不能說本省人唷！你說本省人，台灣就變成中國的一部分！台灣人就是台灣人！或者是，不可以說出國，出國就表示你承認中華民國，要說『出海外』。」除了「反殖民地民族革命路線」，我還有一句時常強調的口號：「主戰場在島內」，一時似乎挺風行的，但是眞的照做的人沒幾個。

一九六二年《台灣人四百年史》出版以後，我就一直想要寫書討論台灣民族與民族主義，藉此釐清感情獨立與思想獨立之間的差別，也算爲台灣人留下一些火種。然而，我一邊從事地下工作、一邊開麵店，經常要面對資金不足的壓力，精神也不專一——每次有同志回到島內，我的心往往就跟著他回去台灣，在安全抵達的消息還沒傳回日本以前，整個人都無法鎮定下來——一直等到一九九三年我要回台灣之際，才分別用了一個多月的時間，完成《民族形成和台灣民族》、《台灣民族革命和社會主義》這兩本書。這兩本書各印了三千本，總共花了五、六百萬日圓。只是我看大家幾乎都沒有讀完，當然讀者如果沒有一些社會學基礎的話，閱讀起來確實會有障礙啦！

話說回來，不管是《台灣人四百年史》還是我寫的其他文章、書籍，我都非常著重學術良心。

即便日子、人名可能有錯，但是內容本身絕對不可以與事實相反。我保證我所說的、所寫的都有所根本，但是當下的回憶難免可能出現錯誤，那是時間造成的影響。因此我也希望你們要瞭解我所經歷過的事實、我的行動、我的感受，再來對我的口訪內容做出正確的判斷，不要單憑猜測做出斷語。例如我對辜寬敏與黃昭堂這兩個人的看法當然不一樣，畢竟一起經歷過的事情不同，感觸也會不同。台灣人常說看人、看事情要客觀，但這一句話本身就最不客觀。人不能十全十美，我只能努力克服自我的偏見，不要因爲感情而產生偏頗。

輯三・陸上行舟（一九七五—二〇一〇）

第十五章
路線轉換與盧修一事件

餘波盪漾

如同我之前所說，一九七五年左右，獨立台灣會停止武裝行動，開始轉換路線。不過一九七六年一月六日，我們島內的同志卻擅自發起了破壞高雄變電所的事件。他們沒有經過我的同意就貿然採取行動，我也是事發後才得到消息。台灣跟日本之間隔著海，我在安全地帶籌備計畫發號施令，但他們在危險地帶，經常必須視現實情況而應變、判斷該做些什麼，因此總是有我控制不了的時候，而且破壞變電所的難度並不高，不必經過我這邊來安排、擬定策略。

除了破壞高雄變電所，我們也持續訓練地下工作人員，像一九七八年那時就有阿富、阿城以及其他二十六位島內的都市貧民來日本接受訓練。這些人並非同一批，而是零散分批過來的。爲什麼特別提到阿富、阿城，是因爲他們與我關係比較密切。阿富本來是特務單位派來的人，卻被我們策反，有時候我也叫他「老鼠」；至於阿城是由阿富帶來日本、隸屬於阿富的系統，本來是個討海人，經常在與那國島、釣魚台等地抓魚，偶爾也會走私一些貨品。他們受完訓練離開日本時，我大多讓他們夾帶傳單回台灣，沒有再交代其他的任務，不過阿富經常率眾到南部的派出所縱火，行動後他們才會通知我，我再讓別條線的人去確認。在我一九九三年回台灣以前，阿富這條線就已經自行切斷了。還有一個叫阿貓的迌迌人，他曾到日本找我飲酒作樂，我趁機吸收他，他回去以後也開始幫忙我們宣傳、張貼標語。阿貓一九九〇年跑到萬華的警察局裡面，開槍打死了一名警察，隨即遭到逮捕，後來被槍決。這不是我叫他做的行動，主要是私人恩怨。[1]

阿富還有其他人要來日本時，我都假借申請專利、洽商的理由讓他們進來。當時台灣還在戒嚴，出國並不容易，而且太常前往日本，會引起台灣與日本海關的注意。為了讓一些同志一年內可以到日本兩、三次而不被懷疑，我先到某座工廠去，請他們替我打造一份申請專利所需的樣品，再透過熟識的律師，替我向日本的專利局辦理申請手續、取得申請書。一般來說，申請專利大多耗時三至四年，期間內他們便可以透過申請證明等理由來通關。

1 一九九〇年十一月八日，外號「阿貓」的萬華會社尾角頭兄弟陳輝華，被台北市警方提報核定為情節重大流氓，又因殺人案被法院通緝期間，聲稱不滿台北市刑大洪姓刑警一再逼他繳槍，故持槍至萬華桂林路派出所開槍示威，擊斃值班員警。詳參：鍾秀雋，《艋舺角頭、廟會與陣頭之研究》，頁一三七。

結識盧修一

一九七五年獨立台灣會轉換路線，跟盧修一回去台灣有些關係。盧修一是三芝人，父親很早就過世了，母親在三重埔替人家洗衣服，一路拉拔他唸大學、出國深造。一九六七年我成立獨立台灣會以後，持續發行《獨立台灣》，大量寄到歐洲、美洲各地，當時海外相當缺乏漢文刊物，所以大眾反應挺熱烈的。盧修一就是在比利時閱讀了《獨立台灣》，主動來信給我、跟我搭上線。後來他學費不濟，暫時休學回台任教，才到日本與我正式會面。一九七〇年代我曾兩次要求他回台執行任務，他早年在台灣有國民黨的背景，因此我就請他想辦法替我在國民黨裡面找資料，不過主要的目的是測驗其決心啦！如同我一直掛在嘴邊的：地下工作好比「過山刀」這句台灣俗話，此刀雙面皆是利刃，一不小心就會出事，傷了自己也傷了別人，所以剛和我建立關係者，我並不會讓他直接擔下任務，而是先請他去拿一般人找不到的資料，然後才開始信任他。

我通常不會叫盧修一的本名，都是以「盧仔」稱呼他。盧仔前後總共來過日本四次，每次都住兩到三個月。一九七五年他完成之前未竟的學業，返台任教。盧仔很會唸書，但也十分靈活變通、有行動力，而且懂得保守祕密，不該說的事情就不會說，比如直到一九八三年曝光以前，盧仔的妻子陳郁秀都不知道他跟獨立台灣會之間有關係，盧仔來日本都以去圖書館找資料爲由，我也另外租個地方給他住，所以陳郁秀從頭到尾都不知情。除此之外，盧仔更善於經營社會關係，不過這部分算是國民黨體制訓練出來的成果。盧仔說他大學時期都在當三民主義宣傳隊，一個學校接著一個學校巡迴、演講，這方面的經驗讓他獲得很好的啓發。說實在話，盧仔這個人讓我很感動。以前不管美國、日本還是歐洲的留學生，來找我時每個人都一副悲壯的樣子，想回台幹一番大事業，結果我一供應他們經費，回去以後卻都失去聯繫、沒消沒息。說起來台灣人也要檢討自己，像盧仔這種敢說敢做的知識分子實在太少了。

我對盧修一的訓練和對一般大衆、迌迌人的訓練不同。大衆接受的訓練主要是在底層開拓、發展地下關係，或者從事爆破、燒派出所等暴力行動，但盧仔畢竟是讀書人，回來台灣將成爲知識分子的一員，要他回去進行爆破行動什麼的不太可能。而且一九七〇年代後，台灣的民主運動已逐漸萌芽，《台灣政論》等雜誌慢慢出版，許多年輕人譬如姚嘉文、林濁水等人也開始嶄露頭角，種種情況下我才會認爲台灣的武力抗爭應該要告一段落——對我而言，做事情一定要「照步來」，民主運動興起，武力鬥爭就得中止——因此我和盧修一談的都是民族、民主革命之類的東西，派給他的任務也主要是去國民黨內拉攏一些人，盡可能使用他的人脈，以單線一個對兩個、兩個再去拉四個的方式發展關係。他後來回報給我的人有兩百多位，如果是我已經認識的人，盧修一會向我提對方的名字；如果我不認識，就不多講，畢竟保密是地下工作最重要的原則。我請盧修一發展人脈的目的，是希望等到蔣經國過世，可以發揮效果。你們想想看：蔣經國死後得重新推選領袖，如果全台有兩百多位像盧仔那種地位的社會賢達，私底下在支持獨立運動，儘管表面上沒講出來，效果一定比現在的民進黨還有用。

我剛剛講過，盧修一從前與國民黨的瓜葛很深，所以我才要他回台灣以後在表面上仍然多多參與國民黨內的活動，他後來也才會與國民黨CC派頭子張其昀[2]結識，甚至以契父子相稱，也進入他創辦的文化大學教書。張其昀在台灣當過教育部長，也當過國民黨黨中央的祕書長，算是蔣家政權中相當核心的人物，所以草山、紗帽山那片日本時代既不能種樹也不能蓋房子的「公山」，才會撥給他興建文化大學。盧修一本來在比利時唸書，博士學位在巴黎大學就讀，張其昀在盧修一還沒有拿到博士學位以前便請他在文化大學教書，等到盧修一拿到博士學位、再次回到台灣，張其昀還讓他兼夜間部的政治學系主任，這在當時一般台灣人身上是少見的優渥待遇。

盧修一之所以與張其昀接觸，一部分也是透過我與蔣經國一位祕書之間的關係。蔣經國有一位祕書叫高素明，或叫高理文，他是蔣經國在俄國的大學同學，回中國便一路跟著蔣經國到贛南、上海，最後也隨國民黨來台。我是於戰前在蘇州做地下工作的時候認識他的。一九四二年我剛到蘇州，他則在贛南準備要回重慶，去弄由蔣介石任校長、蔣經國當教務主任的三民主義青年團的幹部訓練學校，即後來的政治大學。當時他派了一位特務來和我會面，大意是要我幫他們一同對抗日本人──一九四一、四二年之間，日本的軍勢正強，不僅佔領鐵路和城市，還有餘力到農村掃蕩──起初我以爲可能是當時台灣人去中國抗日的沒有幾個人，才會引起他們的注意，後來才發現是中共地下情報系統的關係。國民黨的地下工作上層有軍統和CC派，下層則有三民主義青年團，三青團有些人和中共的來往其實滿密切，甚至可說是一起合作。不過我和高素明要等到一九四五年戰爭結束以後，才正式在北京見到一面。這段回憶過去我從未跟任何人提起，畢竟我們都在做地下工作，有些事情絕對祕密，不過因爲高素明已經過世，我才藉著這個機會來公開。

一九四九年我從解放區回到台灣，透過當年那位特務陳寶川與高素明再次取得聯絡；我介紹陳寶川與陳逢源結識，但他也藉著這個機會替國民黨監視陳逢源。我請他幫我帶話給高素明，之後就沒有再與陳寶川碰面。當時高素明住在東門，那一帶原屬日本高級官員的宿舍，我時常去找他，高素明心裡面很反對國民黨，不停策動我、要我起來反抗。國民黨後來

2 張其昀（一九〇一─一九八五），浙江人。一九四九年隨國民黨政府來台，曾任國民黨總裁辦公室主任、國民黨中央宣傳部部長，並創辦中國新聞出版公司。一九五八年先後任革命實踐研究院與國防研究院主任。一九六二年創辦中國文化學院，該校在一九八〇年改制為中國文化大學。詳參：林礽乾等總編輯，《台灣文化事典》，頁六八三─六八四。

好像捕捉到一點風聲，一直有特務跟在高素明身邊，他只好在退休之後搬到美國，也在美國過世。總之，我就是從日本跟高素明聊起張其昀，又趁機提到盧修一，希望他幫忙牽線。我不知道高素明怎麼向張其昀遊說，也可能是盧修一自己的手腕高明，反正盧修一最後順利地成為張其昀的乾兒子。

不讓鬚眉：前田光枝

盧修一在台灣發展關係時，我都讓前田光枝去跟他聯絡。前田光枝是新潟人，新潟是一處冬天落雪會落兩、三公尺厚的地方，算是很貧瘠的鄉下。前田光枝本來是在研究日本的原住民愛奴人，後來連結到台灣的原住民，還到埔里一帶做過田野調查。前田是因為看到我的《台灣人四百年史》才跑來找我，她與丈夫一同在東京經營柴魚店，自一九七四年開始，幾乎每天都會來我店裡。前田與她的丈夫曾經參與日本赤軍，但是跟之前那些來珍味吃麵的成員不同，她並不是做暴力行動的那一夥。前田和我搭上線的時候，剛好盧修一也開始與我產生關係，於是我讓他們兩個在東京碰面，並請前田光枝負責與盧修一聯絡。

為什麼前田光枝會願意到台灣與盧修一聯絡的原因，在於日本赤軍這一派是最反對日本帝國主義的，他們把台灣革命視為世界革命的一環，所以相當支持我們反對中華民國在台灣的殖民地統治，也很願意在行動上幫忙我們。我有稍微訓練前田光枝，並讓她去台灣做另外一些工作，畢竟日本人在台灣出入比較自由，不過有時她也會自行前往台灣進行田野調查。一九七七年中壢事件[3]發生時，前田剛好在現場，那次不是我派她去的，只是她去台灣的理由我也記不得了。當時前田被群眾誤以爲是特務人員，身上背的相機整台被搶走，儘管情勢一度很緊張，她卻對於現場群眾焚燒警局、警車等反抗行動覺得很亢奮。

前田光枝每次都固定在十二月三十一日到台灣，因此十月以前我們就會和盧修一約定好時間。人與人當面接觸有個好處，就是什麼內容都可以傳達。前田主要是跟盧修一通報海外台灣獨立運動目前的發展，以及國際態勢、台灣在國際的地位變化等等；盧修一則回報他在島內的工作狀況，包括開拓、爭取了哪些人的關係，他和哪些人比較熟稔，這些人大致上又分成什麼階層等等。前田光枝的旅費與機票都是她自己負責，我每次會拿五百美金——那時候美金很大，一元美金可以兌換新台幣四十幾元——請她轉交給盧修一當工作費。

3 一九七七年台灣首次舉辦五項地方公職人員選舉，許信良因未獲國民黨提名，而自行宣布參選桃園縣長，最後遭開除黨籍。投票當日桃園中壢第二一三號投開票所選監主任涉嫌舞弊作票，消息傳出後，支持許信良的選民包圍中壢分局，搗毀警車並焚燒警局，此即中壢事件。許信良最後以二十二萬票擊敗國民黨提名的歐憲瑜。詳參：吳密察監修，《台灣史小事典》，頁一八六。

東窗事發

盧修一幫我們做了一陣子的地下工作後，國民黨的特務發現盧修一在汽車駕駛訓練班裡面有一位過從甚密的朋友，而開始盯上盧修一，當時我們在調查局內部的人隨即給我線報，警告我盧修一平日被人跟蹤。知道消息後我馬上聯絡盧仔，他也派了一位台中的醫生來日本找我。我請那位醫生幫我提醒盧仔，要他最近不管是政治上的發展與私人生活都要小心謹慎。

過了一段時間，我寫信問盧修一：「今年可以去台灣嗎？」他回說：「可以。」於是，我便趁前田光枝到台灣探望已出嫁女兒的機會，要求她拿東西去給盧修一。但這次盧修一實在過於大意了。當時他想讓前田光枝看看國民黨的殘暴，就開車載她去土城看守所閒逛，順便在那附近吃飯，卻被持續跟蹤他的特務看到，不然過去六、七年間沒有人知道盧修一與前田光枝有聯絡。等到兩人分道揚鑣，特務假意修理前田光枝下塌房間的水龍頭，在她房間裡安裝了竊聽器，這才東窗事發。他們被特務逮捕以後，報紙是說「前田光枝事件」，但除了前田光枝、盧修一以外，還有一位叫柯泗濱的人也同時被捕。柯泗濱是由我們的人介紹、拉進組織的，但關係不深，前田光枝和他見面時會帶一些資金給他，但沒有跟他談政治相關的事，我只知道他父親好像是警察。

盧修一最後被判感訓三年，以顏尹謨當年被判十五年、關九年來看，算是非常輕微的。這一方面當然與他過去在國民黨內部的關係有關；另一方面也是因爲蔣經國病重，特務體系越來越鬆散。當時《中央日報》有刊登盧修一的口供，內容主要是說盧修一受到我的欺騙，所以我也就被列入通緝的名單當中。至於前田光枝則被判處三年徒刑，不過直接被遣送回日本，柯泗濱則緩刑三年。

後續影響

盧修一之所以會行蹤敗露，一開始純粹是因爲他的私事引起特務注意。你的地位越高，黨中央一方面會給你特權，另一方面也會特別監督你，連日常生活也有人時時在暗處盯哨。前田光枝回到日本以後，寫了一份資料給我，然後跟我講說台灣人都不能信任，從此跟我斷絕聯絡。這也不能怪她，她被逮捕後爲了保護盧修一與柯泗濱，不管國民黨如何逼供都堅不吐實，等到被關進看守所，裡面的職員對她很不客氣，動輒就大聲斥罵她，但是盧修一卻已經跟職員們打起桌球、聊起天來，這讓前田光枝對台灣人的革命立場產生很大的動搖。當然盧修一這個人對台灣的熱情無庸置疑，只是此人很會鑽營、腦袋很活，人都被關進看守所了還懂得利用國民黨的關係。

這次盧修一事件爆發，對我們獨立台灣會的影響很大。獨立台灣會主要是三條線在做，一條是流氓、迌迌人，一條是武裝行動的社會大衆，一條則是知識分子。知識分子這一塊可說都是由盧修一爭取，事情一曝光，人當然全部散去。所以獨立台灣會在知識分子這一塊始終沒有什麼人，直到陳正然、廖偉程出現，才透過他們再一次發展與知識分子的關係。盧修一受過國民黨的組織訓練，不管紀律遵守或思想上都很完備，在我眼中算是個人才，我當初也才會放手給他去做。如果盧仔當年沒有失敗，獨立台灣會必然形成一個有力的系統，不會像現在一樣沒什麼活動空間。而且盧仔被抓後，沒有再與我聯絡過，這也是十分可惜的事。

總而言之，這起事件不只是盧修一個人的失敗，更是獨立台灣會的失敗。

第十六章

日本之外，「獨」家記憶

由刺蔣案說起

一九七〇年四月二十四日，黃文雄與鄭自才兩人在美國槍擊蔣經國。這件事蔡同榮與台獨聯盟的成員確實都有參與，但蔡同榮於事發當晚的記者招待會，卻當場否認台獨聯盟與本案的關係。當然我想蔡同榮作爲聯盟的主席，爲了保護組織，有他不得已的苦衷，然而在記者會上公開否認，似乎又有些超過；再加上事件爆發後，蔡同榮與台獨聯盟藉此對外募款，但黃文雄、鄭自才交保後他們並沒有公開詳細的帳目，而且只拿了二十萬出來。因此，當時包括王秋森、賴文雄、康泰山、張維嘉和他哥哥張維邦[1]等人才會心生不滿，進而退出台獨

1 張維邦（一九三七—二〇〇二），樹林人。台灣大學法學院商學系國貿組畢業後，負笈瑞士佛立堡大學攻讀財經與國際商業貿易。一九六六年獲頒經濟學博士學位。一九六七年前往加拿大教授經濟學。一九九〇年至日本京都立命館大學任教。留歐的經歷孕育出他宏遠的國際觀，深感民主的價值，主張

聯盟。

黃文雄他們舉事之前，和獨台會有關係的史清台曾給他們一些資金上的協助，我也知道他們要刺殺蔣經國的計畫，不過沒有多加干涉，畢竟戰術是他們內部的事務。黃文雄和鄭自才交保出來，要展開逃亡之際，我們也有幫忙，尤其是鄭自才，他的假證件還是我提供給他的。鄭自才棄保逃亡到了瑞典，取得政治庇護，加入了台灣獨立革命軍第四區——所謂台灣獨立革命軍「第四區」，並非指有一區、二區的意思，只是個虛詞——不過他活動過於積極，還另外到巴黎參加歐洲台灣協志會，美國才要求瑞典政府將鄭自才遣返。[2]我一聽到消息，馬上找了黃昭堂協助救援，甚至還動用我在日本赤軍的人脈，收集了四、五萬人的簽名呈交給瑞典政府，但仍宣告無效。瑞典政府將鄭自才遣送回美國時，他在飛機上面咬舌自盡，飛機緊急迫降倫敦，鄭自才被押到倫敦監獄，不久才又送回美國，最後被美國政府判處五年有期徒刑。服完刑後，鄭自才跑回瑞典，他在瑞典那段期間我都有跟他聯絡，他也有投稿到《獨立台灣》，後來他當上協志會主席，解散了組織，我們之間才比較沒有來往。

關於彭明敏

稍早於刺蔣事件，一九七〇年正月，彭明敏從台灣成功偷渡出境。彭明敏是高雄人，父親彭清靠在台中大甲行醫，家中似乎有四、五個小孩，都送到台北唸書，老二叫彭明輝，彭明哲大我一歲，彭明輝跟我同年，和我一樣都讀建成小學校。我在小學校時與彭明輝、彭明哲交往密切，但彭明敏因爲小我六歲，錯開了在小學校碰面的機會，戰前也一直沒有機會相遇。那時候他們的母親大概每週會來學校一次看彭明哲與彭明輝，跟我們家也算熟識，像我阿爸戰前就曾經到文化協會台中分會拜訪過他們的父親。

彭明敏一九六四年被國民黨逮捕後，我才知道他是彭明輝的小弟。他被捕的原因我在《台灣人四百年史》裡面有寫到，主要是他和謝聰敏、魏廷朝那篇〈台灣人民自救運動

台灣必須成為一個正常國家，故大力宣揚台獨建國的理念，也因此被國民黨政府列為黑名單，直至一九九四年才得以返台，於淡江大學歐洲研究所任教並擔任所長，以自身專業與學術人脈，促進台灣與歐洲的交流。二○○二年赴歐開會途中不幸逝世。詳參：蔡芬芳，〈夢翠歐的行者——張維邦教授之學術論著與社會實踐〉，《台灣國際研究季刊》，第七卷第二期（台北，二○一一年六月），頁二一一—四八。

2 史明此處說法有誤。成立台灣協志會的張維嘉表示，鄭自才並非因為參與協志會，才在一九七二年從歐洲被引渡至美國，他參加協志會已是一九七五年的事情。協志會的參與者徐雄彪亦表示，一九七○年刺蔣案發生後，鄭自才逃亡至瑞典尋求政治庇護，一九七二年被引渡回美國監獄服刑，一九七五年出獄返居瑞典，張維嘉才邀請鄭自才加入協志會。詳參：張維嘉，〈對於史明與鄭自才訪問紀錄的若干辨正——張維嘉先生來函〉，頁四二八；陳儀深訪問；林東璟、簡佳慧記錄，〈回想歐洲台獨同志們：徐雄彪先生訪問紀錄〉，《記錄聲音的歷史：台灣口述歷史學會會刊》，第十期（台北，二○一九年十二月），頁一一七。

宣言〉曝光啦！彭明敏被捕後，我才開始不時接到與他有關的消息，他自己也差不多在一九六五年左右寫了一封信給我。此後他就以日本名字爲化名，透過香港與我聯絡，我則是直接從日本寄信給他。一九六七年劉佳欽與顏尹謨兩人回台灣被捕，我與彭明敏通信的頻率更爲頻繁。祕密通訊其實沒有想像中那麼複雜，你只要別弄得跟一般聯絡方式差太多就好了，像我都是寄明信片，把想傳達給對方的訊息藏於字裡行間。當時在台灣當省議員的郭雨新如果來日本，彭明敏也會託他帶話給我，告訴我他在台灣的情況，像是如何遭到國民黨特務的監視等等。

講到郭雨新這個人，我十五、六歲的時候就認識他。他是宜蘭人，畢業於台北帝國大學農林專門部，後來到上海替林本源家族工作，因此與我爸結識，戰爭爆發前常常來我家。我家在士林，他則住在大正町的五條通，即現在中山北路通往市政府一帶，那邊是我昔日就讀建成小學校的必經之路，所以我在台北一中時期常常趁放學時到他家玩。一九五二年我逃亡到日本後，一般來日本的台灣人當然不敢來見我，但是像郭雨新、林柏壽這種老一輩，或者與國民黨關係較深的人就不會避諱。郭雨新大多會先打電話來珍味，如果我在，就算大白天他也大大方方進到店裡來。我記得大約一九七二、七三年左右，許世楷說要介紹一個人給我認識，我一聽說是郭雨新，便連忙打電話給他，要他假裝之前從來都不認識我。

說回彭明敏，他一九七〇年逃出台灣到瑞典後，仍然持續跟我通信。彭明敏後來也介紹他的學生張維嘉給我認識，張維嘉當時正從法國去加拿大找他哥哥張維邦，要處理彭明敏從加拿大入境美國的事宜。張維邦當時不知道是住在多倫多還是渥太華，他們要幫彭明敏入境美國，主要是因爲世界各地的台獨聯盟需要整合。彭明敏也曾跟我討論是否要到美國去，我本來是建議他在加拿大再住上一陣子，並跟他分析了當時台灣獨立運動的情況，像是各個派系口頭上講的與實際行動的落差等等，還有蔡同榮在黃文雄、鄭自才事件中處理失當，進而讓張燦鍙當上台獨聯盟主席的事情——張燦鍙這個人我有見過幾次面，他在台南市長卸任、官司纏身時還曾來找我抱怨——不過彭明敏也沒多想，隨即就到美國去了。彭明敏這個人名氣大，一逃出台灣，大家就爭著宣稱彭明敏是他們組織的成員，彭明敏也沒有向大家說清楚，關係弄得有些複雜。比如台獨聯盟——台獨團體原本依地區分爲美國、日本、歐洲、加拿大等地，後來才成立一個世界級的台灣獨立建國聯盟——就對外宣稱是他們的成員宋重陽（宗像隆幸）與其他同志幫忙彭明敏離開台灣，彭明敏卻表示也有其他人的幫忙。[3]

3 因〈台灣人民自救運動宣言〉而被國民黨政府軟禁、監控的彭明敏，從一九六八年之後與宗像隆幸（宋重陽）聯絡，商討逃出台灣的方法。一九七〇年一月，宗像隆幸託付其摯友阿部賢一前往台灣幫助彭明敏脫逃。阿部賢一在自己的護照上換貼彭明敏變裝後的照片，讓彭明敏持阿部的護照脫出台灣，自己則報備護照遺失，再向日本使館請領新護照返日。此外，彭明敏亦透露自己在逃亡的過程中，並未獲得外國官方的援助，一切都是靠日本友人及外國傳教士等私人關係協助。詳參：彭明敏，《逃亡》（台北：玉山社，二〇〇九）。

彭明敏到美國後，一開始和我還是有互通消息，只是為了避免留下白紙黑字，不再寫信而改採打電話的方式。不過可能因為大家都說我是共產黨的關係，加上他在美國沒有人脈基礎，各方面的行動都受到台獨聯盟的控制，像應酬、募款等事情都是由蔡同榮等人替他安排，所以我跟彭明敏就慢慢疏遠了。一九八一年我去美國巡迴的時候，有去找過彭明敏一次，後來就不再聯絡了，若在會議上碰到面，也只是あいさつ（打招呼）而已。彭明敏曾擔任台獨聯盟的第二任主席，但是只當了四個月就離開，這可能是他覺得自己在台獨運動中的輩份很高，多少會有一些架子，而和台獨聯盟之間產生嫌隙。彭明敏一九八〇年代又與蔡同榮——老實說，蔡同榮在美國的風評很不好，我認識他，但很少有來往，我成立獨立台灣會嘉義支部時，他曾來現場找我——一起弄了台灣人公共事務會（FAPA）[4]，蔡同榮自己擔任第一任會長，第二期任期為了募款才讓彭明敏擔任。彭明敏在美國的生活不是很節約，如果到外面開會、演講，很重視主辦單位安排的食宿規格，較差的ホテル（飯店）不住。此外，我認為彭明敏在美國的時候，與國民黨方面應該有聯絡的管道，否則為何我阿爸從來都不被允許來日本，彭明敏到美國才沒幾年，兒子、女兒、母親都能夠到美國探望他呢？

儘管我與彭明敏漸行漸遠，一九九六年他與李登輝競選總統的時候，我還是將我的車隊組織成應援團，每天在「臭頭廟」（中正紀念堂）那邊大肆宣傳「台灣人選台灣人」。話說回來，我做的工作算是體制外，但是每到選舉的時候，我還是都會回士林投票，以支持那些在體制內努力的人啦！不過彭明敏在陳水扁執政時擔任總統府資政，這件事我倒有些不以爲然——你做的是台灣獨立運動，還是頗有代表性的人物，怎麼可以一轉頭就跑去敵人（中華民國）裡面當官？而且人都住在美國，有事情才回來台灣，每個月還可以領幾十萬，從世界革命的標準來看，實在是說不過去。

張維嘉與歐洲協志會[5]

剛剛講到彭明敏逃到瑞典後，把他的學生張維嘉介紹給我，於是我也開始與張維嘉通

4 台灣人公共事務會（FAPA）為海外台灣人的國會遊說團體，一九八二年於美國洛杉磯成立，首任會長為蔡同榮，名譽會長為彭明敏。曾透過遊説美國議員，影響美國對台外交政策，成功讓台灣人權問題得到關注。詳參：林礽乾等總編輯，《台灣文化事典》，頁二〇五。

5 此段敘述與台灣協志會成立者張維嘉、參與者徐雄彪的說法略有出入。像是關於協志會的解散過程，張維嘉與徐雄彪皆表示，是在史明的授意下，由張維嘉、張文祺、劉重次、徐雄彪等四人簽字解散，早已返台的盧修一並未參與其中。由此可知，張維嘉仍在協志會當中並未被開除。另外，張維嘉強調協志會和獨台會是戰略伙伴，並非上下關係，且未有一九七一年與史明會面商討成立協志會一事。而對於史明暗指劉重次變節投降、在國民黨政府機關工作，張維嘉則表示沒這回事，劉重次甚至還被特務跟監，徐雄彪亦表示劉重次回台後曾被警總找麻煩。詳參：張維嘉，〈對於史明與鄭自才訪問紀錄的若干辨正——張維嘉先生來函〉，頁四一三—四三〇；陳儀深訪問；林東璟、簡佳慧記錄，〈回想歐洲台獨同

信。他是彭明敏信任的人，所以我不必試驗他啦！我和他通信的內容大多著重在如何經營組織，像當時我主張的「主戰場在島內」，或者台獨運動要怎麼進行等等，他都感到很新鮮、有興趣，不斷寫信給我。我看張維嘉這個人很靈敏，跟許信良一樣對問題的反應很敏銳，因此也很願意持續跟他保持聯繫。彭明敏在美國與台獨聯盟關係密切，張維嘉當然也有參加，我也趁機另外介紹幾位在美國的台灣人進去台獨聯盟。不過黃文雄、鄭自才刺蔣案發生以後，張維嘉就退出台獨聯盟，跑到法國並結了婚。當時想在法國打工不像美國那麼容易，再加上他與彭明敏做伙，已經被列入國民黨的黑名單，找工作更是處處碰壁，因此那一陣子我算是幫了他不少忙。除了私人情誼，我們兩個人此時在政治方面的關係也變得更爲緊密。我之前在書中有寫到張維嘉加入獨立台灣會，那是我們通信許久以後發生的事情，而且我寫「加入」的意思並不是說成爲會員，而是指有一起做事。一開始他只是幫我們在歐洲發放《獨立台灣》，等到一九七一年我出資讓他來日本找我後，他進一步向我提出想在歐洲弄獨立台灣會支部的想法。

我向來對待這些知識分子的習慣是如果對方不主動提及，我也不會叫他去做什麼事情，因此張維嘉自己有成立歐洲支部的想法，我當然舉雙手贊成。只是我認爲在歐洲建立獨台會的支部，可能會和台獨聯盟產生正面衝突，當時台獨聯盟已經在世界各地成立支部，和獨立台灣會之間存在著內部矛盾，於是我建議他使用別的名稱，後來他回去歐洲和其他人開會參詳，他們似乎也不希望以獨立台灣會支部的名義公開，最後才取名爲協志會。一九七三年石清正在舊金山也成立了台灣協志會，不過這是意外的巧合，跟我個人沒有關係，和張維嘉有沒有關係我就不知道了。歐洲台灣協志會要到一九七四年才正式成立，若從一九七一年開始籌備算起，拖了三年左右，背後還是受到台獨聯盟的影響啦！而張維嘉在弄協志會的時候，盧修一剛好也在法國寫博士論文。盧修一之前在比利時弄了一個刊物叫《鄉訊》，有些人脈，我因此叫盧修一和張維嘉做伙，由他們兩人共同主持協志會。不過協志會與獨立台灣會之間的關係，張維嘉一直沒有跟大家說明清楚，導致後來引發了一些事端。

那陣子歐洲有一些台灣人在做寶石生意，賺了不少錢，那種寶石不是鑽石之類的高級品，是五顏六色、少女看了會喜歡的那種。張維嘉當時曾去投靠這些台灣人，也從裡面慢慢發展一些人脈。協志會成立後，張維嘉在一九七五年來日本跟我討論有關組織方面的事，那一次我建議他多派人來日本接受訓練，畢竟協志會本質上是獨立台灣會的支部，所以如果有人要回台灣，都應該先來日本接受訓練後再回去。協志會前後有五位同志來日本，其中一個叫「阿波」[6]，我知道他的本名，只是不便公開。以往從台灣島內前來受訓的人我幾乎都不

志們：徐雄彪先生訪問紀錄〉，頁一一三五。

6 徐雄彪（一九四七—），化名阿波、江圳，嘉義人。輔大法文系畢業後，於一九七〇年至比利時魯汶大學留學。因閱讀史明獨台會之《獨立台灣》而獲得啓發，於一九七四年前往巴黎，加入由張維嘉、盧修

知道他們的名字，但如果是從海外繞來日本再回台灣的人，我都會知道名字。阿波原本在巴黎，目前定居在比利時，和盧修一他們分屬不同的線，盧修一跟我在一九六〇年代末期就有聯繫，阿波則要等到張維嘉與盧修一籌組協志會的時候才加入我們。阿波的太太跟盧修一的太太陳郁秀，都是唸音樂出身的，兩人是至交。盧修一一九八三年出事，阿波也在歐洲進行救援盧修一的行動，每週對外公開的文書內容，都有讓我看過。一直到今天我和阿波還是有聯絡，雖然他因爲信仰的緣故，沒有再參與政治活動了，不過他若回台灣，都會來探望我。這些從協志會來日本的人，我其實也沒有吩咐他們回去做什麼，就連阿波也只回去拿過一次情報。其中一個甚至在一九七五年四月十七日變節投降，跑去國民黨的機關裡面做事。這個人我後來還有在國外遇過兩次，聽他講話的內容，就知道他與國民黨的關係太深，協志會的其他成員也有這種感覺，所以便不再來往，他現在已經過世了。

一九七五年九月，歐洲台灣協志會改名爲社會主義協志會，發行刊物《社協通信》，這主要是張維嘉的意思，這時候他和我以及組織之間的關係開始有些裂痕。首先，張維嘉執意要與比利時境內第四國際的人合作，我並不贊成；其次，張維嘉與原來的朋友拆夥，自己出來開了一間寶石公司，雇用了很多台灣、越南、法國的女工，讓協志會內部的人際關係變得很複雜；第三項，過去一些在歐洲與我有關係的人，如張文祺、鄭自才等人都加入了協志會，一時氣勢高漲，張維嘉有點被壓下去；第四項，組織的財務方面，張維嘉都沒有向大家公開，引起同志的不滿；最後一項，當時我與左雄、鄭節以及洪哲勝[7]等人，彼此在戰術上意見相左，像是要不要與彭明敏或台獨聯盟切斷關係等等，左雄甚至在雜誌上寫文章罵我會成爲「歷史的罪人」，結果張維嘉不但去見他，還給他資金上的援助。不只如此，當時我一直受到在美台灣人左派的攻擊，張維嘉也私下跟他們搞關係。事情越演越烈，結果張維嘉一九七五年被協志會開除，改由鄭自才擔任主席。

這些事情我本來都不知情，是阿波來日本時才告訴我的。當時歐洲的台灣留學生們常常因爲感情的事情爭風吃醋，唯有阿波這個人不會，但是他看到這些情況，多少感到很不爽。阿波還跟我說協志會決議把張維嘉逐出組織後，張維嘉的意志消沉，身體也不好，於是我才要張維嘉來東京休養，讓他住了三、四個月。

一成立的台灣協志會，與史明展開組織工作，並曾至東京接受史明的訓練。一九八〇年代陪同史明展開歐美巡迴。一九八三年盧修一被捕後，在海外展開國際救援工作。近年淡出政治活動，潛心佛教世界。詳參：陳儀深訪問；林東璟、簡佳慧記錄，〈回想歐洲台獨同志們：徐雄彪先生訪問紀錄〉，頁一—三五。

7 洪哲勝（一九三九—二〇二〇），筆名赤子心，台南人。一九六七年赴美攻讀博士時，加入台獨聯盟。一九六九年擔任《望春風》雜誌編輯。一九七五年完成博士學位，先後在大學與企業任職，後又重返獨盟，擔任美國本部副主席。一九八一年任《台灣公論報》總編輯。一九八四年退出獨盟，創立台灣革命黨，於一九八七年解散。晚年投入中國民主化運動。詳參：洪哲勝紀念文庫編撰小組、紐約台灣研究所，《鮭台：1986.05.01鮭潮回台破黨禁》（台北：前衛，二〇二二）。

這段期間，我從張維嘉嘴巴裡聽到的說詞與阿波兜不攏，便立即要阿波再來日本與他對質，張維嘉這個人實在太有自信，但是錢方面的問題他有承認。除此之外，我也要張維邦與王秋森到日本來，我跟張維嘉說：「你身爲做頭的人，卻被人表決開除，是很沒面子的事情。既然你在歐洲待不下去了，不如讓王秋森回紐約籌點經費，讓你去美國巡迴、宣傳台灣獨立。」於是王秋森回美國以後組織了「富春協會」——富指的是富貴角，春就是恆春——由王秋森、賴文雄、盧修一等人負責維持張維嘉的生活。到了美國的張維嘉，揮霍習慣了，錢常常不夠用，王秋森幫他貼錢貼到覺得不對勁，便一直叫我到美國看看。張維嘉在美國認識了陳婉眞，兩個人後來成爲《美麗島週報》的核心，《美麗島週報》在一九八〇年八月創刊，許信良當社長。許信良本來在美國東部成立「台灣建國聯合陣線」，被台獨聯盟的彭明敏等人排除以後，才到洛杉磯發展。《美麗島週報》雖然主要由張維嘉和陳婉眞主持，但是金錢方面多是我和王秋森供應的。此外，像賴文雄、康泰山等人也都有牽涉到，還有鄭紹良這個人也投入很多，他住洛杉磯，太太是都市衛生的專家，當時和我往來密切，槍擊蔣經國事件爆發前曾擔任過台獨聯盟主席，陳水扁執政時也當過總統府的顧問。

我認爲張維嘉的觀念有幾項錯誤：第一，做人過於自信而得意忘形；第二，把大家千辛萬苦籌來的經費亂花，像張維嘉一次給左雄那種人一、兩千元美金，勢必引起大家的不滿；最後一項，也是最重要的，他什麼事情都沒有跟我講，如果張維嘉願意找我參詳，協志會的內部矛盾我一定事先可以弭平啦！像張文祺來過日本，和我有關係，至於鄭自才當年出事時，他的牽手、黃文雄的妹妹黃晴美在瑞典奔走救援，我也是大力支持，有這份情誼在，絕對可以溝通。

沒想到張維嘉在鄭自才入會時，完全沒有向我通報，我竟然要等到張維嘉被逐出組織後，才知道這件事，彷若一個天外飛來的消息。至於由鄭自才擔任主席的協志會也沒有維持多久。一九七七年盧修一、阿標[8]、張文祺、劉重次等人經過討論以後，想說鄭自才既然不太管事，協志會變得有名無實，便決定解散。

關於王秋森

剛剛有提到王秋森這個人。他是在一九七〇年代初期，看了獨台會發行的《獨立台灣》後，從美國寫信給我。他是台中人，很會讀書，課業表現上打小就相當優異，也受到國民黨刻意地栽培。王秋森原本在堪薩斯唸書，當時堪薩斯一帶有一位客家人叫范良信，很支持學生做台灣獨立運動，所以有很多獨立運動的學生從那邊出來。

8 即徐雄彪，詳見前註。

王秋森學成後曾到紐約等地當教授，是可以在美國教一輩子，還可以指導博士論文的「正」教授喔！這是很不簡單的事，一九六〇、七〇年代台灣人很少有人在美國當到正教授，而且很多都是約聘職。王秋森這個人很勤奮，做事按部就班，個性老實，和我相處得很好，彼此都十分信任對方，我後來也才會讓他代表我們獨立台灣會參與許信良的「台灣建國聯合陣線」。王秋森這個人不只肯出力，還肯出錢，他們家似乎是生產球鞋的，在中國與越南都有工廠。

許信良後來想要獨佔《美麗島週報》的領導權，便一直排斥他，他也就慢慢地退出台灣獨立運動。他現在在台大教書，兩千年我要弄史明教育基金會的時候也有找他，二〇〇九年我生病時他也有來探病。不過話說回來，頭腦聰明的王秋森多多少少有些恃才傲物，他不善交際、有點孤獨，就是個學者的樣子。革命行動不能只有智慧、有熱情，更需要性格上的修養才行，這算是他從事革命運動上的不足。

第十七章

《美麗島週報》始末

關鍵人物：許信良

美麗島事件[1]爆發時，許信良人剛好在美國，結果遭到國民黨拒絕入境，只好滯留美國。不久他就與陳婉真、張維嘉等人，號召台獨聯盟和其他海外人士成立了「獨立戰線」[2]。可

1 又稱高雄事件。一九七九年十二月十日《美麗島》雜誌社的黨外人士，在高雄舉辦紀念世界人權日的群眾大會，發生警民衝突事件，當局藉此進行全島大逮捕，多人經過軍事審判被處以重刑。由於此案備受國際矚目，當局的限制與操縱不如以往，審訊與答辯過程得以被充分報導，進而引發社會大眾對政治的思考。本案辯護律師團也在此次事件後，紛紛投入黨外運動。詳參：林礽乾等總編輯，《台灣文化事典》，頁五七五—五七八。

2 史明所謂「獨立戰線」應是指台灣建國聯合陣線。該陣線以許信良為召集人，由台獨聯盟、獨立台灣會、臨時政府、灣區協志會、台灣民主運動海外同盟等團體組成，辦公室設在紐約，陳婉真、張金策、張維嘉為專職人員。詳參：張炎憲、曾秋美、陳朝海編，《自覺與認同——一九五〇～一九九〇年海外台灣人運動專輯》（台北：吳三連台灣史料基金會，二〇〇五），頁五九〇、六〇二。

是當時台獨聯盟的主席張燦鍙爲了制衡許信良，便找了郭雨新、彭明敏，加上他與許信良，合組了一個四人決策小組，聯合陣線的募款、活動等事宜沒有四個人全部同意就不能做，這讓許信良綁手綁腳、發揮不了。之前王秋森等人組織的富春協會也參與了許信良的陣營，所以我就建議他們不如一起到美西一帶活動，避免與台獨聯盟進一步衝突。後來由我、王秋森、鄭紹良等人出資，於一九八〇年八月，在洛杉磯創刊了《美麗島週報》。許信良雖然擔任報社的董事長，但一開始沒有實權，主要的負責人是陳婉眞，庶務與財務則是張維嘉和陳昭南負責。《美麗島週報》創刊後很快就跟台獨聯盟發生爭執，台獨聯盟發行了《公論報》反制，《美麗島週報》自己也發生財務危機。我自一九八一年起固定到美國巡迴，一九八二年四月那次，傳出《美麗島週報》報費已向訂閱者收到八月份，但是四月就已經把錢都用罄的消息。

當時《美麗島週報》還有其他股東，裡面有人認爲應該停刊，我跟他們解釋，說做政治與做生意不同，政治上該做的事，賠錢也得做，而且張維嘉、陳婉眞、許信良、陳昭南這批人剛來美國，如果報社不到一年就結束，信用一定會破產。最後我拿了一萬美金出來，王秋森拿了五千美金，其他人則各自一千、兩千美金，東湊西湊讓報社支撐到八月。不過事情還沒完，權力被架空的許信良，對陳婉眞、張維嘉一直有所不滿，藉著我在美國這段期間，開始與他們兩人發生衝突。報社的經費是由我與王秋森等人提供，我們都是先將錢寄給張維嘉，張維嘉因此有些自大，認爲如果沒有他，報社不可能在缺乏財源的情況下繼續經營下去。張維嘉和陳婉眞兩人在報社的薪水每個月三、四千元，還租了一間有泳池的房子，用錢很揮霍。邱義仁、吳乃仁、吳乃德這些人放暑假時，還會相約去他那邊渡假。和許信良越來越不和的張維嘉，在某一次爭執時跟陳婉眞兩人一起威脅要同時辭職，想不到許信良一口答應了，兩人只好摸摸鼻子離開。當時王秋森有意把《美麗島週報》接過去經營，還因此辭去美國東部的教職，沒想到我九月前腳剛回到日本，王秋森十月就被許信良排擠出去。不過王秋森這個人眞的不錯，縱使他不再直接參與報社運作，還是有出錢支持。至於張維嘉離開報社後，據說在洛杉磯弄了間書店，原本《美麗島週報》當中如富春協會的王秋森、賴芳雄、賴文雄和張維嘉一樣都與獨立台灣會關係密切，當然變成了他的後盾。

《美麗島週報》換成許信良主導，也好不到哪裡去。許信良這個人也是自大自誇，金錢方面的開銷一樣毫無節制。不過後來我還是與許信良組織了「台灣民族民主革命同盟」，跟他一起弄組織的目的，是希望許信良可以負責宣傳我們對台灣島內的地下工作，結果許信良除了印一本《都市游擊手冊》之外，幾乎都沒在做事情。

到了一九八四年十一月，鄭紹良打電話給我，說許信良決定放棄《美麗島週報》，但是還欠稅務三萬多元。我請鄭紹良替我確認許信良放棄《美麗島週報》是否有條件，許信良回應說沒有，我隨即帶上七萬多美金去美國，打算處理完債務後讓王秋森來接，他之前就有意願，而且做人又比較沉穩。抵達美國以後，會計告訴我，報社的欠款不只表面上看到的而已。

之前報社財務出現危機時，有些股東早已打算拆夥，如今聽到這個消息更是人人喊退，最後只剩下我跟王秋森兩個人。我請一位在洛杉磯的好朋友來幫我整理帳目，沒想到等帳目整理好以後，許信良又嚷嚷著說他沒有放棄經營報社的意願，還叫和他親近的許丕龍出來接手經營，許丕龍做了一年左右，最後也是不了了之。

許信良的個性投機、獨斷，頭腦想的都是政治，不是爲了犧牲奉獻，也因此他政治上的直覺很靈敏，看到什麼現象都能夠迅速做出適當的反應，但缺點就是沒有政治倫理（moral），今天有需要就利用你，沒利用價值就不理你；此外，他在感情方面也滿複雜的，常常引起不必要的紛爭。我會覺得他投機，主要是當時他與中共搭上線的關係。我有辦法知道這件事，是因爲在美麗島週報社裡面自始至終都有我的眼線，他們會持續向我報告內部情況。

其實海外的知識分子有些人與左派思想比較親近，像協志會後來也想跟第四國際的人接觸，美國更是有很多自詡爲左派的台灣人。此外，一九七〇年代中共也藉著保釣運動讓他們的地下組織浮上檯面，積極拉攏在美的台灣人，當時在美台灣人的統派以芝加哥爲中心、林孝信[3]做領袖。一九八〇年代我開始去美國巡迴時，芝加哥、休士頓、達拉斯等地還有很多統派。我覺得這些偏向左派思想或中共的人，他們其實未必眞的懂馬克思主義，眞的理解中共在幹什麼，只是有一種莫名的憧憬啦！不過許信良倒向中共那邊卻與憧憬無關，純粹是投機而已。

他有個弟弟叫許國泰，許信良在一九八三年的時候就透過他弟弟與中共建立關係了，許信良要回台灣以前，還去了中共位於舊金山的領事館一趟，這件事從來沒讓人知道。許信良一九八六年第一次回台灣，經過菲律賓在桃園機場被人遣返回美；一九八九年第二次闖關，才從洛杉磯先到福建，然後坐漁船偷渡回台灣，在海上被國民黨逮到。我後來一查，才發現許信良他同時與中國領事館以及一位姓葛的國民黨特務聯絡，要不然他怎麼會經過中國，又在海上被國民黨抓到？一切都是演戲，只是內幕沒有曝光而已。

3 林孝信（一九四四—二〇一五），台北人。台大物理系畢業後赴美留學，於一九七〇年創辦《科學月刊》，並參與保釣運動，創辦《芝加哥釣魚台快訊》，隔年被國民黨政府撤銷護照，直至一九八八年才得以返台。期間在海外參與救援白色恐怖政治犯陳明忠，並成立台灣民主運動支援會。一九九七年舉家遷台後，致力推廣通識教育。詳參：王智明編，《從科學月刊、保釣到左翼運動：林孝信的實踐之路》（新北：聯經，二〇一九）。

《都市游擊手冊》

如同剛剛所說，我和許信良合作的「台灣民族民主革命同盟」，唯一的成果就是《都市游擊手冊》。本來我是想使用這本手冊，向台灣島內進行宣傳工作，沒想到出版時，許信良在手冊上印上他的名字，用來宣傳獨立運動的工具竟然被他用來宣傳自己。這本手冊的內容原本是由我整理出來的。我在日本曾透過日本赤軍，涉獵了一些有關游擊隊的資料，當然都是日文寫成的，日後我去了洛杉磯，發現有批香港運來、由幾位知名作家所寫，包括切．格瓦拉[4]他們那些中南美洲游擊隊的漢文出版品。閱讀這些資料後，我再按照台灣的情況重新組織，畢竟中南美洲的狀況未必符合台灣的狀況。後來我就把我整理的資料和其他參考書籍拿給許信良，他才再編輯成《都市游擊手冊》。我這個人很單純，許信良不做地下宣傳，我就把東西給他、推他一把，如果我打不倒敵人，而你有能力打倒他，我就支援你的行動，誰知道結果卻是如此。

你們應該有注意到《都市游擊手冊》以及後來我和黃界清合作的《台灣大眾》，裡面的文字都是手寫而非印刷體，這是故意的，因爲手寫的刊物比較有革命性。比如說巴勒斯坦和以色列鬥爭時，阿拉法特他們的刊物也都是手寫的，不是沒有錢印刷喔！他們就是爲了強調革命的意義。只是我們出版的刊物上面的筆跡，並非我的手筆，爲求慎重起見，我都另外請人重新抄寫。不過日後我聽學生說他們不太用手抄寫、影印的書籍，我才再改成印刷體，成本來講當然貴上許多。

雖然我們在一九七五年以後已經逐漸轉換路線，不再做武裝行動，但是爲什麼一九八三年還要出版《都市游擊手冊》？就像剛剛講的，其實我的目的在於對台灣島內進行宣傳、號召島內的群衆採取行動。如果眞的想要推翻國民黨政權，既要有祕密的地下行動，更要有公開的宣傳。寫文章、出版刊物就是宣傳工作，如果知識分子地下工作做不來，那麼就應該在宣傳上多多努力。革命必須無孔不入，只要有能力做得到，每一項都要去實行，只單單做一部分不會有很大的效果，要做就要每一項都去做，不管革命還是獨立運動，都應該有一個通盤的計畫，不能忽視宣傳的重要性。

4 切．格瓦拉（Che Guevara，一九二八—一九六七），古巴革命領導人。生於阿根廷，早年習醫，曾遊歷南美各地。一九五四年參與保衛瓜地馬拉阿本斯政權的鬥爭。一九五五年結識卡斯楚，加入古巴地下游擊隊，展開武力鬥爭。一九五九年古巴革命後，歷任古巴新政府多項公職。一九六五年辭去一切職務，放棄古巴國籍。一九六六年前往玻利維亞參與戰鬥，隔年受傷被俘，最終遭到殺害。詳參：黃丘隆、結構出版群主編，《社會主義詞典》，頁五二二—五二三。

其他相關人物：陳昭南、陳婉真與陳芳明

陳昭南本來在維也納唸音樂，因爲說要投資十萬美金和我們合辦《美麗島週報》才到美國來，可是抵達以後卻連一萬美金也拿不出來。我到美國巡迴時，看到他在衆人裡面像個小媳婦，沒有人搭理他，我於是讓他替我開車，載我到洛杉磯等地，增加我與他之間相互接觸、瞭解的機會。他在維也納還有財產，有時候如果有回去歐洲的需要，我也會支援他交通費用。陳昭南一直待在報社，後來也跟著許信良回來台灣，好像擔任過一屆立委。

陳婉眞這個人我比較不清楚，大多是別人告訴我的。她原先是《中國時報》的記者，在台灣就認識許信良，後來到美國去認識了張維嘉。她這個人很靈敏，寫文章很快，主要的問題還是人事方面，當時報社大家都想要當頭。此外，她和張維嘉主持報社社務時，財務上也出現漏洞，本來應該用到八月份的資金，四月份就已經沒錢了。張維嘉、陳婉眞兩人與許信良起衝突、離開報社以後，報社就只剩下許信良與陳芳明，另外還有一位胡忠信。我對胡忠信這個人比較保留，像陳芳明之所以會與《亞洲商報》的孫慶餘筆戰，跟他在當中唆弄有一定的關係。

儘管報社內部紛紛擾擾，每一期的《美麗島週報》我都會定期收到，如果他們有要求我寫文章，也會主動和我邀稿。當時在美國各地不容易見到用漢文的出版品，更別說是像週報

那樣頻繁、長期的刊物，因此《美麗島週報》能維持一段不短的時間，許信良還是有一定的貢獻啦！但陳芳明的功勞更是不小。陳芳明在華盛頓大學唸書，進來報社工作時還沒拿到博士學位。這個人的文筆很好，發表的文章很通順、很有想法，筆名叫施敏輝。在報社裡他只負責編輯、寫文章，其他社務都不管，也沒有參與台灣民族民主革命同盟。一九八二年我去美國巡迴那次，因爲看他做事有一套，又是唸歷史的，要回日本的前一晚，就拿了一部《台灣人四百年史》送給他，他的歷史觀就是從我這本書才開始轉變的，以前都是黃河文化那一套。私人關係上來說，我和陳芳明也比較親近，陳芳明做人不錯、很溫和，一九八二年至一九八七年間他來過日本好幾次，我去美國巡迴，偶爾也會到他家住。不過他的個性比較軟，有時候敵我界線會分得不清楚。後來陳芳明曾和我拿一些關於台共、謝雪紅的資料，只可惜他對左派理論比較生疏，所以沒辦法寫到謝雪紅的思想變遷，只能呈現她的生平經歷。陳芳明回台灣、加入民進黨後，我們就比較少聯絡了。

第十八章
世界巡禮

航向新大陸：美國巡迴

其實之前我從未回想自己巡迴美國的過程，對一般人也很少提到這些事，我自己的回憶錄也未必會寫得很深入。但你們既然每件事情都問得如此徹底，我也盡量講得徹底，換成普通人訪問，就沒必要說得那麼詳細。

一九八〇年代我到美國巡迴以前，對美國的台灣獨立運動的發展瞭解並不多。一九五〇年代的日本，只有廖文毅握有美國的關係，台灣青年社和其他團體與美國方面幾乎沒有任何聯絡，像我跟王育德這類亡命者也不可能輕易離開日本，黃昭堂等人倒是有一些同學在美國，但也沒有任何來往。一九六〇年代，陳以德等人原本與廖文毅建立起關係，但因爲日本這頭起內鬨，台獨聯盟又針對臨時政府進行許多攻擊，最後還是沒有把關係牽起來。一九七〇年代辜寬敏曾到美國去，但好像也沒有什麼發展。到了一九七四年，鄭欣籌備「世界台灣同鄉會聯合會」，我原本想出席，但我要出國比較麻煩，得透過一些地下管道，再加上鄭欣跟我說他可以處理好，所以最後我並沒有出席。

世界台灣同鄉會聯合會的會長本來應該由鄭欣擔任，不過當時去開會的人都是台獨聯盟的人，像加拿大的林哲夫、日本黃昭堂等人，結果會長才變成郭榮桔。鄭欣後來到日本，講說郭榮桔表示要支持他做副手，我回說：「沒關係，誰當都一樣，世界同鄉會是大家的東西。」可是郭榮桔卻找了陳錦芳當副手，鄭欣最後也沒辦法做事，回台灣後，在民進黨執政時擔任過駐非洲的大使。說到陳錦芳，他也是和我常相處的人，曾到法國學美術，經常到美國開畫展。當時台灣人到法國學習繪畫的除了他以外，還有一位謝里法也很出名，謝里法個性正直，表達能力卻不如陳錦芳。

一九八〇年代，台灣獨立運動的重心開始轉移到美國，想當初王秋森、賴文雄、張燦鍙、陳以德、蔡同榮等人在美國東部創辦全美台灣獨立聯盟時，才只有幾個人而已。雖然運動的重心轉移，離台灣比較近的日本仍然是一處重要的根據地。地理位置對運動的推行非常重要，像我就覺得如果真的建立起完整的地下工作體系，把根據地設在琉球是最好的。眼見美國的台灣獨立運動蒸蒸日上，我興起了去那邊接觸台灣留學生、傳播台獨思想的念頭。

我在一九八一年第一次到美國，雖然我對當地的台獨運動瞭解不深，不過一方面由於我們獨立台灣會很早就開始進行地下工作，發展了一些人脈，像賴文雄、王秋森等人當時與我幾乎每個月都會通信；另一方面也因為《台灣人四百年史》漢文版出版之後，在美台灣人挺捧場的，所以我在美國還算有些知名度，大家其實不是不認識我，只是圈子比較小，而我也是以宣傳《台灣人四百年史》的名義，開始到美國巡迴。

我巡迴的路線一般都先從西部的洛杉磯直接飛到紐約，在紐約或費城待一陣子，之後再北上波士頓、水牛城，再繞去底特律、芝加哥或廖宜恩所在的俄亥俄州附近，接著再往南，下到最南邊的奧斯汀、休士頓，然後往北去達拉斯、堪薩斯州威奇塔之類的地方走一走——中西部這邊台灣留學生人數不少，思想又很進步，像黃界清就是其中一個，後來我也曾去參加台灣學生的中西部夏令營——最後再爬上去堪薩斯，從堪薩斯回來舊金山、洛杉磯，路線差不多這樣啦！詳細的路線還是要看地圖，這樣子一路走下來差不多也有二十多個地方。

就像剛剛所說，我去美國主要是為了留學生，所以我到這些地方，都去拜訪當地重要的大學，像是蔡丁貴就讀的康乃爾大學，或是勞倫斯大學、曼哈頓大學——位於曼哈頓的堪薩斯州大學當時有一位教授叫范良政，他是新竹人，培養了不少後來參與台獨聯盟的學生——就算只有兩、三位留學生我也會過去，不計較人數多寡。美國巡迴的過程中，讓我印象比較深刻的是波士頓，那邊台灣留學生的數量非常多，我還記得有一位叫呂秋敏的學生，政治意識很強。當時在美國的台灣人大多是留學生，像紐約的康泰山與賴文雄、堪薩斯的賴芳雄、達拉斯的葉治平等這種長住美國的人還很少。

前兩年我都是坐飛機移動，不過機票錢太貴了，所以後來大概在一九八四、八五年才改坐灰狗巴士。不管坐飛機或者是巴士，方向與路線其實都差不多。到了一九八六年，我花了一萬塊美金買了一台克萊斯勒，離開美國前再把它賣掉，賣了兩千還是三千元。之後為了節省開銷，大多買六、七百元的銅管車，這種車很容易發生事故，像 overheat（過熱）什麼的。

我有一次要從休士頓回洛杉磯的時候，在山裡面 overheat，只好在那邊換引擎，住了一個多禮拜到兩個禮拜，都在車裡面睡覺。普通人會怕人家搶，我都不怕，人一旦有個明確的目標，比較不會害怕，而且我穿牛仔褲、牛仔衫，人家要搶也是去搶穿西裝的人。

起初一、兩年，台獨聯盟那些人在美國散布我是共產黨的謠言，所以除了少數幾個像石清正、賴文雄跟康泰山等人，沒有人敢接待我，我只好去住汽車旅館。台獨聯盟不只用共產黨的帽子壓我，連我在美國提倡台灣民族主義的時候，他們還要彭明敏提出「國民主義」來跟我對抗。

說到底，「Nation」這個字眼的確有民族、國民、國家三種意思，所以用國民主義也是沒錯，但是國民黨既然提倡中華「民族主義」，我們卻說台灣「國民主義」，目標難免不明確。雖然受到台獨聯盟的冷眼對待和中傷，久而久之大家還是慢慢發現我說的內容跟他們聽到的、想像的不一樣，於是開始接納我、建立起密切的關係。

我去美國，骨子裡是跟留學生講我的台獨思想和台灣民族主義，希望可以促進台灣留學生的台灣意識，要不然大家都像還沒轉型的陳芳明，腦子裡多是國民黨灌輸的那套黃河文化史觀。但表面上宣傳《四百年史》的名義也不單純只是藉口。去美國前，我會先將書寄去某幾個地方，比如像紐約，然後再沿路用行李箱帶一、二十本書在身上。當時我到中西部台灣人夏令營的場合去，一次幾乎都可以賣上近百本。不過《四百年史》訂價不高，每一本都是賠本在賣。我若去夏令營，台獨聯盟等主辦單位都很露骨地直接限制我說話的時間，但是我看學生們挺喜歡聽我講話的，大概因爲我不會一直罵國民黨，而是有民族主義與社會主義的理論。幾年前有位當年的留學生將我以前演講時的錄影轉成光碟，寄到台灣給我。那時候學生聽完我的演講簡直是意氣高昂！

從一九八一一直到一九九〇年代初期，這十幾年間，我每次的行程礙於法律的規定，一般都待上三個月，雖然超過三個月可以申請延長，但比較麻煩，所以我都四、五月出發，九月左右回到日本。我將這些年的行腳視爲一種啓蒙工作。啓蒙工作最重要的是理論、理念，所以要先將理論、理念準備好，口號（slogan）也要準備好。不過口號太多也不行，像我就只用「台灣民族主義」這個口號。

有了口號以後，就要先從知識分子進行啓蒙，接著結合衆人之力，再對大衆進行啓蒙。與此同時，中間也要有一些行動，也就是在現實上與敵人鬥爭。啓蒙並不是沒有行動性的，必須要配合確實的行動才行。美國巡迴我一連去了十年，過程中結識了不少人，但是等我回來台灣，大家似乎對政治仍然維持著保密的習慣，眞正回頭找我的人並不多，只有像許文輔、張信堂等人來拜訪我。只是憑良心講，如果已經在美國當上教授，不太可能願意回到島內進行運動，所以如果他贊成台灣獨立，那麼我的工作就是充實他的想法，不必特別訓練他，畢竟思想如果正確，等於多了一位同志。

《台灣大衆》的誕生

一九八二年起，我開始跟黃界清合作，出刊《台灣大衆》。黃界清人在奧斯汀，思想上跟我很接近。獨台會的《獨立台灣》在一九七四、七五年左右結束，之後的《美麗島週報》則像一個企業團體，我負責出資，偶爾寫文章投稿。等到《台灣大衆》發行，我才再一次投入雜誌刊物的作業。

《台灣大衆》很多文章都是由我撰寫，另外還有人專門寫社會主義的文章，整體說來比較有民族主義與社會主義的色彩，大多在討論殖民地革命、世界革命等相關話題。雖然這類思想方面的文章必須經過反覆思考，每寫一篇幾乎都要耗上十幾天，連做生意也會分心，不過當時我已經快七十歲了，講起來速度還算是挺快的，產量也比一九七〇年代還多。一九八〇年代我寫的像是〈台灣社會主義革命黨的綱領草案〉等文章，後來也集結在一九九三年出版的《民族形成與台灣民族》、《台灣民族革命與社會主義》等專書裡面。

過去我在海外喊出「主戰場在島內」、「台灣民族主義」等口號，常受到其他人的排斥，批評民族主義是落伍的思想。事實上不是民族主義落伍，而是台灣人落伍。一九六〇年代之前，全世界還有大概百分之七十的人被殖民，大家都爭相搶著要搭那輛殖民地解放、弱小民族獨立的巴士，只有我們台灣人沒坐到。一直到今天，只有台灣兩千三百萬人還被人家殖民，實在慚愧。而且可悲的是，同樣支持台灣獨立的人，既說台灣民族主義不好，卻又拿不出另外一個像樣的口號。

《台灣大衆》第一年原本是由黃界清負責，但是我一方面考慮到他人在鄉下地方；另一方面又怕刊物內容牽涉到社會主義會影響到他，所以一九八三年起我就先把內容在日本準備好，再拿到洛杉磯印刷、寄送。如果我剛好有去洛杉磯當然由我親自處理，沒去的話就請當地我們的人幫忙，像徐美案的何小姐，結婚後就住在洛杉磯。

當時我仍然有地下工作，必須避免被人滲透，因此《台灣大衆》跟《獨立台灣》一樣，盡量不假他人之手。這兩份刊物都引起很多台灣人的注意，譬如像阿波就是看了《獨立台灣》才用假名和我通信，後來更與我一起做事情。不過那些看了我們的刊物寄來給我的信件，內容大多都是抒發他們對台灣獨立運動的感情與熱情啦！所以我才會覺得大家總是停留在感情獨立，沒達到理性獨立的階段。

台灣學生到美國留學，大多唸理工科系，我會去弄《台灣大衆》的原因，也是把它當成啓蒙工作的一部分。我的美國巡迴配合《台灣大衆》的發行，台灣民族主義等理念獲得很好的發展，再加上我和台灣留學生相處起來沒有什麼長幼之分——我做事講求公道，像黃界清、廖宜恩、葉治平、李應元、郭倍宏等跟我相處過的人都知道，我常主張男女老少大家平等、人人有份，儘管他們還是待我以長輩之禮，我卻視他們爲平輩。

這個習慣從我一九六〇年代在日本進行地下工作時就有了，那些大衆、迌迌人和我都是同志，我不會擺出領導人的架子——而且我巡迴美國期間，也從來沒有向台灣鄉親募款，甚至留學生們有需要，我還會拿錢出來支援。所以大概一九八四、八五年以後，我在美國各地受到留學生很大的歡迎，像是一九八四年我與許信良拆夥，留學生們反而願意相信我，大家對我都十分友善。後來二〇〇九年我生病的時候，也才會在美國台灣人的社群中引起很大的關注。

除了《台灣大衆》以外，美國巡迴期間，我也經常贊助留學生們創辦他們自己的學生刊物。比如就讀北卡羅萊納大學的郭倍宏，與李應元等人組織了一個台灣學生社，雖然我不像洪哲勝跟他們這麼親近，但當他們要創辦《台灣學生》的時候，我還是提供他們打字機與其他方面所需要的經費。郭倍宏這個人本來是國民黨內的小組長，是我將他策反、讓他開始在台灣留學生中活動。後來他回台灣競選台南市長，失利以後就沒有再跟我聯絡。不過《台灣大衆》後來還是停刊了。

決定停刊主要是因爲我開始轉移重心，一批批地帶台灣人到日本接受訓練，準備遷回台灣。我一直以來都鼓勵大家回台灣，提倡「主戰場在島內」，正如我常說的：「美國與日本都已經獨立了，在已經獨立的國家講獨立沒有意思。」

踏出美國：加拿大、歐洲與南美洲

那幾年不只美國，我也去過加拿大三次，第一次是到多倫多，後兩次就去溫哥華與渥太華，不過台獨聯盟在當地有一定的影響力，不太歡迎我去拜訪。一九八一年我第一次到加拿大，是由賴芳雄幫忙。

這個人是王秋森介紹給我認識的，他們兩個人在大學是室友，同一年畢業，與范良政算是同期。爲了與當地的台灣人結識，我曾和他成立了「台灣獨立文化運動草根會」，組織本身只有我跟他兩個人而已，日後我興起成立出版社的念頭，也由此衍生了「草根文化」這個名稱。不過我們兩人相處的時間其實不多，沒有很深的交情。總之，我到堪薩斯的時候，就是賴芳雄來機場接我，後來再幫我偷渡進加拿大——當時我不能進入英國系統的國家，包括香港、新加坡、加拿大等地，因此我就讓賴芳雄開車，在穿越國境檢查哨時躲在後車廂裡。

加拿大之外，西德、法國、比利時、奧地利、巴西等地我都去過，歐洲畢竟是之前盧修一、張維嘉與阿波活動的地方，過去看看也不錯。南美洲的話則有史清台與黃世宗——黃世宗是個迌迌囡仔，由史清台介紹，來日本學習爆破，我私下提供給他資金，他又不知道向張燦鍙拿了多少錢，一九八三年回台灣攻擊了中央日報社等地。

後來黃世宗還有回頭找我，我們持續保持聯絡，不過他已於一九九〇年在巴拉圭遭到槍殺身亡。不管到什麼地方，主要的目的都是爲了啓蒙啦！我並沒有事先規劃，停留天數都視當地台灣人的多寡而定，人多就多住幾天，人少就早點啓程。

像一九八一年那次，我是先從美國飛到比利時，再往巴黎、維也納去，只是歐洲也幾乎都由台獨聯盟的人把關，我沒辦法有什麼實際上的作爲，最後就和阿波從法蘭克福飛到巴西與史清台碰面。第二次去歐洲，我還曾與徐美的女兒碰面。徐美她有個二十多歲的女兒在維也納學音樂，我透過關係聯絡上她，不過她似乎挺怨恨我的，本來不太想見我，後來才指定維也納的某個鄉村，要我到那邊去。結果她才看到我轉身就要走，我拿了些美金給她，想問她的地址，她回說：「這不用講！」然後就離開了。

談錢傷感情

一九八四年李榮發（阿城）、陳昭南他們向我提議，說是要籌組一個情報機關，於是我先跟他們大致說明了情報工作的內容，回日本再寄了一萬美金給陳昭南。本來我以爲阿城這人個性比較硬，比起陳昭南更像做情報工作的「跤數」（kha-siàu，角色），沒想到陳昭南後來告訴我那些錢被阿城用光，人也不知道跑哪去了。那些錢本來是打算用來買槍，準備找機會帶回日本與台灣。

我不是想特別做些什麼，只是搞情報工作，像中共、國民黨，都會有一些武裝，當年我看到鄭評因爲按捺不住，自己去找槍而出事，心裡就一直想要提前準備好武裝，再加上我們有一位地下成員當時以跳船的方式偷渡進美國，若有需要隨時可以透過他將槍枝拿回台灣，所以才興起買槍的念頭。我在美國巡迴期間，常常去靶場練習射擊，我身上也曾有過三把槍，不過只是有備無患，從來沒有使用過。

買槍的這筆錢憑空消失，彼此之間的信任感一定會產生動搖。雖然地下工作的花費本來就很龐大，但錢如何用掉總應該要有個名目，還是得衡量花錢的效益才行，不能毫無成果。經過這次捲款潛逃的意外，我們籌組情報機關的計畫便也就此中止了。對運動有益的事情，我一向很樂意給予支援，但有些人卻會因此利用我。比如說以前我在日本時，有一位台灣留學生從日本要到美國讀書，需要兩百萬圓的財力證明，他原先是說跟我借，等申請手續辦妥了以後就還我，最後卻把那兩百萬圓帶到美國，從此沒消沒息。

另外，當時也有一個人從洛杉磯來跟我住了好幾個月，一直說他跟國民黨內部有關係，打算回台灣做點地下工作。我聽了之後，一方面答應他錢與組織方面的問題由我來準備；另一方面也透過關係調查了他的背景，才發現這個人原來參加過台獨聯盟，還趁他們不注意的時候抽了幾張祕密文件帶走。

地下工作是不可能允許有類似「前科」的人參與的，而且我們不能確定他這種行為背後的目的是不是想跟國民黨輸誠。所以即使那個人一直堅持要行動、常常打電話給我，我還是不輕易答應，三番兩次要他中止，說了幾次，他也就沒再聯絡了。話說回來，儘管台獨聯盟很排斥我，對於可能有損獨立運動的事情，我一定不會去做，跟我們一起做事情的同志，背景也一定要清白。

說到錢，一九八〇年以後，台灣的政治人物經常到美國巡迴。像我在美國各個夏令營上，就曾陸續與周清玉、許榮淑、尤清、謝長廷、陳水扁等人碰過面，他們對我很客氣，把我當成前輩來看待，不過互動不多，我也擔心彼此影響，態度很消極。政治人物來美國，除了結交人脈之外，也是想要募款啦！當時很多人正因爲募款而起糾紛，我有珍味那間店做後台，倒是可以避免募款的不愉快。

在美國的台灣人社會地位還是不太一樣，即使是留學生，也分成富裕與貧窮兩種。有的人在紐約的精華地帶曼哈頓擁有四、五層樓，有的人只是個小職員。大家往往都希望可以在募款餐會上遇到手頭比較闊綽的人，一次跟他募集到三百、一千美金，正因爲如此，大家便會爭先恐後搶奪巡迴的先後順序。

我記得在洛杉磯的台灣人，有幾位是從事汽車旅館業的大亨，像王桂榮、楊嘉猷等人。楊嘉猷是從日本到美國去的台灣人，和我建立起關係後，便帶我去找王桂榮。王桂榮這個人非常慷慨，幾乎每一位做獨立運動的人都曾收到他的幫助。我與王桂榮見面時，他拿了一個信封給我，裡面放了一張支票。雖然我知道這是他的好意，但我自己在日本有經濟基礎，再加上我始終不希望獨立運動因爲錢的關係，而去麻煩別人，所以便說：「眞失禮，我現在還有錢，如果我沒有錢的話再來拿。」我的回答讓王桂榮感到很意外。總之，錢的問題一直是水面下的事啦！講到理念、講到感情大家都熱血澎湃，但你想做運動就是需要錢與人，沒有錢就得去找人，這是很現實的事。

重逢郭雨新

郭雨新一九七五年在立法委員的選舉中落選，一九七七年開始長居美國。一九七八年，郭雨新在洛杉磯宣布參選總統，當時我人還在日本，等到一九八一年我去美國巡迴後才和他重逢。彭明敏到美國以後很少和我來往，可說是漸行漸遠；與此相反，郭雨新因為以前就跟我有關係，到了美國還是經常透過電話、信件與我保持聯絡。

郭雨新原先也是與台獨聯盟合作，聲勢很好，後來逐漸不被重視。當時台獨聯盟經常出現這種情況啦！要是有哪個有名的政治人物離開台灣，他們就帶他巡迴全美國，到處去募款。換言之，郭雨新等於是台獨聯盟的「かんばん」（招牌），彭明敏、許信良也是一樣，每一個都被拉去巡迴募款。郭雨新當時在給我的信件當中，便有提到這種情況。不過許信良後來與陳永興、陳婉眞等人成立台灣建國聯合陣線[1]，一時之間弄得有聲有色，張燦鍙這才回頭邀請郭雨新和許信良、彭明敏等人成立四人小組，約定如果沒有經過四個人同意，不能活動，也不能去募款。這使得許信良、陳婉眞沒辦法做事，便在一九八〇年來到美國西部的洛杉磯，創辦了《美麗島週刊》。

郭雨新之後跑到華盛頓D.C.，那邊的台灣人相當支持他。大概在一九八〇年代，中共大使館一直拉攏郭雨新，要他到北京去看看。當時郭雨新的聲勢與身體已經走下坡了，當地的群眾對於他是否訪問中國的意見頗為分歧。我聽到這個消息，連忙打電話給他，勸他千萬

1 史明此處說法有誤，應是許信良與陳婉真、張金策、張維嘉等人成立台灣建國聯合陣線，詳見前註。

不能去，但是郭雨新說他已經答應中共的大使了，我只好給他出一個主意，要他跟中共談條件：必須讓他對外聲明台灣是一個主權獨立的國家，他才肯到中國訪問。中共方面當然沒有同意，郭雨新後來才沒有到中國參訪，但中共方面也藉此大肆批評他。經過此一波折，郭雨新與我更加親近，一九八一年起，我開始去美國巡迴，巡迴期間一定會去華盛頓D.C.找他，在他那邊住個三、四天才離開。一九八五年郭雨新過世時，家人直接將棺材從美國運回宜蘭，花了幾百萬台幣。我覺得他們那個時代的人，大多只憑一股感情在反對國民黨，沒有社會學基礎也沒有什麼理論，但這股感情還是非常重要的。

關於周明（古瑞雲）

某次我在美國巡迴時，有個叫周明的人恰巧去我店裡拜訪，沒能見上一面，後來才又碰到。周明，本名古瑞雲，是東勢人，小時候曾經住過潭子，所以也認識我的叔叔林西陸。二二八事件時，謝雪紅與楊克煌在逃亡中遇到周明，三個人便結伴，由左營前往廈門。但中共當時還不願意讓他們進入解放區，於是他們又輾轉到了香港，與廖文毅合組了台灣再解放聯盟。聯盟不久由於路線歧異而解散，他們三個人再赴上海，加入我之前在解放區協助成立的台灣隊，準備攻打台灣，不過因爲美國第七艦隊介入，這些台灣人最後只好各自做鳥獸散，倒是周明因此娶了個上海太太。

人總是要在失去自由後，才能體會自由的可貴。周明就是個例子，他在中國即使還可以在大學裡面教日文，但總覺得壯志難伸、沒有了自由。他知道我極爲反對中共，但仍在我的店裡住了四個月，期間我們都在聊中共的事情。他還寫了篇遺稿，日後也交付給我保管，並沒有告訴我公布的時機。這份原稿我一直放在身邊，未提供給任何人，畢竟那是周明託付給我的東西。

周明的遺稿主要是談謝雪紅怎樣被共產黨凌遲、淘汰，這件事的遠因和我之前講過的回憶有些關聯。一九五〇年代很多受中共主使的台灣人，號召大家回中國一起建設祖國。他們宣稱無論你有什麼財產，比如摩托車、汽車之類的，都會幫你載回中國，有不少人因此信以爲眞。然而抵達中國後，這些人卻普遍感到失望與失落。謝雪紅得知了這個情況，便向上級報告，說是台灣人過去成長的環境跟中國人不一樣，所以未來的台灣需要自治，結果造成謝雪紅、楊克煌、江文也等人以「地方民族主義」的名目，遭到中國共產黨的批判、鬥爭與淘汰。不過周明的敘述有些蹊蹺：周明當時都與謝雪紅等人做伙，爲何未與他們一併被淘汰？我想其中必定還有些內幕，也曾詢問過他，但他認爲有些事是我應該懂得，不須再談論太多。周明後來身染惡疾，被女兒接回台灣，我曾去參加他的告別式，送他最後一程。

第十九章

返回台灣與獨台會案

返台前的準備工作

一九八〇年代初期陳文成遇害後，我考量台灣當時的環境，興起了回台灣去做運動的想法。你們只看過書本上面的歷史，沒有親身經驗，很難實際理解戒嚴時期的狀況。國民黨的特務系統是由兩蔣父子控制，他們藉著特務系統控制國民黨，國民黨再控制台灣，可是一九七五年蔣介石過世，到了八〇年代蔣經國又生病，國民黨的特務系統於是逐漸瓦解，台灣社會的氛圍也慢慢開放、活絡起來。當時我和許信良籌組「台灣民族民主革命同盟」，主要目的也是想藉此機會向台灣內部進行宣傳，不過他幾乎什麼事都沒做，同盟最後算是以失敗收場。經過這件事，我想直接回台灣做運動的念頭更堅定了，畢竟獨立台灣會一向也是主張「主戰場在島內」，我不停呼籲台灣人回台灣，何不自己回去呢？既然如此，我就開始準備資金。冬天店裡生意比較好，一次可以存幾百萬日圓，夏天也能存上五、六十萬日圓——

我的錢從一九五二年以來，很少放在銀行，一九八〇年代去美國巡迴那陣子，更是直接用紙箱子裝錢，一箱箱放在珍味的樓上以方便取用。我人若在美國，通往三樓的樓梯會有一道鎖，我房間門口還會有一道鎖，店員們都知道不可以上樓去，也會替我留意。我對員工有一定的信任啦！

爲了這筆日後回台灣的工作資金，一九八〇年代除了必要的開銷，我的日常生活更加節儉。香菸我本來就不看重，在日本就很少抽了。酒原本有喝，雖然沒有戒酒，但是不會像七〇年代以前，心情稍微不好就喝，一喝就停不下來。最後到了一九九三年，我帶上日幣兩億，換算台幣六千多萬元回來台灣。這筆資金主要都是透過我姨丈王水柳，以及他兒子幫忙弄回台灣的。我並不太清楚程序，全權委託他們處理。過去我在台灣島內的地下組織需要經費時，也是透過同樣的方式，當然除了王水柳以外，其餘幫忙匯兌的人都不知道內情。

除了籌備資金之外，我也大批大批地讓人來日本受訓，培養工作上的人力。戰後國民黨政府一是管制出入境，二是管制外匯，直到一九七〇年代才開放到日本觀光，因此七〇年代以後，有些人會自己從台灣到珍味找我。不過到了一九八〇年，特務組織對台灣社會的控制力越來越鬆動，許多限制接連取消，那陣子才是最頻繁的時候。

我從八〇年代開始便要高雄地區的同志吳金河帶人來日本受訓，鳳山與高雄兩地大概就來了四百多位，泰雅族的原住民則來過兩團，總數四十多位——一九八〇年代來日本受訓的台灣人，跟之前一個回去再換一個的方式不一樣，多是三、五成群，也有二、三十人一團——不管每次有幾個人來，機票等旅費都是由我負責出資，住宿則先住在珍味的三、四、五樓，一整個禮拜都由我跟他們進行台灣史的講座課程。當時光是一個人，機票錢連同吃住等開銷，總計就要大約十六、七萬日圓。我都是靠著珍味這家店，才能應付過來，最後甚至還有辦法存錢回台灣。聽起來很不可思議，但你們想想看，珍味從一九五〇年代開始，每個月平均大概獲利兩百萬，一年賺多少錢？五十年下來又可以賺多少錢？

雖然我一九八〇年代初期就想回台灣，但還是需要時間來籌備，不能喊衝就馬上衝，不管做什麼事情，從頭調查、仔細研究，比較不會失敗。從一九七〇年代開始，像黃華、尤清、尤宏等台灣人常來日本找我，都會順便替我帶一些台灣的報紙、雜誌，以讓我瞭解台灣的狀況。而且當時日本介紹台灣的訊息還挺多的，我常常將報紙上面有關台灣的報導做成剪報。因此，我人雖然在海外，對台灣的情形有時候反而比島內的人清楚。

比如說，台灣沒有人敢討論蔣經國的病情，但在日本卻可感受到他時日無多的氣氛。伴隨島內黨外民主運動的發展，我也察覺台灣人逐漸形成台灣意識。當時我對台灣的政治前途很樂觀，不管是島內傳來給我的消息，還是我自己蒐集來的資料，都顯示國民黨的控制力一天不如一天。現在大家看政治意識都以少數者、文化菁英爲出發點，其實應該從大眾出發才對。想要感覺社會氛圍，從一個人身上是看不到的，必須從大歷史、整體社會來看。像是台灣人每個月好幾百人、幾千人出國觀光旅遊，希望呼吸自由、民主的空氣，就是一種徵兆。

一九八八年台灣出版了一本《台灣獨立的理論和實踐》。這本書的內容是我先完成手稿，拿給前田光枝抄寫以後，才再交給別人，後來是怎麼在台灣印刷、發行等等，這些情形我都不太清楚，連這本書印刷起來總共幾頁也不知道。我回台灣的計畫也大概是在這個時候逐漸有個底。不過到了一九九一年，獨台會案爆發，當時島內地下工作的同志覺得情況太危險，只好延後了我回台灣的時間。

殺出程咬金：獨台會案

牽涉獨台會案的陳正然、廖偉程、林銀福（Masao）與王秀惠等四個人，在案發前都曾來過日本，他們是在珍味意外認識的，王秀惠回台灣以後才又聯絡他們，不過他們被捕時並不是一個很緊密的組織。

我認識王秀惠的時間比較早，她是萬華一帶的人，來找我的時候已經參與了很多組織、活動，也加入了民進黨，當時如果有什麼事情在龍山寺一帶發生，她都會幫忙動員群眾。田秋堇便是她介紹給我認識的，田媽媽與田朝明醫生也來過珍味好幾次。陳正然則是史清台帶來的人，史清台當年在洛杉磯，因爲黃文雄、鄭自才槍擊蔣經國一案，將他自己的護照借給黃文雄變造[1]，這起事件曝光以後，他只好先躲到巴西唸書，大約隔了十年後又回到美國，在洛杉磯認識了陳正然，才帶他來日本與我碰面。當時獨立台灣會自從盧修一被抓，知識分子這部分似乎就瓦解了。我一直想要重建這層關係，看到還是學生身分的陳正然，心想應該是個好機會。

陳正然大概在洛杉磯和台灣之間來回了五、六次，每次都會繞到珍味住個幾天，由我跟他講述台灣歷史，給他一些思想基礎。當時陳正然說他要跟賴曉黎一起創業，我也拿了兩百萬日幣給他。陳正然這個人很勇敢，跟我說台灣已經是李登輝當總統了，我給他什麼書他都敢帶回去，回台灣也直接從宿舍打電話給我。陳正然後來在台灣大學裡面開讀書會，回報給我說有四、五十人參加。

至於廖偉程，他跟陳正然是親戚，曾經來珍味住過五天。林銀福則是南部的地下成員帶來日本的，本來沒有打算讓他與陳正然等人碰面，他人也住在高雄，與陳正然他們其實很少往來。林銀福常常到日本找我，我還記得他一個人一晚可以喝掉一瓶三多利的角瓶威士忌。

不管陳正然或者是廖偉程，他們來的時候主要跟我談的都是《台灣人四百年史》，我除了提供他們書籍，也吩咐陳正然去做串聯、啓蒙等工作，不過沒有特別要他去組織。我一再提醒他們要遵守地下工作的規則：首先，《台灣人四百年史》不可以放在家裡；其次，來往的書面資料都要銷毀，避免遭到逮捕時變成證據。不過我想他們可能過度擴大了「解嚴」的象徵意涵，以為蔣經國死掉以後就完全自由了。王秀惠與陳正然回台灣以後都是公開活動，王秀惠這個人很親近大衆，不過缺點就是不重視保密，常常直接詢問別人要不要加入獨立台灣會。事件會爆發的原因，主要也是王秀惠四處去找林銀福、陳正然等人。他們四個人遭到逮捕以後，只有林銀福、廖偉程始終否認與我碰過面。

獨台會案爆發時，我立刻接到島內同志打來的電話，我原本打算立刻回台灣，但是地下的同志說情況困難，沒辦法讓我回去。我並沒有承認陳正然與獨台會之間的關係，一方面避免火上加油；另一方面任何活動一旦表面化，都會有特務滲入，所以獨立台灣會也沒辦法介入太深。那段期間，我只能經常與獨台會的成員電話聯絡，要他們向我報告狀況，我再建議行動方案，像斷電、阻斷交通等方法。包圍台北車站也是我的提議——他們和七百多位靜坐的大學生不是同一批人——不過他們因為沒有經驗，還留了一個通道給行人過。獨台會案直到李鎮源[2]、陳師孟、管碧玲等人站出來反對刑法一百條，陳正然等涉案人

1 史明此處說法有誤，實際上王文宏是借護照給鄭自才。王文宏表示，一九七一年五月中，紐約法庭宣判刺蔣案之前，鄭自才向他請求協助逃亡外國，他便安排護照借給鄭自才使用。對此鄭自才表達萬分感謝。詳參：鄭自才、張文隆，《刺蔣：鄭自才回憶錄》（台北：允晨文化，二〇一八），頁二九四。

2 李鎮源（一九一五—二〇〇一），高雄人，藥理學家。一九三六年進入台北帝大醫學部，隨杜聰明從事基礎醫學研究。一九四五年獲醫學博士。一九四九年升台大醫學院教授。一九六〇年揭開蛇毒神經毒素之祕，震撼藥理學界。一九七〇年獲選中研院院士。一九七二年任台大醫學院院長。一九九〇年發

士才被釋放。[3]

獨台會案結束以後，王秀惠跟林銀福兩人還曾來找過我。王秀惠日後不知爲何自殺身亡，林銀福現在在台東當牧師，我偶爾還會與他碰面。至於廖偉程我是這兩年才遇到他，陳正然則自案發後再沒有遇過。獨台會案不僅對個人，對組織本身也是很大的打擊。革命運動要有錢、更要有人才做得起來，要知道人要覺醒到願意爲別人打拼，是很不簡單的事，只要一發生意外，馬上就會打亂三、五年來長期培養的人，更破壞了準備當中的計畫。我小學、中學、大學都是跟日本人一起唸書，沒有太多台灣人知識分子的朋友。獨台會案一爆發，與之前的盧修一案一樣，當初搭起關係的人隨即瓦解失聯。我回台灣之後，從此再也沒有辦法重新組織起來。

我常常會想：如果盧修一、陳正然這些人沒有出事，我應該可以透過他們做很多事情，不至於像現在，在發展知識分子的網絡上受到很大的阻礙。此外，獨台會案也讓我預計回台灣的行程因此延後。當時我回台灣的計畫並不打算透過正常管道，所以必須參考島內地下成員的意見。他們在案發時擔心我回來可能會遭到逮捕，甚至發生意外，而讓整個獨台會散掉，所以希望我隔幾年以後，等情勢穩定一點再回來。

鮭魚上岸

一九九三年，當地下組織的同志於鳳山成立了「建國愛鄉會」，我心裡知道返鄉之路勢在必行。同年，我重再踏上台灣的土地。這次行程是日本赤軍的人替我安排的，途中則有賴日本人、琉球人與台灣人通力合作。我先從東京搭飛機到琉球，然後再坐船到與那國島。偷渡的航線主要都是由船東決定，如果他要去釣魚台捕魚，那麼我就得在釣魚台上等台灣的船來接我；而如果他要到台灣附近交換物資，接應的地方則改為台灣沿海。台灣、琉球以及與那國島的漁船經常在海上交換物資，很多台灣漁民甚至都會講日本話。我這一次搭的船直接從與那國島到台灣沿海，沒有再去釣魚台。上岸的地點跟之前我偷渡回台灣的地點差不多，

起一○○行動聯盟，積極領導社會運動，終使「刑法一百條」廢除。一九九二年籌組台灣醫界聯盟。一九九六年被選為建國黨首任主席。詳參：林礽乾等總編輯，《台灣文化事典》，頁四一二。

3 史明此處說法有誤，管碧玲並未參與其中。一九九一年五月獨台會案爆發，調查局逕自進入學校抓人，引起知識界群起撻伐。《懲治叛亂條例》在輿論壓力下遭到廢除，涉案人士獲釋，但「刑法一百條」所規範的「預備或陰謀內亂罪」仍持續箝制人民的思想自由。同年九月由中研院院士李鎮源、台大教授林山田、張忠棟、陳師孟、瞿海源等學界菁英發起「一○○行動聯盟」，主張廢除「刑法一百條」，展開靜坐示威。最後在國民黨當局「只修不廢」的原則下，於一九九二年將該法修正為「以強暴或脅迫著手實行者」才會受到追訴處罰，將該法適用範圍限定於有實際暴行者。詳參：薛化元等著，《戰後台灣人權史》（台北：國家人權紀念館籌備處，二○○三），頁三三八—三四一。

時間也是在半夜。

我由島內的地下成員接應後，先往西部去。當時我的出入皆由同志黃金和安排，我們先抵達高雄，隔天計劃去嘉義。我叮嚀他隔天要記得換另外一台車，但是他沒有換，結果在新營交流道被警察查獲。當天那台車上除了我以外，還有黃金和與另外兩位同志，由於警方主要的對象是我，他們三人最後都被放走，我一個人被帶回台北接受審判。我記得那次到台北高檢署開庭，外面聚集了四、五百位來自南部的群眾前來聲援，氣勢不小。我在庭上公開強調：「我不是爲了找親戚，而是爲了打倒國民黨殖民體制、讓台灣獨立才回來台灣。」最後我以十萬元交保，法院沒有審理我的叛亂罪，居然以僞造文書的罪名將我起訴。前前後後他們在法院、警察局、憲兵隊驗過三次筆跡，判我幾個月徒刑、緩刑三年。整起案件替我辯護的律師是李勝雄、蔡明華、李慶雄。

剛到台灣之初，我除了跟郭倍宏在美麗華飯店晤面以外，也曾與陳儀深等人碰頭。這次回來台灣，我發現牛肉麵店的招牌，街頭巷尾到處都是，這讓我很驚訝。畢竟台灣人在日本時代不吃牛肉，都吃擔仔麵。以前台灣幾乎每個村落都會有一攤擔仔麵，每碗麵才三分錢，我一次可以吃兩、三碗，還加上個燒肉粽。我在中國那陣子，倒是常看到山東的平民吃牛肉麵配烙餅包羊雜碎，很好吃。

第二十章
獨立台灣會在台灣

第一樁難事：郭倍宏、蔡介雄[1]的台南市長之爭

我回來台灣時，抱持著六大戰略，獨立台灣會直到現在，也還在做下述的工作：宣傳理念、組織大眾、綜合鬥爭（體制內改革與體制外革命合作）、聯合陣線、民主鬥爭、國際宣傳。有了戰略以後，再來談的就是戰術：要深入群眾、發展組織、積聚力量、造成風氣、打倒老K（國民黨）。另外，我也特別強調革命者的自我修養，就是敢犧牲、不愛錢、不愛名、敢跌倒、敢倒楣。一開始台灣的情況對我們其實很有利，當時我們除了地下組織的成員以外，一九八〇年代來日本受訓的人，有很多都在參與地方選舉，正好可以同時進行體制外

1 蔡介雄（一九三九—一九九七），台南人。一九六八年當選省議員，此後多次連任。為民進黨創黨黨員，曾任該黨中常委、台南市黨部主委。詳參：許雪姬、薛化元、張淑雅等撰文，《台灣歷史辭典》，頁一二二九。

的革命與體制內的改革。

一九九三年民進黨黨主席是許信良，當年他在海外許多行爲讓我感到很不滿，甚至還在《台灣大衆》撰文批判他。只是我回台灣以後，他卻辦桌替我接風，之前曾來日本找過我的江鵬堅[2]也一直邀請我加入民進黨。

若依革命運動的常識，體制外和體制內這兩條路線雖然不同，但體制外路線可以幫助體制內路線、彼此合作，畢竟革命也必須考量整體的利益，只要記得別直接參與體制內路線就好。因此我並沒有答應江鵬堅入黨的要求，倒是在年底的選舉出馬幫民進黨助選。話說回來，我覺得江鵬堅算是民進黨成員中比較誠實的人，他不會將自己的利益放在運動的利益之上，這實在不簡單。

一九九三年恰逢縣市長和議員選舉，我擔任民進黨助選團的榮譽團長，馬上遇到一樁難題。那次台南市長選舉方面，初選失利的郭倍宏脫黨參選，與代表民進黨的蔡介雄兩人競爭得很激烈。江鵬堅當時打電話給我，拜託我幫忙排解郭倍宏與蔡介雄之間的糾紛，別讓他們兩人起衝突。

郭倍宏在美國的時候與我關係很深，當年他組學生會、出刊物什麼的我都有贊助他們。後來郭倍宏曾參選台獨聯盟主席，與洪哲勝亦有來往。他的競爭對手蔡介雄，則是台南地區資深的老民意代表，台南夜市的攤販與他交情都挺深厚的。

當天我和陳儀深一起從台北到台南，可能是郭倍宏有對外宣傳的關係，車站前面的廣場聚集了不少人，雙方火藥味十足。郭倍宏陣營只有一台宣傳車，車上十幾位工作人員看起來都文質彬彬的，蔡介雄的支持者則三人一組，騎機車包圍住郭倍宏的宣傳車。我害怕這樣下去會出事，就要郭倍宏走下宣傳車，我一邊攬住郭倍宏，一邊攬住民進黨台南市黨部的主委，一路步行到郭倍宏的競選總部。

過程中還有一件趣事，可惜報紙沒有刊出來。當時我站在郭倍宏旁邊，發現有一個流氓囡仔從身後要打他，我有一點柔道底子，隨即鎖住他的咽喉，他只好哀求著說：「歐吉桑！我不敢了！快把我放開。」抵達郭倍宏的競選總部後，我跟他們說：「大家平平都是台灣人，應該要用比較紳士的方式競爭。」不過我擔心只到郭倍宏這邊，會引起蔡介雄的不滿，所以我也去了蔡介雄的競選總部，還是跟他們強調君子之爭，希望雙方不要鬧出笑話。

我到蔡介雄的競選總部，難免又會讓郭倍宏不高興，但也沒辦法。下午郭倍宏的宣傳車去掃街，我還是回到他身邊，在全台南市繞了好幾圈。這次選舉以後，我跟郭倍宏就很少聯

2 江鵬堅（一九四〇—二〇〇〇），台北人。一九六四年通過律師高考，隔年取得台大法律研究所碩士後開始執業。美麗島事件後挺身而出，擔任辯護律師。一九八三年當選增額立委，隔年創立台灣人權促進會，投身人權工作。一九八六年協同黨外同志籌組民主進步黨，當選首居黨主席。一九九六年任監察委員。詳參：許雪姬、薛化元、張淑雅等撰文，《台灣歷史辭典》，頁三〇七。

絡了，他也沒有再來找過我。老實說，蔡介雄雖然在政治上毀譽參半，但郭倍宏的群眾基礎輸對方太多，勝算不大。蔡介雄在地方經營了幾十年，地方人士與攤販都支持他，郭倍宏一個人南下參選，強調人人平等、要跟國民黨拼，未免過於教條。

除了台南之外，那時候我在一九八〇年代訓練的一些同志，也在屏東替蘇貞昌助選，因此我也曾到屏東替蘇貞昌站台過五次。只可惜，郭倍宏、蔡介雄與蘇貞昌三人最後都落選了。

開枝散葉：獨台會各地的聯絡處

獨立台灣會後來在台灣各地的聯絡處，主要是方便大家稱呼，沒有層級上的意義。革命最重要的不是形式，什麼本部、支部、聯絡處，什麼會長、祕書長之類的都沒有用，尤其是知識分子，更應該泯除這種形式主義的偏好。像我的名片上面從來沒有印上職稱，很單純的只是「獨立台灣會」、「史明」而已。不過獨立台灣會雖然沒有形式上的組織架構，但並非沒有紀律的團體，各個地方都要有人做好準備。

我跟各地的聯絡處一定保持聯絡，敏紅也常常打電話給他們，地理位置比較近的聯絡處，有時候也會鬥陣做伙。目前獨立台灣會裡面主要的核心價值之一就是尊重民主，所以敏紅常常到台中、各地去跟成員溝通、討論。

當初我們在高雄帶頭的是黃金和與另一位同志，兩人現在都已經過世了。黃金和在一九九三年的縣市長與議員選舉時，於高雄大樹鄉籌設了一間兩層樓的辦事處，我看他們比較往體制內路線去，一九九四年以後便跟他們分開。

我跟黃金和拆夥時並沒有吵架，還吩咐他們好好去做體制內的工作，我雖然支持，但不能自己下去做。當時選舉似乎成為大家反國民黨的一個出口，只是問題不在於選舉好不好，而是中華民國究竟是不是我們的國家？台灣獨立體制內路線與體制外路線要如何配合？這些理念大家一直沒有弄清楚。

拆夥以後他們全心全力投入選舉，我則另外在台北與鳳山的館前街一帶成立獨台會的聯絡處，也開始籌備宣傳車隊。雖然台北聯絡處成立在先，卻是高雄聯絡處先開始辦活動。鳳山一帶有些從事魚塭養殖業的人，是一九八〇年代來日本受訓的成員，另外旗山、東港等地也都有我們的成員，大多是殺豬的、食頭路的庶民大眾，較少知識分子。我在高雄辦了七、八次的講習會，每次為期七天或十天，也有到嘉義舉辦。

我一直覺得台灣的知識分子與大眾脫勾得太嚴重，大眾的文化水準無法提高，因此相當鼓勵庶民大眾來參加講習會，當時包括一些台電、中油的員工都很捧場。不過因為他們還沒有辦法深入社會主義，所以我主要講授的內容都是民主思想。

我記得中油曾有一位姓王、一位姓施的工會幹部也來參加講習，前後來過三次。但無論是社會主義，或者是世界民主思潮，他們都不感興趣，似乎只是來吃便當而已，我於是意識到台灣工會的落伍。台灣在工會裡面擔任理事的多是勞工階級的頭人，最後卻以利益爲中心，被資本家利用，變成了「勞動貴族」（worker aristocrat）。

由於我同時在台北成立了聯絡處，每週只能下來高雄一趟。管事的人不在，閒雜人等開始在聯絡處出出入入，看過一次之後從此不再出現的成員所在多有。而且宣傳車隊中，還有人在聯絡處裡面賭博，我心想獨立運動變成賭場的話怎麼可以？於是在一九九六年決定結束高雄聯絡處，只留下幾輛宣傳車。這前前後後拖了一年多，花了我八百多萬。

民衆畢竟不是神，也有他落後的一面，要民衆堅定思想更是不容易，他們多少會受到利益驅使，或者形成一種英雄主義、想成爲團體裡的領袖。像有位女性成員，我訓練她兩年，還租房子給她住，沒想到她在高雄自以爲是我的代理人，而對其他人頤指氣使。結束高雄聯絡處，當然很可惜，但是做政治若發現事情不對勁，就應該盡早切斷關係。目前我在高雄還有同志，不過他們大多都在工作，沒辦法隨時自由行動。

台北聯絡處設在和平東路，一開始是與三、四位去過日本受訓的成員一同成立的。後來我也在台北開授講習會，每班差不多二十人，爲期三天至兩個星期不等，黃敏紅等人就是在那時候加入的。因爲我在士林已經沒有產業，在和平東路一住就住了十一年，直到二〇〇三年，我向銀行借了六百萬，才搬到新莊。

至今我一直覺得很可惜，每個月房租五萬元加總起來，總數都可以把和平東路那間房子買下來了，交通又比現在我待的新莊方便許多。說起來，回到台灣以後，我虧了不少「意外之財」，像我曾在圓環那邊開設「大衆冰店」，每月要五萬元租金；迴龍也曾開過一間檳榔攤，結果都因爲虧損而倒閉。還有司機跟我借錢買車，四十萬一到手，隔天卻把車子當掉，拿去賭博。

我把重心轉移到台北之後，每個月月底都會將宣傳車隊開到新竹、苗栗等客家人聚集的地方。我一向重視客家人，畢竟福佬人跟客家人之間的歷史矛盾如果無法緩和，要如何團結對抗國民黨呢？我們車隊的路線都是先往桃園去，在那邊吃過中飯，再到新竹、苗栗；回來也是在路上吃飽後才解散，每次的開銷都不小。

在新竹我們有一位女性成員，名字叫美玉，住新竹義民廟附近。她的丈夫姓鄧，曾來過日本三次。我回台灣以後卻發現，美玉的丈夫個性老實，反而是美玉比較積極，於是我常常去新竹跟他們講習、培養他們的思想。聯絡處是美玉主動跟我提起的，我也在一九九六年一月時成立了新竹聯絡處。新竹聯絡處維持了兩、三年，每個月除了一、二十輛的宣傳車隊，我還會號召二、三十台計程車一同前往，如果有廟會、義民節，更要專程南下。那麼大的陣仗，警方每次看到都會緊張兮兮。不過新竹聯絡處後來還是結束了，主要是因爲我們的資源不夠，參與的人數也越來越少，每次總要我自己帶人過去才有辦法開會。此外，獨立台灣會的聯絡處一變多，我能列席的次數當然相對變少，號召力也因此降低。

至於嘉義的聯絡處很早就成立了。之前嘉義地區有四個人來日本受訓，回台灣以後多在蔡同榮的服務處裡面任職。我平常也會去嘉義聯絡處講課，前前後後大概辦了二十次以上，像現在張花冠手下的一位祕書長，就曾經來我的聯絡處參加過兩次講習會。此外，當時蔡啓芳有一個無線電台，他們夫妻都很歡迎我，我到嘉義時常常邀請我擔任來賓。我在嘉義也放了三、四輛宣傳車，如果我到嘉義或要去台中等中部地方，宣傳車都會四處宣傳，發揮不小的影響力。嘉義的車隊大約到二〇〇七年左右，才因爲故障而中止活動。

至於台東聯絡處則是位於一座種釋迦的農場，負責人是我在鳳山認識的嚴姓同志，民進黨員，牽手是台東的原住民。當時我常常往台東跑，在那邊還認識了一位姓張的、二十幾歲的少年人，也曾去台東大學和大學生們聊過一次，這算是我近年來唯一一次去大學裡面講課。我在台東放了三輛宣傳車，每週從高雄經潮州繞過去台東，一趟車程大概要四個小時。不過後來台東的聯絡處比較沒有活動，大概維持到二〇〇〇年左右，在那之前我經常寄宣傳品過去。

回台灣後，每年夏天我一定要到日本去，一方面是避暑，再者也是和店長結算帳目、整頓店務，畢竟不照顧好珍味，我做運動的資金要從哪裡來?資金是做運動的必要條件，有人、有行動就得花錢。過去我都是靠珍味才不需要募款，我一輩子也幾乎沒有跟人家借錢，自己做的任何行動都有一定的把握，身上有多少錢就做多少錢的事。不過二〇〇九年八月一直到二〇一〇年的六月，因爲珍味重新裝潢的緣故，幾乎花光了我所有的積蓄，我才第一次跟別人借錢。我不在台灣的期間，敏紅還是會帶車隊出去，但活動多少還是受到影響。敏紅並不是來獨台會以後才開始參加台灣獨立運動，她從一九八〇年代就開始做了，還曾經小額投資民視電視台，最後卻血本無歸。當年廖偉程等人因獨台會案被捕時，她就曾經參與包圍台北車站的行動。

回想起當年的同志，他們至少都少我二、三十歲，現在幾乎都過世了。我帶給他們思想的種子，但是沒辦法從頭到尾看著他們茁壯，很多人因此往選舉的方向走去，甚至加入民進黨。不過我也沒有非要大家只參加獨立台灣會不可，只要你最後的目的是台灣獨立，去做什麼都可以，反正條條大路通羅馬。

獨台會宣傳車隊

獨台會主要的活動，就是辦講習會與宣傳車隊的巡迴。原先車隊都是每週六、日兩天固定巡迴，現在比較不定期。以前一有什麼集會、遊行，我們一次都動員上百輛的計程車，配合十幾台宣傳車，不管是聲勢還是效果都非常可觀。台北的車隊主要有兩條路線：第一條是從台北車站繞到圓環，再走延平北路往大龍峒，到士林後走中山北路回來；另外一條則是從龍山寺出發，經過西門町，走延平北路過橋到三重埔，然後再去板橋、永和，歷時差不多半天，到下午三、四點結束。敏紅他們沿路會在車上擊鼓，透過喇叭放送「台灣要獨立」、「台灣人要做主人」等口號。車隊組成分子大約七成是全民計程車隊的司機，三成是一般的民眾，也有大學教授、設計師、醫生等等。

當時我成立了不少講習會，車隊的成員、司機大多從裡面募集，並不單純只是義工，也會提供他們相對的勞務所得。大家一開始沒有理念與思想，大多數人來來去去，很少人長期停留，難免有些人為了錢而來。開計程車的司機每天平均賺一千多塊，我這邊一次只要三、四個小時，就有一千元。這並不是收買或者走路工，而是我們必須要照顧他們的生活，不能浪費他們的勞動時間。這些工作人員他們個人的事情，譬如說與誰交往、有幾個小孩之類的，我既不會打聽，也不會要他們讓我知道。我也不會反對司機吃檳榔，因為那是基層勞動大眾的生活。不過因為一般人覺得吐檳榔汁不好，我後來才會勸他們要準備個罐子，不要隨便吐到地上。

車隊最早是在高雄成立的，第一次出隊只有一輛車，不過擴充的速度很快，規模最龐大的時候總共有二十三輛車。當時我每天都在找車，碰到尚堪使用的車子就直接用現金購買，或者去買大公司汰換的中古車，一台大概都四、五十萬。台灣的宣傳車以前都是用錄音帶，我的車隊卻有一項特色——打鼓。鼓是最原始的樂器，樂聲不僅傳得遠，也打得進人心，一旦聽見我們宣傳車的鼓聲，很多人就會好奇地跑到路邊觀望。而且當年的宣傳車都是小台的，我卻用大台的，整輛漆成紅色，上面還插著旗子，相當顯眼。

我跟全民計程車隊的關係很好，那時候全民計程車隊的司機跟四海幫分子打架，意外打死了一個人，我還出面協助處理後續的事情。此外，我還曾經為他們在台中、台南與高雄等地的車行提供電視機，讓司機沒生意時可以排遣時間，避免他們跑去賭博。

我最怕司機沉迷於賭博，因為這是生活上的墮落。像之前有一位姓傅的司機，在我身邊十二、三年，後來因為阻擋連戰被捕，大家都跑到我這邊追討他欠的賭債。我對參與宣傳車隊的計程車司機們更是照顧，除了多付一點車資，有時候甚至會借錢讓他們買車。每逢七月普度，我也會找司機們來分豬公肉，清明節則邀他們一起包潤餅。因為有了這一層關係，所以在必要的時候我可以動員計程車司機。

一九九四年車隊成立以後，我馬上帶著車隊環島宣傳，前前後後總共繞過三次，每次行程差不多七、八天。第一次環島有二十三輛宣傳車加上兩台計程車，每台宣傳車大約有三到四個人，白天遊街，晚上歇息。我們每到一個地方如花蓮、台東，詳細的路線、吃、住等等，皆由在地的同志安排。鄉下地方辦桌比較便宜，大約只要兩、三千元，車隊的工作人員晚上用餐時喜歡飲酒，特別是高粱之類的烈酒。若是夏天、比較不需要棉被什麼的，就住在友人的民房，冬天的話就住最便宜的旅社。主要的開銷算是人事費用與油錢啦！宣傳車平日不出動的話，就放在全民計程車行的停車場，一直到二〇〇〇年以前都維持著差不多的規模，車輛長期下來的折損、修理其實也是一筆不小的費用。車隊的重心後來也逐漸轉移到台北，大約有十幾輛車，嘉義、台東、台中、高雄等地則是二至四輛不等。

在空中與大眾相會：台灣大眾地下廣播電台

一九九三年我們有一位同志叫陳貴賢，他在台大教書，有能力弄到架設無線電台的設備。當時他在羅斯福路上開了台灣人的第一個電台，原本有邀請我參與，但是我看陳水扁、謝長廷等人都有投資，就沒有加入。後來我才讓陳貴賢替我購買一組機器，成立了「台灣大眾地下廣播電台」。我住在和平東路，電台的位址則在和平東路、羅斯福路的交叉路口，兩處相隔步行不到五分鐘，對面是中國派的飛碟電台。十幾坪的場地連同裝潢、設備在內共花了三百八十萬。李政忠（阿忠）就是那時候加入獨立台灣會，他跟傅仔等人負責放音樂、管理器材。阿忠的音感跟品味很好，沒有去唸音樂學校、當一位音樂家，實在很可惜。阿忠個性安靜，算是默默做事情的那種人，傅仔比較會說話，應對進退都是由他負責。

每週我會去電台三次，聊的議題多是台灣現況，然後開放聽衆 call-in，或者讓來賓談一些比較特別的主題。當時 call-in 進來的聽衆很多，我跟聽衆聊天並不只是形式上問候他是哪裡人，而是具體地詢問他的生活情況，從現實出發，以各種角度瞭解聽衆的想法。聊天也得像剖西瓜一樣，要切直的也要切横的，才會比較全面。那陣子地下電台常常被抄台，我的電台規模可能不夠大，所以沒有被抄。

不管是一九九六或者二〇〇〇年的總統大選，我都曾在節目中闡述、說明何謂國民黨獨裁政權的內容，並且強調「台灣人要選台灣人」的口號。電台主要的節目內容都在談政治啦！我不在電台的時候，會讓一些民衆到電台表達他們的心聲，不然就放音樂，或者請樂團、歌仔戲團來表演。

電台的人氣不小，宣傳效果不錯，只可惜沒有收入、缺乏經費。我們的電台本身不經營廣告，曾有一位賣藥的人找我合作，但我心想，如果宣揚革命的電台賣起藥來，好像當年在東京大家要我做柏青哥生意一樣，目的不夠純粹，所以最後只好拒絕他。電台每個月的花費加總起來大概要二、三十萬，包括主持人、來賓的出席費，以及人事費、買唱片之類的設備費用，還有每個月六萬元的房租。我們從一九九六年經營到二〇〇一年的年尾，最後因爲我生病與資金調度的關係，以五十萬元的價格頂讓給別人。

回眸省思

成立一個組織後如何去評判它的效果？有的人會說每年的會員都要有成長才行，我想的不是那麼形式主義的東西，爲了台灣，即使只是多了一位覺醒的人也算是達到了效果。我早已瞭解台灣沒有武裝革命的空間，畢竟台灣人有了「民主」以後，大多會害怕武裝，所以我才會把目標放在啓蒙。由啓蒙這點來看，獨台會做出的效果堪稱足夠，大家對於台灣民族主義、台灣獨立等口號已經不像起初那樣畏懼、排斥。可惜的是，組織群衆這一塊我們還有待努力。主觀而言，獨台會本身的力量不足，客觀上來講，其實群衆們也不眞的曉得什麼叫做組織，只是以浮誇、形式主義的方式在經營。

我們一直沒有辦法眞正與知識分子串聯，亦是我心中永遠的牽掛。我之前講過好幾次，我求學的過程身邊幾乎都是日本人，本來就沒有什麼人脈，盧修一、陳正然這些好不容易搭上線的人才，後來都因爲被捕的關係而潰散。回台灣以後，除了廖宜恩等比較熟識的人以外，一般的知識分子大多不知道該透過什麼樣的管道聯絡我，要不然大家應該會慢慢知道，過去獨立台灣會做的其實是很光榮的事情。不過話說回來，回到台灣我自己也沒有想要再往知識分子發展，而是積極經營我們和一般社會大衆的感情，也沒有再繼續發行雜誌之類、對知識分子可能比較有影響力的出版品。畢竟辦雜誌必須考量金錢的開銷，一個月沒有一百萬台幣弄不成，你看即使民進黨也辦不了一份雜誌。政治方面其實與市場沒有關係，是力量、資金的問題，有錢的話什麼都可以做。

我自己本來設定用十年的時間全面接觸台灣的群衆，所以才去成立具有機動性的宣傳車隊。不過十年的時間實在太短了，最後我用了將近二十年才達到原來的目標。沒辦法，這就是現實。革命不是你喊衝就能馬上達成的事，也是要等待、要忍耐。比如說以前我剛回到台灣的時候，一旁的台灣人彼此對話時經常會說：「我們中國人如何如何……」但最近我不管去到什麼地方，試探性地問人：「你是哪裡人？」大多會得到「我是台灣人」的答案，這就是經過時間的淬鍊，帶來的一個很大的 jump（意指跳躍性的進步）。我們行走在體制外路線的目的無他，正是要讓更多的台灣人覺醒，願意大聲說出「我是台灣人」、自己認同自己是台灣人。從這一點來看，台灣獨立運動在這十幾年當中還是有進步的。

只是從世界歷史的角度來看，殖民者反抗外來者都有一定的發展階段。體制內路線與體制外路線不能混淆，你人若在中華民國體制內任職，卻高喊：「打倒中華民國！」那就是自我矛盾。體制內只能改革，不能喊獨立。

好比一間屋子，在體制內的人，他的工作就是拆一支樑柱、掀一掀屋頂，讓體制動搖，再與體制外革命的人合作，最後一起推翻體制。所以說，體制內要支持體制外，體制外亦要支持體制內。獨立台灣會過去只仰賴珍味這間麵店的收入來支撐，在世界革命運動史中是

abnormal（異常）的事情。我並不是認爲這件事阻礙了獨立台灣會的發展，只是民進黨不應該獨佔台灣獨立運動的資源，甚至還有人將我們稱爲「基本教義派」，破壞體制內路線與體制外路線合作的可能性。

我認爲這正是台灣獨立運動這些年來的瓶頸所在——大家不斷跑進去體制裡面、只在中華民國體制內談民主，很少人願意在體制外耕耘、眞心支援獨立運動。長期下來，體制外的革命路線常常因爲缺乏資源而無法持續經營，獨立台灣會各地的聯絡處的命運便是如此。巴勒斯坦有個阿拉法特在體制內賣石油，供應給體制外的游擊隊，即使軍事力量不如以色列，吃了五次敗仗，終究還是能夠建國成功。反觀我們台灣，一切的資源都被體制內拿去，體制外根本沒有足夠的空間發展。

我回到台灣以後，從來沒有在群眾面前主張武力鬥爭，畢竟現在世界上的潮流都是民主、人權，台灣要獨立的目的不是爲了落伍的帝王思想，而是一個民主的近代國家，這也是我寫《民主主義》、〈基本人權〉的原因。不過一旦希望透過講道理的方式來推行運動，就必須提高群眾們的水準，現在大家連批評國民黨是獨裁政權都要再三斟酌，無疑是陷入霸權（hegemony）的陷阱。這方面知識分子們應該擔起很大的責任，要認清自己的使命感。群眾多被統治者教育成井底之蛙，分不清楚究竟什麼是落伍，什麼是進步，但也有一句話說：「群眾的眼睛是雪亮的。」大眾雖然說不出話、講不出道理，但是如果這些跟他們的生活有關、跟他們的做人做事有關係，他們仍然願意 catch（捕捉）。知識分子們有新思想，卻又偏偏一個個想要往上爬，不想往下鑽；而社會大眾又缺乏知識、過於感情用事。如果台灣的知識分子可以和群眾結合起來，才眞正有實際的 power（力量）。因此現在對獨立台灣會來說，最要緊的還是如何留下一些經濟基礎給敏紅，讓他們在未來繼續打進群眾、喚醒他們的意識。

我的六大戰略裡面有一條叫「接近大眾」。「接近大眾」的意思不是只會站在台上和大眾講話，而是要鑽到大眾裡面發旗子，出日頭大家一起曬，下雨大家一起淋雨——你讓台下的幾萬人全身淋濕，自己卻連一滴雨也沒有滴到，只會站在台上或者躲在車子裡面喊台灣獨立，有誰會理你、相信你？這就如同你今天到了鄉下，看到做田人，那麼你就必須先跟他們一起耕田，然後才能同他們談政治。不然人家做得要死要活，你在田邊對著他們喊台灣獨立，他們連聽也不願意聽。唯有懂得和群眾共苦，未來才有可能共甘。所以一直以來，我出去參加活動，即使下雨，還是坐在輪椅上讓雨澆。這部分蔡丁貴這個人算是做得不錯。我回到台灣後，曾和蔡丁貴合作辦過幾次活動，他本來在康乃爾大學，我去美國巡迴時他都有參與，不過那時候並沒有與他談上話，只知道有這個人存在。他後來成立了一個組織，我才開始與他接觸。除了他之外，大部分的知識分子還是不太重視如何打進群眾裡去啦！要知道群眾終究會觀察、會判斷，決定誰才眞正的是自己人。你不能以爲自己比別人還厲害，想做運動就要謙虛，要有群衆意識，眞心誠意地去跟他們打成一片。

一般人有事業、有家庭，這些都會影響大家參與運動的意願，要大家都像我一樣是不可能的。不過話說回來，台灣的革命還是沒有眞正成熟，台灣人現在大多仍停留在感情獨立，尚未達到理性獨立的程度。理性獨立是理念的問題，關係到台灣要怎麼獨立、要走哪一條路、如何瞭解我們的敵人等等許多有關戰略與戰術的問題。比如說，中共明明有一千多枚飛彈對準台灣，你做獨立運動卻完全不想深入瞭解中共，只把它單純當成一個憎惡的目標，這是不恰當的。感情獨立往往過於隨性，更會摻雜私人的利益，台灣人做獨立運動的缺點莫過於此——公私不分、沒有紀律，最後容易變成烏合之衆，愛做就做，不做就不做。除此之外，台灣人也非常崇尚英雄主義。所謂「英雄主義」主要有兩個面向：第一是自己小有成就，就覺得自己最厲害；第二則是喜歡追隨偶像、大人物，大人物如果不動，下面那些人也不想動。最後，我認爲即使在台灣，還是要有地下工作的部分，你要確保當敵人使用暴力的時候，自己有反擊或逃跑的機會。革命是因爲我們被欺負了所以才革命，不管在任何情況下，敵我更該要分得一清二楚，不然就會做出表面上對台灣有利，實際上卻有害的事。革命不是開玩笑，那是性命交關的事情。

第二十一章

返台見聞錄

歡喜會與史明文教基金會

我回來台灣以後，有些中小企業的企業家想與我碰面。我阿爸那邊的親戚林建德當時擔任馬偕醫院的董事長，經常參與扶輪社的活動。扶輪社的社員大多是台灣比較有經濟能力的人，林建德便糾集了一些扶輪社的社友如許章賢、賴聖訓、陳泰然等人，組成歡喜會，定期吃飯、聚餐。雖然大家聚餐、喝酒是很歡喜的事，但是我覺得這些富有人家錢這樣花實在沒什麼意思，才在二〇〇一年籌組了一個財團法人史明教育基金會。當時住在美國的林水泉於基金會成立一事上幫了不少忙，出錢又出力。

建國會、民進黨

我一九九三年回到台灣的時候，廖宜恩等人已經成立了台灣教授協會[1]，我也差不多在那時候認識了李鎮源。一九九一年，陳正然等人的獨台會案爆發時，李鎮源、陳師孟等人曾出來抗議。李鎮源是杜聰明[2]的學生，杜聰明是淡水人，我是士林人，年幼時彼此便相識。李鎮源當時跟我說，知識分子若是只會開會、演講，是無用的，還得讀一些書才行，後來他便在林森南路一帶成立台灣醫界聯盟，每週一晚上舉辦集會，有不少學者參與，林山田不久也加入了。過了幾年，他們希望組織建國會，我因爲經費挪用的問題，與他們兩個人有些不愉快，後來也就沒有參加。建國會雖然是由擔任名譽顧問的彭明敏宣布成立，但後來轉型成建國黨的時候，彭明敏卻拒絕參加。建國黨成立之初內部龍蛇雜處，大家在理念與思想上並沒有一致的共識。等到鄭邦鎮擔任主席時，也有派人來邀請我，我以我不適合的理由婉拒。二〇〇一年李鎮源等人退黨，與鄭邦鎮之間鬧出一些糾紛。再後來接手建國黨的人年紀都太大了，在組織運作與管理上都不太在行。

民進黨對建國黨基本上是採取排擠的態度，畢竟當時建國黨與民進黨性質相近，想必會有一番資源上的爭鬥。之前台灣做獨立運動的人，就算學歷再高，讀的書都不算多，不僅是世界史，甚至對台灣史也很生疏，只懂得國民黨版本的史觀。民進黨裡面的人大多具備法學背景，但也未必有明確的政策方向。說到底，民進黨裡面的經濟專家只有蔡英文而已，她在英國留學期間主修國際關係，對外貿等方面頗有心得。這一點從她跟馬英九辯論的實況就看得出來。馬英九跟過去國民黨的政治人物不太一樣，民進黨內也只有像蔡英文這種具備專業素養的人才能與他匹敵。

台灣文化與中國文化

過去民進黨執政時，常常有人提到所謂的「去中國化」，我認爲其中有很大的問題：台灣不管是風土、自然條件、社會條件和國家經驗等等，本來就跟中國不同。既然原來就不同了，又要怎麼進行「去」這個人爲的動作呢？

1 台灣教授協會創立於一九九〇年，由學界認同台灣主權獨立之人士共同組成，以促進政治民主、學術自由、社會正義、經濟公平、文化提昇、環境保護、世界和平為宗旨。詳參：林礽乾等總編輯，《台灣文化事典》，頁二五四。

2 杜聰明（一八九三—一九八六），三芝人。就讀總督府醫學校時結識蔣渭水，因憤慨袁世凱稱帝，與翁俊明前往北京投毒，最後未成。一九二二年任總督府醫學專門學校教授，並與霧峰林家的林雙隨結婚，年底得到京都帝國大學博士學位，為台灣第一人。一九五四年創辦高雄醫學院，擔任院長至一九六六年。詳參：林礽乾等總編輯，《台灣文化事典》，頁三九七—三九八。

中國有兩、三千年的歷史，創造出相當傲人的文化成就，對我而言，文化只有分好與不好、值不值得學習，無關乎民族與地理，所以我們當然不反對中國文化，我們反對的是有批人假借中國文化來統治台灣的體制和方法，反對的是他們想要用中國文化抹消台灣文化的行爲。

台灣一直以來受到外來文化、政治體制的影響與控制，沒辦法好好去繼承屬於自己的文化與價值觀，所以我常常說：「獨立不只是政治問題，也是文化、生活問題。」

拿漢字來講，中國人寫漢字，台灣人、日本人也寫漢字，漢字畢竟是中國人的東西，因此不管用漢字表達感情或感觸，都是中國人比較在行。然而，不管台灣人、日本人用不用漢字，重點在於日本人、台灣人跟中國人，對同一套漢字的感覺、使用的方法未必相同。比如說，漢字的文法很繁雜，台灣人使用的語句、文法，和中國必定會有細微的不同，這點你們應該比我體會得更深。

再比如說，中國人的花后是「牡丹」，把「牡丹」寫出來，中國人一看就瞭解有「豪華」之意；但日本人看「牡丹」，只會認爲是某種花草罷了。我想說的就是，我們不能拿中國文化來否認台灣文化，台灣文化是我們共同創造出來的東西，背後承載著這塊土地上獨特的風土、傳統與社會經驗。

若從眞理或學問的角度來看，台灣獨立對任何其他的國家、民族都沒有害處。台灣獨立並不會影響到中國的前途，台灣獨立只是過去受到剝削的人不願意再被剝削，想要追求自己作爲人的價値而已——如果願意當奴隸的話，大可以維持現狀，我們就是因爲希望可以當人，所以才起來反抗。因此，我們並不是反對中國人，而是反對宰制我們的體制，這個體制如果可以瓦解、汰換，我們當然沒有跟他們對立的理由。

其實我認爲台灣獨立的問題，說到底，癥結只在於「利益」兩字，當統治我們的殖民者不肯放棄過去的地位與利益，不肯放棄可任憑他們宰制剝削的殖民地，台灣獨立也就永遠與他們對立。

地球村裡的台灣

東洋與西洋的生活方式本是不同的，不管哲學、想法與現實感觸都不同。但是第二次大戰以後，**science**（科學）進步太快，一九五〇年代，我去日本一趟要花上五天四夜，現在竟只需三小時，人類之間的交流變得非常利便，東洋與西洋的差異也就急遽縮減。比如說我小時候吃花生糕，你們現在跟西方人一樣吃漢堡；我寫文章一定是要用直式，你們受到西方、英文的影響，非得採用橫式不可。這種狀況結果有好有壞，別忘了台灣有殖民地的性格，很容易一窩蜂地跟流行，卻沒注意到很多東西只是商業上的宣傳，而慢慢遺忘了台灣自己的文化。像現在有台灣本地特色的祖厝，很多都因爲土地價值的關係，紛紛改建成大樓，甚至連布袋戲也已不同於以往了。

台灣的民主，說起來也是受到世界思想潮流的影響——兩次世界大戰後，原本佔地球人口百分之七十的殖民地人民紛紛追求獨立，整個世界也往和平、重視人權的方向走去——不過台灣人經常誤以爲西方的民主，僅僅只是選舉而已。民主爲「主權在民」之意，強調的是主權既不在有錢人，更不在有力者的手上。西方從希臘古典時代開始討論民主，已經有兩千年以上的歷史，我們台灣只花十幾二十年，就想要實行民主，多少存在著偏差。你們可以想想看，現在如果要在台灣參與選舉，沒有經費印文宣、宣傳，甚至是買票，有可能當選嗎？所以我才會經常說台灣的民主是假民主。

此外，民主社會最重要的是言論自由，大家以爲自己有言論自由，卻不知道台灣媒體現在若非國民黨的資本，就是被中共資本所把持，表面上多元發聲，其實只是把台灣人變成既不關心國際上的事務，也不在意中國對台灣的統戰方針，甚至被中國的金錢洗腦收買的井底之蛙。如果這樣繼續下去，不要說國民黨自己三兩下就被打倒，台灣人連「保衛台灣」這樣的口號，都還喊不出來，敵人就淹過來了。就算美國到時候會保衛台灣，那也是爲了保護美國自己的利益，未必眞的是對台灣有益的事情。

當今世界已經是一個 Global zone（意指地球村），經濟方面不可能沒有來往。因此，台灣跟中國雖然在政治方面敵對，但經濟上不可能沒有交流，這就必須要非常小心。美國當然也與中國貿易，但是人家卻懂得採取各式各樣的防範措施，國民黨卻一心只想與中國通商，完全不在意此舉可能給台灣帶來的危險。講難聽一點，國民黨其實仍然存在著流亡的心態，反正事到臨頭，再落跑到別處不就好了？說實話，李登輝與陳水扁執政那些年，對台灣現況統計、瞭解得不夠徹底，更沒有清算國民黨過去在台灣橫徵掠奪的財產，比如台糖被賤賣的土地等等，這就讓殖民體制至今仍幽魂不散。當年我在陳水扁就職前向他提過幾項建議：第一是沉默是金；第二是要他好好瞭解中共；第三是提醒他台灣仍然處在殖民地統治之下；第四是台灣的教育應該要加強台灣歷史與台灣話——我認為台灣話的教學，到現在還是不受重視，應該要先提出一套有目標的方法論，再者也必須好好整理出幾千字的基本字庫，最後再放到教學現場。

反《反分裂法》：第一次靜坐抗議

過去台灣很少人討論社會主義，只有洪鎌德和張維邦寫過一本《社會主義》[3]，卻過於

3 史明此處說法有誤。張維邦並沒有關於社會主義的著作，而洪鎌德關於社會學的研究頗多，如《當代政

偏向馬克思的思想，變成「象牙塔的馬克思主義」，沒有顧及到馬克思個人的行動及其與共產黨之間的互動。馬克思主義就是得一邊做、一邊學，一邊學、一邊做，思考與實踐同步進行才對。我回台灣以後在和平東路的獨台會根據地辦講習會，來的人多是社會大衆，內容也多只關於台灣獨立運動。我一直想對知識分子，特別是學生講授馬克思主義，只可惜苦無機會。而且我發現當時台灣大部分的人都反對使用暴力，因此一方面我不斷強調民主──民主並不是放棄社會主義，而是殖民地社會必須先靠民主與民族主義推翻殖民地體制──另一方面也開始採取舉辦座談會、靜坐和遊行之類的活動。像二〇〇五年，我就到台大校門口靜坐，反對中國制定《反分裂法》。這次活動，是與台灣教授協會合作舉辦的。許文輔在中國制定《反分裂法》以後，在台大大門口搭了個棚子，我便去那邊抗議。中國制定《反分裂法》，其實是很嚴重的一件事，但是台灣人對這漠不關心、忽略了中國的統戰伎倆。原本我是想坐一個月，後來由於台灣教授協會希望可以參與民進黨於三月二十六日舉辦的「反反分裂法大遊行」，所以靜坐在當天中午就結束，前後總共坐了十二天。結束靜坐後，當天下午我還動員了五十輛計程車，在台北市街頭宣傳、示威。

當時高成炎等人有出來響應，後來幾位大學生像葉紘麟、張之豪也來參加。其實不只他們兩位學生啦！只是其他人即便來了，也未敢找我談話。這一次在台大校門口靜坐，大部分經過的台灣學生雖然會轉過頭注目，卻不敢眞的走過來，受到國民黨教育的影響、荼害滿大的。不過也有可能是因為台灣獨立運動在台灣尚不成氣候，大家看到我們往往不敢靠近。雖說如此，我還是認為這次活動應該有在校園內產生一定的影響。[4]

阻擋連戰

阻擋連戰以前，我就曾經去擋過江丙坤，那次擋了快半小時，我方的力量比較小，被警察警告之後只好選擇撤退。阻擋江丙坤和連戰其實是反《反分裂法》活動的延續。原本我是想，如果我們能把阻擋的時間拉長，就可以吸引記者的目光，甚至有機會把消息傳達到國際上，刺激台灣人的思考。如果連戰被我擋到半小時以上，計畫應該就會成功。可是汪笨湖、王定宇等人兩三個禮拜以前就在地下電台一直宣傳說要去擋連戰，結果造成警方加派人手。如果他們沒有說的話，警察人數不夠多，絕對可以成功。阻擋連戰應該是祕密才對，怎麼會

治社會學》、《當代社會科學導論》、《二十一世紀社會學》等等，但並沒有一本《社會主義》的著作。

4 台灣大學濁水溪社便於本次靜坐後正式復社，首任社長張之豪、副社長藍士博及相關社員皆曾參與該次活動，進而在二〇〇五年籌劃重組停止活動多時的校內社團。濁水溪社近年來積極參與「史明經典重建計畫」，《史明口述史》、《台灣人四百年史》的出版、再版，以及撰寫關於史明其人及其同時代的相關研究與論述。

像他們一樣，還未做就先行到處大聲嚷嚷呢？而且他們實際上也沒有付諸行動。

行動前報紙有報導連戰的行程與路線，我也暗中調查過連戰的住所和他常待的地方，連同國民黨黨部共有七處。我用單線組織的方式，在林口安排一組、台北安排六組人馬，當天不管他從何處出發，都一定有人盯哨，隨時可以通知我。當時我動員了七十輛計程車，計劃要讓連戰的車隊動彈不得。這七十輛計程車分成兩路，在南崁的那一路有五十輛，另外二十輛在林口，兩路人馬並不知道彼此的存在，當天只有幾位帶頭的司機事先知道行動內容，其他人雖然過去曾一起參加環島宣傳，但爲了避免他們膽怯、退出，事前並沒有告知，這款行動本來就要盡可能保持祕密。

後來是林口那邊打電話來報告，說已經看到連戰的車隊。如果那時候五十輛車一起排在路上，或許可以擋下來。但是我們的車隊才停下來，警察馬上出來指揮交通，甚至連手槍都掏出來。當時我想如果不下車替大家鼓舞士氣，司機們會怕，於是才讓阿忠與敏紅陪我下車，阻擋了四、五分鐘的時間，但最後還是被連戰的車隊溜走了。連戰車隊一溜，我們也馬上上車尾隨他，一路跟到桃園機場。

抵達機場以後，裡面已是萬頭鑽動。汪笨湖在廣場那邊演講，我跑到樓上往下看，發現有些台灣人正被黑道毆打。我想提醒警方機場裡面有黑道打人，但我一過去一定被制服，因此我盤算著要到樓下放事前準備的鞭炮。當時機場的處長來找我們，說是要帶我們下樓，我回說不用麻煩他，他卻一直強來，我生氣地對他說：「你不要找我麻煩，你找我麻煩我就找你麻煩。」講完了我帶隊下樓，但敏紅在樓下卻被警方看到臉，導致她日後遭到起訴。

當天事情結束，我要司機傅仔不要回台北，在我這裡睡個幾天。傅仔卻堅持要回去他相好那邊，結果在路上被警方攔到，車子也撞壞了。警方另外還抓了一個姓陳的司機，我得知消息以後馬上到派出所，跟著他們到地檢署去。

被警察看到臉的敏紅躲了幾天，警察來過兩次，我想這樣也不是辦法，才帶著敏紅去航空警察署與地檢署自首。我們早上十一點多到，隔天近十點，裡面竟然傳出要收押敏紅。我跟律師要求說：「我帶人來自首，現在居然還要收押！」後來才以十萬元交保。當時我吩咐傅仔與敏紅，要他們應訊時將一切推給我，因此最後才會連我也一併起訴。我被找去問訊了三次，我、敏紅跟傅仔三人都被判刑，但可以易科罰金，這次我請了一位很誠實的律師替我辯護。除此之外，警察記下了其他參與行動的司機車牌，開了二十幾張六千元的罰單，也都是由我負責繳清。

台灣人只知道國民黨，不知道中共。不管是反《反分裂法》靜坐，或者是阻擋連戰，因爲都關係到中共，所以我也特別積極。後來馬英九政府跟中國簽定 ECFA 協定，其實也是中共統戰的方式。中共先在經濟上面讓利，等到台灣陷進去以後，再透過政治、軍事進一步綁住台灣。面對這樣子的情況，我們不能寄望國民黨。馬英九現在說他代表台灣人、不是獨裁者，但是像這種與別國簽訂協定的大事，沒有經過國會同意就執意進行，與獨裁又有什麼差別？

所以說，民主終究還是得訴諸於社會大眾，你拿不到選票，說什麼也徒勞無功。所以後來我也鼓勵蔡丁貴，一起做體制外的運動，避免與體制內的民進黨產生衝突，讓中共見縫插針。我還是認爲目前的當務之急，是對社會大眾進行宣傳、跟他們站在一起，一次又一次去，他們才會相信我們說的話。這一切都必須靠行動，如同我之前所說，得先同苦才能夠同甘，不能事事都想站在他們的頭上。

陸上行舟[5]

之前美國那邊很多人說要出錢替我出版回憶錄，但是我一直沒有那個念頭，心想台灣獨立運動的山頭都還沒看到，不必大肆宣傳自己的事情。一九八〇年代末期，陳芳明曾經替我做過一次訪問，不過因爲我的事情過於複雜，再加上他住在美國，後來也就不了了之。此外，林志昇也找我錄過音，請我談一些有關台灣歷史的事情，前後大概錄了十五次，沒想到他後來竟然私自拿去美國募款，挪爲他自己政治活動的開銷，美國那邊還時常有人來電關心，擔心我是否遭人利用。林志昇與城仲模兩人有合作關係，背後據說受到一位美國人指使，他們認爲美國應該對台灣負起政治責任。他們主要都是爲了錢才去做那些事情。林志昇對外並沒有老實說他曾經去過中國的經歷，到美國留學的事也頗爲可疑。

對於口述史的出版我並沒有什麼要求，大概就希望美觀、紮實以及普及化而已。我回來台灣以後，始終沒有出版社的人脈，再加上台灣的出版社大多由中國人經營，其中當然也有比較認眞、有規模的出版社，但是我擔心要花費不少功夫，才能說服他們出版我的著作，所以過去你們在市面上經常找不到我的著作。雖然我也想讓更多的讀者看到我的著作，畢竟這樣才能帶來啓蒙的效果，但是我也不希望被人當成是英雄、把我捧得高高的。人不可以一直想要站在台上，你得自己去搭棚，才是眞正爲了台灣的前途著想。如果你有智慧、有修養，就絕對不會想擠到前面做頭。像我過去所接觸的美國人、日本人，越有人生經驗、越讓人佩服者，通常對人都比較客氣。

我從來不曾接受過像你們這樣長達半年的訪問，看得出你們確實有在思考一些問題。正如研究馬克思主義必須把行動和思想並置而觀，你們不要僅僅只看重我的思想發展過程，我

5 「陸上行舟」原自德國導演韋納．荷索（Werner Herzog）一九八二年的電影作品，原名為"Fitzcarraldo"，中文片名為《陸上行舟》。劇中描寫一位熱愛歌劇的探險家 Fitzcarraldo 為了完成在熱帶雨林興建歌劇院的夢想，帶領船員駕駛蒸汽船逆流而上，穿越未知的區域。由於意外地被當地土著視為神跡，Fitzcarraldo 驅使他們在只能使用原始器（開山刀、麻繩、木材）的情況下開山整地，最後終於成功地將船翻過山頭、抵達彼岸。編者認為，導演荷索與主角 Fitzcarraldo 體現的是一種「可被實現的理想主義」，而這正是我們替史明先生一生為台灣獨立努力奮鬥所作的註腳。

的行動、思想的實踐也相當重要。

很多事情過去我從來沒有對別人說過，直到這次才正式對外公開。若不是藉由這次機會，自己述說自己的生平實在是不太好意思。我主要的目的還是希望提醒你們，人最重要的第一件事就是人生觀，你必須想清楚自己是爲了自我的享受而打拼，還是爲了台灣的前途而打拼。不可能有人一生只爲了公務，也不會有人一生只爲了私情，公務與私情之間，是彼此拉鋸的一個變動的歷程。不過如果大家都只想到自己，那麼台灣要到什麼時候才會獨立呢？

台灣獨立不能一直停留在感情層面，因爲對方壞所以我獨立；如果對方善良、不壞，我們就不獨立了嗎？以近代的觀點來看，台灣獨立是自己要做自己的主人，是一個「人權」的問題。身處於自由民主時代的人們，一定有擁有自己國家的權力，而國家的主權必須在民。台灣人追求獨立，只是希望跟世界上其他國家的人平起平坐，這是天經地義、理所當然的事情。過去談論台灣人意識、identity（認同），只以上層階級的意識爲準，像林獻堂、蔣渭水這些人；現在隨著時代的進步，自由民主的社會，必須考慮到一般大衆的想法與感受。只可惜台灣人在過去的歷史中沒有自己當過主人，對於獨立建國的想法還很抽象。

我之所以堅持至今，主要還是因爲從小就意識到，我們台灣人是處在受人壓迫的狀況下——人必須要意識到自己受到壓迫了以後，才會想辦法擺脫。但是除了意識以外，更必須擁有知識、智慧，要學著去追問人類的歷史是怎麼形成的、近代化發展的過程又是如何，最後才能瞭解我們沒辦法與人平起平坐的事實，瞭解台灣受到外來統治者殖民體制剝削的狀態，進而擬訂戰略、起身改變體制。

我一直相信我所做的事情沒有錯，更相信台灣人要自己當家作主是對的事情。台灣人的祖先留給我們「出頭天，做主人」的傳統，因此台灣獨立是我們台灣人共同的使命。二次大戰以後，世界各國都強調自由、民主、人權，這些東西簡單講就是由人民自己當家作主。如此看來，台灣獨立便是理所當然的事，既合乎世界的潮流，也合乎台灣的現實。世界的變化很大，每日都在變，台灣再不努力，一下子就會落伍。如果台灣未來被中國共產黨佔領了的話，台灣獨立也許會延後幾百年，不過依目前的情況，只要大家一起打拼，我們不是沒有獨立建國的機會——若你們願意看看台灣歷史發展的過程，若你們願意跟上世界的潮流與趨勢，我們一定會建國，台灣一定會獨立。

解說

啟示與召喚：《台灣人四百年史》的思想史定位

吳叡人
中央研究院台灣史研究所副研究員

「他們需要一個伊迪帕斯來向他們解釋他們一無所知的自己的謎，向他們教導他們所不瞭解的他們的語言和行爲的意義。」

——Jules Michelet，《十九世紀史》第二冊，《直到霧月十八日》

第一部 台灣人的民族史

所有民族主義思想的發軔，總是伴隨著歷史意識的誕生，因爲「民族」作爲一個「依循時曆規定之節奏，穿越同質而空洞的時間」的有機體[1]，必須擁有起源，成長，以及某種神聖的未來目的——換言之，必須擁有它自己的生命史敘事或傳記。民族的生命史敘事連結個人與群體，賦予有限的生命以超越性的意義，使人溫暖、虔敬、希望，並且願意爲更大的善

（goodness）獻身。然而從歷史意識的誕生到歷史學意識（historiographical consciousness）的出現，必須等待時間的醞釀，因為歷史意識是實踐指向的，而歷史學意識則試圖理論化歷史意識，使人類對過去的主觀感知獲得某種確切不移的客觀、規律，乃至必然性，而這需要時間，因為米那娃之梟總是在黃昏才開始飛翔。

米那娃之梟總是在黃昏開始飛翔，然而弱小民族的傳記不得不是暗夜的產物。台灣人何時開始意識到專屬「台灣」的，一種從斷裂中產生的，全新的時間感？如果說，一八九五年中國之背叛台灣啓動了台灣人的歷史意識，讓他們開始在當代的悲劇中回首辨認一段崎嶇的共同命運，那麼一九二〇年連横的《台灣通史》則是新舊時間交錯重疊的軌跡，一冊渴望降生而終於難產的民族史（national history）。然後我們將必須等待，在新的歷史意識引導下摸索實踐，在實踐中深化歷史意識，而且我們的實踐與反省會被中斷，被抹除，被逆轉，然後從頭開始，重新來過。然後我們會終於在挫敗的殘骸之上，在流亡的困頓之中，等待到第一部台灣人的民族史的誕生：一九六二年，東京，史明的《台灣人四百年史》[2]。

1 Benedict Anderson語，參見班納迪克・安德森著，吳叡人譯，《想像的共同體：民族主義的起源與散布（新版）》（台北：時報文化，二〇一〇），頁六二—六三。

2 史明，《台湾人四百年史》（東京：音羽書房，一九六二）。

晚熟的民族史寫作：海外移民民族主義的脈絡

所有的民族史都需要時間的醞釀，台灣人的民族史寫作尤其晚熟，而這反映了台灣民族主義的若干歷史性格。一九一九—二〇年在日本統治下萌芽的台灣民族主義，一方面是 Anderson 所說十九、二十世紀之交興起的「最後一波」晚期民族主義，也就是殖民地民族主義，然而另一方面它也具有「第一波」的早期海外移民的民族主義（creole nationalism）性格。所謂海外移民的民族主義，就是移居到殖民地的拓墾者（settlers）在年深日久之後，逐漸將殖民地視爲祖國，並追求從同文同種的母國分離，進而獨立自主的政治運動。十八世紀末期北美的盎格魯薩克遜裔移民與英國母國分離建國的美國獨立革命，以及稍後在南美的西班牙裔與葡萄牙裔移民與母國決裂，獨立建國的諸多個案，是海外移民民族主義的原型。[3]

日本統治下台灣民族主義的發展，大體依循以下順序：**先出現政治的民族主義，後形成文化的民族主義，以及從實踐的論述轉化為本質主義的論述。**[4] 先形成民族的形式（政治的邊界），然後才在這個邊界內回溯地賦予民族的內容（文化）——這種政治與文化的時間差，是海外移民民族主義論述的典型發展模式。美國民族主義就是先出現追求獨立建國的政治民族主義，後出現文化獨立的論述。美國哲學家愛默生（Ralph Waldo Emerson）主張告別歐洲文化母體，確立美國文化認同的著名演講〈American Scholar〉被稱爲「文化的獨立宣言」，發表於一八三七年，也就是美國獨立半世紀之後。美國最初的重要歷史學家 George Bancroft 也要到一八三四年，才發表《History of the United States》的第一冊。政治認同先於文化認同形成的發展模式，暗示了海外移民的民族主義者在主張與同文同種的母國之間的文化差異時所遭遇的困難：政治的決裂常導因於現實利益的衝突，然而文化卻不是那麼容易切割；最終，他們必須進行複雜的知識實踐，將與母國之間曖昧的文化關係，梳理、詮釋、論證、建構成明確的差異，而這需要時間。換言之，如何與同文同種的母國在文化上劃清界限，確立自身獨特的文化認同，是海外移民民族主義政治論述與文化論述時間差的根源。民族史是民族文化論述的一種特殊類型，也是「發明」民族的關鍵工程，它試圖將政治與文化差異的形成融合成一種線性時間的敘事，使其產生目的論式的必然性。這種書寫類型需要相當成熟的實踐與理論意識，因此在時間上總是更加遲延、後發的。

台灣人的民族史書寫也具備了海外移民民族主義文化論述在時間上的遲延性格。不過，台灣歷史「連續殖民」的特性，使在台灣出現的海外移民民族主義產生若干變異，也使台灣

3 參見安德森，《想像的共同體（新版）》，第四、七章。

4 關於日治時期台灣民族主義意識型態中，政治論述與文化論述形成的時間差，參見Rwei-Ren Wu, “The Formosan Ideology: Oriental Colonialism and the Rise of Taiwanese Nationalism, 1895-1945,”dissertation submitted to the Department of Political Science, The University of Chicago, 2003。

人的民族史書寫面臨更多制約，也因此更爲晚熟：

首先，連續殖民造成「他者」的不連續性與不確定性，因此遲延了文化邊界的形成。台灣雖然是以漢人移民爲主形成的社會，然而與中國母國的關係卻是迂迴而斷裂的。台灣漢人移民的土著化（indignation）雖出現於清代統治末期，然而現代台灣民族主義要到日本統治中期才形成，而當時它所直接面對的他者是日本，而非中國。要等到二二八之後，中國才轉化爲直接的他者。如此迂迴曲折的過程，使台灣民族主義正面清算與中國之文化關係的時間被推遲。

其次，連續殖民導致了台灣民族主義文化論述形成的中斷。終戰後台灣被盟軍移交中國，戰前的台灣文化民族主義論述的累積因而被腰斬，乃至抹消、逆轉。二二八之後台灣民族主義論述的再開展，幾乎是在沒有戰前論述積累的狀態下重新開始的。戰後初期台灣民族主義意識型態過程的中斷，大大削弱了其後台灣民族文化認同建構的強度，也使這個工作更爲艱困。

第三，連續殖民造就台灣民族史書寫作爲革命（反殖民）論述的性格，而這與一般所謂史學民族主義（historiographical nationalism）作爲獨立後合法化民族國家的功能，適成對比。從一開始，台灣人的民族史就是革命實踐的一環，而不是學院史學的歷史論述；它所合法化的不是現存的民族國家，而是追求一個未來的民族國家的夢想。

台灣人民族史的原型：一九六二年的《台灣人四百年史》日文初版

一九六二年在東京出版的《台灣人四百年史》初版（日文），作爲第一部台灣人的民族史，充分地反映了上述海外移民民族主義的特點與限制。

首先，如同所有海外移民民族主義文化論述一般，《台灣人四百年史》最主要的實踐目的，在經由歷史敘事與文化母國切割，確立台灣人與中國人之差異，以及台灣人的民族與文化邊界。其次，這本書出現在一九六二年，而在稍後的一九六四年初，王育德也出版了另一部民族史經典《台湾：苦悶するその歴史》[5]。這個時間點距離現代政治的台灣民族主義思想的發軔（一九一九）已經有四十餘年之久。台灣人民族史學意識之晚熟，對中國母國文化關係之正面、全面清算的遲延，說明了連續殖民所帶來之「他者」的不連續與不確定，對於台灣民族主義意識型態發展的深刻制約。

第三，也是最重要的一點，就是一九六二年的《台灣人四百年史》初版完全體現了連續殖民對民族意識形成所造成的中斷效果：這部著作的內容清楚透露了一種缺乏累積，必須從頭開始的，艱辛的，苦鬥的，而且是幾近於掙扎的認同建構嘗試。初版的《台灣人四百年

5 王育德，《台湾：苦悶するその歴史》（東京：弘文堂，一九六四）。

史》的一個重要特徵是，關於台灣人或台灣民族形成的討論，幾乎完全沒有在戰前民族運動的論述——特別是戰前左翼運動的歷史論述（如台灣共產黨一九二八年的〈政治大綱〉，或者連溫卿的民族史敘事，甚至民衆黨的台灣民族論）[6]——基礎之上發展，而是從頭開始，獨立建構的產物。這個驚人的事實，清楚地表現在初版敘事的兩個特點之上：對使用「台灣**民族」概念的躊躇，以及有社會史意識但卻沒有歷史唯物論的理論意識**。

初版的《台灣人四百年史》，可以說是一部「沒有『台灣民族』之名的台灣民族史」。史明在初版捨廖文毅臨時政府運動使用的「台灣民族」一詞而採取「台灣人」，主要原因不在於否定「台灣民族」的存在，而是想迴避「民族」一詞帶來的（漢民族的）血緣聯想。[7]之所以有此顧慮，可能是因爲廖文毅在《台灣民本主義》（一九五七）中採用血緣民族論，將台灣民族界定爲一個混血民族之故。[8]這個民族理論的交鋒，透露了當時在日本的獨立運動者對於戰前民族論述的陌生。早在一九二〇年代後期，台灣民族運動者就已經經由左翼運動的中介發展出一種列寧式的「台灣民族」論述，在這個論述中，「民族」不是以血緣或文化，而是以殖民地的共同邊界，被殖民壓迫的共同命運與歷史來界定的。這個「台灣民族」概念是一種與血緣文化等理論性特徵無關的實踐性範疇（practical category）[9]，而史明在書中所描述的「弱小民族台灣人」其實在精神上與這個戰前的民族概念有一致之處，因此原本是可以在書中直接繼承、發展而不致於陷入所謂「血緣」的語意泥沼的。然而這個論述積累終究沒有發生，因爲對先行者的記憶中斷，後來者只能另起爐灶，在新的現實之中從頭思考。

與此相關的是，初版中史明對台灣人的形成，採取一種素樸的社會史的解釋觀點，強調共同領土基礎與共同命運，在台灣造就了一個與中國本土不同的社會，並且產生了結構上與中國相對立的本地人意識。作爲一部最早的「左翼」台灣民族史，初版的《台灣人四百年史》沒有使用馬克思的經濟史架構來解釋台灣民族的形成，是一個值得注意的論證闕漏（aporia）。事實上，早在一九二八年的〈政治大綱〉之中，台灣共產黨就試圖以歷史唯物

6 關於連溫卿與台共台灣民族論的比較，參見吳叡人，〈誰是「台灣民族」？：連溫卿與台共的台灣解放論與台灣民族形成論之比較〉，收於陳慈玉主編，《地方菁英與台灣農民運動》（台北：中央研究院台灣史研究所，二〇〇八），頁一九九—二二九。關於台灣民眾黨的台灣民族論述，參見吳叡人，〈台灣非是台灣人的台灣不可：反殖民鬥爭與台灣人民族國家的論述，一九一九—一九三一〉，林佳龍、鄭永年主編，《民族主義與兩岸關係》（台北：新自然主義，二〇〇一），頁八三—九二。

7 對此史明在初版之中有以下明確的表述：「台湾・台湾人のことを『台湾民族』という字句で表現することは、いろいろと語弊害があろう。しかし、もっとも今日的な意味における『民族』を解明した後に、台湾・台湾人の現実に対するとき、それが小数民族としての単一固有の形式と内容とをそなわっている点をば、何人といえども否定しおうせるものでないことに気づくであろう。」可見他認為台灣人確有民族之實，但憂慮「民族」一詞的弊病。參見史明，《台湾人四百年史》（初版），頁四五三。

8 廖文毅，《フォモサニズム：台湾民本主義》（東京：台湾民報社，一九五七），〈緒論〉，頁十九。

9 吳叡人，〈台灣非是台灣人的台灣不可〉，頁七五—一〇〇。

論的社會發展階段圖式來解釋台灣民族的形成過程了。一九四〇年代初期，非共馬克思主義者連溫卿也曾在連載於《民俗台灣》的長文〈台灣民族性の一考察〉中，以馬克思的經濟史架構做過更細膩的台灣民族形成史分析。[10]一九六二年的史明試圖書寫具有社會現實基礎的台灣人形成史，但卻未能接續或參照戰前台灣左翼的思考成果，再度暗示了傳承的斷裂。

傳承斷裂，必須另起爐灶的一個意識型態後果，是理論的難產。不願直接使用「台灣民族」之名，使得初版中的史明雖然早就有「連續殖民」與「台灣民族獨立的反殖民地鬥爭」的思考雛形，但卻無法將之發展爲清晰明快的體系性分析概念。因憂慮陷入漢族血緣泥沼而不使用台灣民族之名，反而透露了此時的史明自身仍然受困於漢族意識以及史達林式客觀主義的民族定義之中，無法像列寧一樣大開大闔，從實踐的角度直接建構新的民族概念。對於戰前台灣民族論缺乏認識，使史明低估戰前民族運動的台灣人意識強度，同時也高估運動者的漢族情結。初版中對原住民族雖同情而不認同，並將他們排除在「台灣人」範疇之外，以及以整整一小節的篇幅將吳鳳傳說詮釋爲文明的漢族義人「化育未開之人」的驚人事實，更清楚地表露當時的史明在民族思考上所面臨的困境與限制。

另一方面，缺少了馬克思主義經濟史與階級分析的理論工具，使他雖有「社會史」與「下層民眾」的視野，但卻仍無法從「存在決定意識」的唯物論角度（如台灣資本主義的發展階段、全島經濟圈的形成、階級分化等）探討台灣人意識的物質基礎，而必須仰賴領土、共同命運等概念，乃至從民俗、俗諺的角度來推論、甚至斷言台灣人意識之形成。這種素樸的社會史與民俗學的分析其實是頗具洞見的，但距離所謂正統「左翼」的下層結構分析顯然仍有一段距離。也正因如此，他在全書中也被迫必須不斷從上層結構（亦即政治的、主觀的）角度反省他所斷言存在的台灣人意識的脆弱與不成熟，以及其中殘存的漢族血緣意識。

整體而言，初版的歷史敘事體現了某種素樸的左翼史觀（民族形成的社會基礎），但還不算是馬克思式的（Marxian），或者馬克思主義式的（Marxist）歷史分析（亦即運用經濟史或唯物史觀架構詮釋民族形成的物質基礎）。我們可以合理推測，史明寫作初版《台灣人四百年史》時，應該尚未及閱讀《台灣總督府警察沿革誌第二篇：領台以後の治安狀況（中卷）〈台灣社會運動史〉》，對於馬克思的著作可能也還不夠熟悉。換言之，這部初版並未充分銜接戰前台灣左翼傳統，而是經過戰後初期的中斷之後，台灣左翼思想在不同時空中獨自重新出發的產物。[11]然而我們不應忘記，台灣民族主義與左翼傳承的中斷，是歷史加諸於台灣人的殘酷限制，而初版中的種種限制所體現的，無非是這個歷史的限制。戰前台灣民族

10 參見吳叡人，〈誰是「台灣民族」？〉，頁二二〇—二二六。

11 謝雪紅等人所領導的戰前台共在戰後初期經驗過一段路線重整與摸索的過程，在一九四八年的香港會議中，台共的台灣解放路線正式被中共收編，成為中國革命的附庸。一九六二年史明《四百年史》的出現，雖然是戰後第二波台灣左翼思想的興起，但卻是戰後最初的台灣獨立左翼思想。

論的形成背後，有第三國際、日共與中共的理論奧援，然而物換星移，戰後重新興起的台灣民族主義卻在國、共的復國主義（irredentism）夾擊，以及中共崛起的國際冷戰政治中，腹背受敵，「左」「右」爲難。儘管如此，史明在流亡的困頓之中，在缺乏本土與外來左翼理論傳承奧援的情況下，仍然獨力創造出了一個非血緣論的，以社會爲中心的（societal），相對進步的「台灣人」民族史敘事。更重要的是，儘管有種種限制，史明依然創造了迂迴曲折的台灣民族主義史上第一個民族史敘事。雖然他的理論意識尚未銜接戰前世代，他的歷史意識卻超越了前一個世代，因爲他奮力寫出了先行者夢想，但卻遲遲未能完成的，民族的傳記。

在革命實踐中成長的歷史意識：一九八〇年的《台灣人四百年史》漢文新版

連續殖民的歷史情境，塑造了第一個台灣人民族史作爲革命論述的性格。從一開始，史明的歷史寫作就是實踐取向的。他所描繪的「台灣人」，是一個在共同領土基礎上，以及長期反抗外來壓迫的共同命運中形成的，具有弱小民族的形式與內容，但卻缺乏成熟民族意識的族群。他寫的《台灣人四百年史》，就是要將台灣人意識提升到能夠綜觀、反省這段歷史發展的高度，從而認識到自己是一個民族。這就是《台灣人四百年史》初版作爲一種原型的民族史的意義：有如偉大的法國民族史家 Michelet 筆下的伊迪帕斯一般，史明試圖教導給台灣人自己所不知道的，關於台灣人自身的謎。台灣民族存在，然而台灣民族不知道自身的存在，因此歷史家必須介入，矯正這個存在與意識脫節的狀態。

然而作爲後來者的我們如今知道，在寫出了第一部民族史之後，我們的歷史家依然在孤立無援的困境之中與巨大的，斷裂的歷史之謎持續搏鬥、奮戰。爲什麼？因爲眞正的革命的論述，必然不斷在實踐之中自我檢驗，在檢驗之中不斷自我成長。因爲歷史的制約，歷史的斷裂，必須，而且只能透過持續的實踐來克服。這就是一九八〇年漢文新版《台灣人四百年史》誕生的故事。

從一九六二年的日文初版到一九八〇年的漢文新版問世的十八年間，史明經驗了巨大的思想成長歷程。關於這段思想歷程，我們必須以一部深入完整的史明思想傳記（intellectual biography）來加以探討。在這篇小文之中，作者只能藉由手邊不完整的史料推論，史明在寫成初版之後，仍然不斷積極介入、參與島內外的現實發展與理論對話，不斷閱讀吸收新出土的史料與新的研究成果，然後在這個基礎上大幅改寫、增訂初版；最後的成果，就是八〇年代以後廣泛流傳在台灣島內外，而爲今日多數台灣人所熟知的漢文新版。[12]在這個實踐與

12 漢文新版於一九八〇年在美國加州San Jose由蓬島文化出版公司出版。本文寫作所參考的版本，是自由

理論對話的過程中，有幾個事件（event），似乎對於史明的思想發展產生了重要的影響。

首先是他與王育德之間關於「台灣民族」概念的理論對話。王育德在一九六三年十、十一、十二月號的《台湾青年》上，刊載了一篇重要的理論性論文〈台湾民族論〉，在文章中引用當代社會科學理論，區分了フォルク（德文 volk，指前現代的封建血緣集團）與現代的ネイション（nation），並據此指出台灣人雖有漢族（volk）背景，卻已獨自發展成現代的 nation。[13]這篇文章似乎對史明釐清「民族」與血緣團體產生了若干影響。在一九六四年四月起連續五期連載於《台湾青年》的長文〈台湾独立の展望〉之中，他雖然仍使用「台灣人」一詞，但首度承認「在現在，台灣民族這個表現也變得不會不自然了……」。[14]到了一九六七年七月，史明組織五黨派同盟的民族解放統一戰線組織「台湾獨立連合」時，已經在成立宣言公開宣稱「台灣民族」了。[15]一九六八年四月起，他以連載方式，在《独立台湾》發表長文〈台湾民族―その生成と發展〉，引用當代西方與日本社會科學理論，提出完整的台灣民族形成論，並且呼應王育德所提出的 volk（自然民族）與 nation（近代民族）的區別。[16]至此，在當代社會科學理論武裝的護持下，史明終於完全擺脫了前一階段「民族＝血緣集團」概念的糾纏，大步邁向實踐的民族建構之路了。

其次，當史明的民族概念逐漸清晰化，他對台灣原住民族的理解也隨之產生了根本性的變化。一九六八年二月，約略就在他撰寫〈台湾民族―その生成と發展〉的同時，他在《独立台湾》五號發表了〈怎麼樣來達成台湾独立(4)〉，在這篇分析台灣民族內部各階層的文字中，史明一改先前「文明開化」的態度，明快地將原住民納入「台灣民族」的統一戰線之內，改稱之爲「原住民系台灣人」。[17]

作者判斷，史明在民族概念上的突破，使他能夠擺脫血緣種族的泥沼，從歷史與社會發展的角度，重新界定原住民族的位置。無論如何，史明在一九六八年所提出的「原住民系台灣人」是台灣政治史與政治思想史上一次重要的概念與實踐的突破：這個主張不僅克服了前一個世代台灣民族主義者自覺或不自覺的殖民心態，同時也超前了島內政治發展十數年之

時代週刊社在台灣的翻印版。

13 王育德，〈台湾民族論〉上、中、下，收於《台湾青年》三五期（一九六三年十月）、三六期（一九六三年十一月）、三七期（一九六三年十二月）。

14 史明，〈台湾独立の展望(1)〉，《台湾青年》四一期（一九六四年四月二十五日），頁二九。

15 參見〈台湾獨立連合成立宣言〉，收於《独立台湾》第一號，頁一—二。

16 史明，〈台湾民族—その生成と發展—(1)〉，《独立台湾》第六號（一九六八年四月），頁四—十八。在這篇長文之中，史明最主要的社會科學理論根據，正好就是王育德所引用的東京大學出版會所出版的《講座社會學第五卷：民族與國家》（一九五八）。這個事實說明王育德的文章對史明確實產生了重要影響。不過，史明同時也參考了其他學者的論著，如美國歷史學家 E.H.Carr，以及丸山真男的《現代政治の思想と行動》等。

17 史明，〈怎麼樣來達成台湾独立(4)〉，《独立台湾》第五號（一九六八年二月），頁三五。

久，成爲引領島內政治行動的一個進步視野。

第三，一九七〇年前後史明開始和北美新生代台灣左翼之間進行交流，特別是與七〇年代後半台獨左翼團體《台灣時代》的核心理論家左雄的幾次辯論與交鋒，是否刺激了史明進一步深入研讀馬克思、列寧等左翼理論經典呢？此點值得吾人繼續深入探討。[18]不過，在七〇年代以後的《独立台湾》之中，我們會看到史明日益清晰的左翼理論思考傾向。

第四，顯然在初版與新版之間的某個時點，史明有機會閱讀到《台灣總督府警察沿革誌》，因此對日治時期台灣民族運動獲得了比較完整的理解。而其中最關鍵的，應該是沿革誌當中對台灣共產黨的記載，特別是其中所收錄的台共各項綱領。以一九二八年的〈政治大綱〉爲中心，這些綱領從唯物史觀角度，清楚述說了台灣民族的形成，並界定了台灣解放運動作爲台灣民族獨立革命的性質。在漢文新版中，史明不只大量收錄沿革誌的內容，同時也更明確地使用馬克思式的經濟史分析方式來重構他的敘事架構。此外，他對戰前民族運動的台灣人意識也做出比較高的評價。儘管這是一個遲來的傳承，然而透過前一個殖民者保存的史料，史明終於克服了歷史的斷裂。

最後，從一九六二年到一九八〇年（乃至於今日的二〇一一年），史明從未間斷地密切觀察台灣島內外政治與社會現實的發展狀態，並且透過他的雜誌與組織，進行直接間接的介入，而這些觀察與介入，完全反映在新版之中對台灣的分析。最明顯的當然是對國民黨統治下台灣島內的反抗運動與民主運動，以及島內外局勢的大量增補。

總之，一九八〇年的漢文新版《台灣人四百年史》的問世，宣告了一個完整、成熟的左翼台灣民族史敘事的出現。在這個敘事中，台灣史被理解爲一個「殖民vs.反殖民」的二元對立結構：連續的外來殖民統治史，同時也是下層階級反抗外來殖民統治的歷史。在這個漫長的支配與抵抗的過程中，下層階級移民與土著——或者以日語式的說法說，台灣人「大衆」——形成了台灣民族的主體。

他們的反抗史，被界定爲台灣民族反殖民的獨立解放運動，而這種追求民族獨立的解放運動，就是台灣民族主義的表現。戰後的台灣民族解放運動在世界史的位置，屬於二次大戰後亞非反殖民民族獨立革命運動，但同時也是這波獨立運動殘留的未完成個案。當代台灣民族解放運動反對國民黨殖民統治、美日新殖民主義與蘇聯主導的世界革命的主張，說明它分享了六〇年代風起雲湧的全球新左翼（new left）之第三世界主義（tri-worldism）視野，然

18 《独立台湾》二三號（一九七〇年五月）刊登了兩篇左雄的文章〈「民族斗爭」与「階級斗爭」〉、〈從「台湾独立」到「台湾革命」〉，以及史明的回覆。左雄關於台灣獨立的社會性質，以及民族立場下的階級運動的主張，尖銳地挑戰了史明民族解放統一戰線的路線。史明並未從原有立場退讓，然而對於台灣獨立的社會性與階級性，似乎開始有了更多著墨。左雄與史明的論戰，是戰後台灣左翼思想史上重要的一頁，值得吾人深入探討。

而它之拒絕中共的霸權民族主義，以及對毛派文革之不抱幻想，則表現出超越新左翼革命的浪漫主義的，某種歷盡滄桑的弱小者冷靜的犬儒主義。

流亡的革命史家在歷史浪潮中逆流而上，永不停歇，經過多少迂迴曲折，多少起伏跌宕，斷裂的時間被接起，凌亂的意識被梳理，於是在悲情之外，那些「似馴服而又不太馴服」（Scalapino 語），生長在帝國夾縫之中，總是腹背受敵、左右爲難的台灣人，重新被革命的史家賦予了憤怒與尊嚴，一個反抗者的容顏。

結語：What's in a Name?

“What's in a name? That which we call a rose by any other name would smell as sweet.” 莎士比亞如是說。然而果眞是如此嗎？一次命名，不會改變事物的本質嗎？《台灣人四百年史》的精神歷程告訴我們，一次全新的命名，代表一次生命史的重新書寫，一個全新意識的誕生。而閱讀《台灣人四百年史》的經驗告訴我們，一次全新命名的接觸，是一場驚夢，一次啓示，一個認識論的決裂，還有鄉愁的轉向。所有尊貴的，自命「客觀」、「科學」的學院史學背後都隱藏著自身的鄉愁，無法驗證，但卻不容質疑的鄉愁。只有在野的，粗野的，流亡的，素人的歷史書寫，才會如此誠實地，乃至疼痛地揭露自身的鄉愁美學。從初版到新版，《台灣人四百年史》掙扎地揭露一道沒有收口的傷痕，一條漫長崎嶇的返鄉之路。它距離學院的歷史書寫還有很遠的距離，然而那不是重點，因爲革命的民族史書寫的使命本來就是後設歷史的（meta-historical）：他們意在命名、揭露/啓示（revelation），以及召喚。當《台灣人四百年史》和《台湾：苦悶するその歴史》在遠方粗野地命名、揭露與召喚，「台灣島史」也在此岸緩慢、安靜而謙遜地浮現。兩個晚熟的歷史學意識，兩種民族史書寫策略，彼此各有其使命與道路，然而他們重合在一個共同命題：台灣。

而我們交互閱讀雙方，再三確認鄉愁的方向，然後超越。

二〇一一年九月十六日，南港四分溪畔

解說

先成爲人，再成爲台灣人

許維德
國立陽明交通大學人文社會學系副教授

台灣民族主義
這是咱的祖先
反紅毛、反唐山、反四腳
付出流血流汗　建立起來　傳統的精神

咱得繼承　先人的腳步
建立獨立國
發展國民經濟、固有文化
子孫才有前途
台灣民族主義

——史明

翻讀完《史明口述史》的書稿，在 YouTube 上聆聽著史明老先生親自演唱的〈台灣民族主義〉這首歌，整個思緒，就跌入了一九九〇年代中期美國紐約上州（Upstate New York）漫天風雪的天氣裡，也慢慢從記憶中挖掘出我與這首歌曲曾經的私密關係。那時候，我還是一個以美國台獨運動當作論文主題的社會學博士生，因緣際會剛好買到老先生《永遠的革命者》這卷錄音帶（不是MP3、也不是CD，雖然那時候錄音帶已經逐漸被CD所取代）。也因此，有好長一段時間，只要一坐上我那輛代步車，已經留在卡匣內好一段時間的這卷錄音帶就會開始自動播放，整個空間於是響起老先生抖擻且堅毅的聲音。特別是這首〈台灣民族主義〉，我一定會跟著哼唱，邊唱邊想起太平洋邊的故鄉，想起這個島嶼多舛的命運，也想起衆多在海外爲她打拼的先賢前輩……。

在擁有這卷錄音帶以前，我只有在北美洲「台灣學生社」的冬令營裡遇到過老先生一次（他是受邀的課程講師），但是，精神上卻覺得好像已經跟他很熟悉了。那次邂逅以前，在一九九〇年三月台大社會系學會所主辦的書展上，我買過老先生最重要的著作《台灣人四百年史》（鄭南榕所翻印的「平裝普及版」，不過，書籍背後所標示的出版日期是一九八〇年，出版地則是美國聖荷西）；在一九九一年五月的「獨台會」案件中，我因爲參與抗議活動而差點被中正廟的警察架入警車當中，也曾經和數百個學生一起佔據台北火車站進行靜坐。一九九一年七月出國讀書，《台灣人四百年史》是跟著我上飛機的少數幾本書籍之一。之後幾年，又數度在美國不同校園的東亞圖書館中，因爲發現到手寫印刷版的《獨立台灣》、《台灣大衆》等刊物（兩者都由「獨立台灣會」所發行）而如獲至寶，最終慢慢萌生出以台獨運動當作博士論文主題的發想。

然而，雖然老先生是這樣一個在台獨運動扮演關鍵角色的重要參與者，而且除了《台灣人四百年史》[1]之外，他也陸陸續續出版過不少其他論述性書籍，比如說《台灣獨立的理論與實際》[2]、《民族形成與台灣民族》[3]、《台灣民族革命與社會主義》[4]、《台灣民族主義與台灣獨立革命》[5]、《民主主義》[6]等，但是，和他生命史有關的傳記資料，相對來講就嫌不足。截至目前爲止，屬於這一範疇的書籍有三本——葉博文所編輯的《荒野孤燈：史明》[7]、蘇振明的《衝突與挑戰：史明生命故事》[8]以及史明自己所寫的《穿越紅色浪潮：史明的中國革命歷程與台灣獨立之路》[9]。然而，如果說我們眞的想要深入理解老先生之生命史——特別是他爲什麼會跑去中國參與中國共產黨的抗日運動、爲什麼會在中國革命成功後反而決定逃回台灣、又爲什麼會在最後亡命日本從事台獨運動——的話，這三本書籍所提供的訊息顯然還不夠豐富，恐怕也無法比較完整地回答這些問題。也正是在這樣的意義下，《史明口述史》的出版，在史明研究上絕對有其相當的意義。

一本驚心動魄的台灣人傳記

在出版市場上，傳記這種文類一直佔有舉足輕重的地位。[10]就算是以所謂「台灣人意

1 這本書至少有三種語言、七個不同的版本（未將同一出版社在不同年份的重印版本計入），包括三個日文版，見史明，《台灣人四百年史：秘あられた植民地解放の一斷面》（東京：音羽書房，一九六二）；史明，《台灣人四百年史：秘あられた植民地解放の一斷面》（東京：新泉社，一九七四，增補改訂版）；史明，《台灣人四百年史：秘あられた植民地解放の一斷面》（台北：鴻儒堂，二〇〇五，台灣再版）；兩個漢文版，見史明，《台灣人四百年史》（San Jose，Calif.：蓬島文化公司，一九八〇，平裝普及版）；史明，《台灣人四百年史》（台北：草根，一九九八）；一個中文漫畫版，見史明繪、著，《漫畫台灣人四百年史》（台北：草根，一九九四）；與一個英文版，見 Bing Su, *Taiwan's 400 Year History: The Origins and Continuing Development of the Taiwanese Society and People*, translated by Kuo-tsi Tai（Washington, D.C.: Taiwanese Cultural Grassroots Association, 1986）.

2 史明，《台灣獨立的理論與實際》（高雄：南冠，一九八八）。

3 史明，《民族形成與台灣民族》（東京：Taiwanese Cultural Grasroots [sic] Association，1992）。

4 史明，《台灣民族革命與社會主義》（東京：Taiwanese Cultural Grassroots Association，1993）。

5 史明，《台灣民族主義與台灣獨立革命》（台北：前衛，二〇〇一）。

6 史明，《民主主義》（台北：黃敏紅，二〇〇七）。

7 葉博文編，《荒野孤燈：史明》（台北：史明教育基金會，二〇〇一）。

8 蘇振明，《衝突與挑戰：史明生命故事》（台北：草根文化，二〇一一）。

9 史明，《穿越紅色浪潮：史明的中國革命歷程與台灣獨立之路》（台北：台灣教授協會，二〇一〇）。

10 在一九四五年到二〇〇二年之間，台灣總共出版了六千一百零七本和傳記有關的圖書，約佔所有圖書出

識」當作書寫主軸的傳記，也都已經累積到了一定程度的數量。[11]在這些台灣人傳記中，許曹德回憶錄的「坦誠」，特別是他對自己與「哈路」之纏綿畸戀，以及與「女王」之曲折姻緣的描述，最讓我印象深刻。[12]而前調查局第一處副處長李世傑關於「台灣共和國」大統領廖文毅的書籍，特別是內文中提到特務機關對該組織之滲透的敘述，可以算是一本有十足「爆點」的傳記。[13]此外，彭明敏的回憶錄，特別是從台灣逃亡到瑞典這段過程的書寫，則值得以「驚心動魄」這樣的字眼來形容。[14]然而，在讀完史明這本口述史以後，我卻深深覺得，不論是上述的「坦誠」、「爆點」還是「驚心動魄」，都可以輕易在這本傳記中找到蹤影。

首先，「老實面對自己」，這雖然是任何傳記要成爲「好傳記」的先決條件，但是，我卻必須說，多數的傳記（包括台灣人傳記）在這點上是不合格的。然而，老先生這本傳記，卻可以從以下這些線索中窺知其對「坦誠」這個判準的投入。比如說，在談到其家人時，老先生用「**全然的封建思想**」（第一章）來形容他的母親。至於史明的父親，雖然可以算是當時台灣社會的新知識分子，但由於沉溺酒家，所以老先生就用「**另一方面也是相當荒唐啦！**」（第二章）這樣的字眼來描述其父親。再者，史明也幾乎完全不避諱他自己在情慾生活上的沉浮，不但談到早稻田生涯時的買春經驗（第三章）；在上海擔任中共情報人員時的紙醉金迷，「**跟他們（日本軍人和文職人員）到處去玩，去到哪就喝酒、去到哪就跳舞**」（第四章）；也提到自己在上海時期因爲與組織指派的僞裝妻子阿雲發生關係而決定去結紮的故事（第四章）。最後，他也清楚交代自己與日本人平賀協子的關係，說明他們在北京經由跳舞而認識、同居的經過，也說明兩人在一九六〇年代初期因爲台獨運動的緣故而終告分手的過程

版品的一・〇九%，見李靜宜，〈台灣傳記圖書類型及其發展〉（嘉義：南華大學出版學研究所碩士論文，二〇〇三）。

11 我的博士論文是以美國台獨運動參與者的傳記當作主要的分析資料，在資料收集的過程中，我總共收集到和二十二個此一運動之參與者有關的二十六本傳記，見Wei-der Shu, "Transforming National Identity in the Diaspora: An Identity Formation Approach to Biographies of Activists Affiliated with the Taiwan Independence Movement in the United States,"（Ph.D. dissertation, Department of Sociology, Syracuse University, Syracuse, N.Y., 2005）, pp. 138-40。但上述數值並未將美國以外之台獨運動參與者的傳記計算在內。近年來，也有不少重要的傳記或口述史系列叢書，其主軸就是放在具「台灣人意識」的台灣人傳記上，比較重要的包括「前衛出版社」的「台灣口述歷史叢書」，如高玉樹口述，《高玉樹回憶錄：玉樹臨風步步高》，林忠勝撰述、吳君瑩記錄（台北：前衛，二〇〇七）；「望春風出版社」的「望春風傳記叢刊」，如張四平，《尾春風：張四平回憶錄》（台北：望春風，二〇一〇）；民進黨執政時期「國史館」所出版的「口述歷史叢書」，如江鵬堅口述，《勇者的身影：江鵬堅先生行誼訪談錄》，張世瑛訪問記錄（台北：國史館，二〇〇四）；以及「吳三連史料基金會」的「青春・逐夢・台灣國系列」叢書，如黃昭堂口述，《建國舵手：黃昭堂》，張炎憲、陳美蓉採訪整理（台北：吳三連台灣史料基金會，二〇一二）。

12 許曹德，《許曹德回憶錄：一個台灣人的成長史》（台北：前衛，一九九〇，增訂版）。

13 李世傑，《台灣共和國大統領廖文毅投降始末》（台北：自由時代，一九八八）。

14 彭明敏，《自由的滋味：彭明敏回憶錄》（Irvine，Calif.：台灣出版社，一九八四）。

（第五章）。

第二，口述史的重要價值之一，就在於讓之前的史料所未曾描述過的「史實」得以現身。老先生的生命史涉及很多重要的歷史事件，而這本傳記中對很多相關事件的「爆點」描述，至少在目前爲止，恐怕也堪稱絕無僅有。比如說，在第四章中，老先生對其蘇、滬時期的情報員生涯，就有相當細緻的敘述，不但具體談到中共地下組織的運作情況，也談到不少戰後曾經引領風騷的「半山」台灣人，像是李友邦（李肇基）和吳克泰（詹世平）。再者，在第十章關於日本台獨運動組織的敘述中，老先生除了談到其與「台灣共和國臨時政府」、「台灣公會」與「台灣獨立戰線」等台獨組織的接觸情況，也對「台灣青年社」（前身爲「蓬萊會」，後來先後改名爲「台灣青年會」、「台灣青年獨立聯盟」、「台灣獨立聯盟日本本部」、「台灣獨立建國聯盟日本本部」）的一些內幕，特別是王育德與黃昭堂、許世楷之間曾經的分裂事件，提供了一些說明。忝爲海外台獨運動研究圈的一員，我在閱讀這本傳記以前，卻從來沒有聽聞過這些訊息。

第三，即使具備「坦誠」和「爆點」，如果傳主本人的生命史不夠精采的話，恐怕也很難寫出一本有趣的傳記。然而，在讀完老先生的口述史以後，我深深覺得，老先生的生命史是個多采多姿的「傳奇」，在我所讀過的眾多台獨運動參與者傳記中，其「驚心動魄」的程度恐怕無人能出其右。就以老先生幾次重要的「國界進出」經驗爲例，他在一九三六年台北一中四年級的時候，由於害怕母親逼他去讀醫專當醫生，所以，當時十八歲的他「在一時衝動下突然決定偷偷一個人到日本讀書」（第三章）。一九四九年，老先生與平賀一起搭船從青島逃回台灣，由於抵台時沒有入境證，遂從船上朝堆滿布袋的岩壁那兒跳，才得以回到士林家中（第七章）。

一九五一年年底，由於組織「台灣獨立革命武裝隊」的消息走漏，老先生開始展開全島大逃亡，一直到一九五二年五月，才以躲在貨船艙底之香蕉簍裡面的方式，伺機偷渡到日本去，雖然在上岸當天就不幸被捕（第八章、第九章）。一九六七年六月，老先生組織了「獨立台灣會」，同年八月，顏尹謨等同志在台被捕，老先生遂於一九六八年八月偷渡回台。他先是搭日本人的船從與那國島出發到釣魚台，然後又在該島等了兩、三天後，才由台灣來的小漁船送入台灣（第十四章）。一九七五年二月，由於惦念一九七四年被槍決的同志鄭評，老先生再一次經由釣魚台偷渡回台，「從瑞芳到宜蘭之間人煙較少的海岸線登陸」（第十五章）。這樣的經歷，眞的只能以「驚心動魄」這四個字來加以形容了。

從生命史追溯政治價值與民族認同的形成

不過，這本傳記最重要的價值，並不在於上述「驚心動魄」之故事的呈現，而在於其解答所謂「史明學」[15]兩個最基本問題——史明的政治價值與民族認同之形成過程——的可能潛力。作爲戰後「台獨左派」最重要的運動參與者與論述生產者，老先生留下兩個所有台灣人都必須深思的問題——他爲什麼會抱持社會主義的觀點？他又爲什麼會高舉「台灣民族主義」的旗幟，並義無反顧地投入台獨運動的行列？

某種解答這兩個發問的方式，就是從「思想史」的角度著手，並探究其思想形成的軌跡與脈絡，這也是之前多數的史明研究所採取的路徑。比如說，吳明勇以「台灣民族論」爲核心問題意識的碩士論文，就是從「台灣史學史」的角度出發，試著去論證「台灣民族論」爲「台灣史學」之發展的重要理論條件，並以老先生的著作當作主要分析素材，探討「台灣民族論」這一特定論述的形成緣由。[16]徐致鈞以史明之「馬克思主義民族觀」爲主題的碩士論文，則是把問題意識扣緊在「階級」與「民族」這兩個概念之關係上面，並以史明的民族論述當成討論的核心材料。[17]此外，吳叡人則從「思想史」的角度，試著以日文初版和漢文版之《台灣人四百年史》當作分析文本，藉此推敲老先生在不同生命階段的思想轉折。[18]

然而，由於欠缺比較詳實的傳記資料，上述文獻在回答這兩個問題的時候，不免有「欠脈絡化」的問題，無法將史明的理念放到其生命史的脈絡下來理解。因此，在以下的討論中，我將以這本傳記中的相關事件當作主要的分析材料，試著去理解史明爲什麼會成爲一個「社會主義者」？又爲什麼會成爲一個「台灣民族主義者」？我基本上認爲，在一九四九年——史明結束其「抗日」志業而從中國搭船返台的那年——以前，他似乎還未發展出明確的民族認同，而是以某種素樸的「社會正義」想法，當作他投入革命事業的主要理由。在一九四九年以後，由於對前一階段的中國經驗進行反省，老先生反而逐漸發展出某種「台灣民族認同」出來，而成爲一個最基進的台獨運動參與者。

一九四九年以前：成為一個「人」

史明爲什麼會走上這條「社會主義革命」的道路呢？他又爲什麼會在一九四二年決定到中國去參與中國共產黨的「抗日」志業呢？如果我們依循上述「思想史」之思考方式的話，

15 此一語彙是由張智程所提出來的，見張智程（二〇一二），〈開啓「史明學（Subengology）」研究的目的與意義〉，下載日期：二〇一三年一月十日，http://blog.roodo.com/aurorahope/archives/21259502.html

16 吳明勇，〈戰後台灣史學的「台灣民族論」：以史明為例〉（台南：國立成功大學歷史語言研究所碩士論文，一九九四）。

17 徐致鈞，〈階級與民族之間：史明的馬克思主義民族觀〉（高雄：國立中山大學政治學研究所碩士論文，二〇一〇）。

18 吳叡人，〈啓示與召喚：「台灣人四百年史」的思想史定位〉，收於史明等著，余崇任、藍士博編，《實踐哲學：青年讀史明》（台北：台灣教授協會，二〇一二），頁二八—三六。已同錄為本書解說。

我們似乎就必須直接扣緊史明和「社會主義文獻」——特別是馬克思和史達林等重要理論家——的邂逅經驗。的確，老先生是在早稻田大學時期，第一次讀到了《共產黨宣言》，也由於日本同學的帶領，而參加了馬克思主義的祕密讀書會。但是，如果我們再進一步追問，他爲什麼會對這樣的讀物、這樣的思想產生興趣的話，那麼，我們似乎還是必須從其生命史著手，探尋他之所以會「趨近」這些思想的緣由。在這樣的思考下，我覺得他傳記中所呈現出來的「人本主義」精神和「理想主義」色彩，可能會是解謎的兩條重要線索。

首先談老先生的「人本主義」精神。由於是長孫，史明和阿媽的關係十分密切。阿媽一直對他強調，做人要有正義感。「也常常說：『路見不平、拔刀相助』、『做人要有志氣，不能輸人；但是自己要嚴，對別人要寬』。」（第一章）這樣的想法對史明有相當的影響，他自己就認爲，「在小時候影響我、比較好的東西，主要都來自於我阿媽的教誨」（第一章）。就讀於建成小學校（一九二六—一九三二）和台北一中（一九三二—一九三六）時期，雖然在日常生活中沒有感覺到自己和日本同學的差別，但是，由於受到父親及其「台灣文化協會」同仁的影響，史明慢慢產生了「我們台灣人是第三國民」、「我是第三國民，我要反日」的意識（第二章）。然而，這個「差異」意識的背後，反映的反而是一種素樸的「反差異人本主義／普遍主義」思想：「當時我是想說：『如果你是一個人，那我也是一個人。雖然我是第三國民，但我跟你日本人一樣也是一個人。』」（第二章）這樣的想法在早稻田時期得到了更適當的灌溉，特別是透過對文學作品的閱讀：

「當時我更開始建立評斷小說好壞的標準。這個標準並不是以日常生活爲依歸，即便小說中有反派、正派人物，我也不會因爲角色的一些行爲而有所好惡，基本上還是會看一些比較原則性的東西——**主要就是human、就是以人的觀點來看**。所謂人的觀點，並不是叫你站在地主或者有錢人、窮人的觀點來看事情，那是在講普遍的人性、human being。……老實說，小說方面如果有系統地讀，那麼自己的思想也就會跟著轉變。**我會進去社會主義的思想，也是從人道主義開始的**。」（第二章；**重點**爲本文作者所加）

這個「人本主義」思想，也可以在老先生的「中國時期」（一九四二—一九四九）找到痕跡。一九四六年，自己要求要進入「解放區」工作的史明，被安排到河北張家口的聯合大學進修，並碰到不少在該校教馬克思唯物史觀的老師。史明對這些以蘇聯式詮釋爲根本的馬克思主義頗有疑慮，開始想到最初早稻田祕密讀書會所讀到的「自由」、「平等」等觀念，也想到所謂的「人本主義」：「照我來看，馬克思主義最重要的就是要恢復人性，人又不是菜頭，**殺了那麼多人又要怎麼恢復人性呢**？於是我在解放區聽他們講馬克思主義，就慢慢反感起來，覺得這些東西和我過去在日本讀到的馬克思主義都不太一樣，連帶的也對中共稍微

改觀，發現他們的思想並非全然都是好的。」（第六章；**重點**爲本文作者所加）

除了「人本主義」精神，史明的傳記中也可以找到不少「理想主義」色彩的描述。首先，老先生在十八歲那年「偷跑」到日本求學的舉措，就顯現出他和一般人不太一樣的「浪漫」人生志向。在當時，當醫生是身爲殖民地子民之台灣人知識分子最好的出路，但他卻因爲怕母親強迫他去當醫生，所以在台北一中四年級時選擇「偷偷一個人到日本讀書」（第二章），而且還有意地選擇早稻田大學去就讀。他這樣解釋自己的這個抉擇：

「當時我自己的想法，覺得醫生主要應該是爲了救人，大家當醫生卻爲了賺錢、想要變成富翁，好像多是爲了自己。我跟我阿母的衝突就是在這一點上。」（第一章）

「戰前日本的大學有官立大學和私立大學兩個系統，官立大學就是像東京大學那種一流的學校……大多數人去唸官立大學，圖的不外乎是做官僚，待不住的人就去當律師，離自由與民主思想比較遠……至於民間私立大學如早稻田大學、慶應大學，則大多遵循英國的想法，**學風比較自由，有社會良心、有自由民主思想的知識分子，大多來自早稻田大學或慶應大學**。一般來說，台灣的學生到日本留學普遍對政治不感興趣，而我則是因爲我阿爸的關係，加上我從小就看到《中央公論》、《文藝春秋》、《改造》等雜誌上面刊載很多早稻田教授的文章，所以在台灣的時候，就已經動念要到日本去讀早稻田大學的政治經濟科，到了日本以後更沒有改變這個志向。」（第三章；**重點**爲本文作者所加）

在當時的日本，由於軍國主義的高漲，共產主義或無政府主義被視爲是非法的東西，特別是在一九三七年的中日戰爭以後。即使是這樣，在進入早稻田的政治經濟科以後，老先生依舊透過大柴滋夫這位日本同學的帶領，而在一九四〇年時加入了馬克思主義的祕密讀書會。爲什麼會加入這樣的讀書會呢？某種素樸的「理想主義」，似乎和這個決定脫離不了關係：「雖然我對於馬克思主義、像一八四八年寫的那些〈共產黨宣言〉還是《資本論》等的瞭解，老實說仍然是初步的、很抽象的，但是一想到**原來有這款『理想』的社會，全部的心神還是會被抓起來……**」（第三章；**重點**爲本文作者所加）

而這種「浪漫主義」的高潮，或許就是史明於一九四二年到中國去「抗日」的決定。爲什麼要到「中國」去？又爲什麼要去「抗日」呢？是某種民族主義（特別是中國民族主義）的情懷嗎？當然，這個抉擇背後最簡單直接的理由，就是老先生所參與的這個祕密讀書會，以及同是讀書會成員之沈姓中共黨員私底下的邀請。但是，如果我們從更深層的心理層面來進行分析的話，史明所抱持的某種素樸「理想主義」情懷，似乎反而是理解此一抉擇的更適當方式。老先生這樣表示：

「一九三七年四月入學的我，本來是得到一九四三年的三月才會畢業，但卻提早到一九四二年的秋天畢業。這是因爲太平洋戰爭爆發，我的日本同學們都要去當兵、去當敢死隊（神風特攻隊）。我有一位朝鮮籍的同學，因爲朝鮮人比較早有服兵役的義務，所以也和日本同學一起接受訓練。我看他們每個人談到死亡、陣亡時都表現得很坦然，一副很樂意爲國犧牲的模樣，我卻因爲是最後一屆不用服兵役的台灣人，而有一種失落的感覺，反覆思索著：**『同樣都是年輕人，他們為了國家要去拼命，那麼我又要為什麼來拼命呢？』**」（第三章：**重點**爲本文作者所加）

換句話說，當時的史明之所以會決定到中國去「抗日」，其最重要的思想資源並不是所謂的「中國民族主義」，而是「理想主義」或「馬克思主義」：「不如我就堅持我反帝國主義、反殖民地統治的理想，到中國、中共解放區那邊去參加抗日戰爭、實踐馬克思主義吧！」（第三章）

「人本主義」也好，「理想主義」也好，三十一歲以前的史明，正是透過這些思想的薰陶，而成了一個眞正的「人」，雖然當時的他在民族認同上尚未明確成形。

一九四九年以後：成為一個「台灣人」

一九四九年，史明從中國逃回台灣；一九五二年，他又從台灣搭貨船偷渡到日本，從此亡命日本，邊包水餃邊思考自己的民族認同；一九六二年，資料蒐集與書稿撰寫達十年之久的《台灣人四百年史》終告出版，堪稱是第一本以台灣人史觀來書寫台灣史的歷史著作；一九六七年，他集結島內外新舊地下同志，創立「獨立台灣會」，並提出「主戰場在島內」、「台灣民族主義」以及「台灣社會主義」等號召。到底是怎麼樣的因緣際會，會讓曾經到中國「抗日」的老先生變成「台獨運動」最基進的一位參與者呢？以下就以這本傳記爲素材，分別探討老先生在民族認同形成上三個可能的參照點——與「日本人」的關係、與「中國人」的關係以及「台灣民族認同」的確立。

首先談史明與「日本人」的關係。當然，在一九四五年終戰以前，老先生在正式的國籍上當然是一個日本人。[19]然而，這裡的主要關切並不是正式的國籍，而是意識層面的國家認

19 史明在一九四二年抵達中國以後，曾經申請過所謂的「良民證」，所以在國籍上就成了「中國人」。然而，他卻似乎因為貪圖方便而未放棄自己的日本國籍，所以他在一九四二年到一九四五年這段時期，應該算是同時具有「日本」和「中國」的雙重國籍。關於上述描述，口述史中的文字是這樣的：「拿了良民證，我的國籍就是中國人，本來我應該到日本領事館去宣布放棄日本國籍，但是我想既然那麼容易就

同或民族認同。史明在台灣讀過的兩所學校——建成小學校和台北一中，其學生組成都以日本人居多。以小學校爲例，雖然台灣人學生的數目不多，「每一屆差不多三、四個而已」（第二章），但是，「那時台灣學生與日本人學生之間不太有互相看輕的情況，一桌坐兩人，大家要玩耍的時候也都是互相做伙」（第二章）。至於在台北一中時期，史明也都和日本同學玩在一起，「不過我這個人跟別的台灣囡仔不同款，說起來就是比較荒唐，我老愛跟他們那些日本孩子一起玩，踢球我就跟他們踢球，柔道我就跟他們柔道，沒感覺到有那款本島人與內地人的差別」（第二章）。在早稻田讀書的時候，學校風氣更是自由，「早稻田大學的風氣也讓我嚇了一大跳，學校裡無論你是日本人、朝鮮人、台灣人，大家都是同學、不分你我。雖然當時我自己心中有那種『我是第三國人』的感覺，但實際上卻發現自己和別人沒有什麼太大的差異」（第三章）。整體來講，就日常生活經驗而言，老先生在求學時代並沒有感覺到什麼明顯的差別待遇或歧視。

但是，由於受到父親及其「台灣文化協會」同仁們的影響，也由於受到一些讀物的啓蒙，史明卻在「思想」的層次產生某種「反日」意識。

> 「我認爲當時的我不是興事，而是因爲我受到我阿爸他們那群台灣文化協會成員的影響，很早就有了『我們台灣人是第三國民』的意識，也因爲讀了一些像《改造》、《中央公

論》的雜誌，知道什麼叫民主、平等，雖然當時還不能夠被稱作是概念，但隱隱然形成一種情感，我經常會想：『如果你是一個人，那我也是一個人。雖然我是第三國民，但我跟你日本人一樣也是一個人。』」（第二章）

「我自己在主觀上是反日的，總是叫他們日本人是『臭狗仔』，咱們台灣人是『第三國民』。不過實際上跟日本人同學做伙時，也沒有感覺他們對我們有什麼差別，即使我用所謂『臭狗仔』來形容那些日本人，在學校裡大家玩來玩去也是同款，讀書也同款，相拍也同款，就在這個矛盾裡面成長。」（第二章）

換句話說，老先生與「日本人」之間，存在著的是一種矛盾複雜的感情。一方面，或許是出身世家的關係，史明在日常生活上感受不到太大的族群歧視，然而，在思想的層面，老先生卻透過抽象知識的學習而認知到「殖民地人民的悲哀」。因此，史明「這兩種情緒其實都是很抽象的一種感情，說不上有什麼很確定的信念」（第二章）。透過對上述這種「矛盾情

拿到中國國籍，所以也就沒有去辦這道手續。我在上海與蘇州之間往來主要就是靠這張良民證，不過查驗票的人看我外表就像日本人，往往會直接讓我過去。」（第四章）

緒」的解讀，我認爲當時的史明雖然有著樸素的「台灣人認同」，但是，那種認同的核心其實是「追求日台平等」，並不見得是一種清楚的民族認同。

那麼，史明和「中國人」的關係又如何呢？老先生認爲，由於台、中交流的斷絕，由於當時到台灣的中國人多數都是以福州人爲主的下階層人士，也由於阿媽純樸的「反唐山」意識，赴日求學前的史明，至少在台北一中時期已經將中國完全視爲外國了（第二章）。之後，即使老先生在一九四二年決定到中國去跟隨中國共產黨抗日，其主要動機似乎也和「中國民族認同」無關，而是和「台灣人的第三國民身分」或「共產主義的實現」有關。他這樣表示：

「七七事變以後，中國變成了抗日的主要戰場，於是我想如果我想要把日本帝國主義從台灣排除，那麼似乎就必須到華北去抗日，也就是說，我會去中國，其實並不是爲了漢族或者中華民族而去的，而是爲了**排除在台灣的日本帝國主義**。」（第三章；**重點**爲本文作者所加）

更重要的是，之後七年的中國經驗，似乎讓史明更進一步確認自己的「非中國人」身分。首先，當老先生還在上海從事地下情報工作的時候，有一天，他不小心在租界處踩到一個中國人的腳。他雖然立刻就道歉，那個人卻得理不饒人，甚至立刻就在那裡嚷嚷起來。史明由於語言不通而聽不懂那人在說些什麼，而旁邊的人又馬上圍上來而將人行道擠得水洩不通。最後，老先生想起中國人都喜歡用錢來解決事情，所以就把錢包拿給對方，事情才告結束。該事件發生後，史明向其同志轉述這個經驗，同志卻反過頭來說是他的不對，認爲老先生不該道歉而應該臭罵被他踩到腳的人。史明對同志的回答感到震驚，也第一次體驗到：

「我那時才體會到：人們的風俗習慣與倫理道德居然有那麼大的不同。當時在台灣與日本都一樣，如果遇到了類似的情況，一方就會說失禮，另一方就會說沒關係。我在上海時反而被對方抓得動彈不得、困窘不已，才知道**在台灣的生活方式在中國簡直完全行不通**。」
（第四章；**重點**爲本文作者所加）

此外，在一九四六年真正進入「解放區」工作以後，史明和中共的接觸越多，就越發現到中共無產階級革命的殘酷與獨裁。在所謂的「人民裁判」中，老先生親眼看到農民被迫拿刀將地主的頭砍掉，「刀一落，整個頭顱就裂開了，血跟白色的組織液都流了出來。等到第一個人下手了，剩下的人也就比較輕鬆，管它什麼刀拿起來就往地主的身上劃，到最後，就算地主沒有死，也是吊在架子上面直到斷氣」（第六章）。在看了這情景以後，「我……都沒辦法吃飯，有兩三天的時間躺在炕上動彈不得」（第六章）。

一九四七年，史明將國共內戰中被中共俘虜的台灣兵約兩百多名組成「台灣隊」，並擔任政治教員的工作。在訓練該隊的過程中，老先生發現中共為了控制之便，著力於分化台灣兵中的福佬人和客家人。史明這樣描述當時自己的心境：「分化政策是像清朝、日本人這些殖民者使用的步數，現在怎麼連革命部隊也在這樣子胡搞？」（第六章）在經歷過上述「中國經驗」以後，老先生決定：「再怎麼樣也要回到台灣，死也不可以死在中國！」（第六章）同時也用以下的敘述來總結自己的這段經歷：

「一九五二年我又到日本之後，重新閱讀第三國際的資料，才發現中共的統治方式，根本不是什麼馬克思主義，而是由史達林那邊傳過來的專制、獨裁的東西。」（第六章）

上述關於老先生與「日本人」和「中國人」之關係的描述，多數係來自於他在一九四九年以前的經驗。這段時期的史明，雖然在國籍上依序是「日本人」、「日本中國雙重國籍」，以及「中國人」[20]，但是，根據傳記中的自我描述，老先生卻似乎不認同日本，也不認同中國，只是一味追求自己「反日」、「共產主義」的理想。他雖然並不否認自己的「台灣人身分」[21]，然而，這個身分對他而言，似乎也只是某種樸素的「原鄉認同」或「土地認同」，還沒提升到「國家認同」或「民族認同」的層次。

那麼，史明又是在什麼時候發展出其「台灣認同」的呢？根據傳記的描述，老先生在中國時期「發現中共不是馬克思主義眞信徒」的體認，似乎或多或少讓他產生了某種素樸的「台灣認同」：「我因為誤認中共是馬克思主義的信奉者，所以當年才會到中國去抗日。如今發現這個事實以後，才開始在計劃逃回台灣的過程中慢慢地浮現出『我是台灣人，死也要回到台灣』的想法、素樸的民族主義。」（第十一章）而在逃回台灣以後，又「看到國民黨在台灣的手段其實也跟中共毫無差別」（第十一章），才會進一步於一九五〇年決定成立「台灣獨立革命武裝隊」。

我會認為，這個「台灣獨立革命武裝隊」的成立是理解史明「台灣認同」形成的重要線索。一方面，這個已經年過三十的「年輕人」依舊和之前的「中國抗日時期」一樣，充滿著熱情和理想[22]；另一方面，史明似乎在「民族認同」上已經依稀發展出某種程度的「台灣意

---

20 不過，嚴格來講，一九四五年以後的史明，其正式身分應該是喪失了「日本」國籍，但是又欠缺任何正式的國籍身分吧！

21 比如說，老先生在日本讀書的時候，別人大多聽不出來他是台灣來的學生，「不過，我大多會在一開始便表明我是台灣人」（第三章）。至於在中國時期，「我在上海活動時並不諱言承認自己是台灣人」（第四章）。

22 老先生在傳記中這樣表示：「那時候的我，完全都沒有考慮到周圍的人，也沒有考慮到阿媽，少年時代的熱情和正義感，是我唯一的信念。那時我已經三十幾歲了，如果沒有夢、沒有理想，要想革命絕對是

識」：

「我和周慶安兩個人對外宣傳時，都說**台灣要獨立，要推翻中華民國**。那時候，我說的比較白話，就跟他們說要去士林幹掉臭頭仔（蔣介石），大家聽了都會振奮起來。」（第八章；**重點**爲本文作者所加）

之後，隨著時間的變化，史明的「台灣認同」愈發強烈，也愈發明晰。前面已經簡述過，老先生在一九五二年偷渡到日本，一九六二年完成《台灣人四百年史》，一九六七年組織「獨立台灣會」，然後又於一九六八年和一九七五年兩次偷渡回台……。所以，接下來我們該問的，或許是相較於一九四九年以前的「社會主義者」身分，老先生爲什麼會在一九四九年以後的這個階段變成「台灣民族主義者」，或者是「左派台灣民族主義者」呢？顯然，「社會主義」這個認同並未改變，改變了的是這個新增的「台灣民族認同」。爲什麼呢？老先生在傳記中談到自己對其生命中之兩個「時期」的省思，一個是「後期中國時期」（一九四五—一九四九），另一個則是「早期日本流亡時期」（一九五二—一九七〇）。在「中國時期」，老先生原本的信念是「唯有階級革命可以解決民族問題」，但是，此信念卻在目睹中國革命的實況後而告破滅：

「戰後等我進到解放區，看到毛澤東在華北罪及九族式地屠殺有國民黨背景的人——華北兩億人口中，被牽連的人總數將近一千萬人——又看到中共壓迫解放區的年輕人，逼得他們跳井自殺，才驚覺中共的手段與納粹沒有兩樣，毛澤東繼承的是中國兩千多年來的帝王思想與史達林的法西斯主義，而不是馬克思主義。」（第十一章）

因此，在一九五二年流亡日本以後，史明就又開始重讀馬克思主義，因而修正了自己在前一階段所抱持的一些想法，特別是關於「階級」和「民族」之關係的想法。更具體地講，老先生認為，台灣的問題應該屬於「社會民主革命」，而不是「階級革命」：

「我在撰寫《台灣人四百年史》的同時，也重新閱讀馬克思主義等相關學說，並涉獵第一國際、第二國際或第三國際方面的知識，這些東西後來都被我發展成行動上的綱領。……不過我也沒有完全拷貝馬克思主義，我個人認為台灣應該屬於社會主義的民主與民族革命，而不是社會主義的階級革命。」（第十四章）

不可能的事。」（第八章）

「我希望大家記住一件事：殖民地必須先有民族的解放以後，才可能有民主。而台灣如果沒有獨立，台灣人擁有的都是假民主。」（第十四章）

更進一步講，透過對台灣史的閱讀和書寫，史明終於高舉「台灣民族主義」的大旗，而在民族認同上完完全全成為一個不折不扣的「台灣人」：

「我是一直到一九五二年逃到日本、重讀台灣史以後，台灣民族主義的思想才逐漸明確。除了原住民外，我們的祖先雖然大多是從中國來的，但那是漢族、是『族群』，並非現代概念下的『民族』。清朝末年孫文提倡中華民族主義，當時台灣也不屬於中國的領土，不算是參與了中華民族主義的建構。我們雖然是漢人的後裔，但是四百年間台灣已有獨特的歷史演變……總之，我在一九六九年提出『反殖民地民族革命路線』的口號，是因為意識到我們必須先有自由、解放的民族，才能有自立、現代的社會——一九六〇年代亞洲幾乎都沒有殖民地了，印度、印尼、菲律賓、安南、緬甸，甚至太平洋上面隨便一個小島都獨立了，只剩下台灣還沒有獨立。……這句口號更非隨便喊出來的，它和我的《台灣人四百年史》有密切的關係，也是結合歷史學與社會學的成果。」（第十四章）

與新生代共同激盪出來的生命傳記

這本傳記的誕生，說起來很偶然，卻也有其必然。二〇〇五年三月，中國通過所謂的《反分裂國家法》，明訂在三種情況下中國政府得採取「非和平方式及其他必要措施，捍衛國家主權和領土完整」。當時已經八十七歲的史明，為了抗議中國此一擴張主義的舉措，遂於台大校門口發起十四天的「反《反分裂法》」靜坐活動。也因為這樣一個機緣，有感於老先生所說的「只有講話是沒有辦法改變現實的」，已經停社一段時間的台大「濁水溪社」又正式恢復運作。二〇〇九年九月，老先生在東京因為腎臟衰竭，一度昏迷了好幾天，住進加護病房，醫生還發出病危通知。同年十二月，身體狀況比較好轉的史明，在接受記者訪問時表示「死也要死在台灣」，因此在十二月十七日撐著重病衰弱的身軀搭機回到台灣。

以台大「濁水溪社」為中心的一群青年朋友，也在藍士博的號召下組成「史明口述史訪談小組」，「在沒有任何學術機構支援下進行的總數三十次、超過一百二十小時的訪問」，這就是這本口述史的由來。

我說這本傳記有其偶然，是因為上述的故事——反《反分裂法》、濁水溪社、腎臟衰竭、口述史——似乎並沒有一定要被連結起來的必然性。然而，透過老先生堅強的「台灣民族主義」理念，這些事件，卻也好像是那樣順理成章地被扣連了起來……。

結語

對我而言，史明之故事最重大的啓示，可能莫過於「先成爲人，再成爲台灣人」的這個過程。老先生曾經認爲，「階級革命」可以解決「民族問題」，所以對自己的民族認同，並不是太在意，甚至可以爲了這樣的信念而到中國去從事地下情報工作，並實際參與所謂「解放區」的游擊戰。然而，這樣的一位紅色戰士，到最後卻投入了「台灣民族主義」的懷抱，決意要爲之生，爲之死。

最後，我願意用一段被置於美國學者 Douglas H. Mendel 所著之《台灣民族主義的政治》最前頁的一首歌[23]，來獻給史明老先生。很多年前，當我在雪城大學的圖書館中找到這樣一本談福爾摩沙島國的書籍，同時又看到這段文字時，那種震撼和感動，至今還歷歷在目……。

To dream the impossible dream
To fight the unbeatable foe
To bear with unbearable sorrow
To run where the brave dare not go

To right the unrightable wrong
To love pure and chaste from afar,
To try when your arms are too weary
To reach the unreachable star

——Joe Darion[24]

---

23 Douglas H. Mendel, *The Politics of Formosan Nationalism*（Berkeley and Los Angeles: University of California Press, 1970）.

24 這首標題為〈不可能的夢〉（The Impossible Dream）的歌曲，是發表於一九六五年之百老匯歌舞劇《夢幻騎士》（Man of La Mancha）的主題曲。而這齣歌舞劇的原著，正是西班牙作家塞萬提斯鼎鼎大名的著作《唐吉訶德》，見Wikipedia（2012），"Man of La Mancha." Date visited: December 16, 2012, http://en.wikipedia.org/wiki/Man_of_La_Mancha.

跋一

史明留給台灣青年的備忘錄

黃敏紅　史明教育基金會董事長

Boys, be ambitious!（青年，懷大志吧！）

日本時代，札幌農學校的一位學校教育長，農業博士克拉克（William Smith Clark）的一句話，徹底影響一位台灣囝仔的一生，自此選擇走上不平坦的道路。

史明十九歲時，憑著初生之犢不畏虎的精神，獨自前往日本早稻田唸書，並在追求理想的過程中，一路跌跌撞撞、起起伏伏的過了一輩子。史明的生命故事猶如過五關、斬六將般精彩絕倫，我們近期在整理他過世後所遺留下來的文物時，更能感受其中的精彩與震撼。

史明離家五十七載後回台，在二〇〇五年的台大校門前，爲了反中共的《反分裂法》而靜坐時，也結識了一群二十出頭歲的大學生，同樣的青春年紀，在不同的世代，共同掀起了一場激烈的騷動。

活動結束後，原本以爲史明和這群年輕人會就此各奔前程，沒想到二〇〇九年底，史明在東京因爲整修新珍味及台灣各地的抗議活動頻繁，於日本、台灣兩地奔波的情況下，導致一場突如其來的急性腎衰竭，醫生甚至發出病危通知書，這才引起各地的台灣鄉親猛然驚醒——史明已達九十一歲年老體衰的年紀了。但史明這場重病，卻成爲這群少年學生再度集結起來、進行史明口述史採訪計畫的因緣，也才成就了這部《史明口述史》的問世。

歷經長達半年的訪問，史明的口述訪問稿在二〇一二年完稿，但此時史明自身的回憶錄還在爬梳整理當中，來不及按照原訂時程推出，才讓這本年輕人整理的史明口述史率先出版，對外公開。

此後，這群年輕人也都往各個領域，以各種不同的方式來爲台灣打拼奮鬥，一個世代又一個世代的交替傳承著。雖然他們之間相差將近七十年的歲月，但內心深處爲台灣、爲子孫打拼的心思，是相差無幾的。

我們相信，史明的生命雖已終結，但他的人生故事仍舊繼續在下個世代裡，燃燒生命的火光。尤其是在此時，《史明口述史》經過十一年後重新修訂出版，當初那群二十多歲的年輕學子，也都已經成長爲社會的中堅分子，大家成家立業後，再來看那段包含著自己生命故事的歷史，在人物全非的情況下，重新整理出版《史明口述史》，一方面是對那段時光的重新檢視，另一方面，應該也有著對自己人生的小小回憶與檢討的意味吧？

人生，不就是這樣？那是一條不歸路，你只能往前走，無法回頭。但是在人生道路上，我們還可以隨時自我反省，調整人生的方向。別人的人生可以是自己的人生指引，減少許多走上冤枉路的可能性。

雖說是舊書重新出版，但期待這本書仍舊可以爲新世代帶來一股感動與力量。讓我們繼續完成，前輩們未竟之使命。

跋二

爲台灣民族負重前行的拓荒者

葉治平　史明教育基金會副董事長

史明先生的著作很多，有關他的書籍也不少。以我個人之見，最具代表性的四本書是《台灣人四百年史》、《民主主義》、《史明回憶錄》，以及這本初版分爲三冊的《史明口述史》。

《台灣人四百年史》記述「台灣民族」形成的過程與脈絡，是史明先生影響台灣最鉅的嘔心瀝血之著；《民主主義》整理自古希臘以來的各種哲學思想的發展，也是史明先生一生之思想體系發展的歷程；《史明回憶錄》是他的自傳，因爲他認爲哲學思想是他一輩子的生活與行動的準則，沒有這些思想就沒有他的人生，因此在回憶錄中用很大的篇幅來論述他的思想體系。不同於他的回憶錄，《史明口述史》是幾位年輕人組成的「史明口述史採訪小組」用近半年時間進行訪談的紀錄，著重於他參與反殖民與獨立運動的經歷與感想。這本書補足了其他三本，完整地陳述了史明先生的理論基礎、思想脈絡、生長過程與人生經歷。

台灣人反抗外來政權的運動，從「台灣文化協會」時期開始與世界的「殖民地解放運動」接軌。二二八事件後，台灣獨立運動在海外萌芽，經過四十年的茁壯與發展，於八〇年代末期開始在台灣公開活動。在整個台灣人的獨立運動歷史中，從萌芽時期即開始參與，親身經歷在中國、日本、美國與台灣的獨立運動，並與歐洲及南美洲的台獨運動有所接觸者，唯有史明先生一人。因此，他的經歷等於就是一部近代的台灣人反殖民與獨立運動史。這段歷史，透過史明先生的口述，經作者群整理編輯，有系統地將近一世紀以來，片片斷斷發生在不同時間與地點的事件串聯起來，成為一部研究台獨運動非常珍貴的史料文獻，這是此書最大的價值與貢獻。

這本書於二〇〇九年開始訪談，二〇一三年出版，並於二〇一四年獲得金鼎獎「非文學類圖書獎」。得獎原因除了歷史的價值，更是對作者群撰述能力的肯定。這幾位採訪小組成員多屬於「野草莓運動」世代，在二〇〇九年還是研究生或大學生。看到他們圍繞著歐吉桑，專心地聽他講述歷史，使我回想起在一九八一年第一次見到史明先生的自己。那是歐吉桑第一次訪美，他已經出版了《台灣人四百年史》漢文版，而我只是一個在戒嚴時代成長，對台灣歷史懵懵無知的學生。他卻待我如友，與我無所不談，令我深深被他的氣質與風範所吸引，從此改變了我的人生觀。幾十年後，他的身旁仍圍繞著一群學生，但都比當年的我進步許多，史明先生也稱讚他們「有在思考一些問題」，足見他多年的啓蒙工作對年輕人的影響。

在八〇年代，他每年都風塵僕僕地從日本來到美國，參加台美人的盛會「台灣同鄉夏令會」。他的理念、形象以及談吐的豐厚內涵，使他深受留學生們的喜愛與崇敬，但他在北美推動台獨運動的路程卻不順暢。因爲台灣同鄉對左派理論的疑慮，許多人公開反對他所宣揚的「台灣民族主義」；革命團體間的紛擾，更使他受到排擠、嘲諷或耳語中傷，甚至在夏令會中也不安排他在主要時段演講。但他不以爲意，仍然背著一大袋書籍，一個校園走過一個校園，像是那背著一大袋蘋果種子走遍美國的十八世紀拓荒者 Jonny Appleseed，在那一片的理念荒地中辛勤地開墾、播種與耕耘。除了向學生們宣揚台獨理念，也鼓勵年輕人要「敢於作夢」、「建立人生觀」。四十年後，他播下的種子已遍地開花，「台灣民族主義」成爲保衛台灣主權的主流意識。他被尊稱爲台灣獨立運動的宗師，甚至在過世之後，他的理念仍深深影響著年輕世代，指引他們繼續完成台灣獨立的志業。

最後，在祝賀《史明口述史》修訂新版的同時，也要爲這本書誕生的機緣做一註記。在舊版第三冊的結尾，史明先生對採訪小組說：「我從來不曾接受過像你們這樣長達半年的訪問。」、「若不是藉由這次機會，自己述說自己的生平實在不太好意思……」的確，爲推動台獨而南北奔波的他，很難有半年的時間，能靜靜地接受訪談。他所說的「機會」，就是那年他訪問東京時，生了一場幾乎喪命的重病，「被迫」在醫院中療養，因而有這段安靜的時間來回顧他的人生。這場大病是一劫難，卻也是一個機緣，不但促成《史明口述史》的誕生，也再次引起海內外台灣人對他的關注。許多學者爲他出書，蔡瑞月舞蹈社也以「擁抱勞苦大衆的革命者——史明」爲主題舉辦文化論壇，並公演《史明歐吉桑——革命百年的獨立台灣夢》舞蹈劇；民視的《台灣演義》製作了「永遠的革命家：史明」，介紹他的生平；陳麗貴導演更用兩年多的時間，製作一部傳記紀錄片《革命進行式》。

回想十四年前，在台北醫學大學的病房中看到「採訪小組」訪問歐吉桑的情景，以及他大病痊癒後繼續爲台灣做出的貢獻，我謹在此以一個受教於史明先生近四十年的學生，對當年默默安排重病中的歐吉桑從日本返回台灣療養的那位人士及其家人，表達最大的感激與敬意。史明先生從東京返抵台灣那天，許多人在媒體前高談闊論，但眞正出力者卻避開鎂光燈，默默安排醫生從東京護送歐吉桑回台，並安排救護車從機場直奔台北醫學大學的病房。這段經過，和史明先生默默爲獨立運動出錢出力、做事卻不爲人知的所作所爲頗爲相似。

跋三

理解與誤解，致謝與致歉

藍士博

史明口述史訪談計畫・籌劃協力

在我們開始進行「史明經典重建計畫」以前，曾經有但沒有想到居然會是如此巨大且蔓延無盡的探索，就像每一段生命史的追求，我們同樣在編碼與解碼中推敲，都在面對已知的陷阱與未知的挑釁。然而十年過去，作爲記錄史明先生一生的《史明口述史》，有些事情需要梳理更正，有些事情還需要補充說明，我們責無旁貸，只能戮力而爲。

二〇一三年出版的《史明口述史》，其實是「計畫」中的意外，原本團隊的內部規劃是先透過《實踐哲學：青年讀史明》進行擾動，然後依序出版《台灣人四百年史》校訂版、《史明回憶錄》、《史明口述史》。這樣的安排當然是希望讓第一手的詮釋權保留在史明先生身上，但是，二〇一二年年中的一通電話，卻直接全盤打亂了我們的安排。（請參考本書附錄〈初版後記〉）

史明先生在電話中直說回憶錄來不及，要我們直接出版《史明口述史》。

那時新版《台灣人四百年史》的校對工作才進行到一半，《史明口述史》更只完成了三分之一，考慮到出版的最好檔期——二〇一三年的台北國際書展，最後團隊還是以不到半年（嚴格說起來是三個多月）的時間完成，履行我們從二〇〇九年開始訪談時就設定的目標。

史明先生是一位台灣近代史中極具代表性的人物。他的傳記、回憶錄與口述史分量絕非一般，卻也不可能避免記憶敘事所可能出現的問題。即使我個人認爲，相較於一般庶民大眾，史明先生其實已經有意識的記住、記錄自己生命中的關鍵時刻。然而，百年生涯的漫長曲折難以想像，記憶的斑駁與生理的限制，終究還是讓二〇一三年的《史明口述史》成爲一本未竟之作、我心中的未完之書。

事實上，《史明口述史》本來也可以說是我計畫中的一個「起點」。原先我的想像是在完成以史明先生爲縱軸的訪問以後，能夠延伸多位曾經與他聯繫、來往、共事甚至生活的相關人士訪談，讓整個獨立台灣會的系譜可以更加清楚，爲台灣獨立運動的發展脈絡之一留下見證。但是實在慚愧，由於我個人生涯轉向的關係，至今僅完成劉紀力先生的口述訪談，爲史明先生一九八〇年代在東京新珍味進行的「觀光啓蒙」留下紀錄。（請參考本書附錄〈劉紀力先生訪問紀錄（節錄）〉）

最後的那幾年，史明先生由於生平經歷的曝光與積極參與、現身於各個公共事務、街頭運動，他的形象重新在台灣新世代中留下烙印，擺脫差點被時代遺忘的寂寥。感謝黃敏紅董事長、李政忠副董事長以及獨立台灣會友志的堅持，以及青年世代（尤其是二二八共生音樂節團隊成員）的幫助，我們在凱達格蘭大道上舉辦史明先生百歲「生日派對」，在台灣大學舉辦「革命者的最後一堂課」，以及最後的「大遊行」、「畢業典禮」。

史明先生逝世以後，感謝兩千多位支持者與藝術家張紋瑄的幫忙，讓史明文物館新莊館得以在二〇二〇年九月開幕，蔡英文總統不僅親自出席，更兩度於清明節至八里山上探望史明先生，念舊惜情，不忘故人之舉，著實讓人感動。

我們可以向大家報告的是，由史明教育基金會、國立政治大學圖書館、國家電影中心組成的合作平台，過去幾年不僅持續運作，更可能會擴大陣容。國家電影中心方面，史明教育基金會捐贈的兩千七百八十五卷大衆電台錄音帶、一百〇七卷錄影帶、一百一十七卷MiniDV正在進行數位化、析聽、詮釋、上傳等工作，預計於二〇二四年全部完成，納入文化部國家文化記憶庫。

政治大學方面，史明教育基金會於二〇一九年捐贈史明先生史料總計四萬七千一百九十二件，包括書信（一千四百三十四件）、手稿（兩千兩百九十三件）、文章（九百六十七件）、文件（五千三百六十九件）、照片（一萬六千六百三十五件）及剪報（一萬九千九百六十五件）等七大類，另有書畫、期刊及其他物品等，目前正進行整理與數位化工作。至於今年三月在新珍味四樓平賀協子女士房間中找到的《台灣人四百年史》一九六二、一九七四年日文版印刷紙型，以及一九八〇年代史明先生的數十本報刊剪報，也已於七月再寄至政治大學圖書館進行整理、盤點（一九九三年日文版的印刷紙型則留在新珍味）。

史料研究方面，史明教育基金會也與國家電影中心影視聽中心合作完成「台灣大衆廣播電台口述歷史暨研究案」，以影像紀錄的方式完成黃敏紅董事長、李政忠副董事長及陳貴賢老師的訪談（成員：沈哲弘、林書民、陳柏翰、楊詠裕、鍾景軒）。基金會也委託社團法人台灣共生青年協會團隊（成員：李思儀、楊佩儒、廖品硯）就一九七〇至八〇年代與史明先生、獨立台灣會有關的政治案件進行研究，初步完成〈史明相關的政治案件研究（一九七〇—一九八〇年代）〉的研究成果，希望能夠爲後續有志者提供更進一步的研究基礎。

尤其重要的，是原本受到中國武漢肺炎疫情延宕的史明文物館東京新珍味整修計畫，在跨海裝修暨策展團隊（蔡易達教授、許建榮教授、洪清華與吳珮瑜設計師賢伉儷、李子瑋、笠島久美子）的努力下，業已進入裝修階段，未來更計劃於完工後偕同日本台灣同鄉會（岡山文章會長、多田惠副會長、王俊硯常務理事、石井賢一常務理事、方宣予常務理事）、日本台灣基進之友會（林省吾、詹佳怡）等團體友志，共同舉辦具備學術討論的開幕活動，活絡台灣與日本的民間交流，持續深化台灣獨立運動的思想內涵。

整體來說，我們從二〇〇九年起心動念的「史明經典重建計畫」從來就不是正式的計畫，卻幸運地在衆多熱心人士、革命夥伴的相互扶持之下，走得更遠更長。《史明口述史》

的出版當然讓更多人可以接近、認識史明先生的生命故事，但是傳記、回憶錄與口述史終究是一家之言，主觀描述與評斷原本就不可能擺脫誤解與偏見。本次《史明口述史》修訂新版的完成，尤其感謝政治大學台灣史研究所研究生陳柏翰的幫助，讓新版得以用(1)資料上可靠、(2)敘述上完整、(3)標註上精準、(4)格式上延續、(5)體例上統一等原則重新審視、校訂全書的內容與註腳，更增加了原來沒有的「年表」。

總而言之，在我近年來逐漸被柴米油鹽等日常庶務困擾之際，感謝台灣社會每一位關心台灣前途、掛念史明先生及其革命志業的朋友，因爲有你們公開或私下的幫助，我們才能夠在求全卻總不可得的情況下持續前進。誠如標題寫的一樣，理解與誤解、致謝與致歉，是我唯一也最想對各位說的感言。

二〇二三・七　動筆於東京・池袋

附錄 初版後記

藍士博

台灣人話說太多，做得太少！尤其是知識分子，這項缺陷眞的是讓人憤怒。只有講話是沒有辦法改變現實的，要行動啊！

史明，二〇〇五年三月二十六日

史明先生的口述史之所以能夠在今天出版，全是因爲二〇〇五年三月他在台灣大學校門口的那一席話，讓一個停止運轉多年的社團重新恢復了生命，又巧合地在某個時刻與他們相會、重逢，最終分享了彼此熱情而有正義感的生命片段。史明並不是一位喜好談論自己的人，過去鮮少對外談論個人往事，這或許是因爲過去從事地下工作養成的習慣，也可能是爲了避免英雄主義的自我標榜，我們相信：比起撰寫個人自傳，史明顯然是更願意將時間、精力用在傳達他個人的台灣史觀與政治理念。

訪談源起

我們抵擋時間，試圖在所謂「革命家」、「台獨大老」等等的稱號外，恢復他「這個人」思想與精神的全貌。相較常人慣稱的「史明」，我們更喜歡使用的是「歐李桑」（おじさん）這個親暱的稱呼。正因為我們的年紀與他相差遙遠，中間的輩份其實已難計算，所以我們更不希望最後他變成了一塊扁平的圖騰，所以才會如此莽撞地嘗試記錄下他完整的一生。

歐李桑二〇〇五年的那一席話，讓台灣大學濁水溪社重新運作，社團成員後來大多都參與了口述訪談的各個環節。事實上，我們自社團復社後就未曾與歐李桑碰面，直到二〇〇九年受邀參與北美洲台灣人教授協會、台灣教授協會與台灣教師聯盟共同舉辦的聯合年會時，才在午宴中與歐李桑重逢，席間相談甚歡。因為如此，該年年底當歐李桑病危的消息從日本傳回台灣時，我們才會聚集、在簽署祝福卡片之際興起了採訪、記錄史明先生生命故事的念頭。訪問從台北醫學大學附設醫院的病榻旁邊到新莊寓所的客廳，時間從二〇〇九年十二月開始至二〇一〇年六月結束，總計三十次訪談。歐李桑每一次總是緩緩地對我們講述他的生平，更體貼地總是要我們留下來與他用餐。

接受與回饋

我們事實上是一邊進行訪問，一邊才開始學習、參考別人口述訪談的經驗與技巧的，而且除了台大濁水溪社外，包括台灣文學研究討論會（TWLS）與其他台灣研究相關系所的同學們後來也都陸續地參與，共同爲史明口述史的完成付出心力（參閱〈表一〉）。訪談結束後我們一邊整稿、潤稿，一邊則開始參與、籌辦許多關於歐李桑的生命經驗分享活動——二〇一〇年，台大濁水溪社與台灣教授協會合辦史明生命經驗分享會；二〇一一年，訪談計畫成員開始參與《台灣人四百年史》再版的校對工作（參閱〈表二〉）；二〇一二年，先是與歐李桑在由台灣教授協會與獨立青年陣線主辦的「思想地下室」進行四場對談；五月更出版了由訪談計畫成員與諸多師長、同學共同撰寫的《實踐哲學：青年讀史明》（參閱〈表三〉）；九月二十一日至二十三日，蔡瑞月文化基金會以「擁抱勞苦大眾的革命者：史明」爲第六屆文化論壇的主題，並且演出相關舞蹈、戲劇；政治大學則是在十一月十三日舉辦以史明爲專題的數位史料與研究論壇。

當我們親炙歐李桑其人及其著作以後，我們相信他一生的努力必須被看見，同時，他從未放棄思考的內容與未曾停止行動的生命足跡，不應該被教條主義予以簡化詮釋。所以，不管是《史明口述史》、《台灣人四百年史》或其他論述的出版，我們最主要的目的，還是希望可以重新喚回台灣歷史論述與行動中的隱藏系譜。我們明瞭，歐李桑一生奮鬥的不外乎是希望讓台灣人可以明瞭自己的身世，爲了讓我們知道：即使作爲弱小民族的我們，還是能夠有順服以外的選擇。

還原史明「這個人」

我們進行口述訪談的目的原本並非「政治」，即使歐李桑念茲在茲還是台灣的前途、我們的未來命運。我們更在意的是，我們必須先將歐李桑還原爲「完整」的人，進而才能將他的行動、思想與著作放進適當的脈絡。換言之，當「史明」二字在台灣人心中浮現的印象不再只是一位台灣史家、革命家，也是麵店老闆，是一位喜歡古典音樂、對藝術有特殊眼光的台灣人之際，我們才不會太快地將他視爲神魔，忽略他的思考與行動背後其實蘊藏著常人與非常人的因果脈絡。

我們抱持的基本立場是：口述史訪談本身未必就是歷史，縱然它由一位眞實存在的人口中說出，仍只是我們接觸、理解歷史的途徑之一；除此之外，每個人的生命其實皆有其精彩之處，不會受到身分或者地位、英雄或者庶民的影響。但是，我們終需坦承：像我們這樣一本臨時起意下的集體行動，在偶然巧合與意志支撐下才終於完成的口述史，儘管戮力求全，不可能避免一定程度的錯誤。

終點，也是起點

《史明口述史》之所以得以出版，首先必須感謝史明先生這些年來對我們的坦白與照顧，他的身教與言教在不知不覺當中滲入了我們的生命，成爲我們言行舉措的指引；敏紅姐、政忠哥與車隊大哥們對我們的愛護；台灣教授協會、無窮藝術中心、蔡瑞月文化基金會、政治大學圖書館數位典藏組等社會團體的支援；陳儀深老師、薛化元老師、曾士榮老師在百忙當中作序，吳叡人老師與許維德老師特別撰寫的精彩導讀，想必皆爲讀者們提供了瞭解史明先生、閱讀這套口述史時的方向指引；感謝行人出版社，在易正大哥、芳如姐、人和大哥等的協助下，終於讓幾年下來大家努力的一點成果，可以正式地展現在衆人面前。

最後，容我在這裡向這些年來一起完成《史明口述史》、校對《台灣人四百年史》與研究史明思想及其相關論述的夥伴們表達心意。謝謝。有你們眞好。

表一《史明口述史》協力者名單

訪問協力	江昺崙、林嘉立、洪慧儒、藍士博
逐字稿協力	江昺崙、吳沛憶、林嘉立、林晴灣、林彥廷、余崇任、洪慧儒、李慰祖、張之豪、張純昌、張勝涵、陳宗延、白永馨、蕭婷方
潤稿協力	林嘉立、陳怡伶、劉承欣、藍士博
註腳協力	王俐茹、曾馨霈、陳鈞昂、藍士博
修訂協力	陳柏翰

表二《台灣人四百年史》協力者名單

校對協力	林勝韋、林晴灣、林彥廷、林運鴻、吳家銓、吳沛憶、張勝涵、張瑜庭、溫若含、鄭清鴻、劉以潔、藍士博

表三《實踐哲學：青年讀史明》協力者名單

作者群	史　明、江俊宜、江昺崙、吳叡人、林文德、林飛帆、林嘉立、柳多靜、洪慧儒、唐　魯、張之豪、陳亞明、黃界清、鄭清鴻、藍士博、蘇振明

附錄

劉紀力先生訪問紀錄（節錄）

第一次訪問

訪問：藍士博

時間：二〇一九年八月十二日、十三日

地點：甲仙劉宅

第二次訪問

訪問：黃敏紅

攝影：黃敏紅、李政忠

時間：二〇二二年二月二十八日

地點：甲仙劉宅

劉紀力先生受訪。（圖片來源：藍士博）

聽聞史明，赴日組訓

我去日本之前就有聽過史明，但其實我是先知道他寫的《台灣人四百年史》。有一次在廢除刑法一百條的集會時，聽到人家在那邊史明來史明去，說他有多厲害，要跟蔣介石、蔣經國拼生死，是個頭號人物。又看見很多人抱著他那本紅紅的《台灣人四百年史》，那本可是禁書，家裡被發現有這個就會被抓去關了啦！那時大家都在買那本書，我也去買了，一套分上下冊兩本，一共四百元，買回來就放在家裡，不知道哪時被誰拿出來看就偷拿去了，所以我現在手中這本是

史明上課之情形。（圖片來源：《史明回憶錄》，頁六〇五）

史明從日本回來後，我去找他時親筆簽名送我的，我還做了一個盒子把它裝起來，不讓它被蟲吃掉。對我來說，這本書的價值不在於書本身，而是在於寫的人。

後來有一個叫做黃泉斌[1]的人邀我去日本找史明，他是農權會的人。起初我跟他說我沒有護照，再考慮一下，後來我就想說既然有這個機會，那就去吧！那時已經快要出發了，黃泉斌也很熱心，從鳳山衝來我這拿我的身分證幫我去辦護照。那次是由黃金和[2]、林再受[3]帶領大家一起去的，他們前面不知道已經去幾趟了，我那次是最後一趟，因爲後來史明就回台灣了。出發當天我是先到鳳山，半夜才到桃園機場，才知道去的人不只是從高雄來，還有從嘉義、澎湖或是哪裡的過來，有男有女，整團快二十人要搭飛機去日本，就是要去史明那邊聽課。我們機票錢是自己出的，但吃跟住都是由史明那邊負責，其他你要去外面玩的就算個人花費。我們一次去五天，五天都有上課，一天上兩次，早上上課，下午讓你出去玩，晚

1 黃泉斌：高雄林園的農民，曾為戴振耀農民教室訓練之幹部。詳參：陳增芝，《鹽水大飯店：戴振耀的革命青春》（台北：玉山社，二〇一七），頁三二六。

2 黃金和：一九九二年十一月曾率隊赴日找史明學習，一九九三年九月與赴日接受史明訓練的同志組成「建國愛鄉會」，並擔任該組織代表。詳參：史明，《史明回憶錄：追求理想不回頭》，頁四八二、四九三—四九四、六〇六。

3 林再受：高雄橋頭人，政治受難者，曾短暫收留詹益樺。詳參：曾心儀編著，《阿樺——台灣建國烈士詹益樺紀念專書》（高雄：自出版，一九八九），頁七九—八〇。

上又繼續上課。有些人也是想要順便去那邊旅遊，在東京附近玩樂。

到新珍味[4]時，史明並不在店裡，顧店的人說他去打針，等一下才會回來，我們一群人就在那邊等。我那時對他有一個印象，想說這麼「大尾」的人應該是穿西裝、打領帶、穿皮鞋的吧？結果他一回來，我看著他，發現他穿得跟工人一樣，我心裡想怎麼會穿成那樣？就連普通的村長都會穿西裝，顯得帥氣十足，這個大人物怎麼會這樣？到底是看錯了還是怎樣？同行的人也覺得不是很上相，甚至還說這種人哪像是在做什麼大事！所以才說人就是看外表，但這也讓我心裡湧上了一股好奇心。

我們是半夜出發的，到的時候就很想睡，下午其他人出去玩的時候，我就在睡覺，想說睡飽一點，要不然晚上上課會打瞌睡。後來睡著睡著就醒了，我發現史明在我旁邊，他開始問我一些問題，問我在做什麼？家裡在做什麼？他說起他小時候跟別人跑去田裡抓田蛙、撿田螺的故事，跟我小時候的記憶完全一樣，他越講越有趣，我也就越來越感到親切，我跟他之間彷彿不存在著階級，他好像是我的兄弟、我的親人，又或是以前就認識的人，那時我心裡有著這樣的感覺。

史明上課是這樣，他坐在黑板旁邊，一邊講一邊寫，差不多一小時會下課一次，讓你去洗手間，我從洗手間回來看他還是坐在那邊，那四個小時他都沒有爬起來，整個人就像銅像一樣。我那時候就在想，這個人怎麼這麼有耐性！我印象最深的是，他上課畫了一個三角形，最上面是總統，最下面是勞苦大衆，勞苦大衆就是被上面一直往下壓，壓到最底下，最難相處的就是基層上面，村里長、鄉鎮長、縣市長、縣市議員這個階層，這些人對下面的人踩得死死的，對上面的人卻又畢恭畢敬，最基層的勞苦大衆人最多，卻也最艱苦。其實社會的變革，都是靠基層在推動的，不管是打仗還是投票，都是要靠基層的人呀！高層只不過是在收割而已，史明說他要跟勞苦大衆站在一起，把這一切翻過來！他講起台灣獨立還有一些社會事時，都是我經歷過的事情，好像就是在說我的故事，我對他的親切感就是從這裡來的。

史明回台，再續前緣

回台灣過海關時發生了小插曲：那時候爲了不被攔查，我們故意走在同一道，還有人故意將包裹用細繩纏了好幾圈，打了好幾個結搞得像是蜘蛛網，這樣檢查就會花很久的時間。

4 新珍味：一九五二年史明流亡日本，年底與台僑處貸款四十萬日圓，在東京池袋擺起賣餃子、炒豬肝、高粱酒的「珍味」小吃攤，三年後買下店面，是為「新珍味」，是餐館也是史明的私人住所，五樓曾是史明測試炸彈的地點，至今仍營業。詳參：史明，《史明回憶錄：追求理想不回頭》，頁四二八—四二九、四三五、四九三。

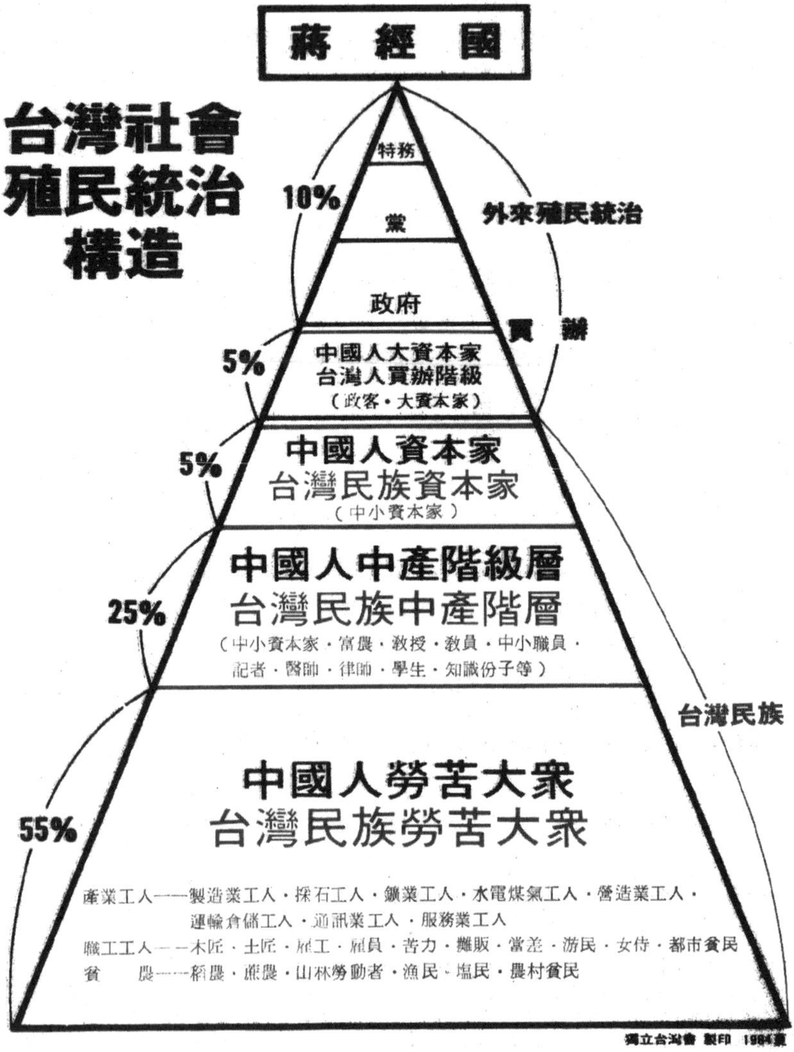

台灣社會殖民統治構造圖

（圖片來源：《台灣大衆》第七期〔一九八五年六月三十日〕）

當然過海關的時候，檢查人員還是想把包裹割開檢查，並要求我們分開走不同道，同行的其中一人就很生氣，要求海關不要把包裹拆開，也強調我們是同行的，不願分開走不同道，於是雙方越吵越大聲，也就吸引越多警察、憲兵的關注，現場氣氛逐漸沸騰。那時候同行的有一個叫做黃登勇的人（後來的大樹鄉長）就大聲嗆說：「我們在日本就可以過，爲什麼在這裡卻不行？」海關人員就回他：「日本是日本，這裡是中華民國啦！」他就拿起大聲公說：「中華民國已經死了啦！這裡是台灣啦！」這一喊下去不得了，更多人圍過來這裡，我想說這下死定了！我劉紀力在甲仙好好的，無緣無故被拖來這裡遇到這些麻煩，過去也沒看過這麼恐怖的情形。後來才有個人前來了解狀況，我們的人生氣地說，自己沒有帶白粉之類的違禁品，憑什麼拆我們的包裹？那人才放我們一些人先走，最後簡單檢查後就讓我們全部過關，我事後才知道這招是故意的。

我回台沒多久後，史明也潛回台灣，他在鳳山待過一陣子，我有去找他。有一次我在他那邊住兩晚，跟他睡同一間房間，他還特別跟在那邊開會的人說，你們只能在下面活動，只有劉紀力能上來，所以我就在那睡覺，只是那裡蚊子眞的很多，我後來就沒有再住了，但我也是跑好幾趟當日來回，史明有時候也會來甲仙看我。後來他去台北以後我也不時去找他，他都叫我搭到板橋，再請人把我載去新莊，回程也是把我送到板橋，再讓我自己回去。去到他那邊就像回自己的家，不會有自己是客人的感覺，他都會讓我上樓陪他，我們聊天的時候也不讓別人插嘴，有時候就只有我們兩個人在樓上，敏紅[5]他們都跑光光。其實樓上是他的私人空間，就算再怎麼要好的朋友，也只是在樓下接待，由此可見他對我的重視，把我當作自己人，讓我覺得我就是他的家人一樣。

還有一次，史明在北門郵局有一個活動，那時候我跟他講完話準備要走，又有一個人過去跟他說話，但其實他那時要南下嘉義幫立法委員站台，阿忠[6]就跟史明說人家已經在催了！史明就說：「我在講話你不要插嘴啦！」阿忠也只能在旁邊等。我後來問史明跟對方約幾點，他說

劉紀力與史明合影，攝於一九九三年。
（圖片來源：《史明回憶錄》，頁六〇五）

十二點，我就回說現在都十一點多，你哪來得及呢？這件事情讓我非常感動，造勢場合是多大的場面，現場有多少大人物，又有多少人在等，他卻願意爲了一個平凡大衆耽誤自己的時間，我眞的覺得很了不起！

史明是非常疼惜基層的人，他從來不會因爲講話對象的背景出身而有差別待遇，講話時也不會擺架子，這是我對他很尊敬的一點。只是他有時候會對組織底下的人比較兇，講話也比較不客氣，甚至非常大聲，但我認爲這是很正常的事，畢竟做一個領導者，本來就是要嚴格訓練人員。但也因爲這樣，有些人就與史明不歡而散，認爲史明這樣也罵、那樣也罵，怎

5 黃敏紅：獨立台灣會成員，史明養女，追隨史明二十餘年。一九八〇年代參與黨外運動，一九九三年史明回台後，在二二八受難家屬阮美姝家初遇史明，之後參加史明開設之「台灣民族主義研習班」，並加入宣傳車隊與「台灣大眾廣播電台」的組建，曾參與二〇〇五年的四二六擋連事件，二〇〇九年因史明重病後有感周遭事務需有人處理，故登記為史明養女。詳參：史明，《史明回憶錄：追求理想不回頭》，頁一〇〇〇—一〇〇一；財團法人台北市蔡瑞月文化基金會，《擁抱勞苦大眾的革命者：史明第六屆蔡瑞月舞蹈節文化論壇》（台北：財團法人台北市蔡瑞月文化基金會，出版年不詳），頁八六—八八。

6 李政忠：獨立台灣會成員，史明養子，追隨史明二十餘年。一九九五年在街頭看見史明的宣傳車隊，因感興趣而至獨立台灣會聽史明講習，後正式加入宣傳車隊，一九九六年十一月「台灣大眾地下廣播電台」成立，於此時正式加入獨立台灣會，負責管理電台。二〇〇九年因史明重病後有感周遭事務需有人處理，故登記為史明養子。詳參：史明，《史明回憶錄：追求理想不回頭》，頁六二〇、六三九、一〇〇〇—一〇〇一。

麼做都無法讓史明開心，也覺得史明做不了官，沒什麼本事，便與史明拆夥，史明也跟那些人斷絕往來。有些外人看了就覺得史明很不講人情義理，好歹那些人過去也是特地去日本找你的，怎能說斷就斷？但在我看來，那些人接近他只是爲了一些利益而已，說實在的，他如果要當官，哪輪得到其他人？在他那個時代，能夠讀政治、讀到日本的大學，沒有幾個人欸！他甘願不要做官，連自己的後代都可以不要，冒著生命危險去做這些事情，這個人，眞的是我一生最尊敬的人。

史明大事年表

製表者：陳柏翰

年份	歲數	相關事件
一九一八年	0歲	•十一月九日，生於台北州七星郡士林庄七十五番地（今台北市士林區）。
一九二五年	7歲	•進入士林公學校。
一九二六年	8歲	•轉學至建成小學校一年級。
一九二八年	10歲	•因舅父施振興於三月過世，被過繼至施家。
一九三二年	14歲	•進入台北一中。
一九三六年	18歲	•三月，抵達日本，進入駿河台予備学校補習。
一九三七年	19歲	•四月一日，進入第一早稻田高等學院。
一九四〇年	22歲	•進入早稻田大學政治經濟學部政治學科。
一九四二年	24歲	•四月十八日，親歷美軍空襲東京（杜立德空襲）。 •五月，返台探親。 •九月，前往中國蘇州，在中共的指示下，於上海從事地下工作。 •年底，弟弟林朝陽來訪蘇州史明住處。

一九四三年	25歲	●夏天至廈門探望父親林濟川，並與中共指派的女性工作夥伴阿雲喬裝成夫婦，於蘇州同居至一九四五年。因擔心阿雲懷有身孕而影響革命工作，遂於此期間前往上海結紮。
一九四五年	27歲	●十一月底，受中共調派前往北京。 ●十二月，於北京居住四個月，此期間與阿雲斷絕聯絡，後於北京日本大使館邂逅平賀協子，並與其交往。
一九四六年	28歲	●三月，進入中共控制的晉察冀解放區，抵達張家口，改名「林鐸」。 ●四月，進入華北聯合大學學習。 ●八月，離開聯合大學，被指派至蒙疆銀行。後因張家口失守，隨共軍打游擊戰，撤退至山西靈丘。 ●十一月，進入步兵幹部學校。 ●年底，因看見台灣兵在前線死傷慘重，便向上級提議組成台灣隊，將台灣兵調到後方施以政治訓練，作為日後對台革命之用。
一九四七年	29歲	●三月八日，於河北阜平看到《解放日報》報導二二八事件。 ●七月，台灣隊正式成立，被任命為政治教員。
一九四八年	30歲	●年底，離開台灣隊，並決定逃回台灣。
一九四九年	31歲	●四月，逃離中共解放區。 ●五月，抵達台灣。
一九五〇年	32歲	●一月，母親林施氏秀過世。 ●二月，與周慶安組織台灣獨立革命武裝隊，以單線領導的方式，集合二二八事件倖存者，蒐集槍枝，計劃刺殺蔣介石。

一九五一年	33歲	•十一月，台灣獨立革命武裝隊事跡敗露，展開全島大逃亡。
一九五二年	34歲	•二月，至基隆僞裝成搬運工。 •五月六日，偷渡日本。 •五月十一日，抵達神戶後即遭警察逮捕並拘留。 •十一月，因被國民黨政府認定爲叛亂第一司令，而得到日本政府的政治庇護。 •十二月，在西池袋擺珍味小吃攤。
一九五四年	36歲	•將珍味小吃攤升級成店面，即今日的新珍味。
一九五五年	37歲	•九月，在東京與島內同志取得聯繫，開始建立地下組織，提倡「主戰場在島內」，號召回台反蔣。
一九五八年	40歲	•五月，擔任日華信用組合常務理事。 •六月，獨立台灣會（下稱獨台會）地下組織於島內各處張貼「台灣民族獨立，勞苦大衆出頭天」傳單。
一九五九年	41歲	•十一月，島內地下同志炸毀火車，破壞交通工具。
一九六〇年	42歲	•四月，王育德創辦《台灣青年》雜誌，史明爲贊助者之一。 •五月，獨台會地下組織炸毀高雄縣警察派出所。
一九六二年	44歲	•七月十五日，著作《台湾人四百年史》（日文初版）[1]出版。

1 《台灣人四百年史》各版本之定義，乃參考彭琳淞之研究。詳參：彭琳淞，〈史明台灣民族論的理論內容與民族內涵〉，《台灣史料研究》，第四五號（台北：二〇一五年六月），頁五七。

一九六四年	46歲	• 辭去日華信用組合常務理事。 • 泡麵工廠，因經營不善而頂讓他人。 • 與女友平賀協子分手。 • 四月至八月，在《台灣青年》上連載〈台湾独立の展望〉系列文章。 • 六月，獨台會地下組織於台中王田炸毀軍用火車。
一九六五年	47歲	• 一月二十一日，祕密加入台灣青年會。 • 五月二十日，著作《台湾：その現在と将来（第三分冊）》出版。 • 八月十日，著作《台湾：その現在と将来（第四分冊）》出版。
一九六六年	48歲	• 十一月十二日，林水泉、顏尹謨等人創立全國青年團結促進會。
一九六七年	49歲	• 就任台灣公會會長。 • 四月十二日，於東京主導成立台灣獨立聯合會，試圖串聯日本台獨團體。 • 四月，彭明敏介紹顏尹謨、陳光英至東京與史明認識。 • 五月，與顏尹謨、陳光英見面，並安排顏尹謨在新珍味暫住。 • 六月一日，創辦台灣獨立聯合會機關誌《獨立台灣》。 • 六月十三日，台灣獨立聯合會受到其他團體阻撓而解散，無法完成在日台獨大團結的目標。 • 六月三十日，公開既存且祕密的獨台會，提出「主戰場在島內」等口號，積極從事島內地下工作和群衆運動，並以《獨立台灣》爲機關誌。 • 八月二十日，林水泉、顏尹謨等全國青年團結促進會相關人士被捕。 • 十月，被台灣青年獨立聯盟（前身爲台灣青年會）公開除名。

一九六八年	50歲	•八月，首度潛回台灣，布置地下組織。
一九六九年	51歲	•九月，獨台會提出「反殖民統治、台灣獨立革命路線」爲目標，並祕密組織島內同志赴日學習革命。
一九七〇年	52歲	•三月，獨台會島內同志林榮來、老鼠張貼獨台會標誌，破壞官方設施。
一九七一年	53歲	•四月二十五日，獨台會於《獨立台灣》發表〈致釣魚台行動委員會的一封公開信〉，聲明釣魚台屬於台灣，該海域爲台灣漁民的生活圈。 •夏季，計劃於與那國島架設電台，藉此將台獨思想傳入島內，後由於日本NHK在與那國島架設電台蓋掉訊號，使計畫付諸東流。 •七月十四日，獨台會發出「第二次釣魚台列島聲明」，反對美日政府在沖繩島返還協定中將釣魚台列島編入日本領土。 •九月，溫連章來日接受訓練，回台從事地下工作。 •十月，鄭評來日拜訪史明。 •十月八日，獨台會於島內設置台灣獨立革命軍。 •十二月，因支持彭明敏從事反蔣運動，而受到美洲台灣左派刊物《左聯通信》批判。
一九七二年	54歲	•二月二十一日，獨台會溫連章小組被捕。 •七月，台灣獨立革命軍在台北樹林、高雄岡山等處相繼炸毀鐵路、顚覆軍用火車。 •十二月，台灣獨立革命軍在島內焚毀各大建物、派出所，以及台北北門鐵路局台北工廠，並再次炸毀樹林、岡山的火車。 •十二月二十九日，溫連章被判處十五年徒刑，其他組員刑期不等。

一九七三年	55歲	• 五月十八日，獨台會受到朱世紀的刊物《台灣文化》批判。 • 十月十日，獨台會鄭評小組被捕。
一九七四年	56歲	• 父親林濟川過世。 • 一月，張維嘉、盧修一等人成立歐洲台灣協志會。 • 四月，《獨立台灣》停刊。 • 六月一日，著作《台湾人四百年史》（日文二版）出版。 • 六月三日，鄭評被判處死刑，其他組員刑期不等。 • 八月，鄭評於新店被槍決。
一九七五年	57歲	• 二月七日，二度潛回台灣。 • 八月，獨台會成員徐美被捕。 • 九月，歐洲台灣協志會改稱社會主義協志會。 • 十二月，獨台會決定暫停島內武裝鬥爭。
一九七六年	58歲	• 一月六日，台灣獨立運動地下同志破壞高雄變電所，使台灣南部一帶停電三小時。
一九七七年	59歲	• 十一月十九日，中壢事件爆發，獨台會地下工作人員前田光枝參與其中。
一九七八年	60歲	• 一月七日，吸收國民黨特務作爲獨台會成員，並使其成爲雙面諜。 • 五月，與王秋森成立富春協會。
一九七九年	61歲	• 十二月十五日，台灣建國聯合陣線於紐約成立，獨台會爲參加團體之一。

年份	年齡	事件
一九八〇年	62歲	• 八月二十六日，與王秋森、張維嘉、陳婉眞、許信良等人出版《美麗島週報》。 • 九月，著作《台灣人四百年史》（漢文初版）出版。
一九八一年	63歲	• 五月四日，發表「台灣社會主義革命黨綱領草案」。 • 五月二十日，飛抵美洲，首度展開歐美巡迴演講。 • 八月二十日，美洲台灣左派鄭節要求史明退出《美麗島週報》，並透過《海外政論》、《半屏山》批判史明。
一九八二年	64歲	• 二月二十八日，《台灣大衆》於美國德州創刊。 • 五月二十九日，飛抵洛杉磯，二度展開歐美巡迴演講。 • 六月，與賴芳雄在美洲成立台灣獨立草根運動未果。 • 六月三日，獨台會與美麗島週報社成立台灣民族民主革命同盟。 • 十月二十七日，飛返日本。
一九八三年	65歲	• 一月，獨台會成員盧修一、前田光枝、柯泗濱被捕，史明二度被通緝。 • 六月六日，飛抵洛杉磯，三度展開歐美巡迴演講。 • 十月七日，飛返日本。
一九八四年	66歲	• 六月，與陳昭南祕密籌組情報機關，卻因陳昭南捲款潛逃而失敗。 • 六月九日，飛抵洛杉磯，四度展開巡迴演講，遊歷美加地區。 • 十月八日，飛返日本。 • 年底，前往洛杉磯處理《美麗島週報》財務危機。

年份	年齡	紀事
一九八六年	68歲	•六月一日，著作《Taiwan's 400 Year History: The Origins and Continuing Development of the Taiwanese Society and People》出版。
一九八八年	70歲	•十月，著作《台灣獨立的理論與實際》出版。
一九九〇年	72歲	•三月二十一日，王秀惠等獨台會成員指導群衆前往陽明山反對老賊選總統，王秀惠遭毆打。
一九九一年	73歲	•五月九日，獨台會案爆發，調查局逮捕陳正然、廖偉程、王秀惠、林銀福。 •五月十一日，江蓋世、陳明仁、李喬等二十五人聲明加入獨台會，各地加盟者陸續出現。 •五月十七日，立法院廢除《懲治叛亂條例》，陳正然、廖偉程、王秀惠、林銀福獲釋。 •十二月十日，著作《台湾は中国の一部にあらず：台湾社会発展四百年史》出版。
一九九二年	74歲	•六月二十日，著作《民族形成與台灣民族》出版。 •八月，著作《台灣不是中國的一部分：台灣社會發展四百年史》出版。
一九九三年	75歲	•十月二十日，著作《台灣民族革命與社會主義》出版。 •十月，潛返台灣。 •十月二十六日，於台南新營被捕，隔日於記者會上宣布爲推翻殖民體制而回台奮鬥。
		•二月一日，獨台會成立台北總部。 •三月一日，獨台會設立高雄聯絡處。

一九九四年	76歲	•三月二十日，著作《台湾人四百年史》（日文二版新裝）出版。 •七月三十一日，獨台會設立嘉義聯絡處。 •十二月，著作《漫畫台灣人四百年史》出版。
一九九五年	77歲	•三月二十九日，台北宣傳車隊成立，後陸續在台中、新竹成立宣傳車隊。 •六月九日，申報戶口落籍。 •七月二十二日，獨台會設立台東聯絡處。
一九九六年	78歲	•二月八日，就任獨立建國台灣總統選舉後援會會長，支持彭明敏選總統。 •四月二十二日，獨台會反對總統大選結果，在台北車站抗議。 •十一月一日，設立台灣大衆廣播電台。
一九九八年	80歲	•四月，著作《台灣人四百年史》（漢文二版）出版。 •九月五日，爲發揚台灣文化，悼念大墓公的精神，在七月半舉辦普度。
一九九九年	81歲	•八月二十五日，首度於新莊舉辦普度。
二〇〇〇年	82歲	•九月二十四日，二度於新莊舉辦普度。
二〇〇一年	83歲	•六月，著作《台灣民族主義與台灣獨立革命》出版。 •九月二日，三度於新莊舉辦普度。 •十月，著作《我的故鄉八芝蘭：士林》出版。 •十一月，《荒野孤燈：史明》（葉博文編）出版。 •十一月九日，史明教育基金會於台北國賓飯店召開成立大會。 •年底，台灣大衆廣播電台結束營運，頂讓他人。

二〇〇三年	85歲	•十一月，著作《西洋哲學序說》出版。
二〇〇四年	86歲	•總統大選投給陳水扁。
二〇〇五年	87歲	•三月十五日，抗議中共制定《反分裂國家法》，於台大校門口靜坐。 •四月二十六日，史明動員獨台會於高速公路阻擋連戰車隊。 •五月，著作《台湾人四百年史》（日文三版）出版。
二〇〇七年	89歲	•三月，著作《民主主義》出版。
二〇〇九年	91歲	•十一月十一日，至東京處理新珍味業務，期間因腎衰竭陷入昏迷，送醫急救，醒來後返台就醫。
二〇一〇年	92歲	•一月三日至一月七日，接受中央研究院近代史研究所副研究員陳儀深訪問。 •二月二十八日，《一九八〇年代史明與《台灣大眾》政論選輯》（黃界清編）出版。 •三月，著作《穿越紅色浪潮：史明的中國革命歷程與台灣獨立之路》出版。 •七月二日，《一九八〇年代史明與《台灣大眾》政論選輯：台灣人抗爭史》（黃界清編）出版。 •九月十五日，《一九八〇年代史明與《台灣大眾》政論選輯：台灣民族理論》（黃界清編）出版。 •十一月九日，《一九八〇年代史明與《台灣大眾》政論選輯：台灣獨立理論》（黃界清編）出版。

二〇一一年	93歲	•七月三十日，《衝突與挑戰：史明的生命故事》（蘇振明著）出版。 •支持蔡英文競選總統。
二〇一二年	94歲	•十二月三十一日，前往中正紀念堂廣場參與反媒體壟斷運動。 •五月，《實踐哲學：青年讀史明》（史明等作；余崇任、藍士博主編）出版。
二〇一三年	95歲	•一月，《史明口述史》（史明口述史訪談小組著）出版。
二〇一四年	96歲	•三月十九日起，多次前往立法院聲援太陽花學運。 •七月，著作《台灣人四百年史》（漢文三版）出版。
二〇一五年	97歲	•二月二十六日，史明紀錄片《史明．革命進行式》上映。 •十月三十一日，史明紀錄片《史明的迷霧叢林》上映。
二〇一六年	98歲	•一月，著作《史明回憶錄：追求理想不回頭》出版。 •十一月九日，獲聘爲總統府資政。
二〇一七年	99歲	•十一月，著作《簡明台灣人四百年史》出版。 •十一月五日，出席「獨立台灣　百年堅持—史明歐吉桑生日分享會」。
二〇一八年	100歲	•一月一日，出席總統府前元旦升旗典禮。 •十二月十三日，著作《一〇〇歲の台湾人革命家・史明 自伝 理想はいつだって煌めいて、敗北はどこか懐かしい》出版。
二〇一九年	101歲	•六月三十日，出席「革命者的最後一堂課：《革命進行式》放映及座談」。 •九月二十日，晚間十一時九分病逝於台北醫學大學附設醫院。

二〇一九年	•十月十三日，史明教育基金會舉辦「振魂護國：與史明歐里桑再走一段台灣路」大遊行暨追思會。
二〇二一年	•九月二十日，史明文物館正式開幕。
二〇二三年	•十一月，《史明口述史（修訂新版）》（史明口述史訪談小組著）出版。 •史明文物館新珍味館開幕。

製表參考文獻

史明，《台湾人四百年史：秘められた植民地解放の一断面》，東京：音羽書房，一九六二。

史明，《台湾：その現在と将来》第三、第四分冊，東京：秀邦出版，一九六五。

史明，《台湾人四百年史：秘められた植民地解放の一断面》，東京：新泉社，一九七四。

史明，《台灣人四百年史》，加州：蓬島文化，一九八〇。

史明，《台灣獨立的理論與實際》，高雄：南冠，一九八八。

史明，《台湾は中国の一部にあらず：台湾社会発展四百年史》，東京：現代企画室，一九九一。

史明，《台灣不是中國的一部分：台灣社會發展四百年史》，台北：前衛，一九九二。
史明，《民族形成與台灣民族》，東京：Taiwanese Cultural Grasroots Association，一九九二。
史明，《台灣民族革命與社會主義》，東京：Taiwanese Cultural Grasroots Association，一九九三。
史明，《台湾人四百年史：秘められた植民地解放の一断面》，東京：新泉社，一九九四。
史明，《漫畫台灣人四百年史》，台北：台灣草根文化社，一九九四。
史明，《台灣人四百年史》，台北：草根文化出版社，一九九八。
史明，《台灣民族主義與台灣獨立革命》，台北：前衛，二〇〇一。
史明，《西洋哲學序說》，台北：記憶工程，二〇〇三。
史明，《台湾人四百年史：秘められた植民地解放の一断面》，台北：鴻儒堂，二〇〇五。
史明，《民主主義》，台北：黃敏紅，二〇〇七。
史明，《穿越紅色浪潮：史明的中國革命歷程與台灣的獨立之路》，台北：台灣教授協會，二〇一〇。
史明，《台灣人四百年史》，台北：南天書局，二〇一四。
史明，《史明回憶錄：追求理想不回頭》，台北：前衛，二〇一六。

史明，《簡明台灣人四百年史》，台北：前衛，二〇一七。
史明口述史訪談小組，《史明口述史一：穿越紅潮》，台北：行人文化實驗室，二〇一三。
史明口述史訪談小組，《史明口述史二：橫過山刀》，台北：行人文化實驗室，二〇一三。
史明口述史訪談小組，《史明口述史三：陸上行舟》，台北：行人文化實驗室，二〇一三。
史明等作；余崇任、藍士博主編，《實踐哲學：青年讀史明》，台北：台灣教授協會，二〇一二。
史明作；田中淳構成，《一〇〇歳の台湾人革命家・史明 自伝 理想はいつだって煌めいて、敗北はどこか懐かしい》，東京：講談社，二〇一八。
陳柏翰，〈史明的變與不變——試爲其思想做分期〉，《史苑》，第七八期（新北，二〇一八年七月），頁一—四四。
陳儀深訪問；林東璟、鄭毓嫻、吳佩謙、周維朋、簡佳慧、曾韋禎記錄，《海外台獨運動相關人物口述史　續篇》，台北：中央研究院近代史研究所，二〇一二。
彭琳淞，〈史明台灣民族論的理論內容與民族內涵〉，《台灣史料研究》，第四五號（台北，二〇一五年六月），頁十八—六七。
黃界清編著，《一九八〇年代史明與《台灣大衆》政論選輯：台灣人抗爭史》，台北：台灣教授協會，二〇一〇。

黃界清編著，《一九八〇年代史明與《台灣大眾》政論選輯：台灣民族理論》，台北：台灣教授協會，二〇一〇。
黃界清編著，《一九八〇年代史明與《台灣大眾》政論選輯：台灣獨立理論》，台北：台灣教授協會，二〇一〇。
黃界清編著，《一九八〇年代史明與《台灣大眾》政論選輯》，台北：台灣教授協會，二〇一〇。
葉博文主編，《荒野孤燈：史明》，台北：史明教育基金會，二〇〇一。
蘇振明編著，《衝突與挑戰：史明的生命故事》，台北：草根文化，二〇一一。

國家圖書館出版品預行編目資料

史明口述史/史明口述；史明口述史訪談小組著.
-- 初版. -- 臺北市：前衛出版社, 2023.11
512面；15×21公分

ISBN 978-626-7325-45-2（平裝）

1. 史明　2. 傳記　3. 臺灣史

783.3886　　112014724

史明口述史（修訂新版）

口　　述　史明
作　　者　史明口述史訪談小組

責任編輯　鄭清鴻
修訂協力　陳柏翰
封面設計　張巖
封面視覺　張紋瑄
美術編輯　宸遠彩藝

出 版 者　前衛出版社
地址：104056 台北市中山區農安街153號4樓之3
電話：02-25865708 | 傳真：02-25863758
郵撥帳號：05625551
購書・業務信箱：a4791@ms15.hinet.net
投稿・編輯信箱：avanguardbook@gmail.com
官方網站：http://www.avanguard.com.tw
出版總監　林文欽
法律顧問　陽光百合律師事務所
總 經 銷　紅螞蟻圖書有限公司
地址：114066 台北市內湖區舊宗路二段121巷19號
電話：02-27953656 | 傳真：02-27954100
出版日期　2023年11月初版一刷
定　　價　650 元

I S B N　978-626-7325-45-2（平裝）
E-ISBN　978-626-7325-51-3（PDF）
978-626-7325-52-0（EPUB）

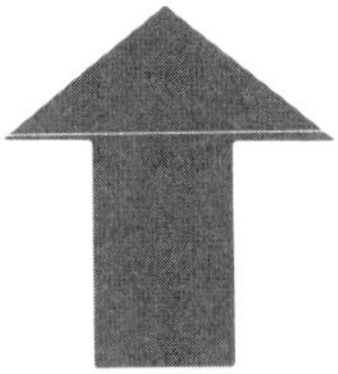